普通高等教育规划教材

路基路面工程

主　编　李惠霞　王　建
副主编　尹振羽　姚立阳　王展亮
参　编　张会远　符　浩　范哲哲　任晴晴
主　审　童申家

机 械 工 业 出 版 社

本书依据“路基路面工程”课程教学大纲，参照我国道路工程的有关技术标准、规范，结合应用型人才培养的要求编写而成。内容着重介绍路基路面工程的基本理论和基础知识，各类路基路面的设计原理和计算方法。本书内容简明，减少了对理论的深入剖析，增加了工程实例，以培养学生具有一般路基路面工程的设计、施工、养护和质量检测的能力。

本书分路基工程、路面工程、路基路面工程实训3篇进行介绍，共13章，主要内容包括：绪论、路基工程总论、路基设计、路基防护与加固、挡土墙、路面工程总论、路面基层、沥青路面、沥青路面设计、水泥混凝土路面、水泥混凝土路面设计、路面结构厚度验算示例、路基路面工程检测与试验。

本书可作为高等学校土木工程、道路桥梁与渡河工程、市政工程、机场工程、港口航道工程等专业的专业主干课教材，也可供从事公路、城市道路、机场道路建设的人员及交通行业相关人员学习参考。

图书在版编目（CIP）数据

路基路面工程/李惠霞，王建主编. —北京：机械工业出版社，2019.4（2023.1重印）
普通高等教育规划教材
ISBN 978-7-111-59333-1

Ⅰ.①路… Ⅱ.①李… ②王… Ⅲ.①路基工程-高等学校-教材②路面-道路工程-高等学校-教材 Ⅳ.①U416

中国版本图书馆CIP数据核字（2018）第042929号

机械工业出版社（北京市百万庄大街22号 邮政编码100037）
策划编辑：林 辉 责任编辑：林 辉 高凤春
责任校对：樊钟英 封面设计：马精明
责任印制：刘 媛
涿州市般润文化传播有限公司印刷
2023年1月第1版第3次印刷
184mm×260mm · 17印张 · 449千字
标准书号：ISBN 978-7-111-59333-1
定价：48.00元

前言

PREFACE

“路基路面工程”课程是高等学校土木工程、道路桥梁与渡河工程、市政工程、港口航道工程、机场工程等专业的重要必修课。该课程与工程实践联系紧密，与各地的区划特征相关性大，是一门理论与实践紧密联系的课程。

随着 JTG D30—2015《公路路基设计规范》、JTG D50—2017《公路沥青路面设计规范》、JTG/T D31—05—2017《黄土地区公路路基设计与施工技术规范》、GB 50422—2017《预应力混凝土路面工程技术规范》的颁布与实施，教材内容也发生了较大变化。

本书旨在为应用型本科院校的道路工程相关专业的学生提供一本偏向于实践应用的教材，内容减少了相关理论的阐述，注重理论的应用，并且采用行业新规范和新标准，尽可能多地反映本领域最新的研究成果。

与本课程相关的课程有“道路建筑材料”“土力学”“道路勘测设计”等，在学习本书之前应有前期这些课程的知识储备。

本书共 3 篇，13 章。其中，第 1 章由尹振羽编写，第 2 章和第 3 章第 3.1 节由张会远编写，第 4 章和第 6 章由符浩编写，第 5 章第 5.4 节和第 7 章由王建编写，第 8 章和第 10 章由姚立阳编写，第 9 章和第 11 章由李惠霞编写，第 12 和第 13 章由范哲哲编写，第 3.2 节、3.3 节，5.1 节~5.3 节由王展亮编写，全书由李惠霞统稿。任晴晴配合李惠霞对全书做了大量的整理、编辑工作，在此表示衷心感谢。

西安建筑科技大学童申家教授在百忙之中对本书进行了精心审阅，提出了许多宝贵意见和建议，使本书得到进一步完善。在此对他表示衷心感谢！

限于编者水平，时间仓促，如有未尽之处，请各位读者多提宝贵意见，以便我们及时修改完善。

编　者

CONTENTS

第2篇　路 面 工 程

第 3 篇　路基路面工程实训

第1章

绪论

学习目标

了解道路工程发展概况，熟悉路基路面工程的特点，了解路基路面的稳定性，熟悉路面结构层，了解公路自然区划。

1.1 路基路面工程发展概况

我国道路与桥梁的修筑具有悠久的发展历史，在世界上曾处于领先地位，在道路交通史上留下了光辉的篇章，据《史记》记载，早在4000多年前中国已有了车和行车的路。商代开始有驿道传送。西周开创了以都市为中心的道路体系，还建立了比较完善的道路管理制度。到秦代道路总里程超过1.2万km。西汉时期道路交通呈现出更加繁荣的景象，特别是连接欧亚大陆的"丝绸之路"的开通，为东西方经济文化交流做出了重要贡献。唐代建成了以长安城为中心约2.2万km的驿道网。

清末，在原有驿道上修建了一些很简陋的公路。1912~1949年，我国公路有了初步发展，先后修建了约13万km的公路。这些公路大多标准很低，设施简陋，路况很差。到1949年能够维持通车的仅有8万km，全国有1/3的县不通公路，西藏地区没有一条公路。

随着我国工农业生产迅速发展，人民生活水平逐步提高，尤其是建立和发展了汽车工业和石油工业，我国公路交通事业也得到了迅速发展，公路建设也开创了崭新的局面。截至2017年，我国公路总里程达到477万km，其中高速公路达13.6万km。

路基路面直接承受行驶车辆的作用，是道路工程的重要组成部分。我国古代曾以条石、块石或石板等铺筑道路路面，以提供人畜以及人力、畜力车辆的运行。进入20世纪后，随着汽车工业和交通运输的发展，对路基路面提出了更高的技术要求。现代路基路面工程主要研究路基路面结构体和外部环境因素之间的相互作用规律，以此提出公路、城市道路和机场道路路基路面材料和结构的设计原理与设计方法以及施工、养护、维修和管理技术等。

1.2 路基路面工程的特点

路基和路面是道路的主要工程结构物。路基是在天然地表面按照道路的设计线形（位置）和设计横断面（几何尺寸）的要求开挖或堆填而成的岩土结构物。路面是在路基顶面的行车部分用各种混合料铺筑而成的层状结构物。路基是路面结构的基础，坚强而又稳定的路基为路面结构长期承受汽车荷载提供了重要的保证，而路面结构层的存在又保护了路基，使之避免了直接经受车辆和大气的破坏作用，长期处于稳定状态。路基和路面相辅相成，实际上是不可分离的整体，应综合考虑它们的工程特点，综合解决两者的强度、稳定性等工程技术问题。

路基与路面工程是道路工程的主要组成部分，工程量大。例如，微丘区的三级公路，土石方量为 8000~16000m^3/km；山岭、重丘区的三级公路，土石方量可达 20000~60000m^3/km；高速公路的工程量更大。路面结构在道路工程造价中所占比例很大，一般都要达到30%左右。因此，精心设计、精心施工，使路基路面能长时间具备良好的使用性能，对节约投资、提高运输效益具有十分重要的意义。

路基路面是一项线形工程，有的公路延续数百公里，甚至上千公里。公路沿线地形起伏，地质、地貌、气象特征多变，再加上沿线城镇经济发达程度与交通繁忙程度不一等诸多因素决定了路基与路面工程复杂多变的特点。工程技术人员必须掌握广博的知识，善于识别各种变化的环境因素，恰当地进行处理，建造出理想的路基路面工程结构。

现代化公路运输，不仅要求道路能全天候通行车辆，而且要求车辆能以一定的速度，安全、舒适且经济地在道路上运行，这就要求路面具有良好的使用性能，提供良好的行驶条件和服务水平。

为了保证公路与城市道路最大限度地满足车辆运行的要求，提高车速、增强安全性和舒适性，降低运输成本和延长道路使用年限，要求路基路面具有下列基本性能。

1. 承载能力

行驶在路面上的车辆，通过车轮把荷载传给路面，由路面传给路基，在路基路面结构内部产生应力、应变及位移。如果路基路面结构整体或某一组成部分的强度或抗变形能力不足以抵抗这些应力、应变及位移，则路面会出现断裂，路基路面结构会出现沉陷，路面表面会出现波浪或车辙，使得路况恶化，服务水平下降。因此要求路基路面结构整体及其各组成部分都具有与行车荷载相适应的承载能力。

结构承载能力包括强度与刚度两方面。路面结构应具有足够的强度以抵抗车轮荷载引起的各个部位的各种应力，例如压应力、拉应力、剪应力等，保证不发生压碎、拉断、剪切等各种破坏。路基路面整体结构或各个结构层应具有足够的刚度，使得在车轮荷载作用下不发生过量的变形，保证不发生车辙、沉陷或波浪等各种病害。

2. 稳定性

路基路面结构的稳定性是在降水、高温、低温等恶劣环境作用下仍能保持其原有特性的能力，包括高温稳定性、低温抗裂性、水稳定性和路基稳定性。

在天然地表面建造的道路结构物改变了自然的平衡，在达到新的平衡状态之前，道路结构物处于一种暂时的不稳定状态。新建的路基路面结构袒露在大气之中，经常受到大气温度、降水与湿度变化的影响，结构物的物理、力学性质将随之发生变化，处于另外一种不稳定状态。路基路面结构能否经受这种不稳定状态，而保持工程设计所要求的几何形态及物理力学性质，称为路基路面结构的稳定性。

在地表上开挖或填筑路基，必然会改变原地面地层结构的受力状态。原来处于稳定状态的地层结构，有可能由于填挖筑路而引起不平衡，导致路基失稳。例如，在软土地层上修筑高路堤，或者在岩质或土质山坡上开挖深路堑时，有可能由于软土层承载能力不足，或者由于坡体失去支承，而出现路堤沉落或坡体坍塌破坏。路线若选在不稳定的地层上，则填筑或开挖路基会引发滑坡或坍塌等病害出现。因此在选线、勘测、设计、施工中应密切注意，并采取必要的工程措施，以确保路基有足够的稳定性。

大气降水使得路基路面结构内部的湿度状态发生变化，低洼地带路基排水不良，长期积水，会使得矮路堤软化，失去承载能力。山坡路基，有时因排水不良，会引发滑坡或边坡滑塌。水泥混凝土路面，如果不能及时将水分排出结构层，会发生唧泥现象，冲刷基层，导致结构层提前破坏。沥青混凝土路面中水分的侵蚀，会引起沥青结构层剥落，结构松散。在雨季，砂石路面会因雨水冲刷和渗入结构层，而导致强度下降，产生沉陷、松散等病害。因此，防水、排水是确保路基路面稳定的重要方面。

大气温度周期性的变化对路面结构的稳定性有重要影响。沥青路面在高温季节软化，在车轮荷载作用下产生永久性变形。水泥混凝土结构在高温季节因结构变形产生过大内应力，导致路面压曲破坏。北方冰冻地区，水泥混凝土路面、沥青路面、半刚性基层由于低温收缩产生大量裂缝，最终失去承载能力。在严重冰冻地区，低温引起路基的不稳定是多方面的，低温会引起路基收缩裂缝；地下水源丰富的地区，低温会引起冻胀，路基上面的路面结构也随之发生断裂；春天融冻季节，在交通繁重的路段，有时引发翻浆，路基路面发生严重的破坏。

3. 耐久性

路基路面的耐久性是在车辆荷载的反复作用与大气水温周期性的重复作用下的性能变化特性。

路基路面工程投资大，从规划、设计、施工至建成通车需要较长的时间，对于这样的大型工程都应有较长的使用年限。一般的道路工程使用年限有数十年，承重并经受车辆直接碾压的路面部分要求使用年限20年以上。因此，路基路面工程应具有良好的耐久性能。

路基路面在车辆荷载的反复作用与大气水温周期性的反复作用下，路面使用性能将逐年下降，强度与刚度将逐年衰变，路面材料的各项性能也可能由于老化衰变，而引起路面结构的损坏。至于路基的稳定性，也可能在长期经受自然因素的侵袭后，逐年削弱。因此，提高路基路面的耐久性，保持其强度、刚度，几何形态经久不衰，除了精心设计、精心施工、精选材料之外，要把长年的养护、维修、恢复路用性能的工作放在重要的位置。

4. 表面平整度

路面表面平整度是路面表面纵向凹凸量的偏差值。路面表面平整度是影响行车安全、行车舒适性以及运输效益的重要使用性能。特别是高速公路，对路面平整度的要求更高。不平整的路表面会增大行车阻力，并使车辆产生附加的振动作用。这种振动作用会造成行车颠簸，影响行车的速度和安全，驾驶的平稳和乘客的舒适。同时，振动作用还会对路面施加冲击力，从而加剧路面和汽车机件的损坏和轮胎的磨损，并增大油料的消耗。而且不平整的路面还会积滞雨水，加速路面的破坏。因此，为了减少振动冲击力，提高行车速度和增进行车舒适性、安全性，路面应保持一定的平整度。

优良的路面平整度，要依靠优良的施工装备，精细的施工工艺，严格的施工质量控制以及经常和及时的养护来保证。同时，路面的平整度同整个路面结构和路基顶面的强度和抗变形能力有关，同结构层所用材料的强度、抗变形能力以及均匀性有很大关系。强度和抗变形能力差的路基路面结构和面层混合料，经不起车轮荷载的反复作用，极易出现沉陷、车辙和推挤破坏，从而形成不平整的路面表面。

5. 表面抗滑性能

路面抗滑性能是指路面表面抗滑能力的大小。路面表面要求平整，但不宜光滑，汽车在光滑的路面上行驶时，车轮与路面之间缺乏足够的附着力或摩擦力。雨天高速行车，或紧急制动或突然起动，或爬坡、转弯时，车轮也易产生空转或打滑，致使行车速度降低，油料消耗增多，甚至引起严重的交通事故。通常用摩擦系数表征抗滑性能。摩擦系数小，则抗滑能力低，容易引起滑溜交通事故。对于高速公路高速行车道，要求具有较高的抗滑性能。

路面表面的抗滑能力可以通过采用坚硬、耐磨、表面粗糙的粒料组成路面表层材料来实现，有时也可以采用一些工艺措施来实现。例如，水泥混凝土路面的刷毛或刻槽等。此外，路表面的积雪、浮冰或污泥等，也会降低路面的抗滑性能，必须及时予以清除。

1.3 路基路面结构的影响因素

路基路面裸露在大气中，其稳定性在很大程度上由当地自然条件所决定。因此，应深入调查公路沿线的自然条件，从总体到局部，从大区域到具体路段的自然情况，分析研究，掌握其规律及对路基路面稳定性的影响，因地制宜地采取有效的工程措施，以确保路基路面具有足够的强度和稳定性。路基路面的稳定性与下列因素有关：

(1) 地理条件 公路沿线的地形、地貌和海拔高度不仅影响路线的选定，也影响到路基与路面的设计。平原、丘陵、山岭各区地势不同，路基的水温状况也不同。平原区地势平坦，排水困难，地表易积水，地下水位相应较高，因而路基需要保持一定的最小填土高度，路面结构层应选择水稳定性良好的材料，并采用一定的结构排水设施；丘陵区和山岭区的地势起伏较大，路基路面排水设计至关重要，否则会导致稳定性下降，出现破坏现象，影响路基路面的稳定性。

(2) 地质条件 沿线的地质条件，如岩石的种类、成因、节理、风化程度和裂隙情况，岩石走向、倾向、倾角、层理和岩层厚度，有无夹层或遇水软化的夹层，以及有无断层或其他不良地质现象（如岩溶、冰川、泥石流、地震等）都对路基路面的稳定性有一定的影响。

(3) 气候条件 气候条件，如气温、降水、湿度、冰冻深度、日照、蒸发量、风向、风力等都会影响公路沿线地面水和地下水的状况，并且影响到路基路面的水温情况。

在一年之中，气候有季节性的变化。因此，路基路面的水温状况也随之变化。气候还受地形的影响，如山顶与山脚、山南坡与山北坡气候有很大的差别，这些因素都会严重影响路基路面的稳定性。

(4) 水文和水文地质条件 水文条件包括公路沿线地表水的排泄，河流洪水位，常水位，有无地表积水和积水时期的长短，河岸的淤积情况等。水文地质条件包括地下水位，地下水移动的规律，有无层间水、裂隙水、泉水等。所有这些地面水及地下水都会影响路基路面的稳定性，如果处理不当，常会引起各种病害。

(5) 土的类别 土是建筑路基和路面的基本材料，不同的土类具有不同的工程性质，因而将直接影响路基和路面的强度与稳定性。

不同的土类含有不同粒径的土颗粒，砂粒成分多的土，强度构成以内摩擦力为主，强度高，受水的影响小，但施工时不易压实。较细的砂，在渗流情况下，容易流动，形成流砂。黏粒成分多的土，强度形成以黏结力为主，其强度随密实程度的不同，变化较大，并随湿度的增大而降低。粉土类土毛细现象强烈，路基路面的强度和承载力随着毛细水上升和湿度增大而下降。在负温度坡差作用下，水分通过毛细作用移动并积聚，使局部土层湿度大幅度增加，造成路基冻胀，最后导致路基翻浆，路面结构层断裂等各种破坏。

1.4 路基路面结构及层位功能

在不同的场合，路基的内涵有一定的差异。在路基设计时，路基的内涵是道路整个横断面，包含路堤和路堑；在路面设计时，路基的内涵是路面的承载平台，即路面以下的部分。

1.4.1 路基横断面

路基横断面包含路基和路面结构两部分，路基宽度沿横断面方向由行车道、中间带、硬路肩和土路肩所组成。各部分的宽度与道路等级、设计行车速度等有关。典型的路基横断面如图1-1所示。高速公路的几种路基横断面如图1-2所示。

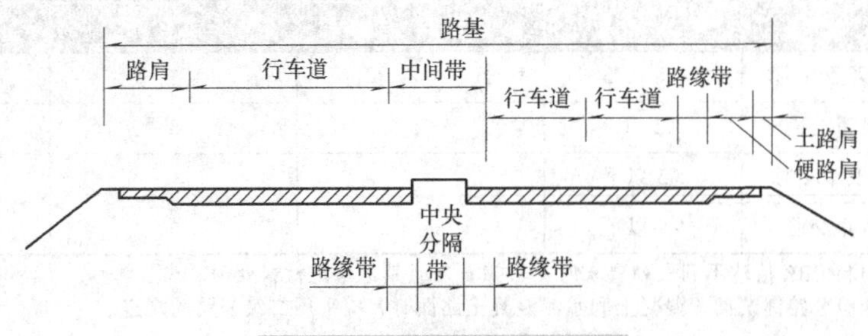

图1-1　典型的路基横断面图

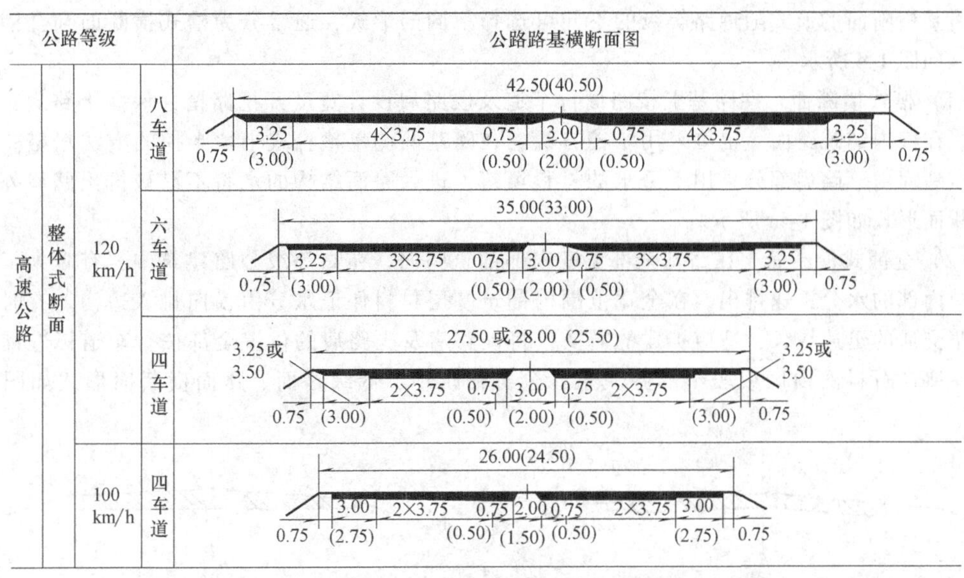

图1-2　高速公路的几种路基横断面（尺寸单位：m）

图1-3所示为路基横断面构造示意图。填方路基结构0~30cm称为上路床，30cm~80cm称为下路床，80cm~150cm称为上路堤，150cm以下称为下路堤；当交通等级为特重或极重时，30~120cm称为下路床，120~190cm称为上路堤，190cm以下称为下路堤。不同的路堤范围对填土有不同的要求，见表1-1。

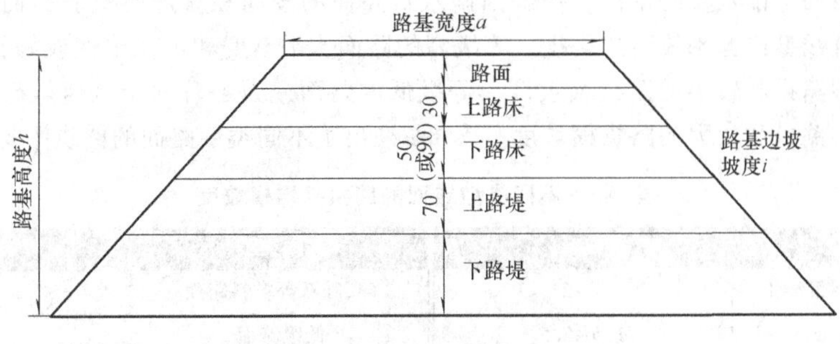

图1-3　路基横断面构造示意图

表 1-1 路堤填料最小承载比要求

路基部位		路面底面以下深度/m	填料最小承载比 CBR(%)		
			高速公路、一级公路	二级公路	三、四级公路
上路堤	轻、中等及重交通	0.8~1.5	4	3	3
	特重、极重交通	1.2~1.9	4	3	—
下路堤	轻、中等及重交通	1.5 以下	3	2	2
	特重、极重交通	1.9 以下			

注：1. 当路基填料 CBR 值达不到表列要求时，可掺石灰或其他稳定材料处理。
2. 当三、四级公路铺筑沥青混凝土和水泥混凝土路面时，应采用二级公路的规定。

1.4.2 路面横断面

路基横断面的形式随道路等级的不同可选择不同的形式，通常分为槽式横断面和全铺式横断面，如图 1-4 所示。

(1) 槽式横断面　在路基上按路面行车道及硬路肩设计宽度开挖路槽，保留土路肩，形成浅槽，在槽内铺筑路面。也可采用培槽方法，在路基两侧培槽，或半填半挖的方法培槽。这种路面横断面由于路肩部分采用不透水的材料填筑，进入路面结构的水将不易被排出路肩外。路面横断面形式如图 1-4a 所示。

(2) 全铺式横断面　在路基全部宽度内部铺筑路面。在高等级公路建筑中，有时为了将路面结构内部的水分迅速排出，在全宽范围内铺筑基层材料保证水分由横向排入边沟。有时考虑到道路交通的迅速增长，适应扩建的需要，将硬路肩及土路肩的位置全部按行车道标准铺筑面层。在盛产石料的山区或较窄的路基上，全宽铺筑中、低级路面。路面横断面形式如图 1-4b 所示。

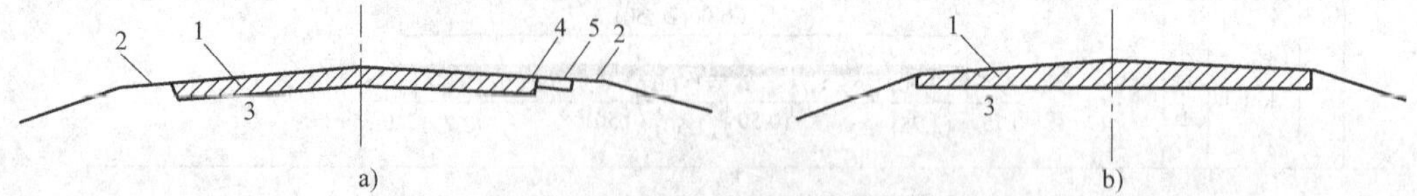

图 1-4 路面横断面形式

a) 槽式横断面　b) 全铺式横断面

1—路面　2—路肩　3—路基　4—路缘石　5—加固路肩

1.4.3 路拱横坡度

为了保证路面上雨水及时排出，缓解因雨水对路面的浸润和渗透而减弱路面结构强度，路面表面应做成直线型或抛物线型的路拱。等级高的路面，平整度和水稳定性较好，透水性也小，通常采用直线型路拱和较小的路拱横坡度。等级低的路面，为了有利于迅速排出路表积水，一般采用抛物线型路拱和较大的路拱横坡度。表 1-2 列出了不同类型路面的路拱平均横坡度。

表 1-2 不同类型路面的路拱平均横坡度

路面类型	路拱坡度(%)	路面类型	路拱坡度(%)
沥青混凝土+水泥混凝土	1~2	碎、砾石等粒料路面	2.5~3.5
其他沥青路面	1.5~2.5	低级路面	3~4
平整齐石块	2~3		

选择路拱横坡度，应充分考虑有利于行车平稳和有利于横向排水两方面的要求。在干旱和有积雪、浮冰地区，应采用低值，多雨地区采用高值；当道路纵坡较大、路面较宽、行车速度较高、交通量和车辆载重较大、常有拖挂汽车行驶时，应采用平均横坡度的低值；反之则应采用高值。

高速公路和一级公路设有中央分隔带。若分隔带未设置排水设施，则路拱横断面做成中间高、两侧路面低，由单向横坡向路肩方向排水；若分隔带设置排水设施，则两侧路面分别单独做成中间高两边低的路拱，向中间排水设施和路肩两个方向排水。

路肩横坡度一般较路面横坡度大1%。但是高速公路和一级公路的硬路肩采用与路面行车道相同的结构时，应采用与路面行车道相同的路面横坡度。路拱坡度主要是考虑路面排水的要求，路面越粗糙，要求路拱坡度越大。因此路拱坡度应根据路面类型和当地自然条件来确定，路拱坡度过大对行车不利，故路拱坡度应限制在一定范围内，具体按表1-2规定的数值采用。同时路肩横坡度一般应较路面横坡度大1%~2%。

1.4.4 路基路面结构分层及层位功能

行车荷载和自然因素对路基路面的影响，随深度的增加而逐渐变化。因此，对路面材料的强度、抗变形能力和稳定性要求也随深度的增加而逐渐变化。通过沥青路面结构应力计算结果可以发现，荷载作用下垂直应力 σ_z 随着深度的增加而变小，水平应力 σ_r 一般为表面受压和底面受拉（见图1-5），剪应力 τ_{zr} 先增加后减小。

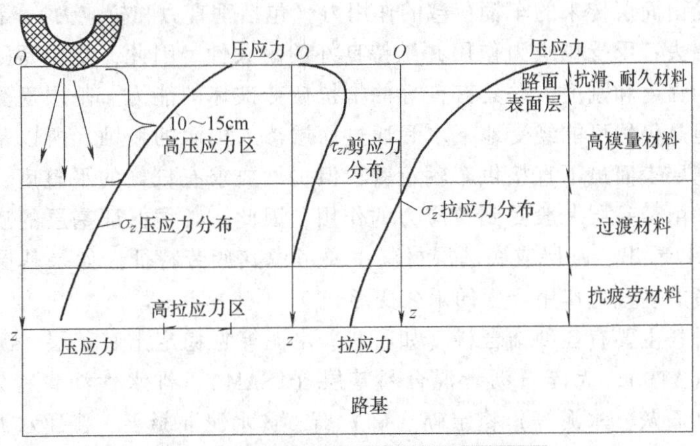

图1-5 路面结构受力与材料要求图

为了适应这一特点，路面结构通常是分层铺筑的，按照使用要求、受力状况、土基支承条件和自然因素影响程度的不同，分成若干层次。通常按照各个层位功能的不同，划分为三个层次，即面层、基层和路基（垫层），如图1-6所示。为保证面层和基层不受路基水温状况变化所造成的不良影响，及为了面层和基层、面层和面层之间的良好粘结，必要时应设置功能层。功

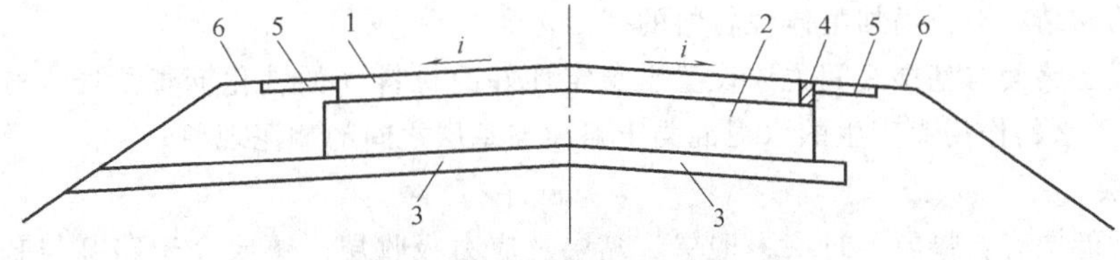

图1-6 路面结构层次划分示意图

1—面层 2—基层 3—路基（垫层） 4—路缘石 5—加固路肩 6—土路肩 *i*—路拱横坡度

能层介于路基和基层之间时，也称为垫层。

1. 面层

面层是直接同行车和大气接触的表面层次，它承受较大的行车荷载的垂直力、水平剪切力的作用。同时还受到降水的侵蚀和气温变化的影响。因此，同其他层次相比，面层应具有较高的结构强度以抵抗垂直应力作用；较高的抗变形能力以抵抗剪切作用；较好的水稳定性以抵抗水损害和很好的温度稳定性以抵抗车辙；其表面还应有良好的抗滑性和平整度。

修筑面层所用的材料主要有：水泥混凝土、沥青混凝土、沥青碎（砾）石混合料、砂砾或碎石掺土或不掺土的混合料以及块料。

沥青面层有时分两层、三层或更多的层次铺筑，如高速公路沥青面层总厚度为18~20cm时可分为上、中、下三层铺筑，并根据各分层的要求采用不同的级配类型。由图1-5可知：沥青面层主要承受垂直应力和剪应力，因此，沥青面层材料设计主要考虑抗车辙和抗剪切，路面上面层和中面层主要应考虑耐久性和抗滑性，应选用抗车辙和抗剪切性能好的材料。

水泥混凝土路面分上下两层铺筑，分别采用不同强度等级的水泥混凝土材料，也有在水泥混凝土路面或连续配筋水泥混凝土上加铺4~10cm沥青混凝土这样的复合式结构。

但是，在砂石路面上所铺的2~3cm厚的磨耗层或1cm厚的保护层，以及厚度不超过1cm的简易沥青表面处治，不能作为一个独立的层次，应看作是面层的一部分。

2. 基层

基层主要承受由面层传来的车辆荷载的作用力（包括垂直力和拉应力），将垂直力扩散到下面的垫层和土基中去；承受拉应力作用并维持良好的耐久性。因此，基层是路面结构中的承重层，应具有一定的强度和刚度，并具有良好的抵抗疲劳破坏的能力。基层遭受大气因素的影响虽然比面层小，但是仍然可能经受地下水和通过面层渗入雨水的侵蚀，所以基层结构应具有足够的水稳定性。基层表面虽不直接供车辆行驶，但仍然要求有较好的平整度，这是保证面层平整度的基本条件。由于基层一般受到拉应力的作用，因此，必须保证基层的疲劳寿命满足设计要求。由图1-5可以看出，基层或底基层材料主要考虑其疲劳特征。如果基层或底基层采用粒径材料，则必须考虑垂直力作用产生的永久变形。

修筑基层的材料主要有各种结合料（如石灰、水泥等）稳定土底基层，沥青稳定基层［包括沥青稳定基层（ATB）、大碎石沥青混合料基层（LSAM）、排水性沥青稳定基层（ATPB）］及各种结合料（如石灰、水泥等）稳定碎（砾）石、贫水泥混凝土、普通水泥混凝土、天然砂砾、各种碎石或砾石、片石、块石或圆石的基层，各种工业废渣（如煤渣、粉煤灰、矿渣、石灰渣等）和土、砂、石所组成的混合料等。

基层厚度太厚时，为保证工程质量可分为两层、三层或更多的层次铺筑。当采用不同材料修筑基层时，基层的最下层称为底基层，对底基层材料质量的要求可以降低，可使用当地材料来修筑。

沥青混凝土路面必须采取措施保证沥青层与沥青层、沥青层与无机结合料稳定材料基层之间具有良好的黏结状态，增加整体性材料的疲劳寿命。

水泥混凝土路面与基层之间也应设置水稳定性好的材料（如乳化沥青封层、贫混凝土基层等），减少由于水的作用而产生的水泥混凝土路面与基层之间的唧泥现象。

3. 功能层

常见的功能层有：垫层、封层、透层、黏层及应力吸收层。垫层介于路基与基层之间，它的功能是改善路基的湿度和温度状况，以保证面层和基层的强度、刚度和稳定性不受土基水温状况变化所造成的不良影响。另一方面的功能是将基层传下的车辆荷载应力加以扩散，以减小路基产生的应力和变形。同时也能阻止路基土挤入基层中，影响基层结构的性能。

修筑垫层的材料，强度要求不一定高，但水稳定性和隔温性能要好。常用的垫层材料分为两类，一类是由松散粒料，如砂、砾石、炉渣等组成的透水性垫层，另一类是用水泥或石灰稳定土等修筑的稳定类材料层。

1.4.5 路面的分类

路面类型可以从不同角度来划分，但是一般都按面层所用的材料区分，如水泥混凝土路面、沥青路面、砂石路面等。但是在工程设计中，主要从路面结构的力学特性的相似性出发，可以将路面结构划分为柔性路面（沥青混凝土路面）、复合式路面和刚性路面三类。根据基层材料类型及组合的不同又可以将沥青混凝土路面划分为柔性基层沥青路面，半刚性基层沥青路面、刚性基层沥青路面、组合式基层沥青路面。国外一般将水泥混凝土路面和沥青混凝土路面称为有铺装路面；表面处治、沥青碎石、沥青贯入式路面称为简易铺装路面；砂石路面等归入未铺装路面。砂石路面是以砂、石为集料，以土、水、灰为结合料，通过一定的配合比铺筑而成的路面，包括级配砂（砾）石路面、泥结碎石路面、水结碎石路面、填隙碎石路面及其他粒料路面。

1. 柔性基层沥青路面

柔性基层沥青路面的总体结构刚度较小，在车辆荷载作用下产生的弯沉变形较半刚性基层沥青路面大。虽然路面结构某一层的抗弯拉强度较低，但通过合理的结构组合和厚度设计可以保证路面结构整体具有很强的抵抗荷载作用的能力，同时通过各结构层将车辆荷载传递给土基，使土基承受的单位压力在一定的范围内。路基路面结构主要靠抗压强度和抗剪强度承受车辆荷载的作用。柔性基层主要包括各种未经处理的粒料基层和各类沥青层、碎（砾）石层或块石层组成的路面结构。

2. 半刚性基层沥青路面

用水泥、石灰等无机结合料处治的土或碎（砾）石及含有水硬性结合料的工业废渣修筑的基层，在前期具有柔性基层的力学性质，后期的强度和刚度均有较大幅度的增长，但是最终的强度和刚度仍远小于水泥混凝土。由于这种材料的刚性处于柔性基层与刚性基层之间，因此把这种基层和铺筑在它上面的沥青面层统称为半刚性基层沥青路面。

3. 刚性基层沥青路面

用水泥混凝土（包括普通混凝土、钢筋混凝土、连续配筋混凝土、钢纤维混凝土、预应力混凝土、装配式混凝土、碾压混凝土）做基层的沥青混凝土做面层的路面结构。水泥混凝土具有强度高、稳定性好等特点，沥青混凝土行车舒适、噪声小，这种复合式路面可以结合各自的优点，具有良好的使用性能和耐久性；普通混凝土、钢筋混凝土基层沥青路面由于接缝处的反射裂缝，对使用性能有一定的影响；连续配筋混凝土基层沥青混凝土路面由于连续的配筋将水泥混凝土的裂缝宽度约束在一定的范围内（一般要求小于1mm）。故有良好的使用性能和耐久性，但必须采取措施保证沥青层与沥青层、沥青层与水泥混凝土层之间有良好的黏结状态。

4. 水泥混凝土路面

水泥混凝土路面主要指用水泥混凝土做面层（包括普通混凝土、钢筋混凝土、连续配筋混凝土、钢纤维混凝土、预应力混凝土、装配式混凝土、碾压混凝土）的路面结构。水泥混凝土的强度高，与其他筑路材料比较，它的抗弯拉强度高，并具有较大的弹性模量，故呈现出较大的刚性，在车辆荷载作用下，水泥混凝土结构层处于板体工作状态，竖向弯沉较小，路面结构主要靠水泥混凝土板的抗弯拉强度承受车辆荷载。通过板体的扩散分布作用，传递给基础上的单位压力较柔性路面小得多。

5. 组合式基层沥青路面

沥青路面的基层含有无机结合料稳定材料、水泥混凝土材料等刚度较大或相对较大的材料，但是在沥青层与刚度相对较大的材料之间夹有柔性材料，如沥青混凝土层+级配碎石+无机结合料稳定材料层的路面结构、沥青混凝土层+级配碎石+普通水泥混凝土材料层的路面结构、沥青混凝土层+级配碎石+碾压式水泥混凝土材料层的路面结构等。

组合式基层沥青路面必须认真验算级配碎石基层上面各层的疲劳性能，以避免由于整体性材料与非整体性材料界面上的应力（应变）突变而产生疲劳破坏。

1.5 公路自然区划

1.5.1 公路自然区划原则

我国地域辽阔，又是个多山国家，从北向南分别处于寒带、温带和热带。从青藏高原到东部沿海高程相差4000m以上，因此自然因素变化极为复杂。不同地区自然条件的差异同公路建设有密切关系。为了区分各地自然区域的筑路特性，我国制定了JTJ 003—1986《公路自然区划标准》。该区划是根据以下三原则制定的：

（1）道路工程特征相似的原则　在同一区划内，在同样的自然因素下筑路具有相似性，例如，北方主要是春融时期，有翻浆病害；南方在雨季，有冲刷、水毁等病害。

（2）地表气候区划差异性的原则　地表气候是地带性差异与非地带性差异的综合结果。通常，地表气候随着当地纬度而变，如北半球，北方寒冷，南方温暖，这称为地带性差异。除此之外，还与高程的变化有关，即沿垂直方向的变化，如青藏高原海拔高，与纬度相同的其他地区相比，气候更加寒冷，即称为非地带性差异。

（3）自然气候因素既有综合又有主导作用的原则　自然气候的变化是各种因素综合作用的结果，但其中又有某种因素起着主导作用，如道路冻害是水和热综合作用的结果。但是，南方只有水而没有寒冷气候的影响，不会有冻害，说明温度起主导作用；西北干旱区与东北潮湿区，同样都有负温度，但前者冻害轻于后者，说明水起主导作用。

1.5.2 公路自然区划分级

"公路自然区划"分三级进行区划。一级区划首先将全国划分为多年冻土、季节冻土和全年不冻土三大地带，再根据水热平衡和地理位置，划分为北部多年冻土区（Ⅰ区）、东部温润季冻区（Ⅱ区）、黄土高原干湿过渡区（Ⅲ区）、东南湿热区（Ⅳ区）、西南潮暖区（Ⅴ区）、西北干旱区（Ⅵ区）、青藏高寒区（Ⅶ区）七个大区。二级区划是在一级区划的基础上以潮湿系数为主进一步划分的。三级区划是在二级区划内划分更低一级的区域或类型单元。

1. 一级自然区划

（1）北部多年冻土区（Ⅰ区）　该区北部为连续分布多年冻土，南部为岛状分布多年冻土。对于泥沼地多年冻土层，最重要的道路设计原则是保温，不可轻易挖去覆盖层，使路堤下保持冻结状态，若受大气热量影响融化，后患无穷。对于非多年冻土层的处理方法则不同，需将泥炭层全部或局部挖去，排干水分，然后填筑路堤。该区主要是林区道路，路面结构为中级路面。林区山地道路，因表土湿度大，地面径流大，最易翻浆，应采取换土、稳定土、砂垫层等处理方法。

（2）东部温润季冻区（Ⅱ区）　该区路面结构突出的问题是防止翻浆和冻胀。翻浆的轻重程度取决于路基的潮湿状态，可根据不同的路基潮湿状态采取措施。该区缺乏砂石材料，采用稳定土基层已取得一定的经验。

(3) 黄土高原干湿过渡区（Ⅲ区） 该区特点是黄土对水分的敏感性，干燥土基强度高、稳定性好。在河谷盆地的潮湿路段以及灌区耕地，土基稳定性差，强度低，必须认真处理。

(4) 东南湿热区（Ⅳ区） 该区雨量充沛集中，雨型季节性强，台风暴雨多，水毁、冲刷、滑坡是道路的主要病害，路面结构应结合排水系统进行设计。该区水稻田多，土基湿软、强度低，必须认真处理。由于气温高、热季长，要注意黑色面层材料的热稳定性和防透水性。

(5) 西南潮暖区（Ⅴ区） 该区山多，筑路材料丰富，应充分利用当地材料筑路，对于水文不良路段，必须采取措施，稳定路基。

(6) 西北干旱区（Ⅵ区） 该区大部分地下水位很低，虽然冻深多在100~150cm以上，但一般道路冻害较轻。个别地区，例如河套灌区、内蒙古草原洼地，地下水位高，翻浆严重。丘陵区1.5m以上的深路堑冬季积雪厚，雪水浸入路面造成危害，所以沥青面层材料应具有良好的防透水性，路肩也应做防水处理。由于气候干燥，砂石路面经常出现松散、搓板和波浪现象。

(7) 青藏高寒区（Ⅶ区） 该区局部路段有多年冻土，须按保温原则设计。由于地处高原，气候寒冷，昼夜气温相差很大，日照时间长，沥青老化很快，又因为年平均气温相对偏低，路面易遭受冬季雪水渗入而破坏。

2. 二级自然区划

二级区划是在每个一级区内，再以潮湿系数为依据，分为6个等级，见表1-3。潮湿系数K为年降雨量R与年蒸发量Z之比，即

$$K=R/Z \tag{1-1}$$

表1-3 二级自然区划

潮湿系数	等级	二级区名
$K>2.0$	1级	过湿
$2.0\geqslant K>1.5$	2级	中湿
$1.5\geqslant K>1.0$	3级	润湿
$1.0\geqslant K>0.5$	4级	润干
$0.5\geqslant K>0.25$	5级	中干
$0.25>K$	6级	过干

除了这6个潮湿等级外，还结合各个大区的地理、气候特征（如雨季、冰冻深度）、地貌类型、自然病害等因素，将全国分为33个二级区和19个二级副区。

3. 三级自然区划

三级区划是二级区划的具体化，划分的方法有两种：一种是以水热、地理和地貌为依据；另一种是以地表的地貌、水文和土质为依据。具体情况由各省、自治区自行划定。

习　题

1. 路基路面工程特点主要有几个方面？
2. 路基路面稳定性的影响因素是什么？
3. 路面结构为什么要分层设计？水泥混凝土和沥青混凝土路面如何分层设计？
4. 简述公路自然区划划分依据及你家乡所在的区划。

Part I

第 1 篇

路基工程

第 2 章

路基工程总论

学习目标

掌握路基的概念及其作用，熟悉路基用土的分类和工程性质，掌握路基水温状况及干湿类型，熟悉路基的常见病害及对路基的基本要求，掌握路基的强度与稳定性以及路基土的回弹模量值。

路基的中心问题是结构物的整体稳定性和直接位于路面下的路基的抗变形能力，路基是路面的基础，它与路面共同承受行车荷载和自然因素的作用。路基本身的强度与稳定性直接影响路面使用寿命和道路的使用性能。

2.1 路基及其作用

公路是一种线形工程构造物。它主要承受和满足汽车荷载的重复作用和经受各种自然因素的长期影响。由于地形、地质和经济条件的限制，公路中的线在平面上有弯曲，在竖直方向上有起伏，因此它是一条空间线，其形状称为公路的线形。

路基是按照路线位置和一定技术要求修筑的作为路面基础的带状构造物。它是公路线形的主体，贯穿于公路全线，与沿线的桥梁、涵洞和隧道等相连接。路基是路面的基础，它与路面共同承受行车荷载的作用。路面是用硬质材料铺筑于路基顶面的层状构造。路面靠路基来支撑。没有稳固的基础就没有稳固的路面。

2.2 路基土的分类和工程性质

2.2.1 路基土的分类

世界各国公路用土的分类方法虽然不尽相同，但是分类的依据则大致相近，我国公路用土根据土的颗粒组成特征、土的塑性指标和土中有机质存在的情况进行分类。土的颗粒组成特征用不同粒径粒组在土中的百分含量表示。土的分类总体系包括巨粒土、粗粒土、细粒土和特殊土四类，并且细分为 12 种，如图 2-1 所示。表 2-1 为不同粒组的划分界限及范围。

表 2-1 不同粒组划分界限及范围

粒径/mm	200	60	20	5	2	0.5	0.25	0.075	0.002
巨粒组		粗粒组						细粒组	
漂石（块石）	卵石（小块石）	砾（角砾）			砂			粉粒	黏粒
		粗	中	细	粗	中	细		

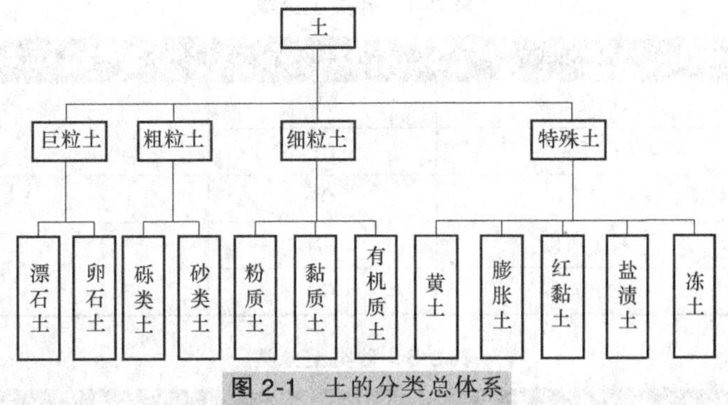

图 2-1　土的分类总体系

公路用土分类的基本代号见表 2-2。

表 2-2　公路用土分类的基本代号

特征＼代号＼土类	巨粒土	粗粒土	细粒土	有机土
成分代号	漂石 B 块石 B_a 卵石 Cb 小块石 Cb_a	砾 G 角砾 G_a 砂 S	粉土 M 黏土 C 细粒土 F 混合土 SI	有机质土 O
级配和液限高低代号	级配良好 W，高液限 H 级配不良 P，低液限 L			

注：1. 土类名称可用一个基本代号表示。当由两个基本代号构成时，第一个代号表示土的主成分，第二个代号表示副成分（土的级配或土的液限）。当由三个基本代号构成时，第一个代号表示土的主成分，第二个代号表示液限的高低（或级配的好坏），第三个代号表示土中所含次要成分。

2. 液限的高低以 50 划分；级配以不均匀系数（C_u）和曲率系数（C_c）表示，详见 JTG E40—2007《公路土工试验规程》。

（1）巨粒土　巨粒组（大于 60mm 的颗粒）质量大于总质量 15%的土称为巨粒土。巨粒土分类见表 2-3。

表 2-3　巨粒土分类

土组		土组代号	漂石粒（>200mm 颗粒）含量
漂（卵）石 （大于 60mm 颗粒含量>75%）	漂石	B	>卵石粒含量
	卵石	Cb	≤卵石粒含量
漂（卵）石夹土 （大于 60mm 颗粒含量为 50%～75%）	漂石夹土	BSI	>卵石粒含量
	卵石夹土	CbSI	≤卵石粒含量
漂（卵）石质土 （大于 60mm 颗粒含量为 15%～50%）	漂石质土	SIB	>卵石粒含量
	卵石质土	SICb	≤卵石粒含量

（2）粗粒土　试样中粗粒组含量大于 50%的土称为粗粒土。粗粒土分为砾类土和砂类土两种，粗粒土中砾粒组（2～60mm 的颗粒）质量大于砂粒组质量的土称为砾类土，见表 2-4。砾粒组质量小于或等于砂粒组质量的土称为砂类土，见表 2-5。

表 2-4 砾类土分类

土组		土组代号	细粒土(<0.075mm 颗粒)含量
砾	级配良好砾	GW	<5%
	级配不良砾	GP	
含细粒土砾		GF	5%~15%
细粒土质砾	粉土质砾	GM	15%~50%
	黏土质砾	GC	

表 2-5 砂类土分类

土组		土组代号	细粒土(<0.075mm 颗粒)含量
砂	级配良好砂	SW	<5%
	级配不良砂	SP	
含细粒土砂		SF	5%~15%
细粒土质砂	粉土质砂	SM	15%~50%
	黏土质砂	SC	

(3) 细粒土　细粒组土粒质量多于或等于总质量 50%的土称为细粒土。细粒土中粗粒组(2~60mm 颗粒)质量小于或等于总质量 25%的土称为粉质土或黏质土，细粒土中粗粒组质量为总质量 25%~50%(含 50%)的土称为含粗料的粉质土或含粗粒的黏质土，试样中有机质含量多于或等于总质量的 5%，且少于总质量 10%的土称为有机质土。

细粒土的分类及性质在很大程度上与土的塑性指标相关联。图 2-2 为土的塑性图，表明土的塑性指数(I_P)与液限(w_L)的相关关系。图中以 A 线 [$I_P=0.73(w_L-20)$] 和 B 线($w_L=50\%$)将坐标空间划分为四个区，大致区分了细粒土的塑性性质。细粒土的分类如图 2-3所示。

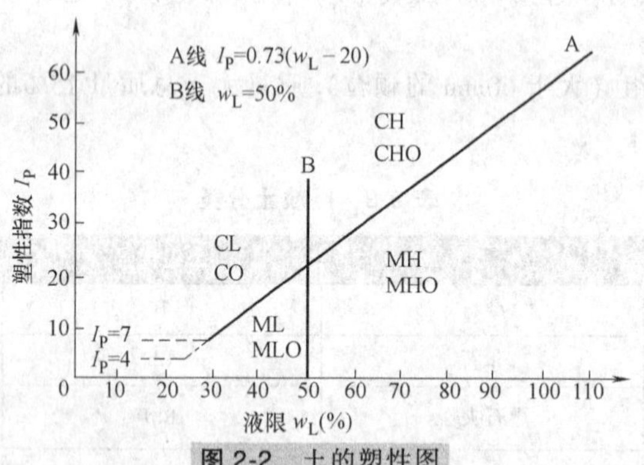

图 2-2 土的塑性图

(4) 特殊土　特殊土主要包括黄土、膨胀土、红黏土、盐渍土和冻土。黄土、膨胀土和红黏土按图 2-4 所示的特殊土塑性图上的位置定名。黄土属低液限黏土(CLY)，分布范围大部分在 A 线以上，$w_L<40\%$；膨胀土属高液限黏土(CHE)，分布范围大部分在 A 线以上，$w_L>50\%$；红黏土属高液限粉土(MHR)，分布范围大部分在 A 线以下，$w_L>55\%$。盐渍土按照土层中所含盐类的种类和质量百分率进行分类，见表 2-6。冻土按冻结状态持续时间可分为多年冻土、隔年冻土和季节冻土三类。

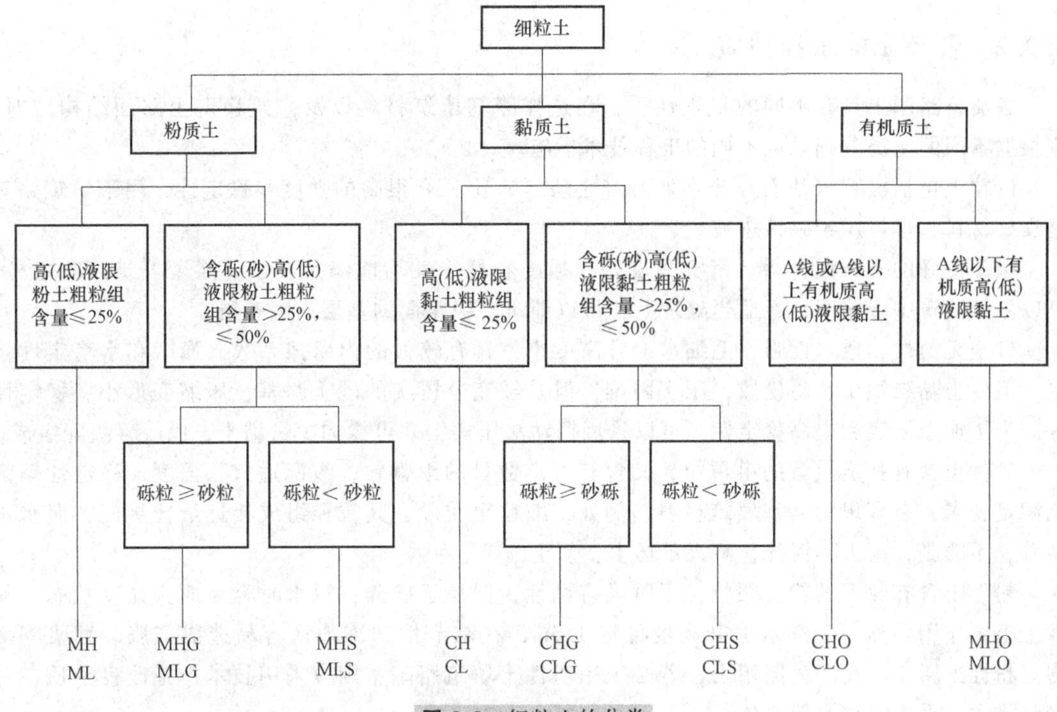

图 2-3　细粒土的分类

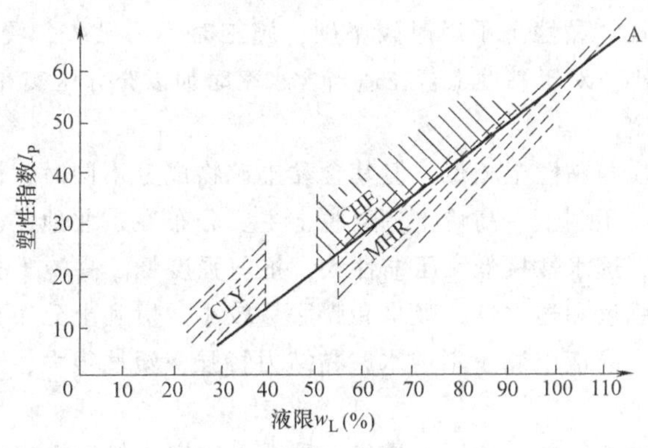

图 2-4　特殊土的塑性图

表 2-6　盐渍土工程分类

名称 \ 土层中平均总盐量(质量%) \ Cl^-/SO_4^{2-} 比值	氯盐渍土	亚氯盐渍土	亚硫酸盐渍土	硫酸盐渍土
	>2.0	1.0~2.0	0.3~1.0	<0.3
弱盐渍土	0.3~1.5	0.3~1.0	0.3~0.8	0.3~0.5
中盐渍土	1.5~5.0	1.0~4.0	0.8~2.0	0.5~1.5
强盐渍土	5.0~8.0	4.0~7.0	2.0~5.0	1.5~4.0
过盐渍土	>8.0	>7.0	>5.0	>4.0

2.2.2 各类土的工程性质

各类公路用土具有不同的工程性质，在选择路基填筑材料以及修筑稳定土路面结构层时，应根据不同的土类分别采取不同的工程技术措施。

巨粒土包括漂石（块石）土和卵石（小块石）土，有很高的强度和稳定性，用于填筑路基是良好材料，也可用于砌筑边坡。

级配良好的砾石混合料，密实程度好，强度和稳定性均能满足要求。除了填筑路基之外，可以用于铺筑中级路面，经适当处理后，可以铺筑高级路面的基层、底基层。

砂土无塑性，透水性强，毛细水上升高度小，具有较大的内摩擦系数，强度和水稳定性均好，但砂土黏结性小，易松散，压实困难，但是经充分压实的砂土路基，压缩变形小，稳定性好。为了加强压实和提高稳定性，可以采用振动法压实，并可掺加少量黏土，以改善级配组成。

砂性土含有一定数量的粗颗粒，又含有一定数量的细颗粒，级配适宜，强度、稳定性等都能满足要求，是理想的路基填筑材料。例如，细粒土质砂，其粒径组成接近最佳级配，遇水不粘着，不膨胀，雨天不泥泞，晴天不扬尘，便于施工。

粉性土含有较多的粉土颗粒，干时虽有黏性，但易于破碎，浸水时容易成为流动状态。粉性土毛细作用强烈，毛细水上升高度可达 1.5m，在季节性冰冻地区容易造成冻胀、翻浆等病害。粉性土属于不良的公路用土，若必须用粉性土填筑路基，则应采用技术措施改良土质，并加强排水、采取隔离水等措施。

黏性土中细颗粒含量多，土的内摩擦系数小而黏结力大，透水性小而吸水能力强，毛细现象显著，有较大的可塑性。黏性土干燥时较坚硬，施工时不易破碎，浸湿后能长期保持水分，不易挥发，因而承载力小。对于黏性土若在适当含水率时加以充分压实和设置良好的排水设施，筑成的路基也能获得稳定。

高液限黏土工程性质与黏性土相似，但其含黏土矿物成分不同时，性质有很大的差别。黏土矿物主要包括蒙脱土、伊利土、高岭土。蒙脱土主要分布在东北地区，其塑性大，吸湿后膨胀强烈，干燥时收缩大，透水性极低，压缩性大，抗剪强度低。高岭土分布在南方地区，其塑性较低，有较高的抗剪强度和透水性，吸水和膨胀量较小。伊利土分布在华中和华北地区，其性质介于上述两者之间。高液限黏土不透水，黏结力特强，塑性很大，干燥时很坚硬，施工时难以挖掘和破碎。

总之，土作为路基建筑材料，砂性土最优，黏性土次之，粉性土属不良材料，最容易引起路基病害。高液限黏土，特别是蒙脱土也是不良的路基土。此外，还有一些特殊土类，例如有特殊结构的土（黄土）、含有机质的土（腐殖土）及含易溶盐的土（盐渍土）等，用于填筑路基时必须采取相应的技术措施。

2.3 路基水温状况及干湿类型

2.3.1 路基湿度的来源

路基的强度与稳定性在很大程度上与路基的湿度及大气温度引起的路基水温状况有密切的关系。路基在使用过程中，受到各种外界因素的影响，使湿度发生变化。路基湿度的来源可分为以下几个方面：

1）大气降水。大气降水通过路面、路基边坡和边沟渗入路基。

2）地面水。边沟的流水、地表径流因排水不良，形成积水，渗入路基。

3）地下水。路基下面一定范围内的地下水侵入路基。

4）毛细水。路基下的地下水，通过毛细管作用，上升到路基。

5）水蒸气凝结水。在土的空隙中流动的水蒸气，遇冷凝结成水。

6）薄膜移动水。在土的结构中水以薄膜的形式从含水率较高处向较低处流动，或由温度较高处向冻结中心周围流动。

上述各种导致路基湿度变化的来源，其影响程度随当地自然条件和气候特点以及所采取的工程措施而不同。

2.3.2 大气温度对路基水温状况的影响

路基湿度除了水的来源之外，另一个重要因素是受当地大气温度的影响。湿度与温度变化对路基产生的共同影响称为路基的水温状况。沿路基深度出现较大的温度梯度时，水分在温差的影响下以液态或气态由热处向冷处移动，并积聚在冷处。这种现象特别是在季节性冰冻地区尤为严重。

我国华北、东北和西北地区为季节性冰冻地区。这些地区的路基在冬季冻结的过程中会在负温度坡差的影响下，出现湿度积聚现象。气温下降到零度以下，路面和路基结构内的温度也随之由上而下地降到零下。在负温度区内，自由水、毛细水和弱结合水随温度降低而相继冻结，于是土粒周围的水膜减薄，剩余了许多自由表面能，增加了土的吸湿能力，促使水分由高温处向上移动，以补充低温处失去的部分。由试验得知，在温度下降到-3℃以下时，土中未冻结的水分在负温差的影响下实际上已不可能向温度更低处移动，因此，负温度区的水分移动一般发生在0℃～-3℃等温线之间。在正温度区内，因零度等温线附近土中自由水和毛细水的冻结，形成了与深层次土层之间的温度坡差，从而促使下面的水分向零度等温线附近移动。而这部分上移的水分便又成了负温度区水分移动的补给来源。这就造成了上层路基湿度的大量积聚。

积聚的水冻结后体积增大，使路基隆起而造成面层开裂，即冻胀现象。春暖化冻时，路面和路基结构由上而下逐渐解冻。而积聚在路基上的水分先融解，水分难以迅速排出，造成路基上层的湿度增加，路面结构的承载能力大大降低。若是在交通繁重的地区，经重车反复作用，路基路面结构会产生较大的变形，严重时，路基土以泥浆的形式从胀裂的路面缝隙中冒出，形成了翻浆。冻胀和翻浆的出现，使路面遭受严重损害。

当然，并不是在季节性冰冻地区的所有道路都会产生冻胀与翻浆，对于渗透性较高的砂类土以及渗透性很低的黏质土，水分都不容易积聚，因此不易发生冻胀与翻浆，而相反，对于粉质土和极细砂则由于毛细水活动力强，极易发生冻胀与翻浆。

2.3.3 路基土的基质吸力与饱和度

采用平均稠度指标 w_c 作为路基湿度评价指标，虽然综合了土的塑性特性，包含了液限（w_L）与（w_P）塑限，也能反映土的软硬程度，但是对于塑性指数为零或接近于零的土组，土的平均稠度不能全面反映路基土的工作状态。

$$w_c=\frac{w_c-w}{w_c-w_P} \tag{2-1}$$

若土粒的相对密度 G_S 和土干密度 γ_S 已经确定，根据质量含水率 w、饱和度 S 和体积含水率 w_V 之间的相互关系，只要测定 w、S 和 γ_S 变量中任何一个，就可得出另外两个。如果吸湿过程或干燥过程中土样体积没有变化或者变化较小，则采用其中任何一个变量表征土体湿度状况已经足够。但是大多数情况下，土体体积随着湿度变化而变化，这样即使质量含水率不变，体积含水率和饱和度都会变化，因而表征湿度时，需要考虑土体密度和质量含水率两个因素，而饱和度和体积含水率均包含了含水率和密度两个参数，故可以选择饱和度和体积含水率中的任何一个来表征土体湿度状况。

$$S=\frac{\omega_V}{1-\dfrac{\gamma_S}{G_S\gamma_W}}\quad 或\ S=\frac{\omega}{\dfrac{\gamma_W}{\gamma_S}-\dfrac{1}{G_S}} \tag{2-2}$$

式中 S——饱和度（%）；

ω——土的质量含水率（%）；

ω_V——体积含水率（%）；

γ_W、γ_S——土的干密度和水的密度（kg/m^3）；

G_S——土的相对密度。

将基质吸力（h_m）定义为孔隙气压力与孔隙水压力的差值，即

$$h_m=u_a-u_w \tag{2-3}$$

式中 u_a——孔隙气压力（kPa）

u_w——孔隙水压力（kPa）

路面竣工后，路基在整个使用期内处于非饱和状态，其湿度状况主要由基质吸力所决定。根据非饱和土土力学理论，非饱和状态土的含水率与基质吸力的关系就是土-水特性曲线，只要确定路基土的基质吸力，就可以由图 2-5 土-水特性曲线预估路基湿度状况（饱和度）。

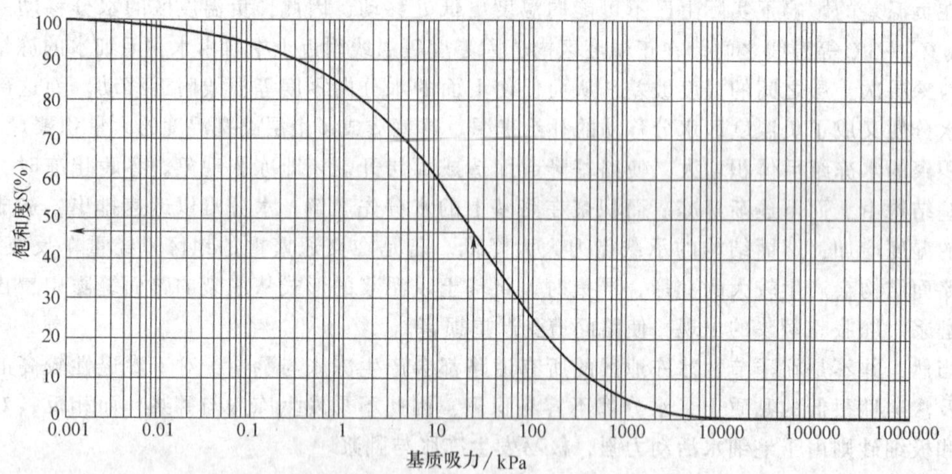

图 2-5　土-水特性曲线预估含水率方法图

基质吸力主要受地下水、土组类型、气候等因素影响。表征气候因素的参数有降雨量、蒸发量、降雨天数、相对湿度、年均温度、日照时间及湿度指数 TMI 等；土组表征参数主要有 P_{200}和塑性指数（PI）。

湿度指数 TMI 由下式计算

$$\mathrm{TMI}=\frac{100(R)-60(DF)}{PE} \tag{2-4}$$

式中 R——某年度净流量（cm）；

DF——某年度缺水量（cm）；

PE——某年度蒸发总量（cm）。

路基土的基质吸力预估模型如式（2-5）所示。

$$\begin{cases} h_m = y\gamma_w & \text{地下水位控制的基质吸力预估模型} \\ h_m = \alpha\{e^{[\beta/(\mathrm{TMI}+\gamma)]}+\delta\} & \text{气候因素控制的基质吸力预估模型} \end{cases} \tag{2-5}$$

式中　y——计算点与地下水位之间距离（cm）；

γ_w——水的重度（kN/m^3）；

TMI——湿度指数；

α，β，γ，δ——回归参数，与 $w\mathrm{PI}=P_{0.075}\mathrm{PI}$ 有关，$P_{0.075}$ 为 0.075mm 筛的通过率，PI 为塑性指数，见表 2-7。

表 2-7　路基土的基质吸力预估模型回归参数

wPI	α	β	γ	δ
0	0.3000	419.07	133.45	15.0
0.5	0.3000	521.50	137.30	16.0
5	0.3000	663.50	142.50	17.5
10	0.3000	801.00	147.60	25.0
20	0.3000	975.00	152.50	32.0
50	0.3000	1171.20	157.50	27.8

利用预估的路基土基质吸力结合土-水特性曲线，就可以预估路基土饱和度。

2.3.4　毛细水上升高度

毛细水上升的最大高度与毛细管的直径成反比，不同类型的土由于其颗粒组成的差异，形成的毛细孔径也有较大差别，因而毛细水上升的最大高度与土的类型有密切联系。

毛细水在不同土质条件下的上升高度可采用海森公式（2-6）进行估算。

$$h_0=\frac{C}{ed_{10}} \tag{2-6}$$

式中　h_0——毛细水上升高度（m）；

e——土的孔隙比；

d_{10}——土的有效粒径；

C——系数，与土粒形状及表面洁净情况有关，一般取 $1\times10^{-5}\sim5\times10^{-5}m^2$。

由于影响毛细水上升高度的因素复杂，用于计算的土质物理参数往往不准确，由经验公式计算得到的毛细水上升高度与现场实测结果有时相差较大。因此，不少学者根据现场测试或室内试验的结果，对于不同类型的土质，分别给出了相应的毛细水上升高度推荐值。

根据野外观测资料，针对不同土质给出了相应的毛细水上升高度推荐值，其中黏土约为 6m，砂质黏土或粉土约为 3m，砂土约为 0.9m。

按粒径不同，分别给出了砾石、砂和粉土的毛细水上升高度推荐值，见表 2-8。

表 2-8　不同土质毛细水上升高度

土组名称	颗粒粒径 d_{10}/mm	孔隙比 e	毛细水	
			上升高度/cm	饱和毛细水头
粗砾	0.82	0.27	5.4	6
砂砾	0.20	0.45	28.4	20
细砾	0.30	0.29	19.5	20
粉砾	0.06	0.45	106.0	68
粗砂	0.11	0.27	82	60
中砂	0.03	0.36	165.5	112
细砂	0.02	0.48~0.66	239.6	120
粉土	0.006	0.93~0.95	359.2	180

2.3.5　路基平衡湿度状况和路堤高度要求

1. 路基平衡湿度状况

路基平衡湿度状况，用饱和度来表示，可依据路基的湿度来源分为潮湿、中湿、干燥三类。路基设计时依据路基工作区深度（Z_a）、路床顶面至地下水位的相对高度（h）、地下水位高度（h_w）、毛细水上升高度（h_0）及路基填土高度（h_t）的关系确定湿度状况类型，如图 2-6 所示。

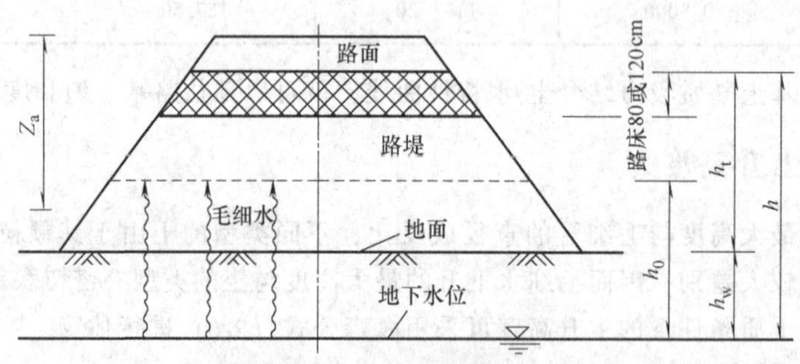

图 2-6　地基湿度划分示意图

h_t—路基填土高度（$h_t \geqslant 0$ 时为路堤，$h_t<0$ 时为路堑）　h_w—地下水位高度

h_0—毛细水上升高度　h—路床顶面至地下水位的相对高度　Z_a—路基工作区深度

潮湿类路基的湿度由地下水控制，即地下水或地表长期积水的水位高，路基工作区（Z_a）均处于地下水毛细润湿影响范围内，路基平衡湿度由地下水或地表长期积水的水位升降所控制。干燥类路基的湿度由气候因素控制，即地下水位很低，路基工作区（Z_a）处于地下水毛细润湿面之上，路基平衡湿度完全由气候因素所控制。中湿类路基的湿度兼受地下水和气候因素影响，即地下水位较高，路基工作区（Z_a）被地下水毛细润湿面分为上、下两部分，下部受毛细水润湿的影响，上部则受气候因素影响。

潮湿类路基的平衡湿度可根据路基土组类别及地下水位高度，按表 2-9 确定距地下水位不同高度处的饱和度。

表 2-9　各路基土组距地下水位不同高度处的饱和度　　（单位：%）

土组	计算点距地下水或地表长期积水水位的距离/m						
	0.3	1.0	1.5	2.0	2.5	3.0	4.0
粉土质砾(GM)	69~84	55~69	50~65	49~62	45~59	43~57	—
黏土质砾(GC)	79~96	64~83	60~79	56~75	54~73	52~71	—
砂(S)	80~95	50~70	—	—	—	—	—
粉土质砂(SM)	79~93	64~77	60~72	56~68	54~66	52~64	—
黏土质砂(SC)	90~99	77~87	72~83	68~80	66~78	64~76	—
低液限粉土(ML)	94~100	80~90	76~86	73~83	71~81	69~80	—
低液限黏土(CL)	93~100	80~93	76~90	73~88	70~86	68~85	66~83
高液限粉土(MH)	100	90~95	86~92	83~90	81~89	80~87	—
高液限黏土(CH)	100	93~97	90~93	88~91	86~90	85~89	83~87

注：1. 对于砂［含级配良好砂（SW）、级配不良砂（SP）］，D_{60}大时，平衡湿度取低值；D_{60}小时，平衡湿度取高值。
2. 对于其他含细粒的土组，通过 0.075mm 筛的颗粒含量大和塑性指数高时，取低值，反之，取高值。

干燥类路基的平衡湿度可根据路基所在自然区划的湿度指标 TMI 和路基土组类别确定。即先根据不同自然区划由表 2-10 查取相应的 TMI 值，再按路基所在地区的 TMI 值和路基土组类别，根据表 2-11 插值得到该地区的路基饱和度。

表 2-10　不同自然区划的 TMI 值范围

区划	亚区	TMI 范围
Ⅰ	I_1	-5.0~-8.1
	I_2	0.5~-9.7
Ⅱ	II_1 黑龙江	-0.1~-8.1
	II_1 辽宁、吉林	8.7~35.1
	II_{1a}	-3.6~-10.8
	II_2	-7.2~-12.1
	II_{2a}	-1.2~-10.6
	II_3	-9.3~-26.9
	II_4	-10.7~22.6
	II_{4a}	-15.5~-17.3
	II_{4b}	-7.9~9.9
	II_5	-1.7~-15.6
	II_{5a}	-1.0~-15.6
Ⅲ	III_1	-21.2~-25.7
	III_{1a}	-12.6~-29.1
	III_2	-9.7~-17.5
	III_{2a}	-19.6
	III_3	-19.1~-26.1
	III_4	-10.8~-24.1
Ⅳ	IV_1	21.8~25.1
	IV_{1a}	23.2
	IV_2	-6.0~34.8
	IV_3	34.3~40.4
	IV_4	32.0~67.9
	IV_5	45.2~89.3
	IV_6	27.0~64.7
	IV_{6a}	41.2~97.4
	IV_7	16.0~69.3
	IV_{7b}	-5.4~-23.0

区划	亚区	TMI 范围
Ⅴ	V_1	-25.1~6.9
	V_2	0.9~30.1
	V_{2a}	39.6~43.7
	V_3	12.0~88.3
	V_{3a}	-7.6~47.2
	V_4	-2.6~50.9
	V_5	39.8~100.6
	V_{5a}	24.4~39.2
Ⅵ	VI_1	-15.3~-46.3
	VI_{1a}	-40.5~-47.2
	VI_2	-39.5~-59.2
	VI_3	-41.6
	VI_4	-19.3~-57.2
	VI_{4a}	-34.5~-37.1
	VI_{4b}	-2.6~-37.2
Ⅶ	VII_1	-3.1~-56.3
	VII_2	-49.4~-58.1
	VII_3	-22.5~82.8
	VII_4	-5.1~-5.7
	VII_5	-20.3~91.4
	VII_{6a}	-10.6~-25.8

表 2-11　各路基土在不同 TMI 值时的饱和度　（单位：%）

土组	TMI					
	−50	−30	−10	10	30	50
砂(S)	20~50	25~55	27~60	30~65	32~67	35~70
粉土质砂(SM) 黏土质砂(SC)	45~48	62~68	73~80	80~86	84~89	87~90
低液限粉土(ML)	41~46	59~64	75~77	84~86	91~92	92~93
低液限黏土(CL)	39~41	57~64	75~76	86	91	92~94
高液限粉土(MH)	41~42	61~62	76~79	85~88	90~92	92~95
高液限黏土(CH)	39~51	58~69	85~74	86~92	91~95	94~97

中湿类路基的平衡湿度可参照图 2-7，先分路基工作区上部和下部，分别确定其平衡湿度，再以厚度加权平均计算路基的平衡湿度。地下水毛细润湿面以上的路基工作区称为路基工作区上部，按路基土组类别和 TMI 值确定其平衡湿度；地下水毛细润湿面以下的路基工作区称为路基工作区下部，按路基土组类别和距地下水位的距离确定其平衡湿度。

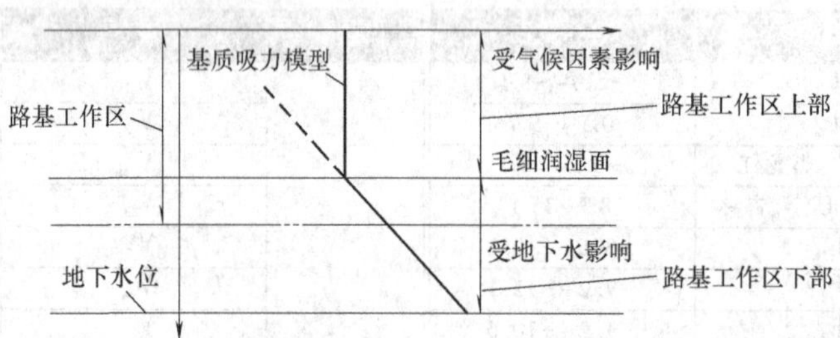

图 2-7　中湿类路基的湿度状况

2. 路堤高度要求

路堤高度应满足下列要求：满足公路等级所对应的路基设计洪水频率及其设计洪水位；路堤高度不宜小于中湿状态路基临界高度；季节冻土地区，路堤高度不宜小于当地路基冻深。路堤合理高度宜按下式计算确定

$$H_{op}=\mathrm{MAX}\{(h_{sw}-h_0)+h_w+h_{bw}+\Delta h, h_1+h_p, h_{wd}+h_p, h_f+h_p\} \tag{2-7}$$

式中　H_{op}——路堤合理高度（m）；

h_{sw}——设计洪水位（m）；

h_0——地面高程（m）；

h_w——波浪侵袭高度（m）；

h_{bw}——壅水高度（m）；

Δh——安全高度（m）；

h_1——中湿状态路基临界高度（m）；

h_p——路面厚度（m）；

h_{wd}——路基工作区深度（m）；

h_f——季节冻土地区路基冻深（m）。

2.4 路基的主要病害类型及原因

2.4.1 路基的常见病害

路基裸露在大气中，经受着土体自重、行车荷载和各种自然因素的作用，路基的各个部位都将产生变形。路基的变形分为可恢复的变形和不可恢复的变形，路基的不可恢复变形将引起路基高程和边坡坡度、形状的改变。严重时，造成土体位移，危及路基的整体性和稳定性，造成路基各种破坏。路基的常见病害有以下几种。

1. 路基沉陷

路基沉陷是指路基垂直方向产生较大的沉落，如图 2-8a 所示。路基沉陷可以有两种情况：一是路基本身的压缩沉降；二是由于路基下部天然地面承载能力不足，在路基自重的作用下引起沉陷或两侧挤出而造成的沉陷。

路基沉陷是因路基填料选择不当，填筑方法不合理，压实度不足，在路基堤身内部形成过湿的夹层等因素，在荷载和水温综合作用下，引起路基沉缩，如图 2-8b 所示。

地基沉陷是指原天然地面有软土、泥沼或不密实的松土存在，承载能力极低，路基修筑前未经处理，在路基自重作用下，地基下沉或向两侧挤出，引起路基下陷，如图 2-8c 所示。

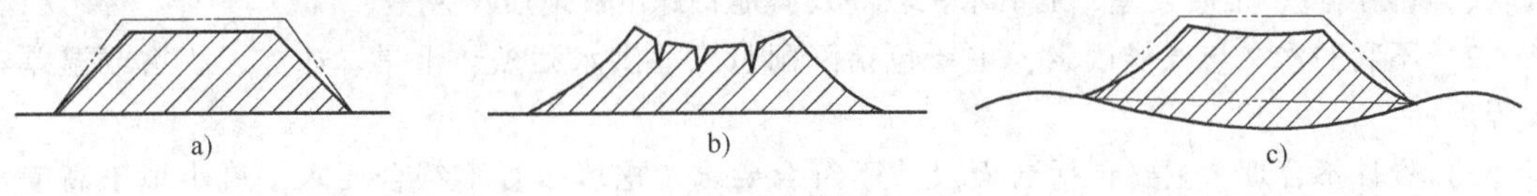

图 2-8 路基沉陷

a）路基沉陷 b）路基沉陷 c）地基沉陷

2. 边坡滑塌

路基边坡滑塌是最常见的病害，根据边坡土质类别、破坏原因和规模的不同，可分为溜方与滑坡两种情况。

（1）溜方 溜方是由于少量土体沿土质边坡向下移动所形成的。溜方通常指的是边坡上表面薄层土体下溜，主要是由于流动水冲刷边坡或施工不当而引起的，如图 2-9a、b 所示。

（2）滑坡 滑坡是指一部分土体在重力作用下沿某一滑动面滑动。滑坡主要是由于土体的稳定性不足所引起的，如图 2-9c 所示。

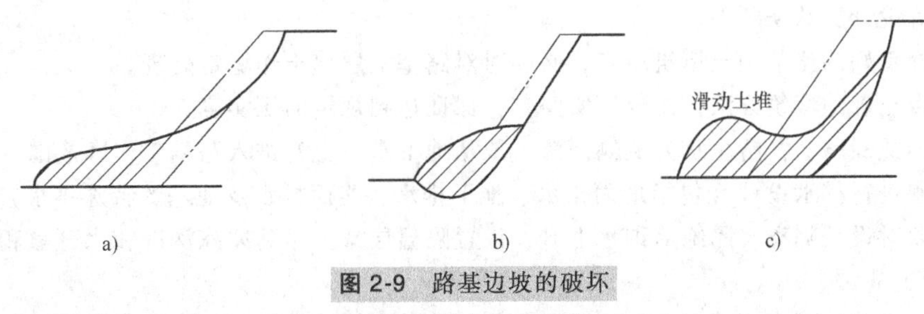

图 2-9 路基边坡的破坏

a）、b）溜方 c）滑坡

路堤边坡坡度过陡，或边坡坡脚被冲刷掏空，或填土层次安排不当是路堤边坡发生滑坡的主要原因。

路堑边坡滑坡的主要原因是边坡高度和坡度与天然岩土层次的性质不相适应。黏性土层和蓄水的砂石层交替分层蕴藏，特别是有倾向于路堑方向的斜坡层理存在时，更容易造成滑动。

3. 剥落、碎落和崩塌

剥落和碎落是指边坡风化岩层表面在大气干湿与冷热的交替作用，以及雨水冲刷和动力作用下，表层岩石从坡面上剥落下来，向下滚动。大块岩石脱离坡面沿边坡滚落称为崩塌。

4. 路基沿山坡滑动

在较陡的山坡上填筑路基，若路基底部被水浸湿，形成滑动面，坡脚又未进行必要的支撑，在路基自重和行车荷载作用下，整个路基沿倾斜的原地面向下滑动，路基整体失去稳定性。

5. 不良地质和水文条件造成的路基破坏

公路通过不良地质条件（如泥石流、溶洞等）和较大自然灾害（如大暴雨）地区，均可能导致路基的大规模破坏。

2.4.2 路基破坏原因综合分析

由路基变形破坏形式可知，路基破坏的原因是多方面的。各种变形破坏既有各自的特点，又有共同的原因，大致可归纳为以下几个方面：

1）不良的工程地质和水文地质条件，主要包括地质构造复杂、岩层走向及倾角不利、岩性松软、风化严重、土质较差、地下水位较高及其他特殊不良地质灾害等。

2）不利的水文与气候因素，主要包括降雨量大、洪水猛烈、干旱、冰冻、积雪或温差较大等。

3）设计不合理，主要包括断面尺寸不符合要求，挖填布置不符合要求，最小填土高度不足，未进行合理的防护，加固和排水设计不足等。

4）施工不符合规定，主要包括填筑顺序不当，土基压实不足，盲目采用大型爆破，以及不按设计要求和操作规程施工，工程质量不符合标准等。

上述原因中，地质条件是影响路基工程质量和产生病害的基本前提，水是造成路基病害的主要原因。因此，设计前应详细进行地质及水文的勘察工作，针对具体条件及各种因素的综合作用，采取正确的设计方案与施工方法，消除或尽可能减少路基病害，确保路基工程达到规定的质量要求。

2.4.3 路基病害的防治

为提高路基的稳定性，防治各种病害的产生，主要有以下一些措施：

1）正确设计路基横断面。

2）选择良好的路基用土填筑路基，必要时对路基上层填土作稳定处理。

3）采取正确的填筑方法，充分压实路基，保证达到规定的压实度。

4）适当提高路基，防止水分从侧面渗入或从地下水位上升进入路基工作区范围。

5）正确进行排水设计（包括地面排水、地下排水、路面排水及地基的特殊排水）。

6）必要时设计隔离层隔绝毛细水上升，设置隔温层减少路基冰冻深度和水分累积，设置砂垫层以疏干土基。

7）采取边坡加固、修筑挡土结构物、土体加筋等防护技术措施，以提高其整体稳定性。

以上各项技术措施的宗旨在于限制水分侵入路基，或使已侵入路基的水分迅速排出，保持干燥，提高路基的整体强度与稳定性。

2.4.4 对路基的基本要求

路基除断面尺寸应符合设计标准外，还应满足下列基本要求。

(1) 具有足够的整体稳定性　路基是直接在地面上填筑或挖去一部分地面建成的。路基建成后，改变了原地面的天然平衡状态。在工程地质不良地区，修建路基则可能加剧原地面的不平稳状态；开挖路堑使两侧边坡土体失去支撑力，可能导致边坡坍塌或滑坡；天然坡面特别是陡坡面土的路堤，可能因自重而下滑。对于上述种种情况，都必须因地制宜地采取一定措施来保证路基的整体稳定性。

(2) 具有足够的强度　公路上的行车荷载，通过路面传递给路基，对其产生一定压力，路基自重及路面的重力也给予路基和地基一定压力。这些压力都可使路基产生一定的变形，使路面变形而遭到破坏，直接影响路面的使用性能。因此，要求路基应具有足够的强度，以保证在外力作用下，不致产生超过允许范围的变形。

(3) 具有足够的水温稳定性　路基在地表水和地下水作用下，其强度将显著地降低。特别是在季节性冰冻地区，由于水温状况的变化，路基将发生周期性冻融作用，使路基强度急剧下降。因此，对路基不仅要求其具有足够的强度，而且还应保证在最不利的水温状况下，强度不至于显著地下降，以使路面处于正常稳定状态，即要求路基应具有足够的水温稳定性。

2.5 路基的力学强度特性

2.5.1 路基的受力与路基工作区

1. 路基的受力

路基在工作过程中，同时受到由路面上传递下来的车辆荷载，以及路基和路面的自重作用，路基处于受压状态。图 2-10 为土质路基受力时不同深度 Z 范围内的应力分布图。正确的设计应使路基所受的力在弹性限度范围内，当车辆驶过后，路基能恢复原状，以保证路基相对稳定，路面不致引起破坏。

图 2-10 中，σ_1 为车轮荷载在土基内部任一点产生的竖向压应力，把车轮荷载简化为集中荷载时，σ_1 可按布辛奈斯克公式进行计算，即

$$\sigma_1=\frac{P}{Z^2}\frac{3}{2\pi\left[1+\left(\frac{r}{Z}\right)^2\right]^{\frac{5}{2}}} \tag{2-8}$$

为了使用方便，式 (2-8) 可简化为

$$\sigma_1=K\frac{P}{Z^2} \tag{2-9}$$

$$K=\frac{3}{2\pi\left[1+\left(\frac{r}{Z}\right)^2\right]^{\frac{5}{2}}} \tag{2-10}$$

式中　P——一侧车轮荷载 (kN)；

Z——圆形均布荷载中心下应力作用点的深度 (m)；

K——应力系数。

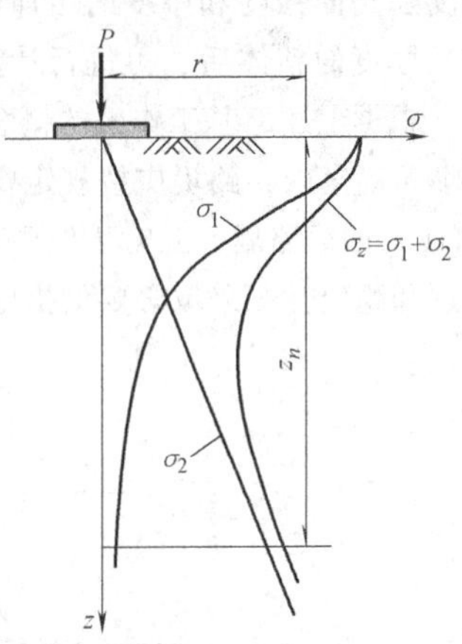

图 2-10　土质路基受力时不同深度 Z 范围内的应力分布图

σ_1—车轮荷载引起的应力　σ_2—土基自重引起的应力　σ_z—应力之和

土基自重引起的压应力 σ_2 用下式计算

$$\sigma_2=\gamma Z \tag{2-11}$$

式中 γ——土的重度（kN/m^3）。

因此，土基中任一点受到的竖向压应力 σ_z 为

$$\sigma_z=\sigma_1+\sigma_2=K\frac{P}{Z^2}+\gamma Z$$

2. 路基工作区

由式（2-9）、式（2-11）可见：车辆荷载产生的垂直应力 σ_1 随深度的增加而减小，土基自重引起的应力 σ_2 随深度的增加而增大。当在路基某一深度处 Z_a，车辆荷载产生的垂直应力 σ_1 与自重应力 σ_2 之比大于0.1的范围时，车辆荷载在该处引起的垂直应力远小于土基的自重应力，可忽略。工程中，把这一深度范围称为路基工作区。路面结构和车轮荷载对工作区范围内的路基影响较大，对工作区范围以外的路基影响较少。据此可以得到路基工作区深度 Z_a 的计算公式为

$$Z_a=\sqrt[3]{\frac{KnP}{\gamma}} \tag{2-12}$$

表2-12是用式（2-12）计算的几种国产车型的 Z_a 值，其中 $\gamma=18kN/m^3$，$n=5\sim10$。

表2-12　路基工作区深度

车型	工作区深度 Z_a/m	
	$n=5$	$n=10$
解放 CA10B	1.6	2.0
北京 BJ130	1.2	1.6
交通 SH141	1.6	2.0
跃进 NJ130	1.4	1.7
上海 SH130	1.2	1.5
红旗 CA773	1.0	1.3

由于路基、路面材料不同，路面材料的强度、刚度及重度比土基的大，路基工作区的实际深度随路面强度和厚度的增加而减小。因此，要精确计算 Z_a，须将路面折算为与路基同性质的当量厚度的整体后，再进行计算。

根据上述路基工作区的概念，当路堤填筑高度 $H>Z_a$（见图2-11a）时，车辆荷载作用深度位于填筑高度内，路堤应按规定要求分层填筑与压实，Z_a 内尤其应注意填筑质量；对于 $H<Z_a$（见图2-11b）的矮路堤，此时不但要对填土充分压实，而且要保证工作区内原地面下部土层具有足够的强度和稳定性，采取必要的措施，使天然地基下部土层和路堤同时满足路基工作区的设计要求。

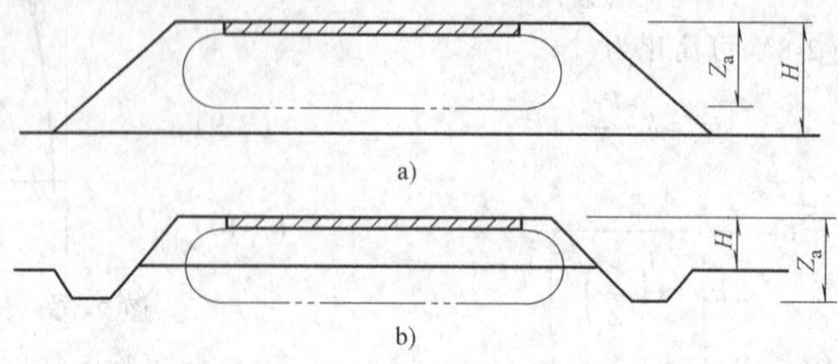

图2-11　路堤高度与路基工作区深度的关系示意图

a) $H>Z_a$　b) $H<Z_a$

2.5.2 路基的强度指标

路基是路面结构的支撑体，车轮荷载通过路面传到路基。因此，路基的强度和变形特性对路面结构的整体强度和刚度有很大影响。路基变形过大是导致路面结构损坏的重要原因之一。路基土的过大变形包括弹性变形和塑性变形两大部分。弹性变形过大将使得沥青面层或水泥混凝土面板产生疲劳开裂；塑性变形过大将导致各种沥青路面产生车辙和纵向不平整。对于水泥混凝土路面，路基过大的塑性变形将引起板块断裂。在路面结构的总变形中，路基的变形占很大部分，约为 70%~95%。路面结构的破坏，除其本身原因外，也主要由于路基过大变形所引起。因此，研究路基的强度和变形特性对路面设计具有重要意义。

1. 路基的应力-应变特性

在一定应力范围内，理想线弹性体的应力-应变关系呈线性特性。当应力消失时，应变也随之消失，恢复到初始状态。由于路基土的内部结构非常复杂，包括固相、液相和气相。固相又由不同矿物成分、不同粒径的颗粒组成。因此，路基土在应力作用下的变形特性同理想线弹性材料有很大区别。

图 2-12 是用压入承载板试验所得的路基竖向变形 l 与压应力 p 之间的关系曲线，图中的曲线变化大致可分为 3 个阶段。

阶段Ⅰ——弹性变形阶段。在此阶段内，卸载后，变形可以恢复，路基受到弹性压缩，应力与应变的关系曲线呈近似直线。

阶段Ⅱ——塑性变形阶段。在此阶段内，外力增大，变形发展较快，卸载后，变形不能完全恢复。其中，能恢复的变形，称为弹性变形；不能恢复的变形，称为塑性变形（或残余变形）。在此阶段内，应力-应变关系呈曲线。

阶段Ⅲ——破坏阶段。应力继续增大，变形急剧增大，土体已失去抵抗变形的能力，表明土体已破坏。

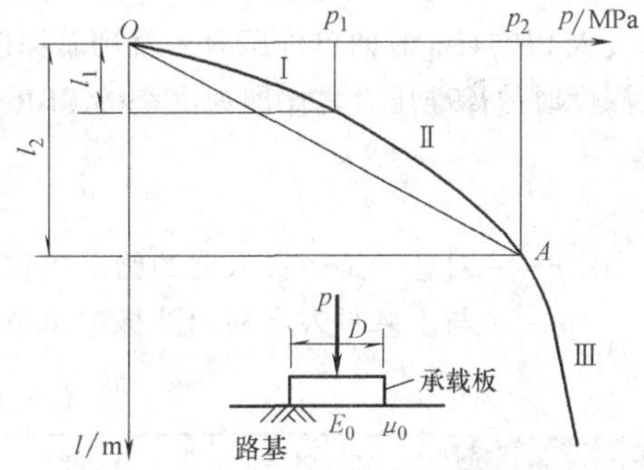

图 2-12 路基的应力-应变关系曲线

路基在外力作用下表现出的这种应力-应变特性称为路基的非线性。非线弹性体的路基的弹性模量并不是一个常数。在重复荷载作用下路基将产生变形累积，使路面产生变形和破坏。

2. 表征土基强度的指标

路基在外力作用下，将产生变形，路基强度是指路基抵抗外力作用的能力，即抵抗变形的能力。在一定应力作用下，变形越大，路基强度越低；反之，则表明路基强度越高。根据路基简化的力学模型以及土体破坏的原因不同，国内外表征路基强度的指标主要有以下几种。

（1）回弹模量 E_1　把路基简化为一弹性半空间体，用回弹模量表征其应力-应变特性，并作为路基的强度指标。为模拟轮迹的作用，通常用圆形承载板压入路基的方法测定其回弹模量 E_1（见图 2-12）。

根据弹性力学原理，用圆形承载板测试计算路基回弹模量的公式为

$$E_1=\frac{\pi pD}{4l}(1-\mu_0^2) \tag{2-13}$$

式中　E_1——路基土的回弹模量（MPa）；

l——承载板的回弹变形（m）；

D——承载板的直径（m）；

μ_0——土的泊松比，一般取 0.35；

p——承载板压应力（MPa）。

由于承载板测试弹性模量的野外测试速度较慢，因此工程中常用标准汽车做卸载试验，根据测得的回弹变形（回弹弯沉）l_0计算路基回弹模量值，公式为

$$E_0=\frac{pd}{l_0}(1-\mu_0^2)\times 0.712 \tag{2-14}$$

式中 p——标准试验车的轮胎压应力（kPa）；

d——试验车轮迹当量直径（cm）；

μ_0——路基的泊松比，取 0.35；

l_0——路基不利季节的计算弯沉值（cm）。

与用承载板做加载测试相比，两者结果相差不大，但后者测试工作大为简化。

（2）加州承载比 CBR　加州承载比是早年由美国加利福尼亚州提出的一种评定路基及其他路面材料承载力的指标。承载力以材料抵抗局部荷载压入变形的能力表征，并采用高质量标准碎石为标准，它们的相对比值即为 CBR 值。

试验时，用一个端部面积为 19.35cm² 的标准压头，以 0.127cm/min 的速度压入土中。记录每贯入 0.254cm 时的单位压力，直到总深度达到 1.27cm 为止，此时的贯入单位压力与达到该贯入深度时的标准压力之比即为土基的 CBR 值，即

$$\mathrm{CBR}=\frac{p}{p_s}\times 100 \tag{2-15}$$

式中 p——对应于某一贯入度的路基单位压应力（MPa）；

p_s——与土基贯入度相同的标准单位压应力（MPa），见表 2-13。

表 2-13　标准压应力值

贯入度/cm	0.254	0.508	0.762	1.016	1.270
标准压应力/MPa	7.03	10.55	13.36	16.17	18.23

CBR 试验设备有室内试验设备与室外试验设备两种。试验装置如图 2-13 所示。试件按路基施工时的含水率及压实度要求在试筒内制备，并在加载前浸泡在水中 4d。为模拟路面结构对路基的附加应力，在浸水过程中及压入试验时，在试件顶面施加环形砝码，其质量根据预计试件浸水至少淹没顶部 2.54cm。CBR 值的野外试验方法基本与室内试验相同，但其压入试验直接在路基顶面进行。

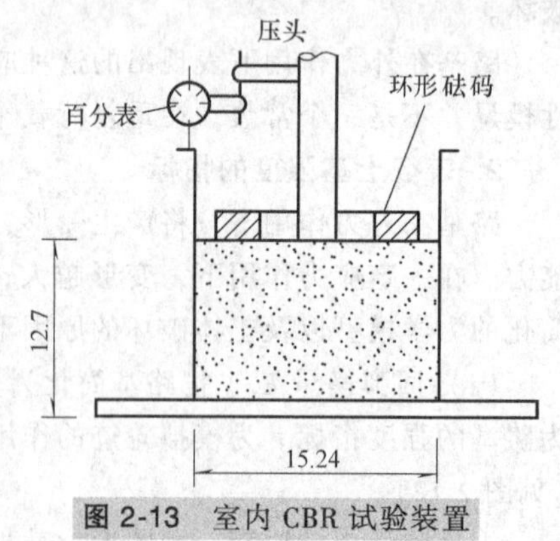

图 2-13　室内 CBR 试验装置

路基的弹性模量 E_0 和加州承载比 CBR 两项指标都表征特定力学模型下路基的应力与应变关系。但由于路基是非线弹性体，其强度还随土质、密实度、水温及自然条件而变，因此，在应用各项指标进行路面设计和对路基强度进行评价时，必须与路面结构设计方法相配合，把路基路面的设计力学模型与具体条件和要求联系起来。

（3）抗剪强度　抗剪强度指土体抗剪切破坏的能力。土的抗剪强度对分析土坡稳定以及挡土墙后土压力计算具有十分重要的意义。

土的抗剪强度通常用库仑公式表示为

$$\tau = c + \sigma \tan\varphi \tag{2-16}$$

式中 τ——土的抗剪强度（kPa）；

σ——剪切破坏面上的法向总应力（kPa）；

c——土的单位黏结力（kPa）；

φ——土体的内摩擦角（°）。

c、φ 值即为土的抗剪强度指标，它反映了土体抗剪强度的大小，是土体非常重要的力学指标。

土的抗剪强度测试有多种方法。若用三轴压缩试验测定，在一定围压下进行轴向加载，可以模拟土体受荷载时发生的应力情况。如果试验时可以完全控制排水，水分可以从空隙流出或排出，则土的性质完全可以按式（2-16）表示。

2.5.3 保证路基强度与稳定性的措施

路基的强度与稳定性，受水、温度、土质等的影响，在一年内出现显著的季节性变化。在季节性冰冻地区，由于负温差的影响，路基下层较暖的水分向上层较冷的土层移动，产生水分积聚和冻结，引起冻胀；春融时，路基又因过湿而发生翻浆。在非冰冻地区，雨季时，会造成路基过分湿软，强度与稳定性降低。因此，为保证路基的强度与稳定性，必须深入进行调查研究，仔细分析各种自然因素与路基的关系，抓住主要问题，采取有效措施。保证路基稳定性的措施一般有下列几种：

1）正确设计路基横断面。

2）选用工程性质良好的土填筑路基。

3）适当提高路基高度，保证要求的最小填土高度。

4）充分压实土基，保证达到规定的压实度。

5）正确地进行地面和地下的排水设计。

6）设置隔离层，用以隔绝毛细水上升。

7）设置防冻层，减小路基冻结深度，减轻路基冻胀。

8）采取边坡加固与防护措施，以及修筑挡土结构物。

上述各项措施及其原理，将在本书有关章节中加以详细介绍。

习　题

1. 路基土分为哪几类？多少种？各类土又有哪些工程性质？
2. 路基干湿类型的分类如何？一般路基要求在何状态下工作？
3. 什么是平均稠度和临界高度？在旧路改造和新建公路时如何判定路基干湿类型？
4. 路基的常见病害主要有哪些？
5. 对路基有哪些基本要求？
6. 什么是路基工作区？确定该区有何意义？
7. 土基有哪些强度指标？
8. 如何确定土基回弹模量？
9. 何谓路基顶面综合模量 E 和路基反应模量 K？什么是 CBR？
10. 已知某道路路面结构为 4cmAC+6cmAC+8cmAC+18cm 水泥稳定碎石+20cm 二灰土，抗压模量分别为 1800MPa、1600MPa、1400MPa、1900MPa 和 900MPa，路基高度为 3.0m，请计算路基工作区范围。（荷载规定：黄河 JN/50 后轴 100kN，压力 0.707MPa，轮印直径 30cm，各层材料的重度请查相关资料）。
11. 调查所在地的公路病害，说明病害的情况和产生的原因。

第3章

路基设计

学习目标

掌握路基横断面形式划分内容；掌握一般路基横断面设计；掌握特殊路基稳定性验算。

路基是公路的重要组成部分。因此，在设计中应认真调查和分析，以正确地设计路基；同时拟定相应的技术措施，保证路基边坡的稳定性。路基设计包括一般路基设计和特殊路基设计。一般路基设计主要是根据路线的几何设计要求，结合当地的地形和地质条件，选择合理的路基断面形式和填料。设计中的重点是确定路基的宽度、坡度和边坡坡度。特殊路基设计包括边坡稳定性的分析方法、基本原理和有关计算参数的确定。特殊路基是指位于特殊土（岩）地段、不良地质地段及受水和气候等自然因素影响强烈，需进行特殊设计的路基。

3.1 路基横断面设计

3.1.1 路基设计的一般规定

一般路基是指在良好的地质与水文条件下，修筑的填方高度和挖方深度不超过 JTG D30—2015《公路路基设计规范》所允许范围的路基。通常认为一般路基可以结合当地的地形、地质情况，直接选用典型横断面或设计规定，不必进行个别论证和验算。对于超过规范规定的高填路堤或深挖路堑，以及特殊地质和水文等条件，如泥石流、岩溶、冻土、雪害、滑坡、软土及地震等地区的路基，为保证路基具有足够的强度和稳定性，需进行个别特殊设计。

为保证路基的强度和稳定性，我国《公路路基设计规范》对一般路基设计作了如下规定：

1）路基设计应收集公路沿线气候、水文、地形地貌、地质、地震、筑路材料等资料，做好沿线地质、路基填料勘察试验工作，查明地层岩土性质、厚度、空间分布特征及有关物理力学参数。

2）路基设计宜避免高填深挖。不能避免时，当路基中心填方高度超过 20m 或中心挖方深度超过 30m 时，宜结合路线方案与桥梁、隧道等构造物或分离式路基进行方案比选。

3）沿河及受水浸淹的路基边缘高程，应高出表 3-1 规定设计洪水频率的计算水位加壅水高度、波浪侵袭高度及 0.5m 的安全高度之和。

表 3-1 路基设计洪水频率

公路等级	高速公路	一级公路	二级公路	三级公路	四级公路
路基设计洪水频率	1/100	1/100	1/50	1/25	按具体情况确定

注：区域内唯一通道的公路路基设计洪水频率可采用高一个等级公路的标准。

4）路基设计应根据当地自然条件和工程地质条件，选择适当的路基横断面形式和边坡坡度。沿河路基不宜侵占河道，应根据冲刷情况，设置必要的防护支挡工程，并妥善处理路基废方，避免河床堵塞、河流改道或冲毁沿线构造物、农田、房屋等。

5）路基填料应满足路基强度和回弹模量的要求。土石方调配设计应对移挖作填、集中取（弃）土、填料改良处理等方案进行技术经济比较，充分利用挖方材料，节约土地。

6）路基设计应控制路基工后沉降量。对软弱地基、路基与桥涵结构物连接处、路基填挖交界处、高路堤、陡坡路堤等，应采取综合措施，防止路基不均匀变形。

7）路基设计应考虑水和冰冻对路基性能的影响，设置完善的防排水系统或防冻害设施，以及必要的路基防护工程。

8）高速公路和一级公路的高路堤、陡坡路堤和深路堑等均应采用动态设计。动态设计必须以完整的施工设计图为基础，适用于路基施工阶段。

3.1.2 路基的类型与构造

通常根据公路路线设计确定的路基高程与天然地面高程是不同的，路基设计高程低于天然地面高程时，需进行挖掘；路基设计高程高于天然地面高程时，需进行填筑。由于填挖情况的不同，路基横断面的典型形式可归纳为路堤、路堑和填挖结合三种类型。路堤是指高于原地面的填方路基。路堤在结构上分为上路堤和下路堤，上路堤是指路床以下0.7m厚度范围的填方部分，下路堤是指上路堤以下的填方部分。路堑是低于原地面的挖方路基，即全部在天然地面上开挖而成的路基。路堤和路堑构成了路基横断面的基本类型。天然地面横坡较大且路基较宽，需要一侧开挖而另一侧填筑的路基，称为填挖结合路基，也称为半填半挖路基。在丘陵或山区公路上，填挖结合是路基横断面的主要形式。

1. 路堤

图3-1所示为几种常见的路堤横断面形式，按路堤的填土高度不同，可分为低路堤、高路堤。填土高度小于路基工作区高度（一般为1.5m）的路堤属于低路堤；填土边坡高度大于20m

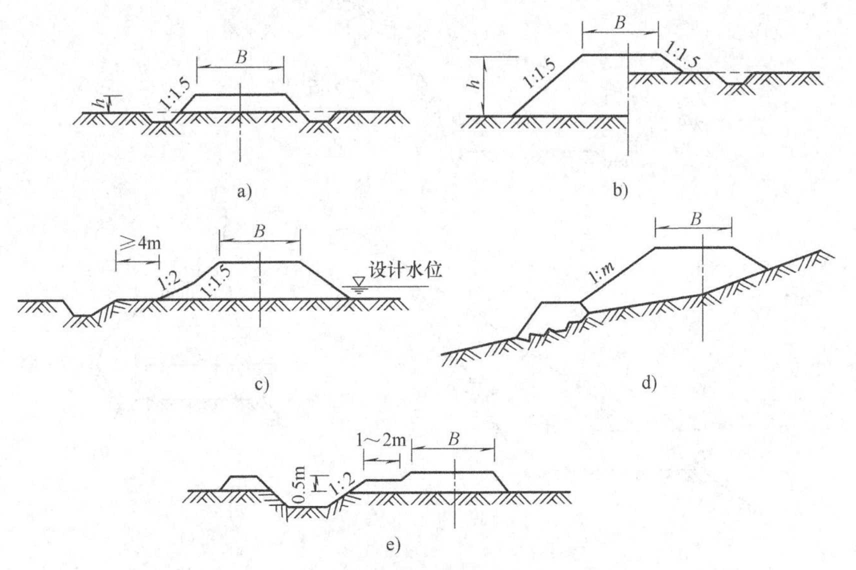

图3-1 几种常见的路堤横断面形式

a）矮路堤 b）一般路堤 c）浸水路堤 d）护脚路堤 e）挖沟填筑路堤

（岩质）或 18m（土质）的路堤属于高路堤；地面斜坡陡于 1：2.5 的路堤称陡坡路堤。随其所处的条件和加固类型的不同，还有浸水路堤、护脚路堤及挖沟填筑路堤等形式。

低路堤常在平坦地区取土困难时选用。平坦地区地势低，水文条件较差，易受地表水和地下水的影响，设计时应注意满足最小填土高度的要求，力求不低于规定的临界高度，使路基处于干燥或中湿状态。路基两侧均应设边沟。

低路堤的高度通常接近或小于路基工作区的深度，除填方路堤本身要求满足规定的施工要求外，天然地面也应按规定进行压实，达到规定的压实度，必要时进行换土或加固处理，以保证路基路面的强度和稳定性。

填方高度不大（h=2~3m）时，填方数量较少，全部或部分填方可以在路基两侧设置取土坑，使之与排水沟渠结合。为保护填方坡脚不受流水侵害，保证边坡稳定，可在坡脚与沟渠之间预留 1~2m 甚至大于 4m 宽度的护坡道。地面横坡较陡时，为防止填方路堤沿山坡向下滑动，应将天然地面挖成台阶，或设置石砌护脚。

高路堤的填方数量大，占地多，为使路基稳定和横断面经济合理，须进行个别设计，高路堤和浸水路堤的边坡可采用上陡下缓的折线形式或台阶形式，如在边坡中部设置护坡道。

2. 路堑

图 3-2 所示为几种常见的路堑横断面形式，有全挖路基、台口式路基及半山洞式路基。挖方边坡可视高度和岩土层情况设置成直线或折线。挖方边坡的坡脚处设置边沟，以汇集和排出路基范围内的地表径流。路堑的上方应设置截水沟，以拦截和排出流向路基的地表径流（见图 3-2a）。挖方弃土可堆放在路堑的下方。边坡坡面易风化时，在坡脚处设置 0.5~1.0m 的碎落台，坡面可采用防护措施。

陡峻山坡上的半路堑，路中线宜向内侧移动，尽量采用台口式路基（见图 3-2b），避免路基外侧少量填方。遇到整体性坚硬岩层，为节省石方工程，可采用半山洞式路基（见图 3-2c）。

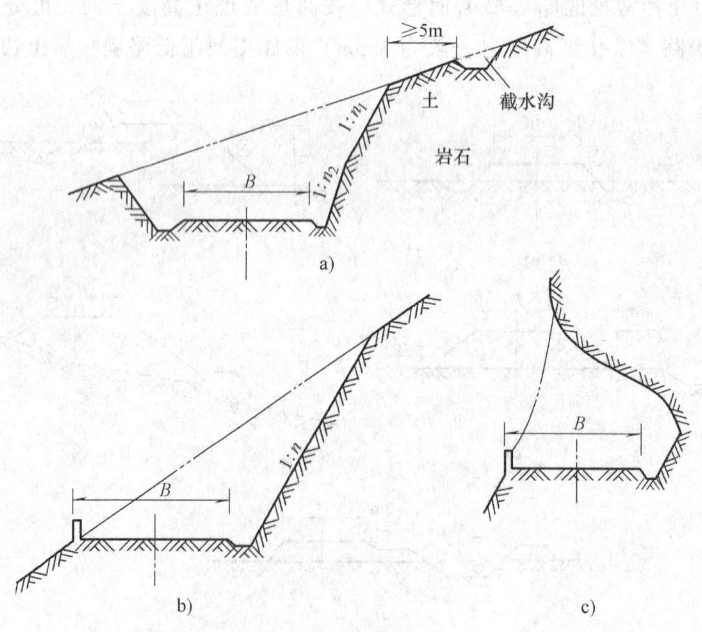

图 3-2　几种常见的路堑横断面形式

a）全挖路基　b）台口式路基　c）半山洞式路基

挖方路基土层地下水文状况不良时，可能导致路面破坏，所以路堑以下的天然地基，要压实至规定压实度，必要时还应超挖，重新分层填筑、换土或进行加固处理，采取加铺隔离层，设置必要的排水设施。

3. 半填半挖路基

图3-3为几种常见的半填半挖路基横断面形式。位于山坡上的路基，通常取路中心的高程接近原地面的高程，以便减少土石方数量，保持土石方数量横向平衡，形成半填半挖路基。若处理得当，路基稳定可靠，是比较经济的断面形式，如图3-3a、b所示。

半填半挖路基兼有路堤和路堑两者的特点，上述对路堤和路堑的要求均应满足。填方部分的局部路段，若遇原地面的短缺口，可采用砌石护肩。如果填方量较大，也可就近利用废石方，砌筑护坡或护墙，砌石护坡和护墙相当于简易式挡土墙，承受一定的侧向压力。有时填方部分需要设置路肩（或路堤）式挡土墙，以确保路基稳定，进一步压缩用地宽度。砌石护肩、护坡与护墙，以及挡土墙等路基，如图3-3c～f所示。如果填方部分悬空，而纵向又有适当的基岩时，则可以沿路基纵向建成半山桥路基，如图3-3g所示。

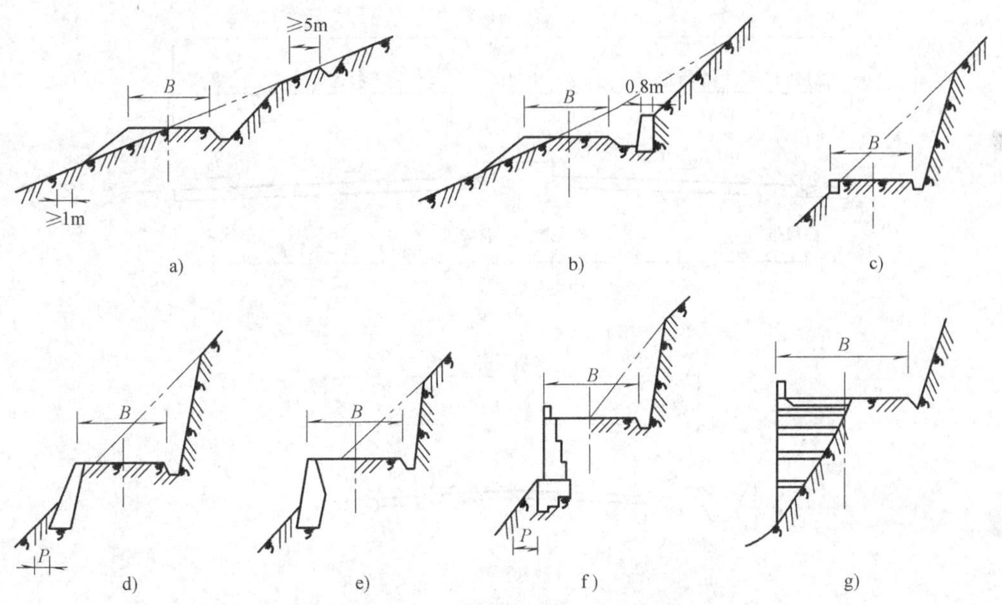

图3-3 几种常见的半填半挖路基横断面形式

a）一般填挖路基 b）矮挡土墙路基 c）砌石护肩路基 d）砌石护坡路基
e）砌石护墙路基 f）挡土墙支撑路基 g）半山桥路基

上述三类典型路基横断面形式，各具特点，分别在一定条件下使用。由于地形、地质、水文等自然条件差异性很大，且路基位置、横断面尺寸及要求等也应服从于路线、路面及沿线结构物的要求，所以路基横断面类型的选择，必须因地制宜，综合设计。

3.1.3 路基横断面设计

在工程地质和水文地质条件良好地段的一般路基设计包括以下内容：

1）选择路基断面形式，确定路基宽度与路基高度。

2）选择路堤填料与压实标准。

3）确定边坡形状与坡度。

4）路基排水系统布置和排水结构设计。

5）坡面防护与加固设计。

6）附属设施设计等。

路基尺寸由宽度、高度和边坡坡度三者构成。路基宽度取决于设计通行能力及交通量大小；路基高度取决于纵坡设计、地形、地质及水文等条件；路基的边坡坡度则取决于地质、水文条件、填料性质等，并由边坡稳定性及横断面经济性分析比较确定。

1. 路基宽度

路基宽度为行车道路面及其两侧路肩宽度之和。技术等级高的公路，设有中间带、路缘带、变速车道、爬坡车道、紧急停车带等，这些均应包括在路基宽度范围内。路面宽度根据设计通行能力及交通量大小而定，一般每个车道宽度为3.50~3.75m。技术等级高的公路及城镇近郊的一般公路，路肩宽度尽可能增大，一般取1~3m，并铺筑硬质路肩，以保证路面行车不受干扰。各级公路路基宽度按JTG B01—2014《公路工程技术标准》的规定进行设计，如图3-4所示和见表3-2。

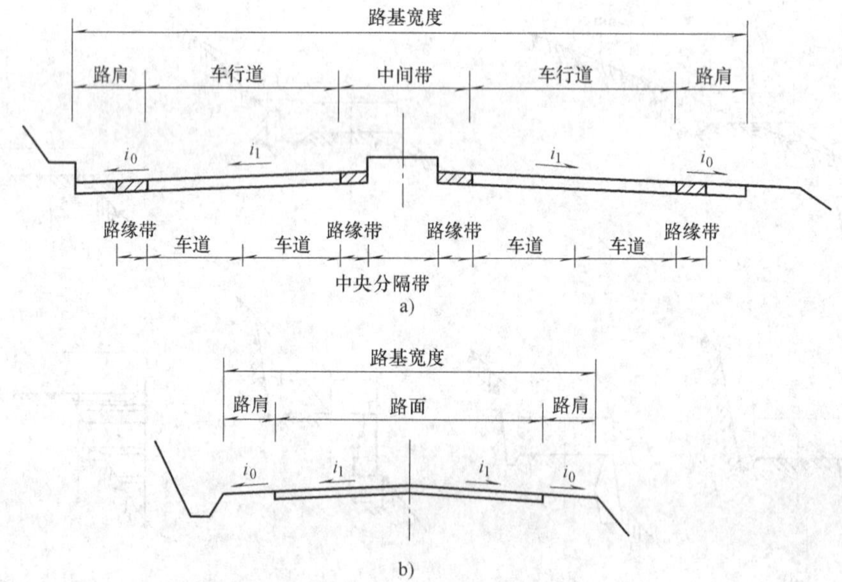

图3-4 公路路基宽度

a）高速公路和一级公路 b）二、三、四级公路

表3-2 公路路基宽度

公路等级		高速公路、一级公路									二、三、四级公路					
设计速度/(km·h^{-1})		120			100			80		60	80	60	40	30	20	
车道数		8	6	4	8	6	4	6	4	4	2	2	2	2	2或1	
路基宽度/m	一般值	42.00	34.50	28.00	41.00	33.50	26.00	32.00	24.50	23.00	12.00	10.00	8.50	7.50	6.50 双	4.50 单
	最小值	40.00	—	25.00	38.50	—	23.50	—	21.50	20.00	10.00	8.50	—	—	—	

注：1. “一般值”为正常情况下的采用值；“最小值”为条件受限制时可采用的值。

2. 八车道高速公路路基宽度“一般值”为设置左侧硬路肩、内侧车道采用3.50m时的宽度。八车道高速公路路基宽度“最小值”为不设置左侧硬路肩、内侧车道采用3.75m时的宽度。

路基占用土地是公路通过农田或用地受限制地区时的突出问题。建路占地必须综合规划，统筹兼顾，讲究经济效益，农业与交通相互促进。公路建设应尽可能利用非农业用地，少占农田。高速公路局部路段可选用高架道路，以桥代路。山坡路基应尽量使填挖平衡，扩大和改善林业用地，保护林区牧地，防止水土流失，维护生态平衡，减少高填深挖，利用植物防护，绿化与美化路基。所有这些在路基设计与施工过程中，应予以综合考虑。

2. 路基高度

路基高度是指路堤的填筑高度和路堑的开挖深度，是路基设计高程和地面高程之差。由于原地面沿横断面方向往往是倾斜的，因此在路基宽度范围内，两侧的高差常有差别。路基高度是指路基中心线处设计高程与原地面高程之差，而路基两侧边坡的高度是指填方坡脚或挖方坡顶与路基边缘的相对高差，所以路基高度有中心高度与边坡高度之分。

路基的填挖高度，是在路线纵断面设计时，综合考虑路线纵坡要求、路基稳定性和工程经济等因素确定的。从路基的强度和稳定性的要求出发，路基上部土层应处于干燥或中湿状态，路基高度应根据临界高度并结合公路沿线具体条件和排水及防护措施确定路堤的最小填土高度。

路基填土的高低和路堑挖方的深浅，可按 JTG D30—2015《公路路基设计规范》的规定，使用常规的边坡高度值，作为划分高低深浅的依据。通常将土质挖方边坡高度大于 18m 或岩石挖方边坡大于 20m 的路堑视为深路堑。

高路堤和深路堑的土石方数量大、占地多、施工困难、边坡稳定性差、行车不利，应尽量避免使用，不得已而一定要用时，应进行特殊设计。

为保证路基稳定，应尽量满足路基最小填土高度的要求，若路基高度低于按地下水位或地面水位计算的临界高度，可视为低路堤。低路堤通常处于行车荷载应力作用区范围内，同时经受着地面水和地下水不利水温状况的影响。有时为了增强路基路面的综合强度与稳定性，需要另外增加投资加强路面结构或增设地下排水设施。究竟如何合理确定路基的高度，需要进行综合比较后才可择优取用。

沿河及受水浸淹的路基，其高度应根据《公路路基设计规范》所规定的设计洪水频率（见表 3-1），求得设计水位，再增加 0.5m 的余量。如果河道因设置路堤而压缩过水面积，致使上游有壅水，或河面宽阔而有风浪，就应增加壅水高度和波浪冲上路堤的高度（即波浪侵袭高度）。所以沿河浸水路堤的高度，应高出上述各值之和，以保证路基不致淹没，并据此进行路基的防护与加固。

3. 路基边坡坡率

路基边坡坡率对路基稳定性十分重要，确定路基边坡坡率是路基设计的重要任务。公路路基的边坡坡率，可用边坡高度 H 与边坡宽度 b 的比值表示。并取 $H=1$，如图 3-5 所示，$H:b=$

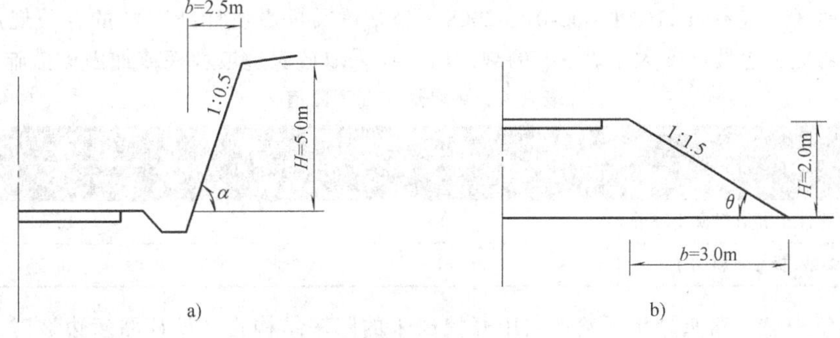

图 3-5 路基边坡坡率示意图

a）路堑 b）路堤

1∶0.5（路堑边坡）或1∶1.5（路堤边坡），通常用1∶n（路堑）或1∶m（路堤）表示其坡率，称为边坡坡率。

路基边坡坡率的大小，取决于边坡的土质、岩石的性质及水文地质条件等自然因素和边坡的高度。在陡坡或填挖较大的路段，边坡稳定不仅影响到土石方工程量和施工的难易，而且是路基整体稳定性的关键。因此，确定边坡坡率对于路基的稳定性和工程的经济合理性至关重要。一般路基的边坡坡率可根据多年工程实践经验和设计规范推荐的数值采用。

（1）路堤边坡　路堤边坡坡率可根据填料种类和边坡高度按表3-3中的坡率选用。

表3-3　路堤边坡坡率

填料类别	边坡坡率	
	上部高度（H≤8m）	下部高度（H≤12m）
细粒土	1∶1.5	1∶1.75
粗粒土	1∶1.5	1∶1.75
巨粒土	1∶1.3	1∶1.5

路堤边坡高度超过表列数值时，属高路堤，应进行单独设计。

沿河浸水路堤的边坡坡率，在设计水位以下部分可采用1∶1.75~1∶2.0，在常水位以下部分可采用1∶2.0~1∶3.0。当公路沿线有大量天然石料或路堑开挖的废石方时，可用以填筑路堤。填石路堤应由不易风化的直径较大（>25cm）石块砌筑，边坡坡率一般可用1∶1。陡坡上的路基填方可采用砌石护坡，如图3-6所示，砌石应用当地不易风化的开山片石砌筑。

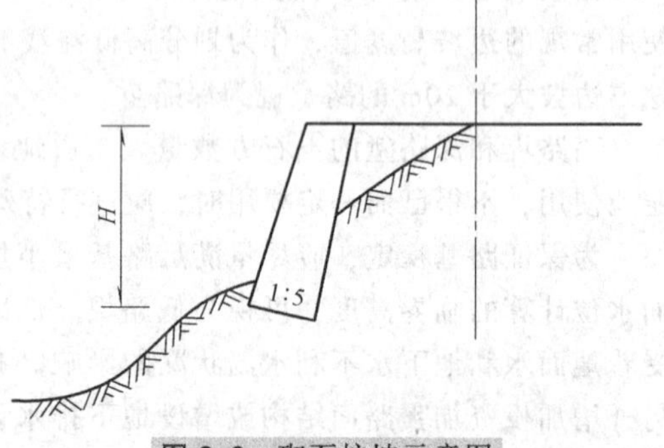

图3-6　砌石护坡示意图

砌石顶宽不应小于0.8m，基底面以1∶5的边坡坡率向路基内侧倾斜，砌石高度H一般为2~15m，墙的内外坡根据砌石高度，按表3-4选定。

表3-4　砌石边坡坡率

砌石高度/m	内坡坡率	外坡坡率
≤5	1∶0.3	1∶0.5
≤10	1∶0.5	1∶0.67
≤15	1∶0.6	1∶0.75

在地震地区，应参照JTG/T B02-01—2008《公路桥梁抗震设计细则》的有关规定。公路和一级公路的路堤，边坡高度大于表3-5的规定时，应采取放缓边坡坡率或加固等措施。

表3-5　路堤边坡高度限值　（单位：m）

填料	基本烈度	
	8	9
岩块和细粒土（粉性土和有机质土除外）	15	10
粗粒土（细沙、极细沙除外）	6	3

（2）路堑边坡　路堑是从天然地层中开挖出来的路基结构物，设计路堑边坡时，首先应从地貌和地质构造上判断其整体稳定性。在遇到工程地质或水文地质条件不良的地层时，应尽量使路线避绕；而对于稳定的地层，则应考虑开挖后是否会由于减少支承及坡面风化加剧而引起

失稳。

影响路堑边坡稳定的因素较为复杂，除了路堑深度和坡体土石的性质之外，地质构造特征、岩石的风化和破碎程度、土层的成因类型、地表水和地下水的影响、坡面的朝向及当地的气候条件等都会影响路堑边坡的稳定性，在边坡设计时必须综合考虑。

土质（包括粗粒土）路堑边坡，应根据边坡高度、土的密实程度（见表 3-6）、地下水和地面水的情况、土的成因及生成时代等因素选定，见表 3-7。

表 3-6　土的密实程度划分

分级	试坑开挖情况
较松	铁锹很容易铲入土中,试坑坑壁容易坍塌
中密	天然坡面不易陡立,试坑坑壁有掉块现象,部分需用镐开挖
密实	试坑坑壁稳定,开挖困难,土块用手使力才能破碎,从坑壁取出大颗粒处能保持凹面形状
胶结	细粒土密实度很高,粗颗粒之间呈弱胶结,试挖用镐开挖困难,天然坡面可以陡立

表 3-7　土质路堑边坡坡率

土的类别		边坡坡率
黏土、粉质黏土、塑性指数大于 3 的粉土		1∶1
中密以上的中砂、粗砂、砾砂		1∶1.5
卵石土、碎石土、圆砾土、角砾土	胶结和密实	1∶0.75
	中密	1∶1

注：黄土、红黏土、高液限土、膨胀土等特殊土质挖方边坡形式及坡度应按规范其他相关条款确定。

岩质路堑边坡，一般根据地质构造与岩石特性，对照相似工程的成功经验选定边坡坡率。岩体的种类、风化程度及边坡的高度是决定边坡坡率的主要因素，设计时可根据这些因素参照表 3-8~表 3-10 选定。

表 3-8　岩质路堑边坡坡率

边坡岩体类型	风化程度	边坡坡率	
		H<15m	15m≤H<30m
Ⅰ类	未风化、微风化	1∶0.1~1∶0.3	1∶0.1~1∶0.3
	弱风化	1∶0.1~1∶0.3	1∶0.3~1∶0.5
Ⅱ类	未风化、微风化	1∶0.1~1∶0.3	1∶0.3~1∶0.5
	弱风化	1∶0.3~1∶0.5	1∶0.5~1∶0.75
Ⅲ类	未风化、微风化	1∶0.3~1∶0.5	—
	弱风化	1∶0.5~1∶0.75	—
Ⅳ类	弱风化	1∶0.5~1∶1	—
	强风化	1∶0.75~1∶1	—

注：1. 有可靠的资料和经验时，可不受本表限制。
2. Ⅳ类强风化包括各类风化程度的极软岩。

表 3-9　岩质边坡的岩体分类

边坡岩体类型	判定条件			
	岩体完整程度	结构面结合程度	结构面产状	直立边坡自稳能力
Ⅰ	完整	结构面结合良好或一般	外倾结构面或外倾不同结构面的组合线倾角>75°或<35°	30m 高边坡长期稳定,偶有掉块

（续）

边坡岩体类型	判定条件			
	岩体完整程度	结构面结合程度	结构面产状	直立边坡自稳能力
Ⅱ	完整	结构面结合良好或一般	外倾结构面或外倾不同结构面的组合线倾角35°~75°	15m高的边坡稳定，15~30m高的边坡欠稳定
	完整	结构面结合差	外倾结构面或外倾不同结构面的组合线倾角>75°或<35°	
	较完整	结构面结合良好或一般或差	外倾结构面或外倾不同结构面的组合线倾角<35°，有内倾结构面	边坡出现局部塌落
Ⅲ	完整	结构面结合差	外倾结构面或外倾不同结构面的组合线倾角35°~75°	8m高的边坡稳定，15m高的边坡欠稳定
	较完整	结构面结合良好或一般	外倾结构面或外倾不同结构面的组合线倾角35°~75°	
	较完整	结构面结合差	外倾结构面或外倾不同结构面的组合线倾角>75°或<35°	
	较完整（碎裂镶嵌）	结构面结合良好或一般	结构面无明显规律	
Ⅳ	较完整	结构面结合差或很差	外倾结构面以层面为主，倾角多为35°~75°	8m高的边坡不稳定
	不完整（散体、碎裂）	碎块间结合很差	—	

注：1. 边坡岩体分类中未含由外倾软弱结构面控制的边坡和倾倒崩塌型破坏的边坡。
2. Ⅰ类岩体为软岩、较软岩时，应降为Ⅱ类岩体。
3. 当地下水发育时，Ⅱ、Ⅲ类岩体可视具体情况降低一档。
4. 强风化岩和极软岩可划为Ⅳ类岩体。
5. 表中外倾结构面系指倾向与坡向的夹角小于30°的结构面。

表 3-10　岩体完整程度划分

岩体完整程度	结构面发育程度	结构类型	完整性系数 K_v
完整	结构面1~2组，以构造节理或层面为主，密闭型	巨块状整体结构	>0.75
较完整	结构面2~3组，以构造节理或层面为主，裂隙多呈密闭型，部分为微张型，少有充填物	块状结构、层状结构、镶嵌碎裂结构	0.35~0.75
不完整	结构面大于3组，在断层附近受构造作用影响较大，裂隙以张开型为主，多有充填物，厚度较大	碎裂状结构、散体结构	<0.35

注：镶嵌碎裂结构为碎裂结构中碎块较大且相互咬合、稳定性相对较好的一种结构。

完整性系数 K_v 按下式计算

$$K_v=\left(\frac{v_R}{v_p}\right)^2$$

式中　v_R——弹性纵波在岩体中的传播速度；

v_p——弹性纵波在岩块中的传播速度。

由于地表岩层和自然条件，以及路基构造要求与形式变化极大，岩质路堑边坡坡率难以定型，表列数值为一般条件下的经验数值，运用时应结合当地的工程地质和水文条件，参考各地现有自然稳定的山坡和人工成型稳定的山坡，加以对比选用。必要时应进行个别设计和稳定性验算，还必须采用排水和护坡与加固等技术措施。

地震区的岩质路堑边坡坡率应参考 JTG/T B02-01—2008《公路桥梁抗震设计细则》规定。当岩质路堑边坡高度超过 10m 时，边坡坡率应该按照表 3-11 采用。

表 3-11　高度超过 10m 的岩质路堑边坡坡率

岩石种类	基本烈度	
	8	9
风化岩石	(1∶0.6)~(1∶1.5)	(1∶0.75)~(1∶1.5)
一般岩石	(1∶0.1)~(1∶0.5)	(1∶0.2)~(1∶0.6)
坚石	(1∶0.1)~直立	(1∶0.1)~直立

4. **路基填料与压实**

(1) 路基填料　填筑路基的理想材料应当是稳定性好、压缩性小、便于施工压实及运距短的土、石材料。根据填料的性质和适用性可分为以下几种：

1) 砾石、不易风化的石块。该类填料渗水性强，水稳定性极好，强度高，为良好的填料。石块空隙间用小石料填充密实并经充分压实后，路堤残余下沉量小，在车辆荷载作用下的塑性变形小。

2) 碎石土、卵石土、砾石土、粗砂、中砂。该类填料渗水性强、水稳定性好，为施工性能良好的填料，但其中黏性土含量过多时，水稳定性下降较多。

3) 砂性土。砂性土既含有一定数量的粗颗粒，使之具有足够的强度和水稳定性，又含有一定数量的细颗粒，从而把粗颗粒粘结在一起，为填筑路堤的良好材料。

4) 黏性土。黏性土渗水性很差，干燥时强度高而不易挖掘，浸水后水稳定性差，强度下降，变形大，在充分碾压和有良好排水设施情况下，筑成的路基也能获得稳定。

5) 粉性土。粉性土含有较多的粉土粒，干燥时有一定黏结性，但易被压碎，浸水时很快被湿透，毛细现象严重，在季节性冰冻地区易产生湿度积聚，造成冻胀翻浆，水饱和时有振动液化问题，是最差的一种筑路材料。

6) 高液限黏土。高液限黏土渗水性极差，塑性指数和液限都很高，干燥时坚硬，难挖掘，湿润时膨胀性和塑性都很大，不宜用作路基填料。

在设计路基填料时，要注意以下事项：

1) 填方路基宜选用级配较好的粗粒土作为填料。

2) 砾（角砾）类土、砂类土应优先选作路床填料，土质较差的细粒土可填于路堤底部。用不同填料填筑路基时，应分层填筑，每一水平层均应采用同类填料。

3) 泥炭、淤泥、冻土、强膨胀土及易溶盐超过允许限量的土，不得直接用于填筑路基。

4) 冰冻地区路床及浸水部分的路堤不应直接采用粉质土填筑。

5) 强风化岩石及浸水后容易崩解的岩石不宜作为浸水部分的路堤填料。

6) 细粒土做填料，当土的含量超过最佳含水率两个百分点以上时，应采取晾晒或掺入石灰、固化材料等技术措施进行处理。

7) 桥涵台背和挡土墙墙背填料，应优先选用内摩擦角较大的砾（角砾）类土、砂类土填筑。

（2）路基压实　适用于各级公路的以重型击实方法为标准的路床压实度和相应的路床填料最小承载比见表 3-12。

表 3-12　路床填料最小承载比和压实度要求

项目分类	路面底面以下深度/m	填料最小承载比(CBR)(%)			压实度(%)		
		高速公路、一级公路	二级公路	三、四级公路	高速公路、一级公路	二级公路	三、四级公路
填方路基	0~0.3	8	6	5	≥96	≥95	≥94
	0.3~0.8	5	4	3	≥96	≥95	≥94
零填及挖方路基	0~0.3	8	6	5	≥96	≥95	≥94
	0.3~0.8	5	4	3	≥96	≥95	—

注：1. 表列压实度按 JTG E40—2007《公路土工试验规程》中重型击实试验所得最大干密度求得的压实度。
2. 当三、四级公路铺筑沥青混凝土和水泥混凝土路面时，其压实度应采用二级公路压实度标准。

公路路堤除了 80cm 深度路床土之外，以下部分的路基一律按重型击实试验求得的最大干密度控制压实度。各个等级公路上路堤和下路堤的压实度和路堤填料最小承载比要求列于表 3-13。除了特殊气候区和选用特殊填料修筑的路堤之外，路堤压实度应满足表列的要求。

表 3-13　路堤压实度及路堤填料最小承载比要求

类别	路面底面以下深度/m	压实度(%)			填料最小承载比(CBR)(%)		
		高速公路、一级公路	二级公路	三、四级公路	高速公路、一级公路	二级公路	三、四级公路
上路堤	0.80~1.50	≥94	≥94	≥93	4	3	3
下路堤	1.50 以下	≥93	≥92	≥90	3	2	2

3.1.4　路基附属设施设计

为了确保路基的强度、稳定性和行车安全，与一般路基工程有关的附属设施有取土坑、弃土堆、护坡道、碎落台、堆料坪及错车道等。这些设施是路基设计的组成部分，正确合理地设置是十分重要的。

1. 取土坑与弃土堆

路基土石方的挖填平衡是公路路线设计的基本原则，但往往难以做到完全平衡。土石方数量经过合理调配后，仍然会有部分借方和弃方（又称废方），路基土石方的借弃，首先要合理选择地点，即确定取土坑或弃土堆的位置。选点时要兼顾土质、数量、用地及运输条件等因素，还必须结合沿线区域规划、因地制宜，综合考虑，维护自然平衡，防止水土流失，做到借之有利、弃之无害。借弃所形成的坑或堆，要求尽量结合当地地形，充分加以利用，并达到外形规整，弃土堆稳固。

平坦地区，如果用土量较少，可以沿路两侧设置取土坑，与路基排水和农田灌溉相结合。

路旁取土坑示意图如图 3-7 所示，深度约 1m 或稍大一些，宽度仍用土数量和用地允许而定。

为防止坑内积水危害路基，当堤顶与坑底高差不足 2m 时，在路基坡脚与坑之间需设宽度不大于 1m 的护坡平台，坑底设纵横排水坡及相应设施。河水淹没地段的桥头引道近旁，一般不设取土坑，如设取土坑要距河流中水位边界 10m 以外，并与导治结构物位置相适应。此类取土坑要求水流畅通，不得长期积水危及路基或构造物的稳定。路基开挖的弃方，应尽量加以利用，如用以加宽路基或加固路堤，填补坑洞或路旁洼地，也可兼顾农田水利或基建等所需，做到变废为用，弃而不乱。

弃方一般应选择路旁低洼地，就近弃土。原地面倾斜坡度小于 1 : 5 时，路旁两侧均可设弃土堆，地面较陡时，宜设在路基下方。沿河路基爆破后的弃石方，往往难以远运，条件许可时可以部分占用河道，但要注意河道压缩后，不致壅水危及上游路基及附近农田等。

图 3-8 所示为路旁弃土堆示意图，要求堆弃整平，顶面具有适当横坡，并设平台、三角形土台及排水沟，宽度 d 与地面土质有关，最小 3m，最大可按路堑深度加 5m，即 $d>H+5\text{m}$。积砂或积雪地段的弃土堆，宜有利于防砂防雪，可设在迎面一侧，并具有足够距离。

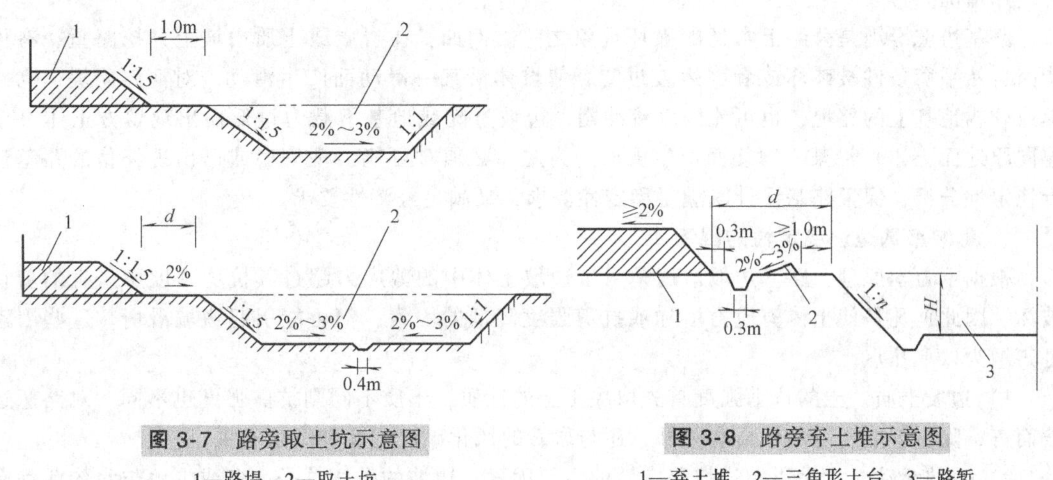

图 3-7　路旁取土坑示意图

1—路堤　2—取土坑

图 3-8　路旁弃土堆示意图

1—弃土堆　2—三角形土台　3—路堑

2. 护坡道与碎落台

护坡道是保护路基边坡稳定性的措施之一，设置的目的是加宽边坡横向距离，减小边坡平均坡率。护坡越宽，越有利于边坡稳定，但最少为 1m。宽度大，则工程数量也随之增加，要兼顾边坡稳定性与经济合理性。通常护坡道宽度 d 视边坡高度 H 而定。$H\geqslant3\text{m}$ 时，$d=1\text{m}$；$H=3\sim6\text{m}$ 时，$d=2\text{m}$；$H=6\sim12\text{m}$ 时，$d=2\sim4\text{m}$。

护坡道一般设在挖方坡脚处，边坡较高时也可设在边坡上方及挖方边坡的变坡处。浸水路基的护坡道，可设在浸水线以上的边坡上。

碎落台设于土质或石质土的挖方边坡坡脚处，主要供零星土石碎块下落时临时堆积，以保护边沟不致堵塞，也有护坡道的作用。碎落台宽度一般为 1.0~1.5m，若兼有护坡作用，可适当放宽。碎落台上的堆积物应定期清理。

3. 堆料坪与错车道

路面养护用的矿质材料，可就近选择路旁合适地点堆置备用，也可在路肩外缘设堆料坪，其面积可结合地形与材料数量而定。例如，每隔 50~100m 设一个堆料坪，长约 5~8m，宽 2m。高级路面或采用机械化养护的路段可以不设，或另设集中备用料场，以维护公路外形的视觉平顺和景观优美。单车道公路，由于双向行车会车和相互避让的需要，通常应每隔 200~500m 设置错车道一处。按规定错车道的长度不得短于 30m，两端各有长度为 10m 的出入过渡段，中间 10m 供停车用。单车道的路基宽度为 4.5m，而错车道地段的路基宽度为 6.5m。错车道是单车道路基的一个组成部分，应与路基同时设计与施工。

3.2 路基边坡稳定性设计

3.2.1 边坡稳定性分析概述

路基边坡滑坍是公路上常见的病害，产生的原因也错综复杂，因此在设计中应予以认真调查和分析，拟定相应的技术措施，保证路基边坡的稳定性。

边坡稳定性分析的方法很多，但是原理相通，都属于极限平衡分析方法，仅是假定略有不同。而分析结果是否符合实际，关键在于滑动面的形状、位置以及有关计算参数的确定是否符合实际情况。

路基边坡滑坍是公路上常见的破坏现象之一。例如，在岩质或土质山坡上开挖路堑，有可能因自然平衡条件被破坏或者因边坡过陡，使坡体沿某一滑动面产生滑动。对河滩路堤、高路堤或软弱地基上的路堤，也可能因水流冲刷、边坡过陡或地基承载力过低而出现填方土体（或连同原地面土体）沿某一剪切面产生坍塌。为此，必须对可能出现失稳或已出现失稳的路基进行稳定性分析，保证路基设计既满足稳定性要求，又满足经济性要求。

1. 影响路基边坡稳定性的因素

根据土力学原理，路基边坡滑坍是由于边坡土体中的剪应力超过其抗剪强度所产生的剪切破坏。因此，凡是使土体剪应力增加或抗剪强度降低的因素，都可能引起边坡滑坍。这些因素可归纳为以下几点。

1）边坡土质。土的抗剪强度首先取决于土的性质，土质不同则抗剪强度也不同。对路堑边坡而言，除与土或岩石的性质有关外，还与岩石的风化破碎程度和形状有关。

2）水的活动。水是影响边坡稳定性的主要因素，边坡的破坏总是或多或少地与水的活动有关。土体的含水率增加，既降低了土体的抗剪强度，又增加了土内的剪应力。在浸水情况下，还有浮力和动水压力作用，使边坡处于最不利状态。

3）边坡的几何形状。边坡的高度、坡度等直接关系到土的稳定条件，高大、陡直的边坡，因重心高，稳定条件差，易发生滑坍或其他形式的破坏。

4）活荷载增加。坡脚因水流冲刷或其他不适当的开挖而使边坡失去支撑等，均可能增大边坡土体的剪应力。

5）地震及其他震动荷载。

2. 边坡稳定性分析方法

路基边坡稳定性分析与验算的方法很多，归纳起来有力学分析法和工程地质法两大类。力学分析法又称极限平衡法，假定边坡沿某一形状滑动面破坏，按力学平衡原理进行计算。因此，根据滑动面形状的不同，又分为直线法、圆弧法和折线法三种。力学分析法的基本假定如下所述。

1）破裂面以上的不稳定土体沿破裂面作整体滑动，不考虑其内部的应力分析不均和局部移动。

2）土的极限平衡状态只在破裂面上达到。为简化计算，用力学分析法进行边坡稳定性分析时，通常都按平面问题来处理。

工程地质法是根据已成不同土类或岩体边坡的大量经验数据，拟定出路基边坡稳定值参考表，供设计采用。

一般情况下，土质边坡的设计是先按力学分析法进行验算，再用工程地质法予以校核。岩石或碎石土类边坡则主要采用工程地质法，有条件时也用力学分析法进行校核。

3. 边坡滑动面形状

大气降雨使土的抗剪强度降低，往往导致路基边坡产生滑坍。根据大量观测，边坡滑坍破坏时，会形成一滑动面。滑动面的形状主要因土质而异，有的近似直线平面，有的呈曲面，有的则可能是不规则的折线平面。为简化计算，近似地把滑动破裂面与路基横断面的交线假设为直线、圆曲线或折线。砂性土及碎（砾）石土，因有较大的内摩擦角 φ 及较小的黏聚力 c，其破裂滑动面近似于直线平面。黏性土的黏结力 c 较大而其内摩擦角 φ 较小，边坡滑坍时，滑动面近似于圆曲面。

滑动面形状如图3-9所示。一般情况下，可只考虑破裂面通过坡脚的稳定性；路基底面以下会有软弱夹层时，还应考虑滑动破裂面通过坡脚以下的可能；边坡为折线形，必要时应对通过变坡点的滑动面进行稳定性验算。验算时可根据不同的土质，区分不同情况加以选择。

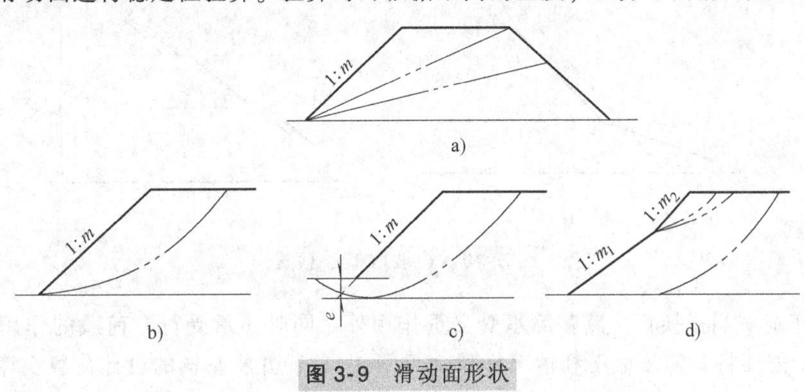

图3-9　滑动面形状

a）砂性土　b）黏性土　c）有软弱层　d）折线形边坡

4. 边坡稳定性分析的计算参数

（1）土的计算参数　路基处在复杂的自然环境中，其稳定性随环境条件（特别是土的含水率）和时间的增长而变化。路堑是在天然土层中开挖而成，土石的性质、类别和分布是自然存在的。而路堤是由人工填筑而成的，填料性质可由人为方法控制。因此，在边坡稳定性分析时，对于土的物理力学数据的选用，以及可能出现的最不利情况，应力求能与路基实际情况相一致。

边坡稳定性分析所需土的试验资料如下所述。

1）对于路堑或天然边坡应取原状土的重度 γ（kN/m^3）、内摩擦角 φ（°）和黏结力 c（kPa）。

2）对路堤边坡，应取与现场压实度一致的压实土的试验数据，数据包括压实后土的重度 γ（kN/m^3）、内摩擦角 φ（°）和黏结力 c（kPa）。

在边坡稳定性分析时，若边坡由多层土体所构成，所采用土的边坡稳定性分析参数 c、φ 和 γ 的值应根据边坡稳定性分析方法确定。对于直线法和圆弧法可通过合理的分段，直接取用不同土层的参数值，若用综合土体边坡稳定性分析，可采用加权平均法求得，如下式

$$c=\frac{c_1h_1+c_2h_2+\cdots+c_ih_i}{h_1+h_2+\cdots+h_i}=\frac{\sum_{i=1}^{n}c_ih_i}{\sum_{i=1}^{n}h_i} \tag{3-1}$$

$$\tan\varphi=\frac{h_1\tan\varphi_1+h_2\tan\varphi_2+\cdots+h_i\tan\varphi_i}{h_1+h_2+\cdots+h_i}=\frac{\sum_{i=1}^{n}h_i\tan\varphi_i}{\sum_{i=1}^{n}h_i} \tag{3-2}$$

$$\gamma=\frac{\gamma_1h_1+\gamma_2h_2+\cdots+\gamma_ih_i}{h_1+h_2+\cdots+h_i}=\frac{\sum_{i=1}^{n}\gamma_ih_i}{\sum_{i=1}^{n}h_i} \tag{3-3}$$

式中　c_i、φ_i、γ_i——土层 i 的黏结力、内摩擦角、重度；

h_i——土层 i 的厚度。

加权平均法适用于较为粗略的边坡稳定性分析。

3）边坡的取值。进行边坡稳定性分析时，对于折线形或阶梯形边坡（见图 3-10），一般可取平均值。例如，图 3-10a 所示边坡取 AB 线；图 3-10b 所示边坡则取坡脚点和坡顶点的连线。

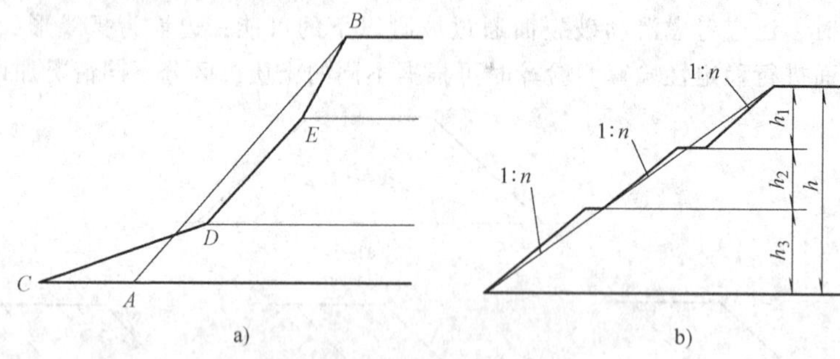

图 3-10　边坡取值示意图

（2）汽车荷载当量换算　路基除承受自重作用外，同时还承受行车荷载的作用。在边坡稳定性分析时，需要将车辆按最不利情况排列（见图 3-11），并将车辆的设计荷载换算成当量土柱高（即以相等压力的土层厚度来代替荷载），以 h_0 表示。

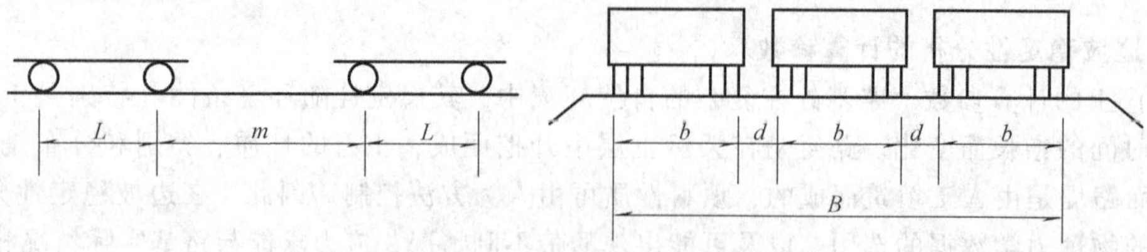

图 3-11　汽车荷载布置示意图

当量土柱高度 h_0 的计算公式为

$$h_0=\frac{NQ}{\gamma BL} \tag{3-4}$$

式中　N——横向分布的车辆数，单车道 $N=1$，双车道 $N=2$；

Q——每一辆车的重力（kN）；

γ——路基填料重度（kN/m^3）；

L——汽车前后轴（或履带）的总距（m），对汽-10 级和汽-15 级，$L=4.2m$；汽-20 级重车，$L=5.6m$；

B——横向分布车辆轮胎最外缘之间总距（m），其值为

$$B=Nb+(N-1)d \tag{3-5}$$

b——每一车辆的轮胎外缘之间的距离（m）；

d——相邻两辆车轮胎（或履带）之间的净距（m）。

荷载分布宽度可以分布在行车道（路面）的范围，考虑到实际行车可能有横向偏移或车辆

停放在路肩上，也可认为 h_0 厚的当量土层分布在整个路基宽度上。

3.2.2 边坡稳定性分析力学分析法

本节主要介绍直线法和圆弧法这两种力学分析法。

1. 直线法

直线法适用于砂土和砂性土（两者合称砂类土），土的抗力以内摩擦力为主，黏结力甚小，边坡破坏时，破裂面近似平面。如图 3-12a 所示，路堤土楔 *ABD* 沿假设破裂面 *AD* 滑动，其稳定系数 *K* 按下式计算（按纵向长 1m 计，下同）

$$K=\frac{F}{T}=\frac{G\cos\omega\tan\varphi+cL}{G\sin\omega} \tag{3-6}$$

式中 F——沿破裂面的抗滑力（kN）；

T——沿破裂面的下滑力（kN）；

G——土楔重力及路基顶面换算土柱的荷载之和（kN）；

ω——破裂面对于水平面的倾斜角（°）；

φ——路堤土体的内摩擦角（°）；

c——路堤土体的单位黏结力（kPa）；

L——破裂面 *AD* 的长度（m）。

边坡稳定性分析时，先假定路堤边坡值，然后通过坡脚 *A* 点，假定 3~4个可能的破裂面 ω_i 如图 3-12b 所示，按式（3-6）求出相应的稳定系数 K_i 值，得出 K_i 与 ω_i 的关系曲线，如图 3-12c 所示。在 $K=f(\omega)$ 关系曲线上找到最小稳定系数值 K_{min} 及对应的极限破裂面对水平面的倾斜角 ω 值。

由于砂类土黏结力很小，一般可忽略不计，即取 $c=0$，则式（3-6）可表达为式（3-7）。由式（3-7）可知，当 $K=1$ 时，$\tan\varphi=\tan\omega$，即抗滑力等于下滑力，滑动面土体处于极限平衡状态，此时路堤的极限坡度等于砂类土的内摩擦角，该角相当于自然休止角；当 $K>1$ 时，路堤边坡处于稳定状态，且与边坡高度无关；当 $K<1$ 时，则无论边坡高度是多少，都不能保持稳定。

$$K=\frac{F}{T}=\frac{\tan\varphi}{\tan\omega} \tag{3-7}$$

对均匀砂类土的路堑边坡，如图 3-13 所示，土楔 *ABD* 沿假设破裂

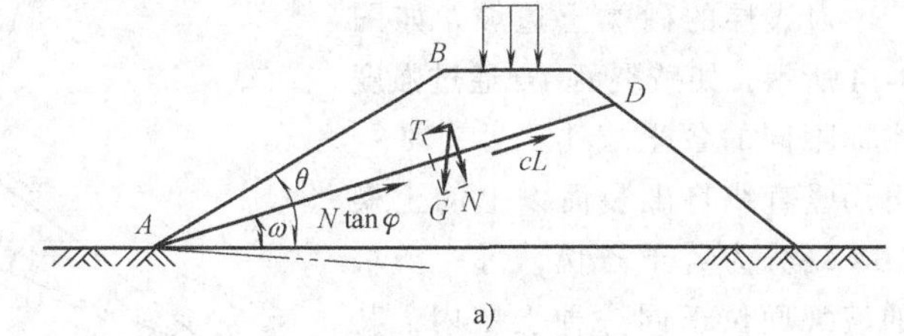

a）

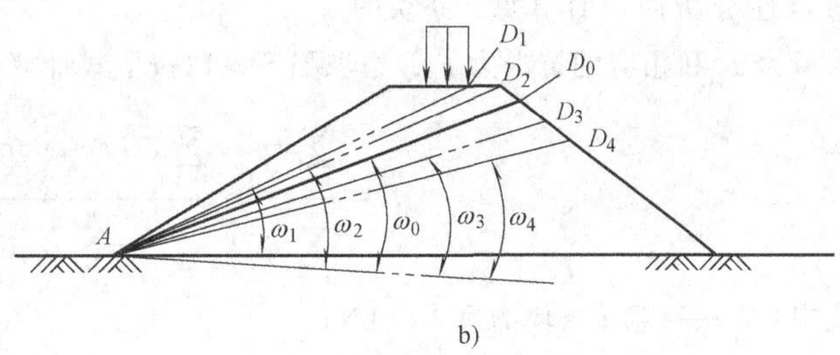

b）

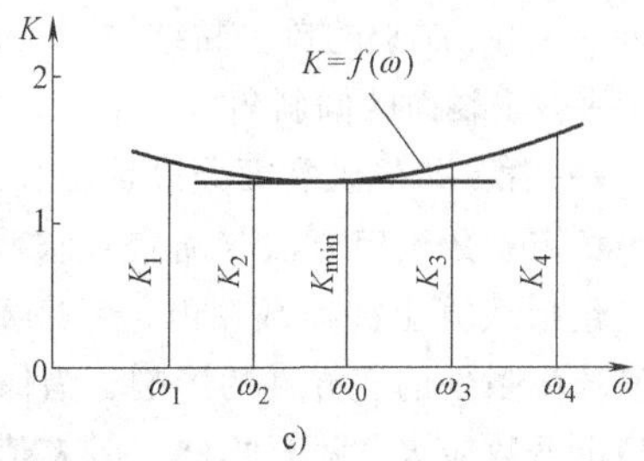

c）

图 3-12 直线法计算图

a）滑动楔体的静力分析 b）假定滑动面 c）K-ω 关系

面 AD 滑动，其稳定系数 K 按下式计算

$$K=\frac{F}{T}=\frac{G\cos\omega\tan\varphi+cL}{G\sin\omega}=(f+a_0)\cot\omega+a_0\cot(\theta-\omega) \tag{3-8}$$

式中 h——边坡的竖向高度（m）；

φ——路堑土楔的内摩擦角（°），$f=\tan\varphi$；

a_0——参数，$a_0=\dfrac{2c}{\gamma h}$，γ 为土的单位体积的重力（kN/m³）；

θ——边坡倾斜角（°）。

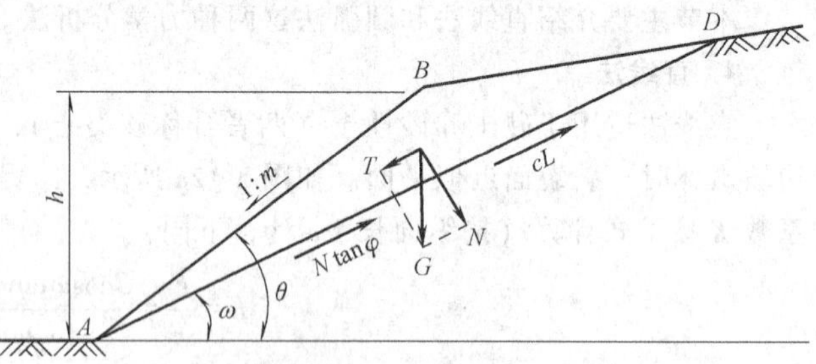

图 3-13　均匀砂类土路堑

其他符号同前。

按微分方法，当 $\mathrm{d}K/\mathrm{d}\omega=0$ 时，可求稳定系数 K 最小时破裂面倾斜角 ω_0 值，即

$$\cot\omega_0=\cot\theta+\sqrt{\frac{a_0}{f+a_0}}\csc\theta \tag{3-9}$$

将式（3-9）代入式（3-8）得最小稳定性系数

$$K_{\min}=(2a_0+f)\cot\theta+2\sqrt{a_0(f+a_0)}\csc\theta \tag{3-10}$$

对成层的砂类土边坡，如图 3-14 所示，如破裂面 AD 通过强度指标不同的各土层Ⅰ、Ⅱ、Ⅲ…可用竖直线将破裂面以上的土楔 ABD 划分为若干条块，每一条块的破裂面位于同一种土层内，其破裂面上的 c_i、φ_i 为定值。边坡稳定性分析时，计算每一条块的下滑力 T_i 和相应的抗滑力 F_i，边坡稳定系数按下式计算

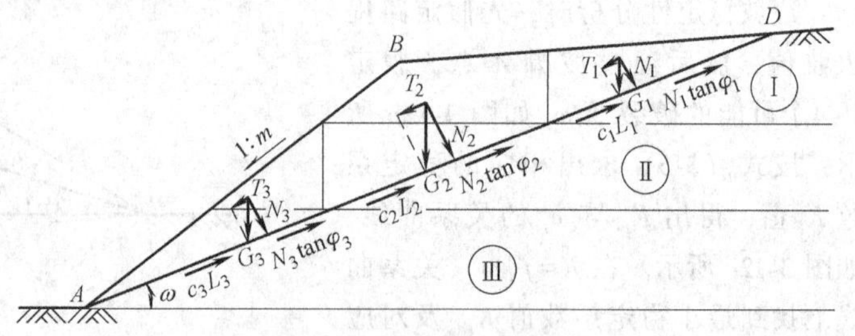

图 3-14　成层砂类土边坡

$$K=\frac{\sum_{i=1}^{n}F_i}{\sum_{i=1}^{n}T_i}=\frac{\sum_{i=1}^{n}(G_i\cos\omega\tan\varphi_i+c_iL_i)}{\sum_{i=1}^{n}G_i\sin\omega} \tag{3-11}$$

式中 G_i——第 i 条块的重力（kN）；

φ_i——第 i 层土的内摩擦角（°）；

c_i——第 i 层土的单位黏结力（kPa）；

ω——破裂面的倾斜角（°）；

L_i——第 i 条块破裂面分段长度（m）。

最小稳定系数确定方法与路堤边坡稳定性分析方法相同。如果某一分块有换算土柱荷载，该分块应包括换算土柱荷载在内。考虑到滑动面的近似假定、土工试验所得的 φ 和 c 的局限性以及气候环境条件的变异性的影响，为保证边坡稳定性有足够的安全储备，稳定系数应 $K_{\min}$ 大于 1.25，但 K 值也不宜过大，以免造成工程不经济。

2. 圆弧法

一般说来，土均具有一定的黏结力，边坡滑动面多数呈现曲面。因此，直线法和折现法均

具有不足之处。理想情况下，分析某一给定边坡稳定性的核心是一个试算的过程。第一步，首先建立边坡土参数的分布场；第二步，列举所有可能的滑动面形位；第三步，计算每一个滑动面的安全性指标（如安全系数）；第四步，比较得到的最危险滑动面及其对应的安全性指标。因为路基土的复杂特性，这一试算过程需要许多假定以简化该验算过程，简述如下：

（1）圆弧滑动面假定及其圆心的辅助线法　通过总结以往工程中边坡失稳的实例发现，其滑动面虽是曲线形状，但与标准的圆弧的差异不大，特别是土质较单一、均匀时。为此，提出了圆弧滑动面假定，最经典的方法就是瑞典法和 Bishop 法等。同时提出 4.5H 和 36°线法等圆心辅助线法，该假定使得滑动面的试算得以大大简化。

1）4.5H 法。用图 3-15 作为圆弧滑动面的计算图式，首先确定圆心 O 和半径 OA。一般情况下，圆心的位置是在圆心辅助线 EF 的延长线上移动，E 点和 F 点的位置可用 4.5H 法确定。

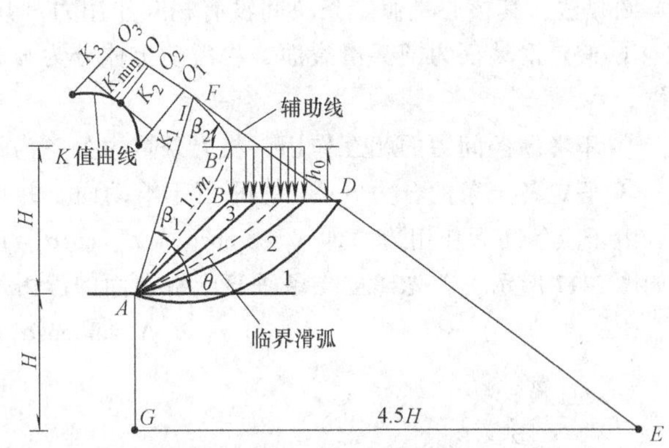

图 3-15　4.5H 线法确定圆心位置图示

图 3-15 中边坡计算高 $H=h_1+h_0$，由 A 点向下做垂直线，取深度为 H 确定 G 点，由 G 点做水平线，取距离为 4.5H 确定 E 点，即 4.5H 法。F 点位置由角度 β_1 和 β_2 的边线相交而定，其中 β_1 以 AB' 平均边坡线为准，β_2 以 B' 点的水平线为准，如果不计算荷载，则 $h_0=0$，B' 由 B 代替。β_1 和 β_2 取决于路基的边坡坡率，见表 3-14。

表 3-14　圆心辅助线作图角值表

边坡坡度 i_0	边坡倾斜角 θ	α	ω	β_1	β_2
1 : 0.5	63°26′	33°15′	37°00′	29°30′	40°
1 : 0.75	53°08′	40°00′	32°15′	29°	39°
1 : 1	45°00′	45°00′	28°15′	28°	37°
1 : 1.25	38°40′	48°30′	25°00′	27°	35°30′
1 : 1.5	33°41′	51°15′	22°15′	26°	35°
1 : 1.75	29°41′	53°15′	20°00	25°	35°
1 : 2.0	26°34′	55°00′	18°00′	25°	35°
1 : 2.25	23°58′	56°00′	16°30′	25°	35°
1 : 2.5	21°48′	57°00′	15°15′	25°	35°
1 : 3	18°26′	58°45′	13°15′	25°	35°
1 : 4	14°02′	60°45′	10°15′	25°	36°
1 : 5	11°19′	62°00′	8°15′	25°	37°

大量计算证明，如果路基边坡为单斜线，坡顶为水平，当 $\varphi=0$ 时，最危险滑动面的圆心就在 F 点上。当 $\varphi>0$，圆心在辅助线上向左上方移动，φ 值越大，OF 间距越大，通常取 4~5 个点为圆心，分别求 K 值，并绘制 K 值曲线，据以解得 K_{min} 值及相应的圆心 O。

2）36°线法　圆心辅助线也可用 36°线法绘制，如图 3-16 所示，36°线法比较简单，但计算结果误差较大，可在试算中使用。

（2）条分法简化　滑动土体形状及构成复杂时，求解难度大，通过将其划分为多个土条离散化，每一土条的性质相对简单，通过计算有限土条间及各土条在滑动面上的力和力矩，建立平衡关系，能够简化计算过程。

极限平衡法是指岩土力学中，依据一定的屈服标准（如剪切破坏理论）和关联流动法则（塑性变形），分析岩土材料的稳定性极限状态的一类分析方法。本节的极限平衡法则特指在给定圆弧滑动面后，以土条滑动土体为基础，通过分析滑动土体的力与力矩平衡，以库仑强度理论为基础，检验滑动面上抗滑力（矩）与滑动力（矩）间关系的分析方法。

1）瑞典圆弧法。1927 年，瑞典人 Fellenius 提出对均质边坡圆弧形滑动面的分析方法，即瑞典圆弧法，其核心是假定条块间没有相互作用力。其基本假定为：

① 假定滑动面为圆弧滑裂面，将滑动土体分为 n 条竖向土条，并假定每个土条为不变形的刚体。

② 不考虑条间力的相互作用，将土条重力分解为平行及垂直土条底面的方向。

③ 假定各土条的合力 S_i 和 S_{i+1} 平行于滑动面，并且相等（$S_i=S_{i+1}$）。

由于土条间无作用力，即 $E_i=S_i\cos\alpha_i=S_{i+1}\cos\alpha_i=E_{i+1}$，$X_i=S_i\cos\alpha_i=S_{i+1}\cos\alpha_i=X_{i+1}$，静力简图如图 3-17 所示，首先建立土条垂直于滑动面的静力平衡方程得

$$N_i=W_i\cos\alpha_i \tag{3-12}$$

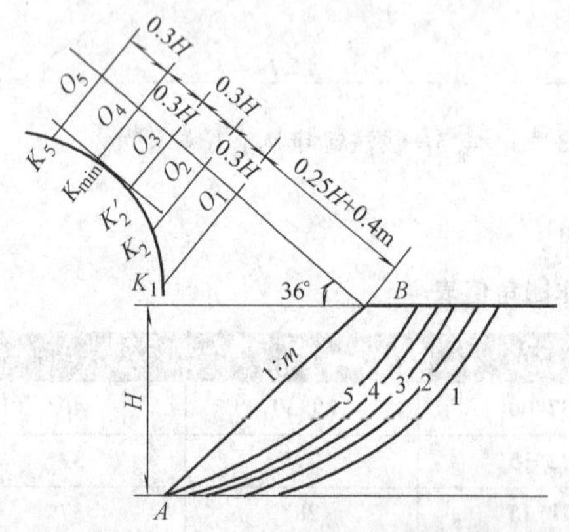

图 3-16　36°线法确定圆心位置图示

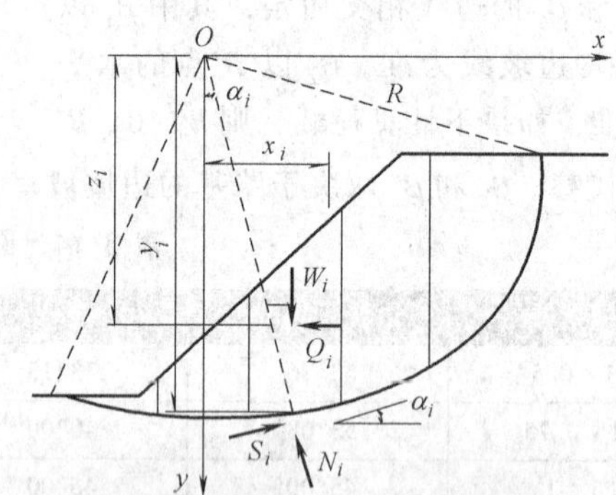

图 3-17　瑞典条分法静力图

然后，通过整体对圆心的力矩平衡确定安全系数

$$\sum_{i=1}^{n}(-T_i+W_i\sin\alpha_i)R=0 \tag{3-13a}$$

$$T_i=\frac{c_il_i+N_i\tan\varphi_i}{K} \tag{3-13b}$$

将 T_i 和式（3-12）代入式（3-13）可得边坡稳定的安全系数

$$K=\frac{\sum_{i=1}^{n}[c_il_i+W_i\cos\alpha_i\tan\varphi_i]}{\sum_{i=1}^{n}W_i\sin\alpha_i} \tag{3-14}$$

2）简化毕肖普（Bishop）法。1955 年，毕肖普（Bishop）在瑞典条分法的基础上提出了该简化方法，它虽然保留了滑裂面的形状为圆弧形和通过力矩平衡条件求解这些特点，但是在确定土条法向力时，考虑了土条间力的作用。静力简图如图 3-18 所示。其基本假定为：

① 假定滑动面为圆弧滑裂面，将滑动土体分为 n 条竖向土条，并假定每个土条为不变形的

刚体。

② 土条竖直侧向力 $X_i = X_{i+1} = 0$，侧向力与水平向的夹角 $\beta = 0$，即土条两侧作用力均为水平。

③ 忽略成对土条间力（X_i和 E_i）产生的力矩。

首先，通过对每个土条建立竖直方向静力平衡方程

$$W_i - N_i \cos\alpha_i - T_i \sin\alpha_i = 0$$

因 $T_i = \dfrac{c_i l_i + N_i \tan\varphi_i}{K}$，代入上式可确定 N_i 的表达式

$$N_i = \frac{1}{m_{\alpha i}}\left(W_i - \frac{c_i l_i}{K}\sin\alpha_i\right) \tag{3-15}$$

$$m_{\alpha i} = \cos\alpha_i + \frac{\sin\alpha_i \tan\varphi_i}{K}$$

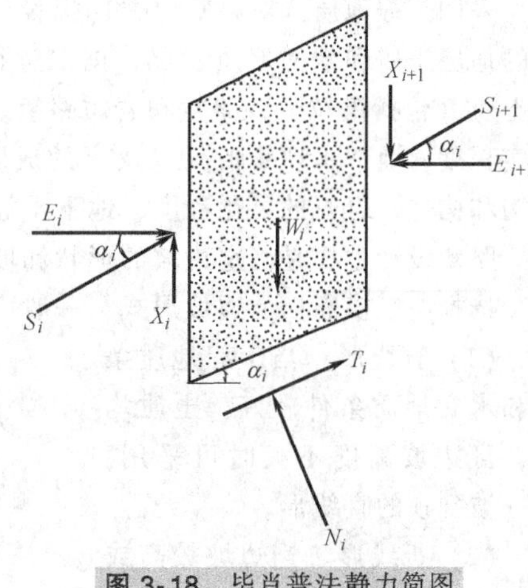

图 3-18　毕肖普法静力简图

然后，通过整体对圆心的力矩平衡确定安全系数，由于相邻土条之间侧壁作用力的力矩相互抵消，而土条滑面上的有效法向力 N_i 的作用通过圆心，得到平衡方程式

$$\sum_{i=1}^{n} W_i d_i - \sum_{i=1}^{n} T_i R = 0 \tag{3-16}$$

将 T_i 和式（3-15）代入式（3-16），$d_i = R\sin\alpha_i$，可得计算边坡稳定的安全系数公式

$$K = \frac{\sum_{i=1}^{n} \frac{1}{m_{\alpha i}}(c_i l_i \cos\alpha_i + W_i \tan\varphi_i)}{\sum_{i=1}^{n} W_i \sin\alpha_i} \tag{3-17}$$

式（3-17）右侧也含有安全系数 K，不能直接解出 K 值，需要采用迭代法计算。首先，先假定 K 等于 1，代入式（3-17）的右侧，计算出一个新的 K 值；如果算出的 K 不等于 1，则用此 K 值再代入式（3-17）的右侧，计算出一个新的 K 值；如此反复迭代，直至前后两次的 K 值非常接近。通常迭代 3~4 次，就可以得到满足精度要求的解，而且迭代通常能够收敛。

简化的毕肖普法假定所有的 $X_i = 0$，减少了 $n-1$ 个未知量，又利用每一个土条竖直方向力的平衡及整个滑动土体的力矩平衡，避开计算力 E 及其作用点的位置，求出安全系数 K。但是它仍旧不能满足所有的平衡条件，还不是一个严格的方法，由此产生的误差为 2%~7%。

④ 刚体假定。将滑动土条或条分后的土体看作刚体，力与力矩平衡关系建立在刚体基础上，不考虑土体的变形和内部受力。

⑤ 确定性分析方法。将土的参数在空间上分布不均匀的问题进行简化，用确定性分析方法确定路基土的参数。

3.2.3　边坡稳定性分析工程地质法

在地形复杂地区修筑路基，正确合理地确定路堑横断面形状和边坡坡率是很重要的。由于地层在长期自然生成和演变过程中，一般都具有较复杂的地质结构，在开挖后，地层的平衡条件受到人为的改变和影响，边坡稳定性的影响因素极为复杂，难以进行计算和预测。目前是根据对自然山坡和已有的人工边坡进行稳定性分析，通过工程地质条件对比，按条件相类似的稳定边坡值，作为路堑边坡设计的依据，这就是工程地质法。

采用工程地质法对路堑边坡比拟设计，关键是通过认真、详细地调查和勘测，如实反映路段的地层土质和水文地质状况，据以进行对比分析。按地层性质不同，一般可分为两种类型，即土质（包括粗粒土）路堑和岩质路堑。对土质路堑，应着重调查土的成分和类别、组织结构、密实程度、地下水埋藏情况以及土的成因类型及生成时代等；对岩质路堑，应着重调查岩性、结构和构造、岩石的风化程度、地下水等。

路堑设计主要是确定边坡的形状和坡率。

选择路堑横断面的边坡形式，一般可采用下列几种，如图 3-19 所示。

（1）直线形　当工程地质条件和水文地质条件较好，土质均匀，且边坡高度不大时可采用，即一坡到顶的直线形。

（2）折线形　当边坡较高或由多层土组成，而上部土层的稳定性比下部好时，可采用上陡下缓的折线形。若上部为覆盖层，且其稳定性比下部差时，则宜采用上缓下陡的折线形。

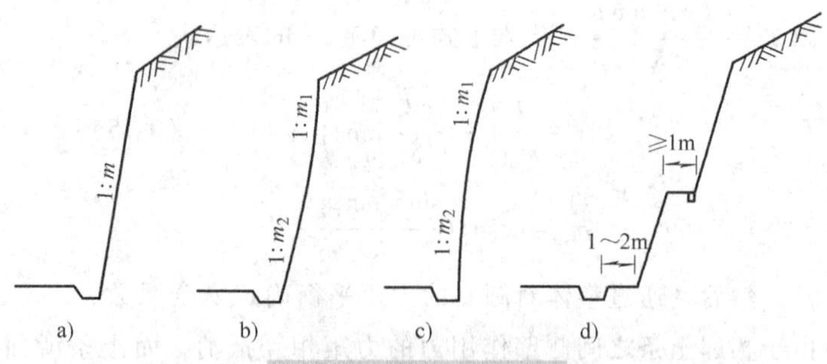

图 3-19　路堑边坡形式

a）直线形　b）上陡下缓折线形　c）上缓下陡折线形　d）台阶形

折线形边坡在变坡点处容易出现坡面的冲刷破坏，在降水量大的地区，应采用适当的防护措施，或者改用直线形边坡或台阶形边坡。

（3）台阶形　当边坡由多层土组成且高度较高（超过 15~20m）时，可在边坡中部或土层变化分界处，设置宽度不小于 1.0m 的平台，使边坡成为台阶形，设置平台可以增加边坡的稳定性，减少坡面冲刷。

岩质路堑边坡坡率，应根据岩性、地质构造、岩石的风化程度、边坡高度、地下水及地面水等因素综合分析确定。在一般情况下，边坡坡率可参照表 3-8 确定。岩质路堑边坡高度超过 30m 时，其边坡坡率应根据现场情况，调查附近工程的人工边坡及天然山坡情况，参照表 3-8 对比确定。

对一些特殊土质（如黄土）、特殊工程地质条件（如硬岩层中夹有薄的软弱岩层或含水的黏 性土层）和其他特殊条件（如大爆破施工、较高地震烈度区），路堑边坡应根据具体情况另行设计。

3.3　路基排水设计

路基路面的病害有多种，水的作用是造成路基路面病害的主要因素之一，影响了路基路面的强度与稳定性，应重视路基路面排水工程。

影响路基的水源可分为地面水和地下水两大类，与此相适应的路基排水工程，则分为地面排水和地下排水。

地面水包括大气降水（雨和雪）以及海、河、湖、水渠及水库水。地面水对路基产生冲刷和渗透，冲刷可能导致路基整体稳定性受损害，形成水毁现象。渗入路基土体的水分，使土体过湿而降低路基强度。

地下水包括上层滞水、潜水及层间水等，它们对路基的危害程度，因条件不同而异。轻者能使路基湿软，降低路基强度；重者会引起冻胀、翻浆或边坡滑塌，甚至整个路基沿倾斜基底滑动。水还可能造成掺有膨胀土的路基发生毁灭性的破坏。路基排水的任务，就是将路基范围内的土体湿度降低到一定的限度以内，保持路基常年处于干燥状态，确保路基及路面具有足够的强度与稳定性。

路基排水设计的一般原则：

1）排水设施要因地制宜、全面规划、合理布局、综合治理、讲究实效、注意经济，并充分利用有利地形和自然水系。一般情况下，地面和地下设置的排水沟渠宜短不宜长，以使水流不过于集中，应做到及时疏散，就近分流。

2）各种路基排水沟渠的设置，应注意与农田水利相配合，必要时可适当地增设涵管或加大涵管孔径，以防农业用水影响路基稳定。路基边沟一般不应用作农田灌溉渠道，两者必须合并使用时，边沟的断面应加大，并予以加固，以防水流危害路基。

3）设计前必须进行调查研究，查明水源与地质条件，重点路段要进行排水系统的全面规划，考虑路基排水与桥涵布置相配合，地下排水与地面排水相配合，各种排水沟渠的平面布置与竖向布置相配合，做到路基路面综合设计和分期修建。对于排水困难和地质不良的路段，还应与路基防护加固相配合，并进行特殊设计。

4）路基排水要注意防止附近山坡的水土流失，尽量不破坏天然水系，不轻易合并自然沟溪和改变水流性质，尽量选择有利地质条件布设人工沟渠，减少排水沟渠的防护与加固工程。对于重点路段的主要排水设施，以及土质松软和纵坡较陡地段的排水沟渠，应注意必要的防护与加固。

5）路基排水要结合当地水文条件和道路等级等具体情况，注意就地取材，以防为主，既要稳固适用，又必须讲究经济效益。

公路排水的水力与水文计算参见 JTG/T D33—2012《公路排水设计规范》。

3.3.1 地面排水设施

常用的路基地面排水设施包括边沟、截水沟、排水沟、跌水与急流槽等，必要时还有渡槽、倒虹吸及积水池等。这些排水设备，分别设在路基的不同部位，各自的排水功能、布置要求和构造形式，均有所差异。

路基地表排水设施的径流量计算，对高速公路、一级公路应采用 15 年，其他等级公路应采用 10 年的重现期内任意 30min 的最大降雨强度。各类地表水沟沟顶应高出设计水位 0.2m 以上。

1. 边沟

边沟设置在挖方路基的路肩外侧或低路堤的坡脚外侧，多与路中线平行，用以汇集和排出路基范围内和流向路基的少量地面水。平坦地面填方路段的路旁取土坑，常与路基排水设计综合考虑，使之起到边沟的排水作用。

边沟的排水量不大，一般不需要进行水文和水力计算，依据沿线具体条件，选用标准横断面形式。边沟紧靠路基，通常不允许其他排水沟渠的水流引入，也不能与其他人工沟渠合并使用。

边沟不宜过长，尽量使沟内水流就近排至路旁自然水沟或低洼地带，必要时设置涵洞，将边沟水横穿路基从另一侧排出。

边沟的纵坡（出水口附近除外）一般与路线纵坡一致。平坡路段，边沟宜保持不小于 0.5%的纵坡。特殊情况允许采用 0.3%，但边沟出口间距宜减短。在边沟出口附近以及排水困难路段，如回头曲线和路基超高较大的平曲线等处，边沟应进行特殊设计。

边沟的横断面形式，有梯形、流线形、三角形及矩形等，如图 3-20 所示。边沟横断面一般采用梯形，梯形边沟内侧边坡为 1∶1.0~1∶1.5，外侧边坡坡率与挖方边坡坡率相同。石方路段的边沟宜采用矩形横断面，其内侧边坡直立，坡面应采用浆砌片石防护，外侧边坡坡率与挖方边坡坡率相同。少雨浅挖地段的土质边沟可采用三角形横断面，其内侧边坡宜采用1：2~1：3，外侧边坡坡率与挖方边坡坡率相同。三角形边坡的水流条件较差，流量较大时沟深宜适当加大。

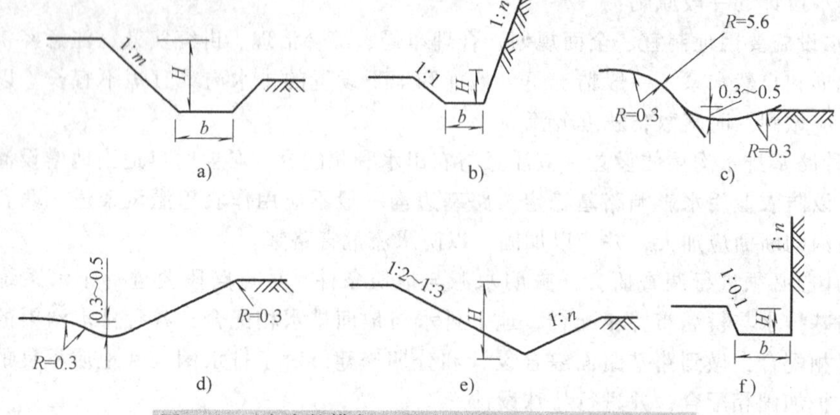

图 3-20　边沟的横断面形式示意图（尺寸单位：m）

a）、b）梯形　c）、d）流线形　e）三角形　f）矩形

梯形边沟的底宽与深度0.4~0.6m，水流少的地区或路段，取低限或更小，但不宜小于0.3m；降水量集中或地势偏低的路段，取高限或更大一些。流线形边沟是将路堤横断面的边角整修圆滑，以防止路基旁侧积沙或堆雪，适用于沙漠或积雪地区的路基。

边沟可采用浆砌片石、浆砌卵石和水泥混凝土预制块防护。砌筑用的砂浆强度，对于高速公路、一级公路采用M7.5，其他等级公路采用M5。边沟出水口附近，水流冲刷比较严重，必须慎重布置和采取相应措施。

图3-21是路堑与高路堤衔接处的边沟排水布置图，由于边沟泄出水流流向路堤坡脚处，两处高差大，必须因地制宜，根据地形与地质等具体条件，将出水口延伸至坡脚以外，以免边沟水冲刷填方坡脚。

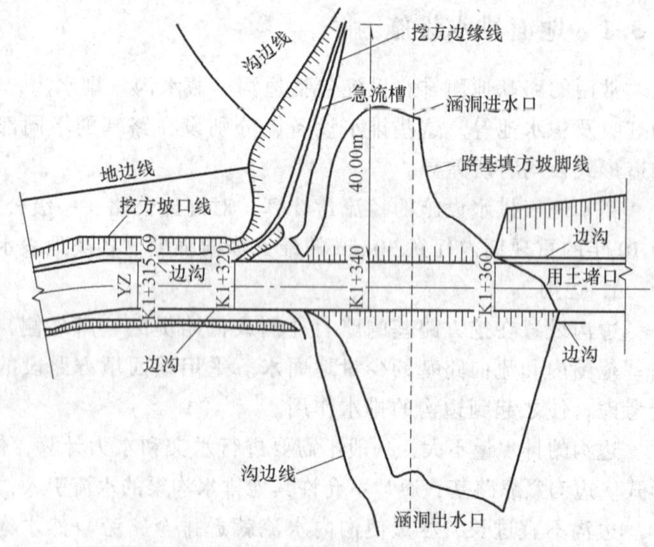

图 3-21　路堑与高路堤衔接处的边沟排水布置图

边沟水流流向桥涵进水口时，为避免边沟流水产生冲刷，应做适当处治，图3-22是涵洞进口设置窨井的一例。此外还应根据地形等条件，在桥涵进口前或在其他水流落差较大处，设置急流槽与跌水等结构物，将水流引入桥涵或其他指定地点。

当边沟水流流至回头曲线处，一般边沟水较满，且流速较大，此时宜顺着边沟方向沿山坡设置引水沟，将水引至路基范围以外的自然沟中或设急流槽、涵洞等结构物，将水引下山坡或路基另一侧，以免对回头曲线路段造成冲刷。

2. 截水沟

截水沟又称天沟，一般设置在挖方路基边坡坡顶以外或山坡路堤上方的适当地点，用以拦截并排出路基上方流向路基的地面径流，减轻边沟的水流负担，保证挖方边坡和填方坡脚不受流水冲刷。降水量较少或坡面坚硬和边坡较低以致冲刷影响不大的路段，可以不设截水沟；反之，如果降水量较多，且暴雨频率较高，山坡覆盖层比较松软，坡面较高，水土流失比较严重的地段，必要时可设置两道或多道截水沟。

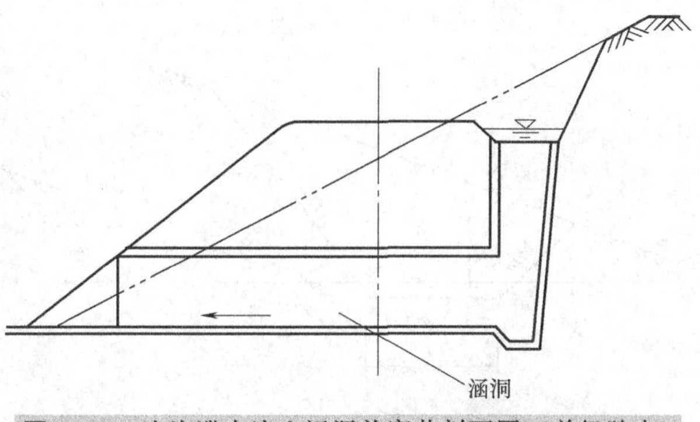

图 3-22　边沟泄水流入涵洞前窨井剖面图（单级跌水）

图 3-23 是路堑段挖方边坡上方设置的截水沟图例之一，图中距离一般应大于 5m，地质不良地段可取 10m 或更大。截水沟下方一侧，可堆置挖沟的土方，要求做成顶部向沟倾斜 2%的土台。路堑上方设置弃土堆时，截水沟的位置及断面尺寸，如图 3-24 所示。

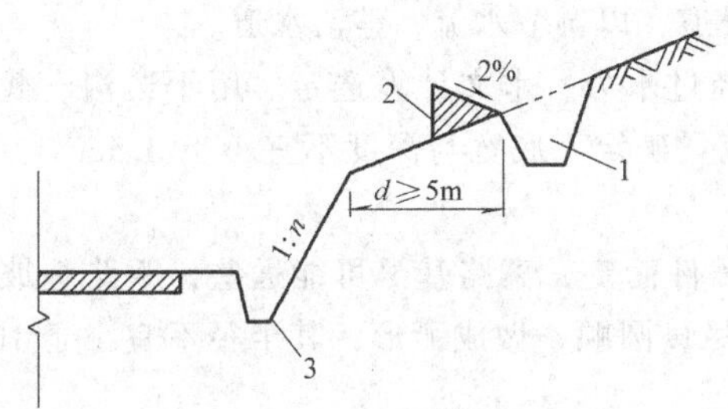

图 3-23　挖方路段截水沟示意图

1—截水沟　2—土台　3—边沟

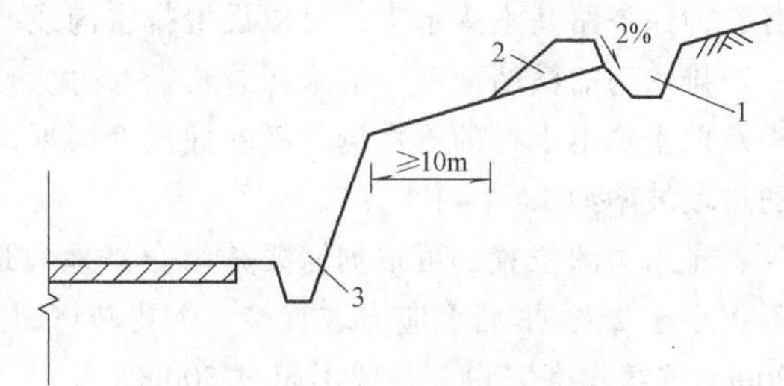

图 3-24　挖方路段弃土堆与截水沟关系图

1—截水沟　2—弃土堆　3—边沟

山坡填方路段可能遭到上方水流的破坏作用，此时必须设截水沟，以拦截山坡水流保护路堤。如图 3-25 所示，截水沟与坡脚之间，要有不小于 2m 的间距，并做成 2%的向沟倾斜横坡，确保路堤不受水害。

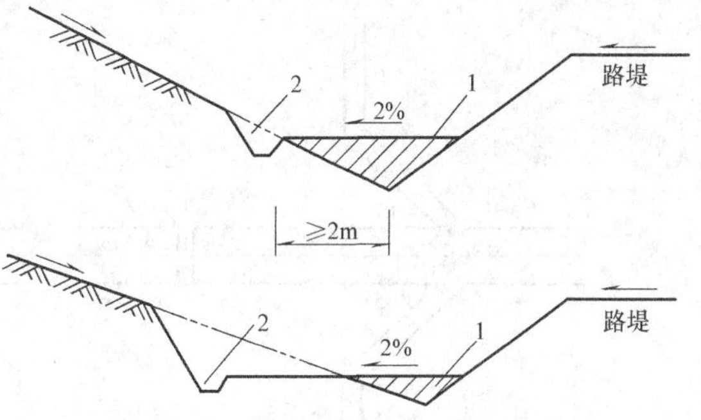

图 3-25　填方路段上的截水沟示意图

1—土台　2—截水沟

截水沟的横断面形式，一般为梯形，沟的边坡坡率，因岩土条件而定，一般采用 1∶1.0~1∶1.5，如图 3-26 所示。沟底宽度 b 不小于 0.5m，沟深 h 按设计流量而定，也不应小于 0.5m。截水沟的位置，应尽量与绝大多数地面水流方向垂直，以提高截水效能和缩短沟的长度。

截水沟应保证水流畅通，就近引入自然沟内排出，必要时配以急流槽或涵洞等泄水结构物将水流引入指定地点。截水沟水流不应引入边沟，当必须引入时，应增大边沟横断面，并进行防护。沟底应具有 0.3%以上的纵坡，沟底和沟壁要求平整密实，不滞流、不渗水，必要时予以加固和铺砌。截水沟的长度以 200~500m 为宜。

3. 排水沟

排水沟的主要用途在于引水，将路基范围内各种水源的水流（如边沟、截水沟、取土坑、

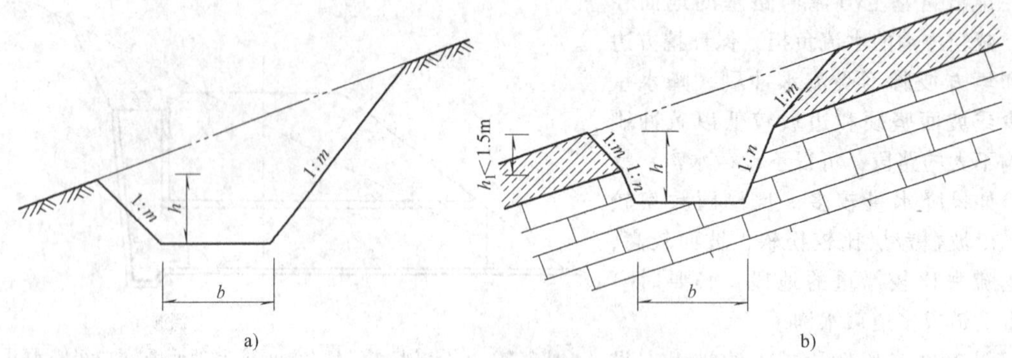

图 3-26　截水沟的横断面图例

a）土沟　b）石沟

边坡和路基附近积水）引至桥涵或路基范围以外的指定地点。当路线受到多段沟渠或水道影响时，为保护路基不受水害，可以设置排水沟或改移渠道，以调节水流，整治水道。

排水沟的横断面，一般采用梯形，尺寸大小应经过水力、水文计算选定。用于边沟、截水沟及取土坑出水口的排水沟，横断面尺寸根据设计流量确定，底宽与深度不宜小于 0.5m，土沟的边坡坡率为 1∶1~1∶1.5。

排水沟的位置，可根据需要并结合当地地形等条件而定，离路基尽可能远些，距路基坡脚不宜小于 2m，平面上应力求直接，需要转弯时也应尽量圆顺，做成弧形，其半径不宜小于 10~20m，连续长度宜短，一般不超过 500m。

排水沟水流注入其他沟渠或水道时，应使原水道不产生冲刷或淤积。通常应使排水沟与原水道两者成锐角相交，即交角不大于 45°，有条件时可采用半径 $R=10b$（b 为沟顶宽）的圆曲线朝下游与其他水道相接，如图 3-27 所示。

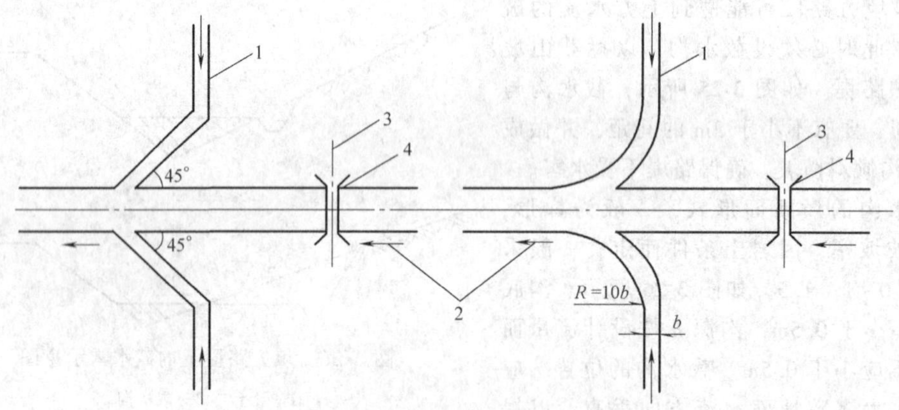

图 3-27　排水沟与水道衔接示意图

1—排水沟　2—其他渠道　3—路基中心线　4—桥涵

排水沟应具有合适的纵坡，以保证水流畅通，不致流速太大而产生冲刷，也不可流速太小而形成淤积，为此宜通过水文计算择优选定。一般情况下，可取 0.5%~1.0%，不小于 0.3%，也不宜大于 3%。若纵坡大于 3%，应采取相应的加固措施。

路基排水沟渠的加固类型有多种，表 3-15 为土质沟渠各种加固类型，图 3-28 为沟渠加固横断面图，设计时可结合当地条件，根据沟渠土质、水流速度、沟底纵坡和使用要求等而定。

表 3-15　沟渠加固类型

形式	名称	铺砌厚度/cm	形式	名称	铺砌厚度/cm
简易式	平铺草皮	单层	干砌式	干砌片石	15~25
	竖铺草皮	叠铺		干砌片石砂浆勾缝	15~25
	水泥砂浆抹平层	2~3		干砌片石砂浆抹平	20~25
	石灰三合土抹平层	3~5	浆砌式	浆砌片石	20~25
	黏土碎(砾)石加固层	10~15		混凝土预制块	
	石灰三合土碎(砾)石加固层	10~15		砖砌水槽	

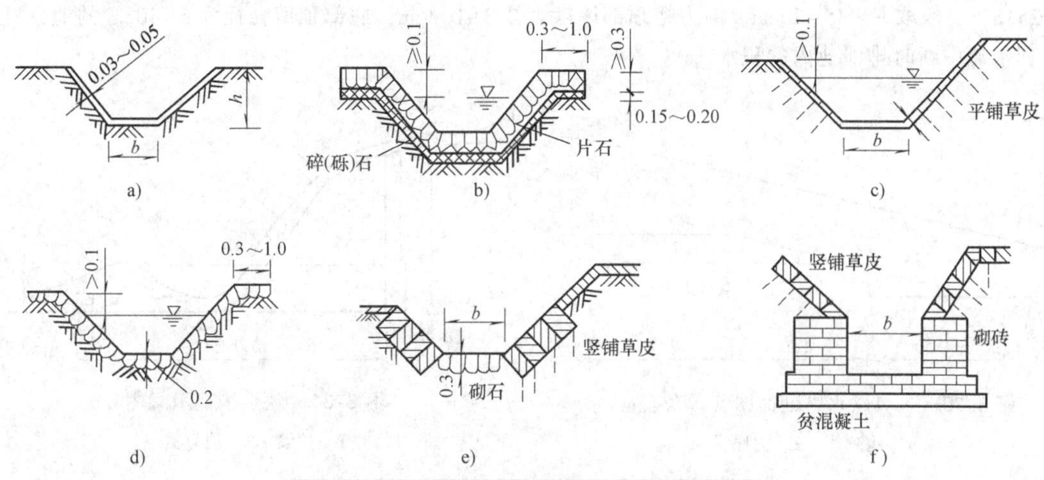

图 3-28　沟渠加固横断面图（尺寸单位：m）

沟渠加固类型与沟底纵坡有关，表 3-16 所列可供设计时参考使用。

表 3-16　加固类型与沟底纵坡关系

纵坡(%)	<1	1~3	3~5	5~7	>7
加固类型	不加固	土质好，不加固；土质不好，简易加固	简易加固或干砌式加固	干砌式或浆砌式加固	浆砌式加固或改用跌水

4. 跌水与急流槽

跌水与急流槽是路基地面排水沟渠的特殊形式，用于纵坡大于 10%，水头高差大于 1.0m 的陡坡地段。由于纵坡陡、水流速度快、冲刷力大，要求跌水与急流槽的结构必须稳固耐久，通常采用浆砌块石或水泥混凝土预制块砌筑，并采用相应的防护加固措施。

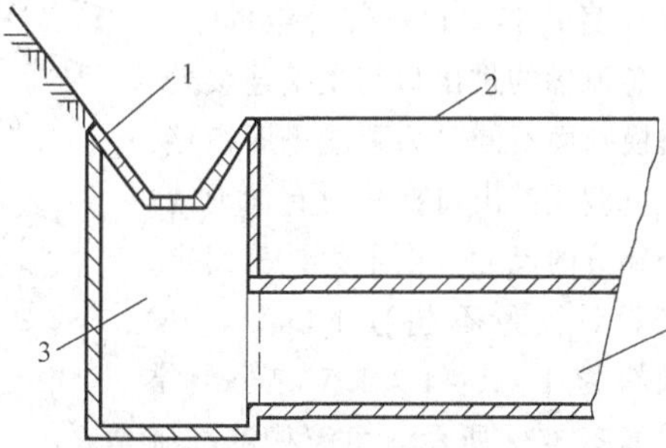

跌水的构造，有单级和多级之分，沟底有等宽和变宽之别。单级跌水适用于排水沟渠连接处，由于水位落差较大，需要消能或改变水流方向，图 3-29 为路基边沟水流通过涵洞排泄时，采用单级跌水（相当于雨水井）的示例之一。较长陡坡地段的沟渠，为减缓水流速度，并予以消能，可

图 3-29　边沟与涵洞单级跌水连接图

1—边沟　2—路基　3—跌水井　4—涵洞

采用多级跌水，图 3-30 即为示例之一。多级跌水底宽和每级长度，可以采用各自相等的对称形，也可根据实地需要，做成变宽或不等长度与高度。

按照水力计算特点，跌水的基本构造可分为进水口、消力池和出水口三个组成部分，如图3-31所示。各个组成部分的尺寸，由水力计算而定。一般情况下，如果地质条件良好，地下水位较低，设计流量小于 1.0~2.0m^3/s，跌水台阶（护墙）高度 p 最大不超过 2.0m。常用的简易多级跌水，台高 0.4~0.5m，护墙用石砌或混凝土结构，墙基埋置深度为水深 a 的 1.0~1.2 倍，并不小于 1.0m，且应深入冰冻线以下，石砌墙厚 0.25~0.30m。消力池起消能作用，要求坚固稳定，底部具有 1%的纵坡，底厚 0.30~0.35m，壁高应比计算水深至少大 0.20m，壁厚与护墙厚度相仿。消力池末端设有消力槛，槛高 c 依计算而定，要求低于池内水深，为护墙高度的 1/5~1/4，即 $c=(0.2\sim0.25)p$，一般取 $c=$ 15~20cm。消力槛顶部厚度为 0.3~0.4cm，底部预留孔径为 5~10cm 的泄水孔，以利水流中断时排泄池内的积水。

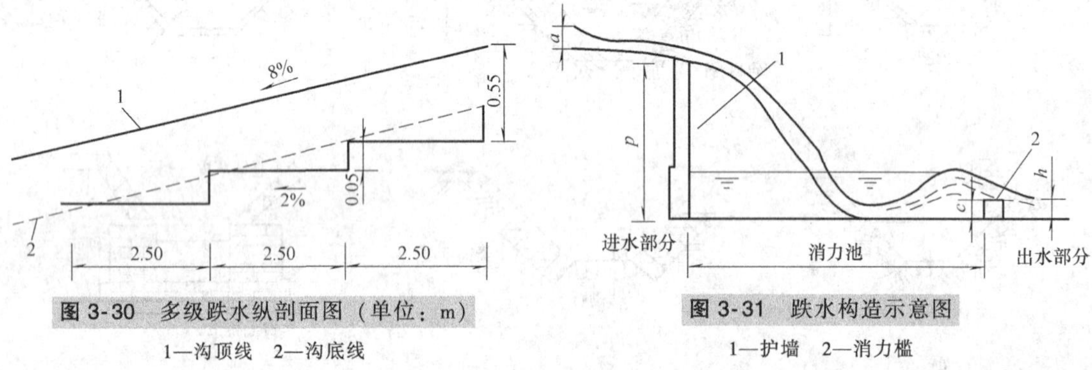

图 3-30　多级跌水纵剖面图（单位：m）

1—沟顶线　2—沟底线

图 3-31　跌水构造示意图

1—护墙　2—消力槛

跌水两端的土质沟渠应注意加固，保持水流畅通，不致产生水流冲刷或淤积，以充分发挥跌水的排水效能。

急流槽是山区公路回头曲线沟通上下线路基排水及沟渠出水口的一种常见排水设施，其纵坡比跌水的平均纵坡更陡，结构的坚固稳定性要求更高。急流槽主体部分的纵坡依地形而定，一般可达 67%（1∶1.5），如果地质条件良好，需要时还可更陡，但结构要求更严，造价也相应提高，设计时应通过比较而定。

急流槽多用砌石（抹面）和水泥混凝土结构，也可利用岩石坡面挖槽。当临时急需时，可就近取材，采用竹木结构。

急流槽的构造，如图 3-32 所示。按水力计算特点，由进口、主槽（槽身）和出口三部分组成。

急流槽的进出口与主槽连接处，沟槽横断面不同，为了能平顺衔接，可设过渡段，出口部分设有消力池。各个部分的尺寸，依水力计算而定。对于设计流量不超过 1.0m^3/s、槽底倾斜为 1∶1~1∶1.5 的小型结构，如图 3-32 所示。急流槽的基础必须稳固，端部及槽身每隔 2~5m，在槽底设耳墙并埋入地面以下。槽

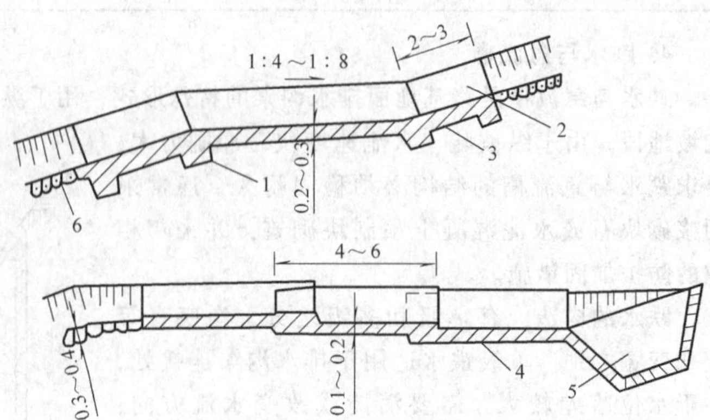

图 3-32　急流槽构造示意图（尺寸单位：m）

1—耳墙　2—消力池　3—混凝土槽底

4—钢筋混凝土槽底　5—横向沟渠　6—砌石护底

身较长时，宜分段砌筑，每段长约5~10m，预留伸缩缝，并用防水材料填缝。

5. 倒虹吸与渡水槽

当水流需要横跨路基，同时受到设计高程的限制时，可以采用管道或沟槽，从路基底部或上部架空跨越，前者称为倒虹吸，后者称为渡水槽，分别相当于涵洞和渡水桥，两者属于路基地面排水的特殊结构物，并且大都是配合农田水利所需而设置的。

倒虹吸的设置往往是因路基横跨原有沟渠，且沟渠水位高于路基设计高程，不能按正常条件设置涵洞，此时采用倒虹吸是可行的方案之一，图3-33是其中的一种。

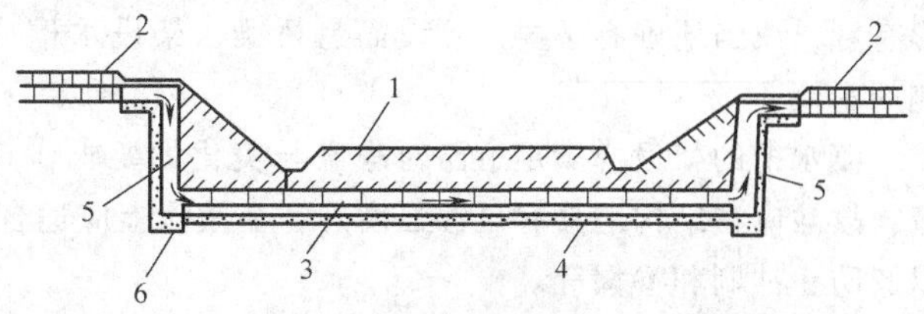

图3-33　竖井式倒虹吸布置图

1—路基　2—原沟渠　3—洞身　4—铝层　5—竖井　6—沉淀池

倒虹吸是借助上下游沟渠水位差，利用势能迫使水流降落，经路基下部管道流向路基另一侧，再复升流入下游水渠。由于所设管道为有压管道，竖井式倒虹吸的水流多次垂直改变方向，水流条件较差，结构要求较高，容易漏水和淤塞，且难以清理和修复，应尽量不用或少用，使用时需合理设计，进行水力计算，选择最佳设计方案，并要求施工保证质量，使用时要经常检查维修。

倒虹吸管道有箱形和圆形两种，以水泥混凝土和钢筋混凝土结构为主，临时性简易管道可用砖石结构，永久性或急需时也可改用钢制管道。管道的孔径为0.5~1.5m，管道附近的路基上覆填土厚度一般不小于1.0m，以免行车荷载压力过于集中，严寒地区也可防冻。考虑到倒虹吸的泄水能力有限，且为了施工和养护方便，管道不宜埋置过深，以填土高度不超过3.0m为宜。

倒虹吸管道两端设竖井，井底高程低于管道，起沉淀泥沙与杂物的作用。也可改用斜管式或缓坡式，以代替竖井式升降管，此时水流条件有所改善，但路基用地宽度增大，管道长度增加。为减少堵塞现象，设计时要求管道内水流的速度不小于1.5m/s，并在进口处设置沉沙池和拦泥栅，如图3-34所示。

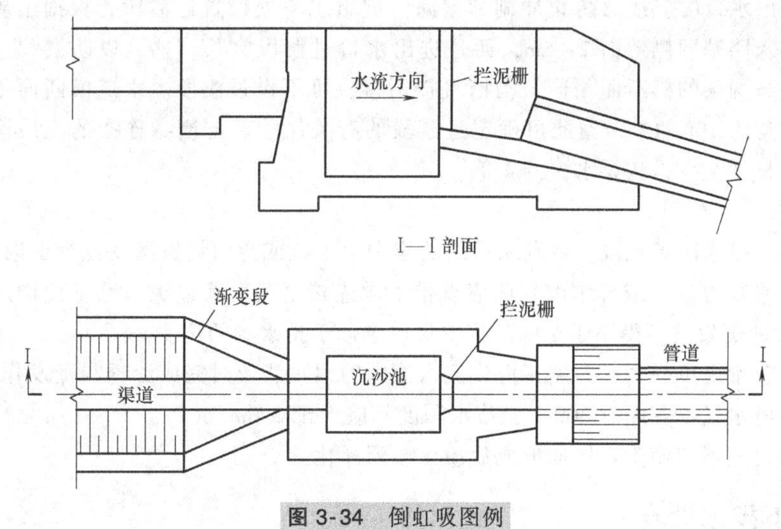

图3-34　倒虹吸图例

倒虹吸管道进口处所设的沉沙池，位于原沟渠与管道之间的过渡段，池底和池壁采用砌石抹面或混凝土，厚度0.3~0.4m（砌石）或0.25~0.30m（混凝土），池的容量以不溢水为度。

水流经过沉沙池后，水中仍含有细粒泥沙或轻质漂浮物，可设网状拦泥栅予以清除，确保虹吸管道不致堵塞。但拦泥栅本身容易被堵塞，需经常清理，以保证水流畅通，避免沉沙池和沟渠溢水而危害路基。倒虹吸的出口，也应设过渡段与下游沟渠平顺衔接，并对原有土质沟渠进行适当加固。

渡水槽相当于渡水桥，如图 3-35 所示。原水道与路基设计高程相差较大，如果路基两侧地形有利，或当地确有必要，可设简易桥梁，架设水槽或管道，从路基上部跨越，以沟通路基两侧的水流。

渡水槽的架设应满足道路对净空与美化的要求，其构造与桥梁相似，但主要作用是沟通水流，故除应在结构上具有足够强度外，在效能上应适合排水的要求，其中包括进出水口的衔接，以及防止冲刷和渗漏等。

渡水槽由进出水口、槽身和下部支承三部分组成，其中进（出）水口段的构造，如图 3-36 所示。

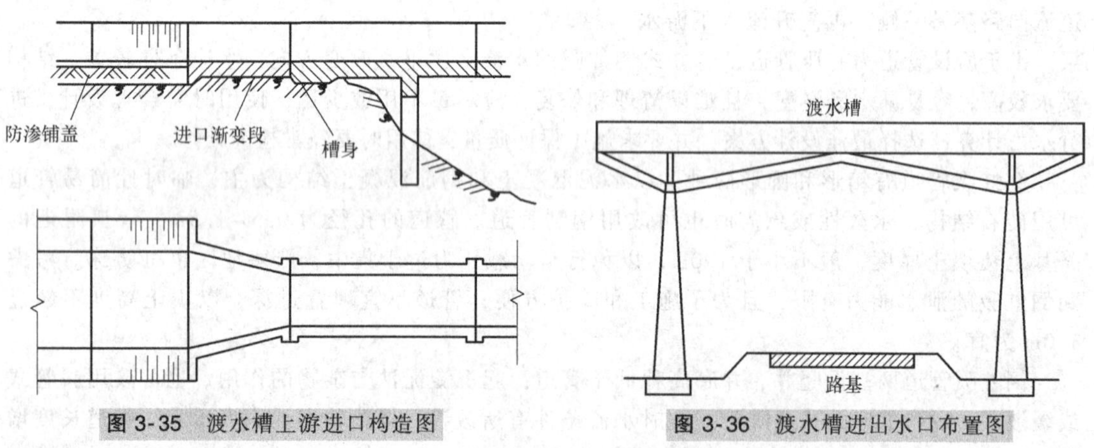

图 3-35　渡水槽上游进口构造图　　图 3-36　渡水槽进出水口布置图

为降低工程造价，槽身过水横断面一般均较两端的沟渠横断面小，槽中水流速度相应有所提高，因此进出水口段应注意防止冲刷和渗漏。进出水口处设置过渡段，根据土质情况，分别将槽身两端伸入路基两侧地面 2~5m，而且进出水口过渡段宜长一些，以防淤积。如果主槽较短，可取槽身与沟渠的横断面相同，沟槽直接衔接，可不设过渡段。水流横断面不同时，过渡段的平面收缩角为 10°~15°，据此可确定过渡段的有关尺寸。与槽身连接的土质沟渠，应予以防护加固，其长度至少是沟渠水深的 4 倍。

6. 蒸发池

气候干旱、排水困难地段，可利用沿线的集中取土坑或专门设置蒸发池排出地表水。

蒸发池与路基边沟（或排水沟）间应设排水沟连接。蒸发池边缘与路基边沟距离不应小于 5m，面积较大的蒸发池不得小于 20m。池中水位应低于排水沟的沟底。

蒸发池的容量应以一个月内路基汇流流入池中的雨水能及时完成渗透与蒸发作为设计依据。每个蒸发池的容水量不宜超过 300m^3，蓄水深度不应大于 2.0m。

蒸发池的设置不应使附近地面形成盐渍化或沼泽化。

3.3.2　地下排水设施

路基及边坡土体中的上层滞水，或埋藏很浅的潜水称为地下水。当地下水影响路基强度或边坡稳定时，应设置暗沟（管）、渗沟和检查井等地下排水设施。

常用的路基地下排水设施有：盲沟、渗沟、渗水隧洞和渗井等，其特点是排水量不大，主要是以渗流方式汇集水流，并就近排出路基范围以外。对于流量较大的地下水，应设置专用地下管道予以排出。

由于地下排水设备埋置在地面以下，不易维修，在路基建成后又难以查明失效情况，因此要求地下排水设施牢固有效。

1. 暗沟

相对于地面排水的明沟而言，暗沟又称盲沟，属隐蔽工程。从盲沟的构造特点出发，由于沟内分层填以大小不同的颗粒材料，利用渗水材料的透水性将地下水汇集于沟内，并沿沟排泄至指定地点，此种构造相对于管道流水而言，习惯上称之为盲沟，在水力特性上属于紊流。

图3-37为一侧边沟下面所设的盲沟，用以拦截流向路基的层间水，防止路基边坡滑塌和毛细水上升危及路基的强度和稳定性。

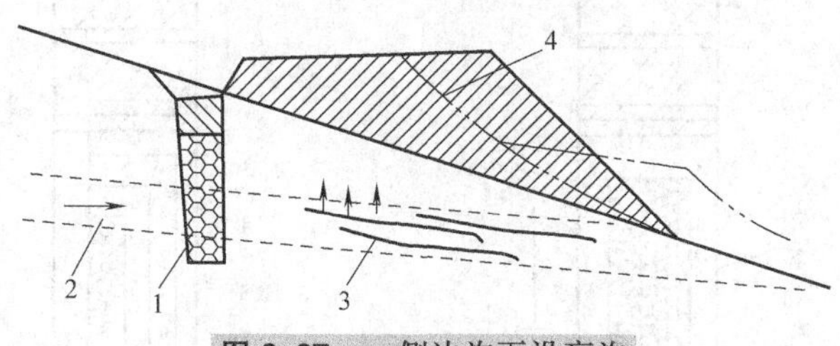

图3-37　一侧边沟下设盲沟

1—盲沟　2—层间水　3—毛细水　4—可能滑坡线

图3-38是路基两侧边沟下面均设盲沟，用以降低地下水位，防止毛细水上升至路基工作区范围内，形成水分积聚而造成冻胀和翻浆或路基过湿而降低强度等。

图3-39是设在路基挖方与填方交界处的横向盲沟，用以拦截和排出路堑下面层间水或小股泉水，保持路堤填土不受水害。

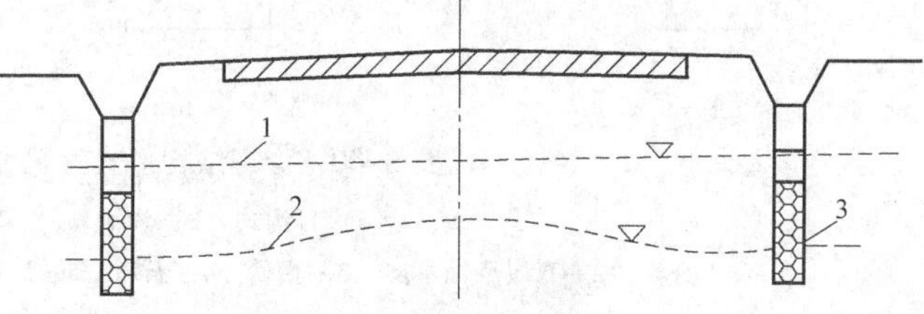

图3-38　两侧边沟下设盲沟

1—原地下水位　2—降低后地下水位　3—盲沟

以上所述的盲沟，沟槽内全部填满颗粒材料，可以理解为简易盲沟，其构造比较简单，横断面成矩形，也可做成上宽下窄的梯形，沟壁倾斜度约1：0.2，底宽b与深度h大致为1：3，深为1.0~1.5m，底宽为0.3~0.5m。盲沟的底部中间填以粒径较大（3~5cm）的碎石，其空隙较大，水可在空隙中流动。粗粒碎石两侧和上部，按一定比例分层（层厚约10cm）填以较细粒径的粒料，逐层粒径比例大致按6倍递减。盲沟顶部和底面，一般设有厚30cm以上的不透水层或顶部设有双层反铺草皮。

简易盲沟的排水能力较小，不宜过长，沟底具有1%的纵坡，出水口底面高程应高出沟外最高水位20cm，以防水流倒渗。

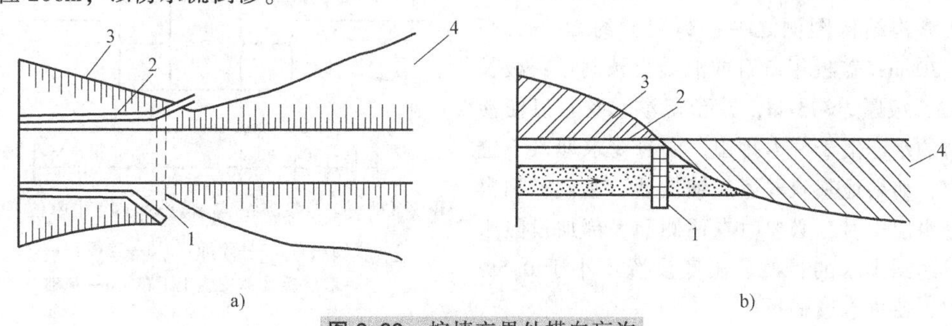

图3-39　挖填交界处横向盲沟

a）平面　b）纵剖面

1—盲沟　2—边沟　3—路堑　4—路堤

寒冷地区的盲沟，应做防冻保温处理或将盲沟设在冻结深度以下。

2. 渗沟

采用渗透方式将地下水汇集于沟内，并通过沟底通道将水排至指定地点，此种地下排水设备统称为渗沟，它的作用是降低地下水位或拦截地下水，其水力特性是紊流，但在构造上与上述简易盲沟有所不同。

渗沟有三种结构形式，如图 3-40 所示。

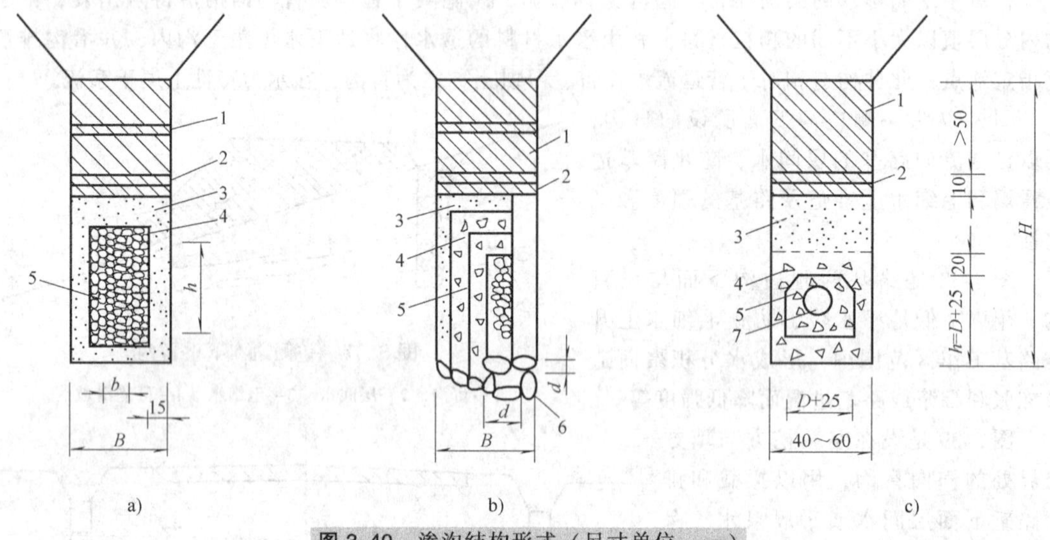

图 3-40　渗沟结构形式（尺寸单位：cm）

a）盲沟式　b）渗洞　c）渗水隧洞

1—黏土夯实　2—双层反铺草皮　3—粗砂　4—石屑　5—碎石　6—干砌片石沟洞　7—预制混凝土管

盲沟式渗沟与上述简易盲沟相似，但构造更为完善，当地下水流量较大，要求埋置更深时，可在沟底设洞或管，前者称为渗洞，后者称为渗水隧洞。

渗沟的位置与作用，视地下排水的需要而定，大致与图 3-37～图 3-39 所示的简易盲沟相仿，但沟的尺寸更大，埋置更深，而且要进行水力计算确定尺寸。公路路基中，浅埋的渗沟为 2～3m，深埋时可达 6m 以上渗沟底部设洞或管，底部结构相当于顶部可以渗水的涵洞。图 3-41 是洞式渗沟结构图例之一，其洞宽约 20cm，高为 20～30cm；盖板用条石或混凝土预制板；板长约为 $2b$，板厚 $P>15$cm，并预留渗水孔，以便渗入沟内的水汇集于洞内排出。洞身要求埋入不透水层内，如果地基软弱还应铺设砂石基础；洞身埋在透水层中时，必要时在两侧和底部加设隔水层，以达到排水的目的。洞底设置不小于 0.5% 的纵坡，使集水通畅排出。

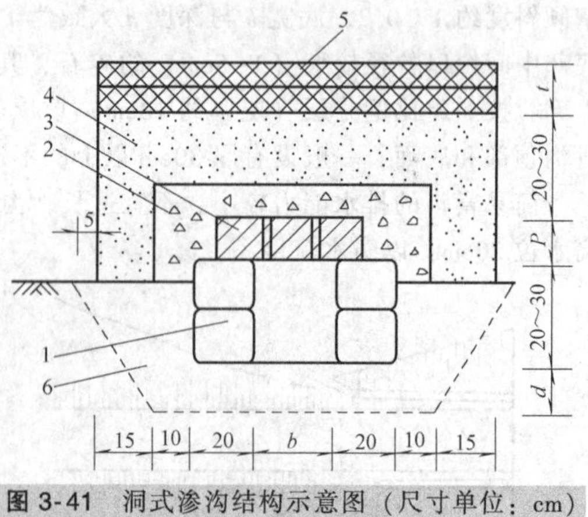

图 3-41　洞式渗沟结构示意图（尺寸单位：cm）

1—浆砌块石　2—碎砾石　3—盖板　4—砂

5—双层反铺草皮或土工布　6—基础

当排出地下水的流量更大或排水距离较长时，可考虑采用管式渗沟。渗沟底部埋设的管道，一般为陶土或混凝土的预制管，管壁上半部留有渗水孔，渗水孔交错排列，设于边沟下的管或渗沟，如图3-42所示。管的内径D由水力计算而定，一般为0.4~0.6m，管底设基座。对于冰冻地区，为防止冻结阻塞，除管道埋在冰冻线以下外，必要时应采取保温措施，管径也宜较大一些。

3. 渗井

渗井属于立式地下排水设施，当地下存在多层含水层，其中影响路基的上部含水层较薄，排水量不大，且平式渗沟难以布置时，可采用立式（竖向）排水，设置渗井，穿过不透水层，将路基范围内的上层地下水，引入更深的含水层中去，以降低上层的地下水位或全部予以排出。图3-43为圆形渗井的结构与布置图例。

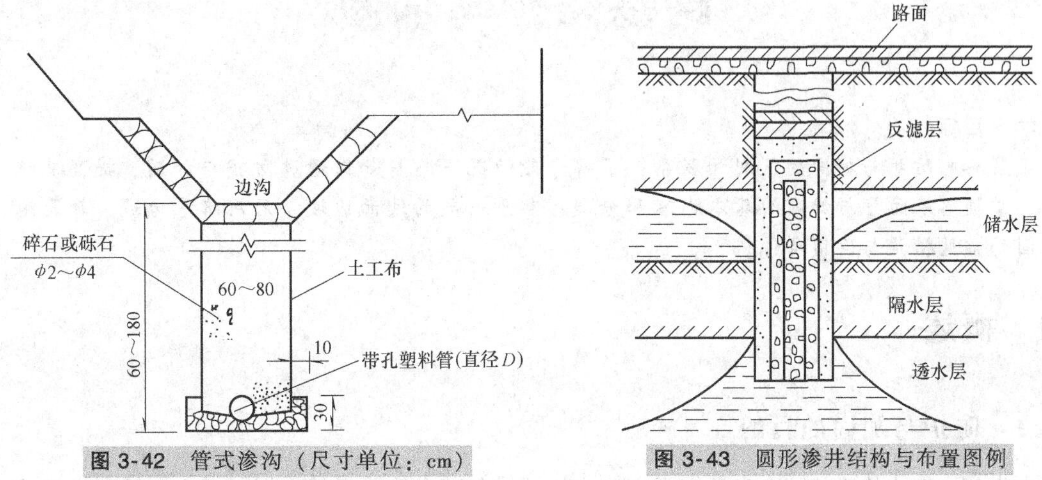

图3-42　管式渗沟（尺寸单位：cm）

图3-43　圆形渗井结构与布置图例

渗井的平面布置，以及孔径与渗水量，按水力计算而定，一般为直径1.0~1.5m的圆柱形，也可是边长为1.0~1.5m的方形。

井深视地层构造情况而定，井内由中心向四周，按层次分别填入由粗到细的砂石材料，粗料渗水，细料反滤。填充料要求筛分冲洗，施工时需用薄钢板套筒分隔，填入不同粒径的材料，并要求层次分明，不得粗细材料混杂，以保证渗井达到预期排水效果。

鉴于渗井施工不易，单位渗水面积的造价高于渗沟，一般尽量少用。有时，因土基含水率较大，严重影响路基、路面的强度，其他地下排水设施不易布置，其他技术措施（如隔离层）的造价较高，此时渗井可作为技术措施之一进行设计比选，合适时有条件地选用。

习　题

1. 路基横断面有哪三种典型类型？
2. 一般路基设计有哪些主要的规定？
3. 一般路基设计包括哪些内容？
4. 路基的几何尺寸包括哪三项？如何定义？
5. 路堤设计与路堑设计考虑的问题有什么不同？路堑边坡设计时应考虑哪些因素？
6. 有一坡率为1：1.5的坡面，内摩擦角$\varphi=30°$，黏结力$c=14.7\text{kPa}$，土的重度$\gamma=18\text{kN/m}^3$，分别用瑞典法和简化毕肖普法试算稳定性系数。

第4章

路基防护与加固

学习目标

了解路基防护与加固的区别和联系；了解一般情况下路基如何通过防护与加固，提高其稳定性；掌握路基防护与加固的基本内容和分类；熟悉一般的坡面边坡、沿河路基边坡、软土地基加固的常见措施与运用条件。

4.1 概述

4.1.1 防护与加固的目的

由岩土所筑成的路基，大多暴露于空间，长期受各种自然因素的作用，岩土在不利水温条件作用下，物理、力学性质将发生变化。浸水后湿度增大，土的强度降低；岩性差的岩体，在水温变化条件下，加剧风化；路基表面在温差作用下形成胀缩循环，在湿差作用下形成干湿循环，可导致强度衰减和剥蚀；地表水流冲刷，地下水源侵入，使岩土表层失稳，易造成和加剧路基的水毁病害；沿河路堤在水流冲击、淘刷和侵蚀作用下，易遭破坏；湿软地基承载力不足，易导致路基沉陷。所有这些均取决于岩土的物理力学性质及自然因素，且与路基承受行车荷载的情况密切相关。

合理的路基设计，应在路基位置、横断面尺寸、岩土组成等方面综合考虑。为确保路基的强度与稳定性，路基的防护与加固是不可缺少的工程技术措施。随着公路等级的提高，为维护正常的汽车运输，减少公路灾害，确保行车安全，保持公路与自然环境协调，路基的防护与加固更具有重要意义。实践经验证明，在高等级公路建设中，防护工程对保证公路使用性能、提高投资效益均具有重要的意义。

路基的防护与加固工程不仅可以稳定路基，而且可以美化路容，提高公路的使用质量。尤其是在高等级公路建设中，采用植物防护不仅可以消除施工痕迹，稳定路基边坡，而且能使高等级公路景观协调，获得良好的环保效益及舒适的行车条件。

4.1.2 防护与加固的分类

路基防护与加固设施，主要有坡面防护、堤岸防护与加固以及湿软地基的加固。

1. 坡面防护

坡面防护主要是保护路基边坡表面免受雨水冲刷，减缓温差及湿度变化的影响，防止和延缓软弱岩土表面的风化、碎裂、剥蚀的演变进程，从而保护路基边坡的整体稳定性，在一定程度上还可兼顾路基美化和协调自然环境。坡面防护设施，不承受外力作用，必须要求坡面岩土整体稳定牢固。简易防护的边坡高度与坡率不宜过大，土质边坡坡率一般不陡于1:1~1:1.5。地面水的径流速度以不超过2.0m/s为宜，水也不宜集中汇流。雨水集中或汇水面积较大时，应有排水设施相配合，如在挖方边坡顶部设截水沟，高填方的路肩边缘设拦水埂等。

常用的坡面防护设施有植物防护（如种草、铺草皮、植树等）和工程防护（如抹面、喷浆、勾缝、砌石护面等）。前者可视为有“生命”防护，后者属无机物防护。有“生命”防护以土质边坡为主，无机物防护以岩质路堑边坡为主。在一定程度上，有“生命”防护在边坡稳定和改善路容方面，优于无机物防护。

2. 堤岸防护与加固

堤岸防护与加固主要对沿河滨海路堤、河滩路堤及水泽区路堤，也包括桥头引道，以及路边旁的防护堤岸等的防护与加固。此类堤岸常年或季节性浸水，受流水冲刷、拍击和淘洗，造成路基浸湿、坡脚淘空，或水位骤降时路基内细粒填料流失，致使路基失稳，边坡崩坍。所以堤岸防护与加固，主要针对水流的破坏作用而设，起防水治害和加固堤岸的双重功效。

堤岸防护与加固设施，有直接和间接两类。直接防护与加固设施中包括植物防护和砌石防护与加固两种，常用的有植树、铺石、抛石或石笼等。间接防护主要指导治结构物，如丁坝、顺坝、防洪堤、拦水坝等，必要时进行疏浚河床、改变河道，其目的是改变水流方向，避免或缓和水流对路基的直接破坏作用。改变水流流速、流向和原来状态，可能导致堤岸对面及路基附近上下游遭害，必须慎重对待，掌握水流运动规律因势利导，防治结合，综合治理。

3. 湿软地基的加固

湿软地基的承载能力较差，如泥沼与软土、低洼的湖（海）相沉积土层、人为垃圾杂填土等，填筑路基前必须予以加固，以防路基沉陷、滑移或其他病害产生。湿软地基加固，规模大，造价高，应注意方案比较，研究技术和经济方面的可行性，力求从简，尽量就地取材。地基加固是路基主体工程的一部分，要结合路基设计（即确定路基标高，选择横断面，决定设施等）综合处治。

湿软地区修筑路基时，地基加固关键在于治水和固结。各种加固方法，可归纳成换填土、碾压夯实、排水固结、振动挤密、土工格栅加筋和化学加固等。加筋土为土中加入某种能承受一定拉力的筋条或化学纤维，凭借筋条与填土之间的摩擦作用，提高土的抗剪强度，改善路基抵抗变形的条件。土工布、土工格栅加筋是利用化纤材料织成布或网格，铺在软弱地基或填土层中，也能收到良好效果。其他加固方法还有石灰桩、砂桩与砂井等。

湿软地基的加固，也可采用强夯法，利用重锤的强大冲击力，以达到地基排水固结提高承载能力的目的。

4.2 路基防护工程

路基防护工程主要是对路基边坡进行防护，保护路基边坡表面免受雨水冲刷，减缓湿度及温度变化的影响，防治和延缓软弱岩土表面的风化、剥落等演变过程，从而保护路基边坡的整体稳定性，并且还可以兼顾到公路与环境的美化。

路基坡面防护设施本身不受外力作用，必须要求坡面岩土整体牢固。此外，坡面防护还要与排水设施相配合，以便雨水能尽快排出路基范围。

本节所描述的路基防护工程主要包括一般情况下路基坡面防护与沿河路基坡面防护。

4.2.1 一般路基坡面防护

车辆行驶在路面上，经过未经防护与加固的边坡时，驾驶员很容易担忧边坡是否稳定，是否会发生崩塌、滑坡等灾害；经过适当的防护与加固后，驾驶员的担忧会降低很多。路基边坡裸露在大气当中，受到自然环境因素的影响很大，初期稳定的边坡后期很可能失稳，一旦失稳就会带来较大的经济损失，甚至人员伤亡；因此，超过一定高度的边坡，即便经过边坡稳定性分析确定稳定，也要进行适当的防护与加固。

1. 植物防护

在常见的路基坡面防护中最常见的是植物防护。植物防护可美化路容，协调环境，调节边坡土的湿温状况，起到固结和稳定边坡的作用。它对边坡高度不大，边坡比较平缓的土质坡面是一种简易有效的防护设施，其方法有植树、种草、铺草皮。土质边坡防护也可采用拉伸网草皮、固定草种布或网格固定撒种等。一般路基坡面防护效果图如图 4-1 所示。

图 4-1 一般路基坡面防护效果图

土质边坡防护的边坡坡率宜为 1∶1.0~1∶2.0。拉伸网草皮是在土工网或土工垫等土工合成材料上铺设种植土层，经过撒种、养护后形成的人工草皮。固定草种布（也可称植生带）是在土工织物纺织时将草种固定在土工织物中，然后到现场铺筑以促使草皮生长的一种土工合成材料草皮制品。网格固定撒种是先将土工网固定于需防护的边坡上，然后撒播草种形成草皮的一种边坡防护方法。

种草适用边坡坡率不陡于 1∶1，土质适宜种草，不浸水或短期浸水但地面径流速度不超过 0.6m/s 的边坡。草的品种应适应当地自然条件，最好是根系发达，中茎低矮，多年生长，几种草籽混种。不宜种草的坡面，可以铺 5~10cm 厚的种植土层，土层与原坡面结合稳固。

当坡面冲刷比较严重，进坡较陡，径流速度>0.6m/s，允许最大速度为 1.8m/s 时，应根据具体条件（坡率与流速等），分别采用平铺（平行于坡面）、水平叠置、垂直坡面或与坡面成一半坡角的倾斜叠置草皮，还可采用片石铺砌成方格或拱式边框，方格或拱式边框内再铺草皮。

铺草皮需预先备料，草皮可就近培育，切成整齐块状，然后移铺在坡面上。铺时应自下而上，并用竹木小桩将草皮钉在坡面上，使之稳固。草皮根部土应随草切割，坡面要预先整平，必要时还应加铺种植土，草皮应随挖随铺，注意相互紧贴。有些地区的土质不适合植物生长常采用客土喷播（见图 4-2）的方式进行路基防护与加固，客土喷播是将含有植物生长所需营养的基质材料混合胶结材料喷附在岩基坡面上，创造出宜于植物生长的硬度的、牢固且透气、与自然表土相近的土板块，种植出可粗放管理的植物群落，最大程度地恢复自然生态。

植树，主要用在堤岸边的河滩上，用来降低流速，促使泥沙淤积，防止水直接冲刷路堤。多排林堤岸与水流方向斜交，还可起改变水流方向的作用。沙漠与雪害地区，防护林带还起阻沙防雪作用。树木的品种与种植位置及宽度，应根据防护要求、水流速度等因素，参见有关设计手册、结合当地经验而定，城市或风景区的植物防护，应与有关部门协调配合。需要说明的是，坡面防护时采取植树措施时，一定要保证其间隔，不可太过密集；否则恶劣天气断折树木很容易阻塞河道，引起更为严重的后果（见图 4-3）。

2. 矿料防护

当不宜使用植物防护或考虑就地取材时，采用砂石、水泥、石灰等矿质材料进行坡面防护是工程防护常用的防护形式。工程防护主要有砂浆抹面、勾缝或喷涂以及砌石护坡或护面墙等。这些形式各自适合于一定条件。

图4-2　客土喷播

图4-3　树木阻塞河道

抹面防护适于岩质挖方坡面，岩石表面易风化，但比较完整，尚未剥落，例如页岩、泥砂岩、千枚岩的新坡面。对此应及时予以封面，以预防风化继续发展。常用的抹面材料有石灰浆等，其中石灰为胶结材料，要求精选。混合料（如加纸筋或竹筋），可提高强度，防止开裂；掺加适量制盐副产品卤水，因含有氯化钙与氯化镁，可使抹面加速硬化和预防开裂。抹面用料的配合比与用量参见有关手册。抹面厚度视材料与坡面状况而定，一般2~10cm。操作前，应清理坡面风化层、浮土与松动碎块、填坑补洞，洒水润湿。抹面后，应拍浆、抹平和养生。

喷浆施工简便，效果较好，适用于易风化而坡面不平整的岩质挖方边坡，厚度一般为5~10cm。喷浆的水泥用量较大，重点工程可选用。比较经济的砂浆是用水泥、石灰、河砂及水，根据经验按质量比1∶1∶6∶3配合。喷浆前后的处治与抹面相同。对坡面较陡或易风化的坡面，可以在喷浆前先铺设加筋材料，加筋材料可以用钢丝网或土工格栅，喷浆坡面应设置排水孔。

比较坚硬的岩质坡面，为防止水渗入缝隙造成灾害，视缝隙深浅与大小，分别予以灌浆、勾缝或嵌补等。

上述防护方法可以局部处治，综合使用，并与放缓边坡等方法加以比较，力求实用和经济，如果在坡面防护时着色或修饰，还有助于改善路容。

3. 砌体防护

路基坡面为防止地面水或河水冲刷，可以使用干砌片石护面，重要路段或暴雨集中地区的土质高边坡，以及桥涵附近坡面与岩质边坡、地面排水沟渠等，也可干砌片石防护。片石护面要求坡面稳固，先垫以砂层，然后自下而上平整地铺砌片石，片石应逐块嵌紧且错缝，护面厚度一般不小于20cm，干砌要勾缝，必要时改用浆砌，护面顶部封闭，以防渗水。

图4-4　护面墙效果图

护面墙适用于防护易风化或风化严重的软质岩石或较破碎岩石的挖方边坡以及坡面易受侵蚀的土质边坡，边坡不宜陡于1∶0.5。护面墙效果图如图4-4所示。单级护面墙高度不宜超过10m，并应设置伸缩缝和泄水孔。其基础应设置在稳定地基上，埋置深度应根据地质条件确定，冰冻地区埋置在冰冻深度以下不小于 25cm。

护面墙是浆砌片石的坡面覆盖层，用于封闭各种软质岩层和较破碎的挖方边坡。要求墙面紧贴坡面，表面砌平，厚度可不一。护面墙石料应符合规格。护面墙除自重外，不承受其他荷载，也不承受墙背土压力。护面墙高度与厚度及路堑边坡的关系，见表 4-1。

表 4-1　护面墙高度与厚度及路堑边坡的关系

护面墙高度 H/m	路堑边坡	护面墙厚度	
		顶宽 b/m	底宽 d/m
≤2	1∶0.5	0.40	0.40
≤6	陡于 1∶0.5	0.40	$0.40+0.10H$
$6<H\leq 10$	1∶0.5~1∶0.75	0.40	$0.40+0.05H$
$10<H\leq 15$	1∶0.75~1∶1	0.60	$0.60+0.05H$

4.2.2　沿河路基坡面防护

沿河路基坡面，直接受到水流侵害，沿河路基坡面防护就是为了防护水流直接危害岸坡而采取的方法与措施，其主要有直接防护和间接防护两种形式，可单独采用，也可综合采用。

1. 直接防护

为了防止水流直接危害沿河路基、滨海路基以及有关海河堤岸的边坡和坡脚，必须采取一定的防治冲刷措施。直接防护包括植物防护、砌石防护、抛石防护与石笼防护，以及必要时设置的支挡。其中植物防护与砌石防护同前面的一般路基坡面防护基本相同。

抛石防护类似在坡脚处设置护脚，也称抛石垛。抛石不受气候条件限制，路面沉实以前均可以施工，季节性浸水及长期浸水地区均可采用。抛石垛的边坡坡率不应陡于抛石浸水后的天然休止角，边坡坡率为 1.25~2.0；石料粒径视水深与流速而定，一般为 15~50cm。

石笼是用钢丝编织成框架，内填石料，设在坡脚处，以防急流和大风浪破坏堤岸，也可用来加固河床，防止淘刷。水流较小时可采用抛石防护（见图 4-5），水流很大时采用石笼防护才会有效（见图 4-6）。钢丝框架可以采用箱形或圆形，笼内填石的粒径，最小不小于 4.0cm，一般为 5~20cm，外层应用粒径大且棱角突出的石料，内层可用粒径较小的石块填充。石笼在坡脚处排列，用于防止冲刷淘底时，应平铺并与坡脚线垂直，而且堤岸一端固定，另一端不必固定，淘刷后可以向下沉落贴于底面；用于防止堤岸边坡冲刷时，垒码平铺成梯形，单个石笼的大小，以不被相应速度的水流冲动为宜，铺设时须用碎（砾）石垫层铺平，底层各角可用铁棒固定于基底。

图 4-5　沿河路基抛石防护

图 4-6　沿河路基石笼防护

土工织物软体沉排是在土工织物上以块石或预制混凝土块体为压重的护坡结构。土工织物软体沉排一般适用于水下工程及预计可能发生冲刷的河床和岸坡土面上。其主要有单片垫和双片垫两种结构形式。

单片垫是利用土工织物拼接成大面积的排体；双片垫是将两块单片垫重叠后按一定距离和形式将两片垫连接在一起而构成管状空间或格状空间，其中再填充透水性土石料（如砂卵石等)，起到防冲与反滤的作用。

土工模袋是一种双层织物袋，袋中填充流动性混凝土或水泥砂浆或稀石混凝土，凝固后形成高强度和高刚度的硬结板块。土工模袋材料应满足表 4-2 的技术要求，袋内可填充混凝土或砂浆。填充混凝土时，粗集料最大粒径应符合表 4-3 的要求，坍落度不宜小于 20mm，其强度等级不低于 C10；填充砂浆时，其强度等级不低于 M2.5。

表 4-2　土工模袋材料的技术要求

指标内容	指标要求	指标内容	指标要求
顶破强度/N	≥1500	等效孔径/mm	0.07~0.15
渗透系数/(10^{-3}cm/s)	0.86~10	延伸率(%)	≤15

表 4-3　混凝土粗集料的最大粒径要求

土工模袋厚度/mm	集料最大粒径/mm	土工模袋厚度/mm	集料最大粒径/mm
150~250	≤20	≥250	≤40

2. 间接防护

设置导治结构物可改变水流方向，消除和减缓水流对堤岸的直接破坏，同时可减轻堤岸近旁淤积，彻底解决水流对局部堤岸的损害，起安全保护作用。导治结构物是桥涵和路面的重要附属工程，由于涉及水流改向，影响范围较大，工程费用也较高，务必慎重。用于防护堤岸的改河工程，一般限于小型工程，如裁弯取直、挖滩改道、清除孤石等，可在小河的局部段落上进行。古老的中华民族在远古时期就开始利用设置导治结构物解决水患，大禹治水采用“疏和堵”相结合的方式起到了很好的效果（见图 4-7)，导治结构物主要是设坝，按其与河道的相对位置，一般可分为丁坝、顺坝或格坝。图 4-8 所示为导治结构物总体布置示例。

导治结构物的布置，应综合考虑河道宽窄、水流方向、地质条件、防护要求、材料来源、施工条件和工程经济等，全面治理，要避免河床的更多压缩，或因水位提高和水流改向，而危害河对岸或附近地段的农田水利、地面建筑及堤岸等。

图 4-7　大禹治水故事示意图

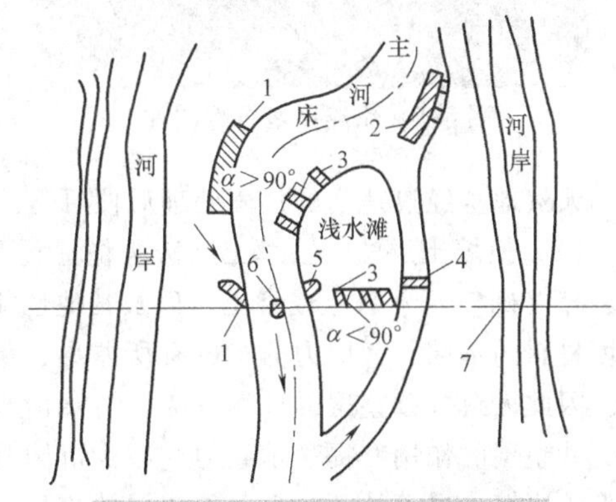

图 4-8　导治结构物总体布置示例

1—顺水坝　2—格坝　3—丁坝　4—拦水坝
5—导流坝　6—桥墩　7—路中线

顺坝大致与堤岸平行，主要作用为导流、束水、调整水流曲度、改善流态。格坝在平面上成网格状，设于顺坝与堤岸之间，防止高水位时水流溢入冲刷坝内岸坡和坡脚，并促进格间的淤积。丁坝大致与堤岸垂直或斜交，将水流挑离堤岸，束河归槽，改善流态。顺坝也称导流坝，丁坝也称挑水坝。

导流结构物的布置是工程成败的关键。布置恰当能收到预期效果；布置不当反而恶化水流，造成水毁。其关键在于合理设计导治线，符合预定的河轴线和河岸线要求，也取决于选择导治水位，不致出现不利的冲刷情况。导治线与导治水位，应依据水流和河岸、河床地形、地质情况、水流对上下游对岸的影响等因素，综合分析和设计计算而定。

顺坝与丁坝均用石块修建成梯形横断面，坝体分为坝头、坝身和坝根三个组成部分，横断面尺寸根据构造要求、施工条件和使用需要而定，并应进行稳定性计算。

公路工程中的改河，主要目的是将直接冲刷路基的水流引向旁处；路基占用河槽后，需要拓宽河道，挖滩改河，清除孤石，改移河道，以保护路基；裁弯取直有利布置路线或桥涵。这些措施，若经过论证可行，确有必要且效益高时，方可通过设计计算，最后实施。

导治结构物的构造与要求，以及结构物与改河工程的具体设计计算方法，在路基设计手册等文献中，已有详细规定与建议，可供查用。

4.3 路基加固

土木工程中，路基加固极为重要，常是各种建筑物成败的关键，公路工程范围内的建筑物也不例外。路基敷设于天然地基上，自身荷载较大，要求地基应具有足够的承载能力，以保持路基稳定，另外应使某些自然因素，如地下水、坑穴、湿陷、胀缩等，不致产生对路基的有害变形。图 4-9、图 4-10 分别是铁路和公路路基沉陷图片。

图 4-9　铁路路基沉陷图片

图 4-10　公路路基沉陷图片

天然地基经过适当的加固处理后便可运用于道路工程中，常见的处理措施有以下几种。

(1) 换填土层法　换填土层法是将基底下一定深度范围的湿软土层挖去，换以强度较大的砂、碎（砾）石、灰土或素土，以及其他性能稳定、无侵蚀性的土类，并予以压实的一种方法。换填材料的不同，其应力分布虽有所差异，但其极限承载力比较接近，而且沉降特点也基本相似，因此大致按砂垫层的计算方法，结果相差不大。

砂垫层的作用有提高承载力，减少沉降量，加速软弱土层的排水固结，防止冻胀，消除膨胀土的胀缩，也可处理暗穴。砂垫层的作用，因工程性质而有所不同，对路基而言，主要是排水固结，素土（或灰土）垫层，可以消除湿陷性黄土 3.0m 深度范围内的湿陷性。

砂垫层厚度一般为 0.6~1.0m，太厚施工难，太薄效果差。砂料以中粗砂为宜，要求级配良好，颗粒的不均匀系数不大于5%，含泥量不超过3%~5%。

也可以直接在原来的软土路基上铺设厚度为0.5~1.2m的砂层，而不清除原来的湿软土层，同样可保证所需的排水能力，这就是砂垫层法；其铺设厚度等施工工艺与换填土层法很接近。

(2) 重锤夯实法　控制最佳含水率，对路基分层压实，提高强度和降低压缩性，是路基施工的基本要求及重锤夯实法的关键。如果使用压实功能较大的压实方法，还能处理杂填土和地表的松散土。

重锤夯实法加固地基，可提高地基表层土的强度，在我国主要运用在西北和华北地区浅层湿陷性黄土和杂填土地基处理上。重锤夯实示意图如图4-11所示。对湿陷性黄土，可降低地表的湿陷性；对杂填土，可减少表层土的强度不均一性。重锤夯实法适用于地下水位0.8m以下稍湿的一般黏性土、砂土、湿陷性黄土、杂填土等。重锤夯实法一般以钢筋混凝土制成截头圆锥体（底部垫钢板），质量宜1.5t或稍重，锤底直径为1~1.5m，起重设备的能力为8~15t，落距高一般为2.5~4.5m。重锤的夯击遍数，一般以最后两次的平均夯沉量不超过规定值来控制，即一般黏性土和湿陷性黄土为1~2cm，砂土为0.5~1.0cm。实践结果表明，一般是12遍，作用深度约为锤底直径的1倍左右。

图4-11　重锤夯实示意图

对于非黏性土及松散杂填土而言，振动压实法效果良好，振动压实效果，因土质和振动时间而不同，一般是振动时间越久，效果越好，但时间过长就会无效。对于主要由矿渣、碎砖、瓦块为主的建筑垃圾，时间约1min即可，含细炉碴等细颗粒填土，振动时间3~5min，有效深度为1.2~1.5m。

在重锤夯实法的基础上，经过研究和实践，也称动力固结法，它是以8~12t（甚至20t）的重锤，8~20m的落距（最高达40m），对路基进行强力夯击，利用冲击波和动应力，达到路基加固的目的。由于工期短、效果好、造价低等优点，强夯法施工已广泛运用到高速公路、铁路、机场、核电站、大工业区、港口填海等基础加固工程。

实践证明，强夯过程中，土体中因含可压缩的微气泡而产生几十厘米的沉降，土体产生液化，使土的结构破坏，强度下降至最小值，随后在夯击点周围出现径向裂隙，成为加速孔隙水压力消散的主要通道，继而因黏性土的触变性，使路基的强度得到恢复和增强。这一过程无法用传统的固结理论解答，因而就有饱和土是可压缩的重要机理。

现有研究成果表明，由于土中有机物的分布，第四纪土中多数含有以微气泡形式出现的气体，含气约1%~4%。强夯过程中，气相体积被压缩，加上孔隙水被挤出，两者体积有降低。重复夯击作用，气体被压缩接近于零时，土体变成不可压缩，相应的孔隙水压力上升到与覆盖压力相等的能量级时，即产生液化，吸附水变成了自由水，土的强度达到最小值，继续施加外界能量，对强度提高无效，需要停止夯击，等待强度恢复。与此同时，夯点四周形成有规则的垂直裂缝，出现涌水现象。当孔隙水压力消散到小于土粒间的侧向压力时，裂隙自行闭合，土中水的运动又恢复常态。随着孔隙水压力的消散，土的抗剪强度和变形模量有了大幅度增长，这是由于土粒间紧密接触，以及新吸附水层逐渐固定所致，这也是土的触变性所致。基于上述基本原理，按弹簧活塞模型，对动力固结（强夯）的机理做出新的解释，以此与传统的静力固结理论相比较。

实践证明，强夯法具有施工简单、加固效果好、使用经济、运用面较广等优点。国外资料说明，与传统加固方法相比较，强夯法处理的地基，其承载力可提高2~5倍，压缩性降低2~10倍，广泛适用于杂填土（各种垃圾）、碎石土、砂土、黏性土、湿陷性黄土及泥炭和沼泽土，不但陆地上使用，也可水下夯实。其缺点是需要相应的机具设备，操作时噪声和振动较大，不宜在人口密集或附近防震要求高的地点使用。该法在我国津、沪等地，不仅成功运用，而且在加固饱和软黏土地基方面，取得新的成果与经验。

（3）排水固结法　饱和软土在荷载作用下，排水固结后，抗剪强度可得到提高，达到加固的目的。排水固结法在建筑工程中，常用于加固软弱地基，包括天然沉积层和人工充填的土层，如沼泽土、淤泥及淤泥质土、水力冲积土等。

排水固结法的实际效果取决于土层固结特性、厚度、预压荷载和预压时间。厚度小于5m的浅软土层，或固结系数较大（每秒大于$1\times10^{-2}cm^2$以上）的土层，较短时间预压即可。

排水固结是运用堆载预压，挤出土中的过多含水，达到挤紧土粒和提高强度的目的。为了缩短预压时间，加设砂井竖向排水通道或铺设砂垫层，效果甚好。美国加州公路局曾采用砂井处理沼泽地段的路基，获得满意结果。利用路基填土自重压密地基，不需另备预压材料，所以砂井堆载预压法（见图4-12），在路基工程中是一种经济有效的方法。

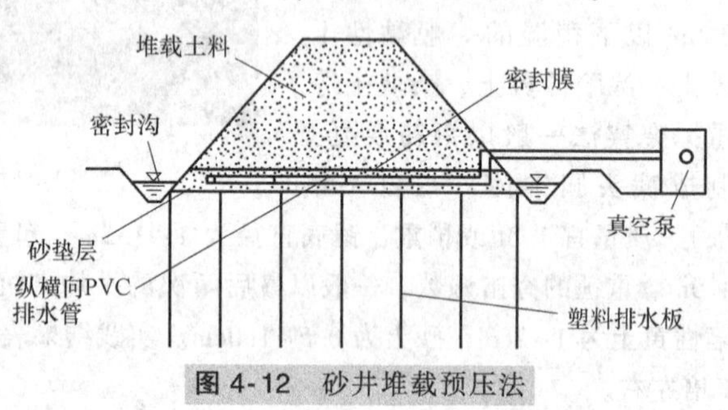

图4-12　砂井堆载预压法

砂井堆载预压，需进行地基固结计算，以确定加载以及砂井布置的有关数据。一般情况下，加载量大致与设计荷载接近，预压至80%固结度。砂井直径多为8~10cm，间距大约是井径的6~8倍。砂井长度应穿越地基可能的滑动面，井长若能穿越主要受压层，对沉降有利，如果软土层较浅，有透水性下卧层，则井长深入透水层，对排水固结更有利。为加速排水，缩短固结时间，在设置竖井的同时，可加设井顶砂垫层或纵横连通砂井的排水砂沟，砂垫层厚度约0.5~1.0m。

砂井成孔有沉管法和水冲法两类。沉管法是用锤击或振动方式将带靴的钢管沉入地基，管内灌砂，在振动作用下拔出钢管，最后在土中形成砂井。水冲法是利用高压水冲孔，孔内灌砂，此法施工速度快，但难以保证孔径匀称，质量较差。砂井的用砂，以中粗粒径为宜，含泥量不宜大于3%，灌砂量（按质量计）大于井管外径所形成体积的95%。

排水固结法中除砂井堆载预压法而外，还有降水预压和真空预压等技术。

（4）挤密法　路基中成孔后，在孔中灌以砂、石、土、灰土或石灰等材料，捣实而成直径较大的桩体。利用横向挤紧作用，使路基土粒彼此靠紧，孔隙减少，而且孔被填满和压紧，形成桩体，桩体具有较高的承载能力，群桩的面积约占松散土加固面积的20%，以致桩和原土组成复合地基，达到加固的目的。碎石桩挤密示意如图4-13所示。

孔中灌砂，形成砂桩，它与上述砂井相比，形式相仿，但作用不同。砂井的作用是排水固结，井径较小而间距较大；砂桩的作用是将路基土挤紧，井径较大，而间距宜小。砂井适用于

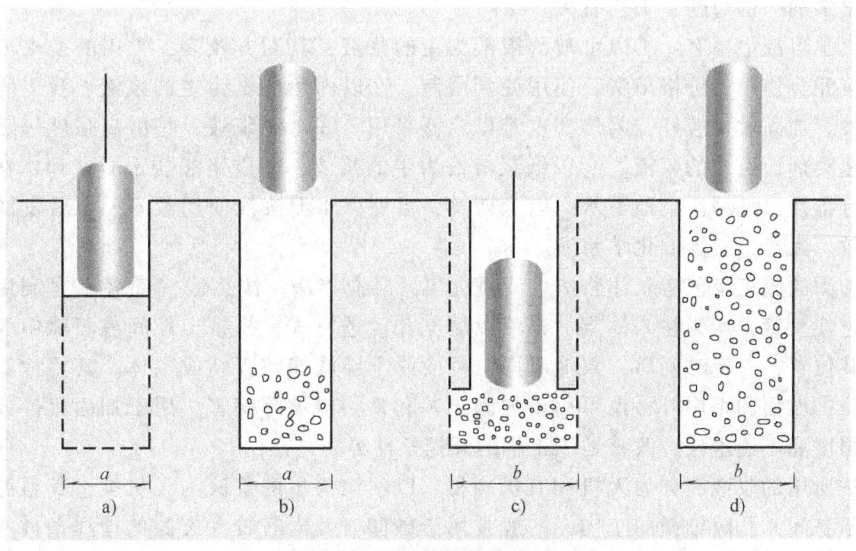

图4-13 碎石桩挤密示意图

湿软土层，而砂桩适用于处理松砂、杂填土和黏粒含量不大的普通黏性土，也可有效地防止砂路基底的振动液化。饱和软黏土的渗透性较小、灵敏度较大，夯击过程中土内产生的超孔隙压力不易迅速扩散，砂桩的挤密效果较差，甚至能破坏路基土的天然结构。

孔中填石灰形成石灰桩，用于挤密软土层，是近年来在国外广泛应用的一种新方法。石灰桩主要作用是挤密，而生石灰的吸水、膨胀、发热及离子交换作用，使桩体硬化，改善了原地基土的性质，此外还可减小因周围土的蠕变所引起的侧向位移。利用石灰桩加固软土地基，关键在于石灰桩在地下水中能否结硬。试验表明：水中含有酸根是石灰桩结硬的基本条件。由于石灰桩在水下结硬的速度远比在空气中慢得多，所以将石灰和水就地拌和，增加石灰与外界的接触结构条件比纯石灰桩好得多，可提高桩的早期强度。石灰桩吸水膨胀和对土体的挤压作用，是石灰桩加固地基的特殊功能。石灰桩施工的基本要求：一是生石灰必须密封贮存，最好选用新鲜灰块；二是灰块必须粉碎至一定要求。

砂桩和石灰桩的布置与尺寸，需通过设计计算而定，一般桩径约20~30cm，桩的间距约为桩径的3.5倍，可在平面上按梅花形布置。桩的长度与加固土层厚度及加固要求有关桩孔的施工方法，有冲击法和振动力法等方法，在湿陷性黄土中还可用爆扩成孔法，即先钻孔，孔直径约10cm，孔内每隔50cm安置炸药筒，引爆扩孔挤压，再灌以黄土或灰土，分层捣实，可以消除黄土的湿陷性。

20世纪30年代在国外开始采用振动水冲法加固松砂地基，50年代开始用于加固软黏土地基，我国70年后期也开始引进，用以提高地基承载力，减少地基沉降和差异沉降，提高抗地震液化能力，均取得满意效果。

振动水冲法是以起重机吊起振冲器、电动振冲器产生高频振动，水泵喷射高压水流，在振动和高压水的联合作用下，振冲器沉入土中预定深度，经过清孔用循环水带出孔中稠泥浆，向孔中逐段添加填料、予以振动挤密，在地基土中形成振冲桩，振冲器的起重能力为10~15t，水压力宜大于500kPa，供水量大于20m^3/h，加料量的供应能力不小于0.4~0.8m^3/min。

（5）化学加固法　利用化学溶液或胶结剂，采用压力灌注或搅拌混合等措施，使土颗粒胶结起来，达到对土基加固的目的，称为化学加固法，又称胶结法。此法加固效果取决于土的性质和所用化学剂，也与施工工艺有关。

目前化学溶液主要有：①以水玻璃溶液为主的浆液，其配方较多，常用的是水玻璃浆液和氯化钙浆液配合使用，价格昂贵，使用受到限制。②以丙烯酸氨为主的浆液，我国研制的丙强是其中一种。加固效果较好，因价高也难以广泛采用。③水泥浆液，是由高强度等级的硅酸盐水泥配以速凝剂而组成的浆液。④以纸浆溶液为主的浆液，如重铬酸盐木质素和木铵，加固效果好，但有毒性，且易污染地下水。以上四类，目前以水泥浆液使用较多。今后发展的关键应是研制高效、无毒、易渗的化学浆液。

化学加固的施工工艺有：注浆法、旋喷法和深层搅拌法。注浆法（灌浆）是利用机械压力将浆液通过注入管，均匀注入地层，浆液以填充和渗透方式，排挤土粒间或石隙中的水分和空气，占据其位置，一定时间后，浆液凝固，可使原土层或缝隙固结成整体。其用途甚广，路基中除用于防护坡面和堤岸外，也可用于加固土基和整治滑坡等病害，用于加固流砂或流石地基可以提高强度和不透水性，改善地下工程的开挖条件等。

注浆法所用的浆液，分为无机和有机两种。以水泥为主的浆液为无机类，其料源多、价格较低，但不易灌入孔隙细微的土内，一般常用于砂卵石及岩石较大裂隙的地质条件中。水泥浆的水胶比，大约 0.8~1.0。为了改善浆液性能，可掺加外加剂，如速凝剂时，加水玻璃或氯化钙等；缓凝时加岩粉或木质亚酸等。化学浆液的种类很多，以水玻璃和纸浆废液为主剂。水泥浆液及化学浆液均属无机化学材料，其共同特点是速凝（几分钟）、强度高（水泥浆液 28d 试验样品的抗压强度达 7.0MPa 以上）、固结率高、可灌性好，但抗折强度低（0.14MPa 左右）、适宜用于潮湿条件或水中（暴露空气中会网裂剥落）、不耐冻、难注入细缝隙内。

其他化学浆液中有丙强、木铵、丙烯酰胺及碱液等，各自适用于一定条件。

旋喷法是在注浆法基础上发展起来的一项新技术，又称为化学搅拌成型法。旋喷法是用钻机钻孔至设计深度，用高脉冲泵，通过安装在钻杆下端的特殊喷射装置，向土中喷射化学浆液，在喷浆的同时，钻杆以一定速度旋转并逐渐往上提升，高压射流使一定范围内的土体结构破坏，强制破坏的土体与化学浆液混合，胶结硬化后在土层中形成直径较匀称的圆柱体。旋喷的浆液以水泥浆液力主，如果土的渗水性较大或地下水流速较快，为防止浆液流失，浆液中加速凝剂。

以上仅简略介绍已有的几种地基加固方法，有的已在国内公路路基工程中运用，其关键是机械设备和原材料，随着中国基础建设的高速发展，公路技术等级的提高，包括地基加固在内的路基防护与加固，在理论和实践上必将有新的发展与突破。

习　题

1. 简述路基防护与加固的区别和联系。
2. 简述植物防护中的植树、种草、铺草皮的适用范围。
3. 简述沿河路基防护中常见的直接防护、间接防护措施。
4. 简述地基加固中的换填土层法与砂垫层法的区别和联系。
5. 常见的地基加固的方法有哪些？

第 5 章

挡 土 墙

学习目标

了解挡土墙的类型和使用条件，熟悉挡土墙的土压力计算，掌握重力式挡土墙设计方法。

5.1 挡土墙的类型及使用条件

5.1.1 挡土墙的用途

挡土墙是用来支撑天然边坡或人工填土边坡以保持土体稳定的建筑物。在公路工程中，它广泛应用于支撑路堤或路堑边坡、隧道洞口、桥梁两端及河流岸壁等。

按照墙的设置位置，挡土墙可分为路肩挡土墙、路堤挡土墙、路堑挡土墙和山坡挡土墙等类型，如图 5-1 所示。

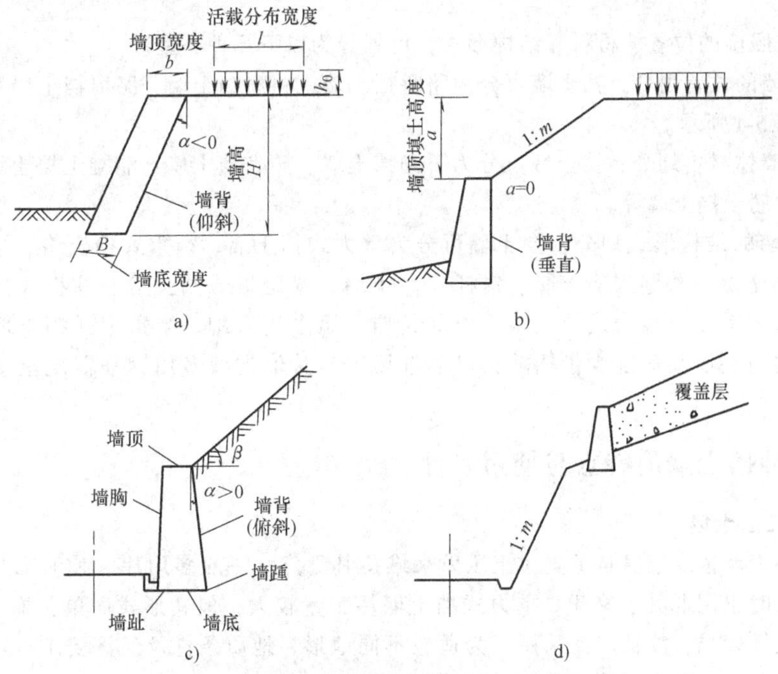

图 5-1 按墙的设置位置，挡土墙的分类

a）路肩挡土墙 b）路堤挡土墙 c）路堑挡土墙 d）山坡挡土墙

1）路肩挡土墙或路堤挡土墙设置在高填路堤或陡坡路堤的下方，可以防止路基边坡或基底滑动，确保路基稳定，同时可收缩填土坡脚，减少填方数量，减少拆迁和占地面积，以及保护邻近线路的既有重要建筑物。滨河及水库路堤，在傍水一侧设置挡土墙，可防止水流对路基的冲刷和侵蚀，也是减少压缩河床或少占库容的有效措施。

2）路堑挡土墙设置在路堑边坡底部，主要用于支撑开挖后不能自行稳定的边坡，同时可减少挖方数量，降低边坡高度。

3）山坡挡土墙设在路堑边坡上部，用于支挡山坡上可能滑坍的覆盖层，有的也兼有拦石作用。

此外，设置在隧道口或明洞口的挡土墙，可缩短隧道或明洞长度，降低工程造价。设置在桥梁两端的挡土墙，作为翼墙或桥台，起着护台及连接路堤的作用。而抗滑挡土墙则用于防治滑坡。

挡土墙各部分名称如图 5-1c 所示。靠填土（或山体）一侧为墙背，外露一侧为墙面（也称墙胸），墙面与墙底的交线为墙趾，墙背与墙底的交线为墙踵，墙背与铅垂线的交角为墙背倾角 α。

墙背的倾角方向，比照面向外侧站立的人的俯仰情况，分俯斜、仰斜和垂直三种。墙背向外侧倾斜时，为俯斜墙背（见图 5-1c），α 为正；墙背向填土一侧倾斜时，为仰斜墙背（见图 5-1a），α 为负；墙背铅垂时，为垂直墙背（见图 5-1b），α 为零。如果墙背具有单一坡率，称为直线形墙背；若多于一个坡率，则称为折线形墙背。

选择挡土墙设计方案时，应与其他方案进行技术经济比较。例如，采用路堑挡土墙或山坡挡土墙，常需与隧道、明洞或刷缓边坡的方案做比较；采用路堤挡土墙或路肩挡土墙，有时需与栈桥或陡坡填方等相比较，以求工程经济合理。

5.1.2　挡土墙的类型

挡土墙按照墙的位置、材料和结构形式，可划分为以下几种类型。

1）按照墙的位置划分，挡土墙可分为路堑挡土墙、路肩挡土墙、路堤挡土墙和山坡挡土墙等类型，如图 5-1 所示。

2）按照墙体材料划分，挡土墙可分为石砌挡土墙、砖砌挡土墙、混凝土挡土墙、钢筋混凝土挡土墙和加筋土挡土墙等。

3）按照墙的结构形式划分，挡土墙可分为重力式挡土墙、衡重式挡土墙、半重力式挡土墙、悬壁式挡土墙、扶壁式挡土墙、锚杆式挡土墙、锚定板式挡土墙、柱板式挡土墙和垛式挡土墙等类型。其中，重力式挡土墙、衡重式挡土墙多用石砌。半重力式挡土墙用混凝土浇筑，视需要也可在受拉区加少量钢筋，以节省圬工。其他类型多用钢筋混凝土就地制作或预制拼装。

5.1.3　各种挡土墙的特点与使用条件

1. 重力式挡土墙

重力式挡土墙依靠墙身自重支撑土压力来维持其稳定。一般多用片（块）石砌筑，在缺乏石料的地区有时也用混凝土修建。重力式挡土墙圬工量较大，但其形式简单，施工方便，可就地取材，适应性较强，故被广泛采用。为适应不同地形、地质条件及经济要求，重力式挡土墙具有多种墙背形式。其中墙背为直线形的是普通重力式挡土墙，如图 5-2a、b 所示，其断面形式最简单，土压力计算简便。带衡重台的挡土墙，称为衡重式挡土墙，如图 5-2d 所示，其主要稳定条件仍凭借墙身自重，但由于衡重台填土的重力使全墙重心后移，增加了墙身的稳定，且因其墙面胸坡很陡，下墙墙背仰斜，所以可以减小墙的高度，减少开挖工作量，避免过分牵动山体的稳定，有时还可以利用台后净空拦截落石。衡重式挡土墙适于在山区公路建设中采用，但由于其基底面积较小，对地基承载力要求较高，因此，应设置在坚实的地基上。不带衡重台的折线形墙背挡土墙，则介乎上述两者之间，如图5-2c所示。

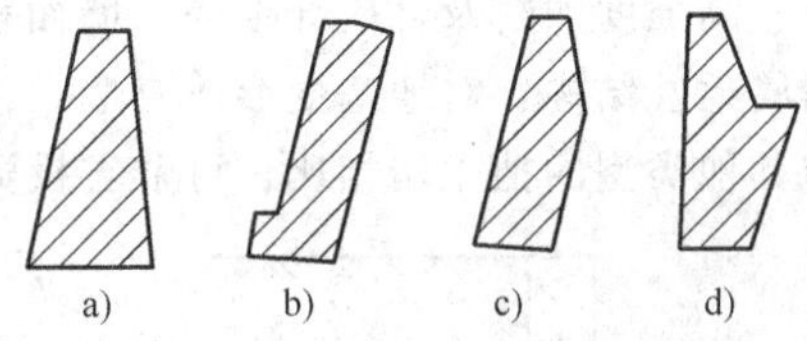

图5-2　重力式挡土墙

a)、b）普通重力式挡土墙　c）不带衡重台的折线形墙背挡土墙　d）衡重式挡土墙

2. 锚定式挡土墙

锚定式挡土墙通常包括锚杆式挡土墙和锚定板式挡土墙两种。

1）锚杆式挡土墙是一种轻型挡土墙（见图5-3)，主要由预制的钢筋混凝土立柱、挡土板构成墙面，与水平或倾斜的钢锚杆联合组成。锚杆的一端与立柱连接，另一端被锚固在山坡深处的稳定岩层或土层中。墙后侧压力由挡土板传给立柱，由锚杆与岩体之间的锚固力，即锚杆的抗拔力，使墙获得稳定。它适用于墙高较大、石料缺乏或挖基困难地区，具有锚固条件的路基挡土墙，一般多用于路堑挡土墙。

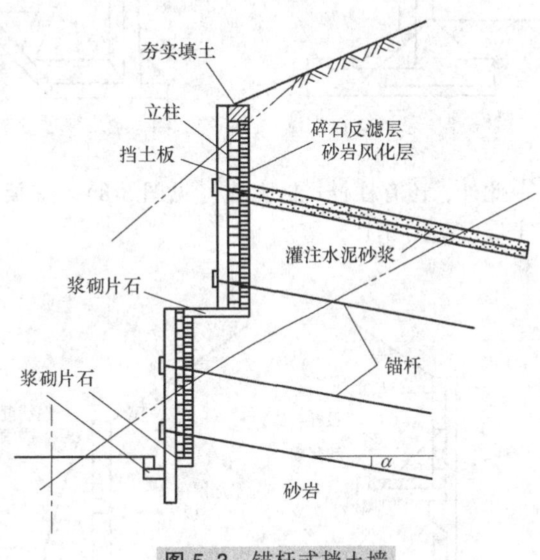

图5-3　锚杆式挡土墙

2）锚定板式挡土墙的结构形式与锚杆式挡土墙基本相同，只是锚杆的锚固端改用锚定板，埋入墙后填料内部的稳定层中，依靠锚定板产生的抗拔力抵抗侧压力，以保持墙的稳定（见图5-4)。它主要适用于缺乏石料的地区，同时它不适用于路堑挡土墙。锚定式挡土墙的特点是构件断面小，工程量省，不受地基承载力的限制，构件可预制，有利于实现结构轻型化和施工机械化。

3. 薄壁式挡土墙

薄壁式挡土墙是钢筋混凝土结构，包括悬臂式挡土墙和扶壁式挡土墙两种主要形式。

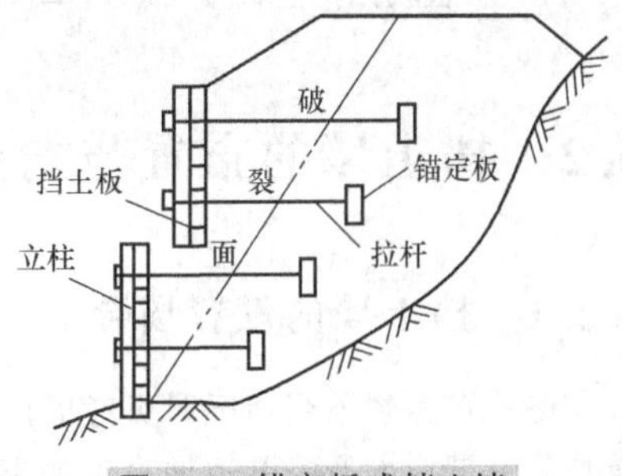

图5-4　锚定板式挡土墙

悬臂式挡土墙如图5-5所示，它是由立壁和底板组成的，具有三个悬臂，即立壁、趾板和踵板。当墙身较高时，沿墙长每隔一定距离筑肋板（扶壁）连接墙面板及踵板，称为扶壁式挡土墙，如图5-6所示。它们的共同特点是：墙身断面较小，结构的稳定性不是依靠本身的重力，而主要依靠踵板上的填土重力来保证。它们自重轻，圬工省，适用于墙高较大的情况，但需使用一定数量的钢材，经济效果较好。

4. 加筋土挡土墙

加筋土挡土墙是由填土、填土中布置的拉筋条以及墙面板三部分组成的，如图5-7所示。在垂直于墙面的方向，按一定间隔和高度水平地放置拉筋材料，然后填土压实，通过填土与拉筋间的摩擦作用，把土的侧压力传给拉筋，从而稳定土体。拉筋材料通常为镀锌薄钢带、铝合金、高强度塑料及合成纤维等。墙面板一般用混凝土预制，也可采用半圆形铝板。加筋土挡土墙属柔性结构，对地基变形适应性大，建筑高度大，适用于填土路基。它结构简单，圬工量少，与其他类型的挡土墙相比，可节省投资30%~70%，经济效益好。

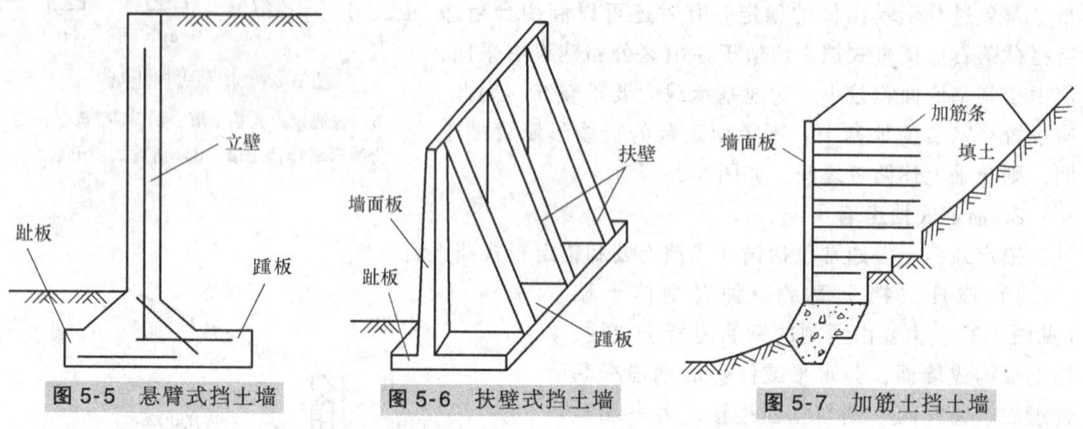

图 5-5　悬臂式挡土墙

图 5-6　扶壁式挡土墙

图 5-7　加筋土挡土墙

此外，还有柱板式挡土墙（见图 5-8）、桩板式挡土墙（见图 5-9）和垛式（又称框架式）挡土墙（见图 5-10）等。

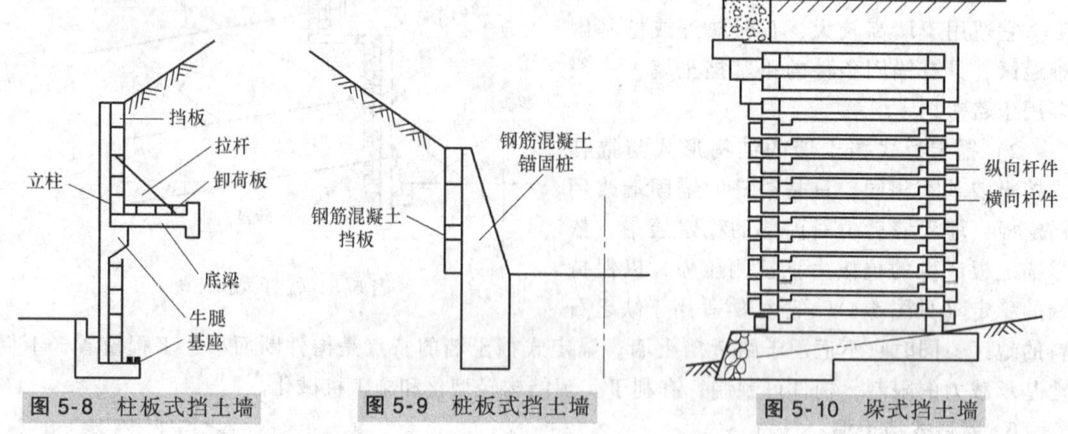

图 5-8　柱板式挡土墙

图 5-9　桩板式挡土墙

图 5-10　垛式挡土墙

5.2　挡土墙的布置与构造

5.2.1　挡土墙的设置场合

路基在遇到下列情况时可考虑修建挡土墙：路基位于陡坡地段或岩石风化的路堑边缘地段；为避免大量挖方及降低边坡高度的路堑地段；可能产生坍方、滑坡的不良地质路段；水流冲刷严重或长期受水浸泡的沿河路基地段；为节约用地、减少拆迁或少占农田的地段；为保护重要建筑物、生态环境或其他特殊需要的地段。

5.2.2　挡土墙的构造

挡土墙的构造必须满足强度和稳定性的要求，同时考虑就地取材、结构合理、断面经济、施工养护方便与安全。

常用的重力式挡土墙一般是由墙身、基础、排水设施、沉降缝与伸缩缝等部分组成的。

1. 墙身构造

(1) 墙背　重力式挡土墙的墙背，可做成仰斜、垂直、俯斜、凸形折线和衡重式等形式(见图5-11)。

仰斜墙背所受的土压力较小，故墙身断面较经济。用于路堑挡土墙时，墙身与开挖面边坡较贴合，故开挖量与回填量均较小。但当墙趾处地面横坡较陡时，会使墙身增高，断面增大。故仰斜墙背适用于路堑挡土墙及墙趾处地面平坦的路肩挡土墙或路堤挡土墙。仰斜墙背的坡率不宜缓于1∶0.3，以免施工困难。

俯斜墙背所受的土压力较大。在地面横坡陡峻时，俯斜式挡土墙可采用陡直的墙面，借以减小墙高。俯斜墙背也可做成台阶形，以增加墙背与填料间的摩擦力。

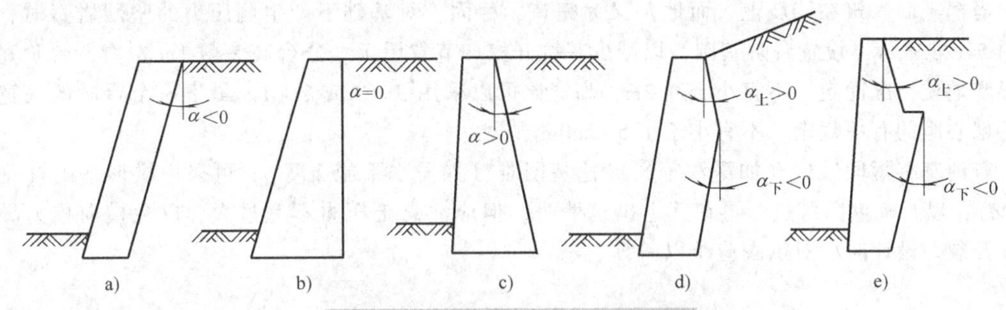

图5-11　重力式挡土墙的断面形式

a) 仰斜　b) 垂直　c) 俯斜　d) 凸形折线　e) 衡重式

垂直墙背的特点介于仰斜墙背和俯斜墙背之间。

凸形折线墙背是将仰斜式挡土墙的上部墙背改为俯斜，以减小上部断面尺寸，多用于路堑挡土墙，也可用于路肩挡土墙。

衡重式墙背在上下墙之间设衡重台，并采用陡直的墙面。衡重式墙背适用于山区地形陡峻外的路肩挡土墙和路堤挡土墙，也可用于路堑挡土墙。上墙俯斜墙背的坡率为 (1∶0.25)~(1∶0.45)，下墙仰斜墙背在1∶0.25左右，上下墙的墙高比一般采用2∶3。

(2) 墙面　墙面一般均为平面，其坡率应与墙背坡率相协调。墙面坡率直接影响挡土墙的高度。因此，在地面横坡较陡时，墙面坡率一般为 (1∶0.05)~(1∶0.20)，矮墙可采用陡直墙面；地面平缓时，坡率一般采用 (1∶0.20)~(1∶0.35) 较为经济。

(3) 墙顶　墙顶最小宽度，浆砌挡土墙不小于50cm，干砌不小于60cm。浆砌路肩挡土墙墙顶一般宜采用粗石料或混凝土做成顶帽，厚40cm。若不做顶帽，对路堤挡土墙和路堑挡土墙，墙顶应以大块石砌筑，并用砂浆勾缝，或用M5砂浆抹平顶面，砂浆厚2cm。干砌挡土墙墙顶50cm高度内，应用M2.5砂浆砌筑，以增加墙身稳定。干砌挡土墙的高度一般不宜大于6m。

(4) 护栏　护栏是为保证交通安全，在地形险峻地段，或过高过长的路肩挡土墙的墙顶设置护栏。为保持土路肩最小宽度，护栏内侧边缘距路面边缘的距离，二、三级公路不小于0.75m，四级公路不小于0.5m。

2. 基础

地基不良和基础处理不当，往往会引起挡土墙的破坏。因此，必须重视挡土墙的基础设计，事先应对地基的地质条件做详细调查，必要时须先做挖探或钻探，然后再来确定基础类型与埋置深度。

（1）基础类型　绝大多数挡土墙都直接修筑在天然地基上。当地基承载力不足、地形平坦而墙身较高时，为了减小基底压应力和增加抗倾覆稳定性，常常采用扩大基础（见图 5-12a），将墙趾或墙踵部分加宽成台阶，或两侧同时加宽，以加大承压面积。加宽宽度视基底应力需要减少的程度和加宽后的合力偏心距的大小而定，一般不小于 20cm。台阶高度按加宽部分的抗剪、抗弯拉和基础材料的刚性角的要求确定（刚性角：浆砌片石 35°，混凝土 45°）。

当地基压应力超过地基承载力过多时，需要的加宽值较大，为避免加宽部分的台阶过高，可采用钢筋混凝土底板（见图 5-12b），其厚度由剪力和主拉应力控制。

地基为软弱土层（如淤泥、软黏土等）时，可采用砂砾、碎石、矿渣或灰土等材料予以换填，以扩散基底压应力，使之均匀地传递到下卧软弱土层中，如图 5-12c 所示。一般换填深度 h_2 与基础埋置深度 h_1 的总和不宜超过 5m，对淤泥和泥炭等应更浅些。

当挡土墙修筑在陡坡上，而地基又为完整、稳固、对基础不产生侧压力的坚硬岩石时，可如图 5-12d 所示，设置台阶基础，以减少基坑开挖和节省圬工。分台高一般 1m 左右，台阶宽视地形和地质情况而定，不宜小于 0.2m，高宽比可以采用 3∶2 或 2∶1。最下一个台阶的底宽应满足偏心距的有关规定，不宜小于 1.5~2.0m。

若地基有短段缺口（如深沟等）或挖基困难（如需水下施工等），可采用拱形基础（见图 5-12e），以石砌拱圈跨过，再在其上砌筑墙身，但应注意土压力不宜过大，以免横向推力导致拱圈开裂。设计时，对拱圈应予以验算。

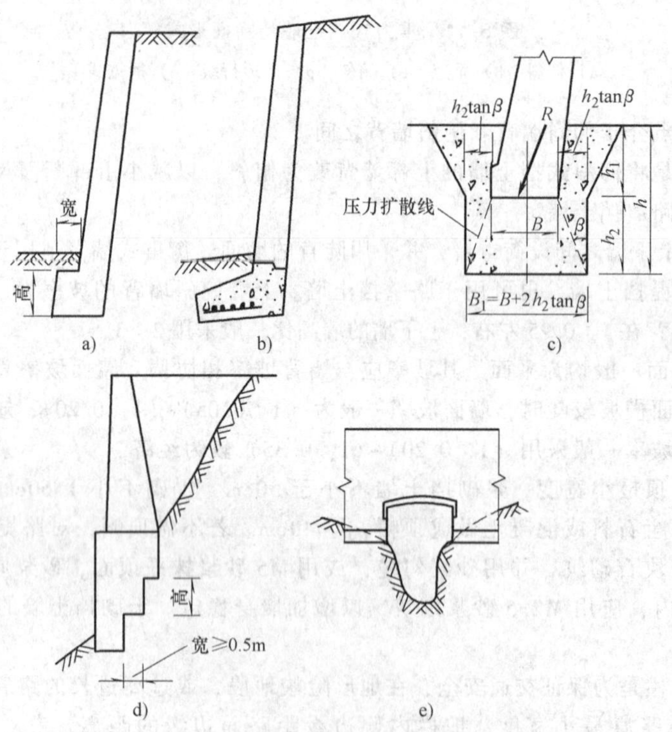

图 5-12　重力式挡土墙的基础类型

a）扩大基础　b）钢筋混凝土底板　c）换填地基　d）台阶基础　e）拱形基础

（2）基础埋置深度　对于土质地基，基础埋置深度应符合下列要求：

1）无冲刷时，应在天然地面以下至少 1m。

2）有冲刷时，应在冲刷线以下至少1m。

3）受冻胀影响时，应在冻结线以下不少于0.25m；当冻深超过1m时，采用1.25m，但基底应夯填一定厚度的砂砾或碎石垫层，垫层底面也应位于冻结线以下不少于0.25m。

碎石、砾石和砂类地基，不考虑冻胀影响，但基础埋深不宜小于1m。

对于岩石地基，应清除表面风化层。当风化层较厚难以全部清除时，可根据地基的风化程度及其允许承载力将基底埋入风化层中。基础嵌入岩层的深度可参照表5-1确定。墙趾前地面横坡较大时，应留出足够的襟边宽度（墙趾前至地面横坡的水平距离），以防止地基剪切破坏（见表5-1）。

表5-1　基础嵌入岩层的深度

岩层种类	基础埋深 h/m	襟边宽度 L/m	嵌入示意图
较完整的坚硬岩石	0.25	0.25~0.5	
一般岩石（如砂页岩层等）	0.6	0.6~1.5	
松散岩石（如千枚岩等）	1.0	1.0~2.0	
砂夹砾石	≥1.0	1.5~2.5	

当挡土墙位于地质不良地段，地基土内可能出现滑动面时，应进行地基抗滑稳定性验算，将基础底面埋置在滑动面以下，或采用其他措施，以防止挡土墙滑动。

3. 排水设施

挡土墙应设置排水设施，以疏干墙后土体和防止地表水下渗，防止墙后积水形成静水压力，减少寒冷地区回填土的冻胀压力，消除黏性土填料浸水后的膨胀压力。

排水设施主要包括：设置地面排水沟，引排地面水；夯实回填土顶面和地面松土，防止雨水及地面水下渗，必要时可加设铺砌；对路堑挡土墙墙趾前的边沟应予以铺砌加固，以防边沟水渗入基础；设置墙身泄水孔，排出墙后水。

浆砌块（片）石墙身应在墙前地面以上设一排泄水孔（见图5-13）。墙高时，可在墙上部加设一排汇水孔。汇水孔的尺寸一般为5cm×10cm、10cm×10cm、15cm×20cm的方孔或直径为5~10cm的圆孔。孔眼间距一般为2~3m，对于浸水挡土墙孔眼间距一般1.0~1.5m，干旱地区可适当加大，孔眼上下错开布置。下排排水孔的出口应高出墙前地面0.3m；若为路堑挡土墙，应高出边沟水位0.3m；若为浸水挡土墙，应高出常水位0.3m。为防止水分渗入地基，下排泄水孔进水口的底部应铺设30cm厚的黏土隔水层。泄水孔的进水口部分应设置粗粒料反滤层，以免孔道阻塞。当墙背填土透水性不良或可能发生冻胀时，应在最低一排泄水孔至墙顶以下0.5m的范围内铺设厚度不小于0.3m的砂卵石排水层（见图5-13c）。

干砌挡土墙因墙身透水，可不设泄水孔。

4. 沉降缝与伸缩缝

为避免因地基不均匀沉陷而引起墙身开裂，需根据地质条件的差异和墙高、墙身断面的变化情况设置沉降缝。为了防止圬工砌体因收缩硬化和温度变化而产生裂缝，应设置伸缩缝。设计时，一般将沉降缝与伸缩缝合并设置，沿路线方向每隔10~15m设置一道，兼起两者的作用，

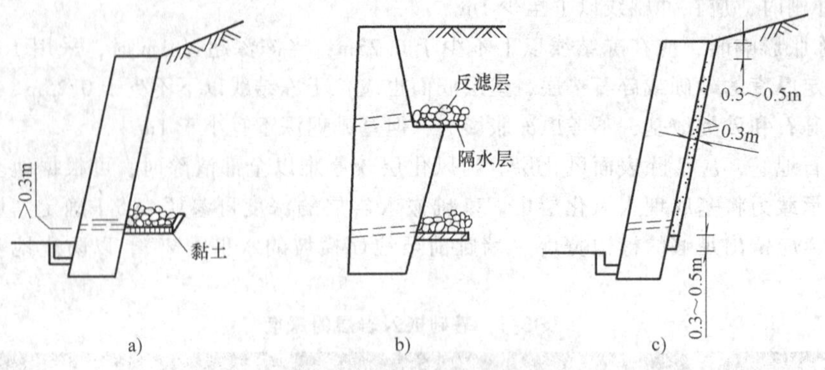

图 5-13　泄水孔和排水层

缝宽 2~3cm，缝内一般可用胶泥填塞，但在渗水量大，填料容易流失或冻害严重地区，则宜用沥青麻筋或涂以沥青的木板等具有弹性的材料，沿内、外、顶三方填塞，填深不宜小于 0.15m，当墙后为岩质路堑或填石路堤时，可设置空缝。

干砌挡土墙缝的两侧应选用平整石料砌筑，成垂直通缝。

5.2.3　挡土墙的布置

挡土墙的布置，通常在路基横断面图和墙趾纵断面图上进行。布置前，应现场核对路基横断面图，不足时应补测；测绘墙趾处的纵断面图，收集墙趾处的地质和水文等资料。

1. 挡土墙位置的选定

路堑挡土墙大多数设在边沟旁。山坡挡土墙应考虑设在基础可靠处，墙的高度应保证墙后墙顶以上边坡的稳定。

当路肩挡土墙与路堤挡土墙的墙高或截面圬工数量相近、基础情况相似时，应优先选用路肩挡土墙，按路基宽度布置挡土墙位置，因为路肩挡土墙可充分收缩坡脚，大量减少填方和占地。若路堤墙的高度或圬工数量比路肩墙显著降低，而且基础可靠时，宜选用路堤挡土墙，并做经济比较后确定墙的位置。

沿河路堤设置挡土墙时，应结合河流情况来布置，注意设墙后仍保持水流顺畅，不致挤压河道而引起局部冲刷。

2. 挡土墙的纵向布置

挡土墙的纵向布置在墙趾纵断面图上进行，布置后绘成挡土墙正面图，如图 5-14 所示。布置的内容如下所述：

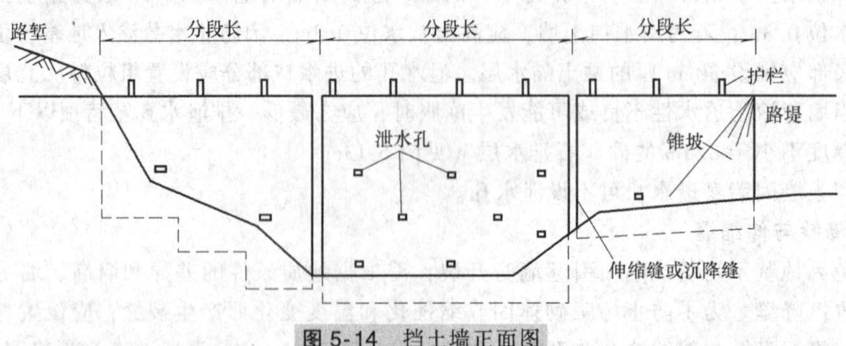

图 5-14　挡土墙正面图

1）确定挡土墙的起讫点和墙长，选择挡土墙与路基或其他结构物的衔接方式。路肩挡土墙端部可嵌入岩质路堑中，或采用锥坡与路堤衔接。与桥台连接时，为了防止墙后回填土从桥台尾端与挡土墙连接处的空隙中溜出，需在桥台尾端与挡土墙之间设置隔墙及接头墙。路堑挡土墙在隧道洞口处应结合隧道洞门、翼墙的设置做到平顺衔接。与路堑边坡衔接时，一般将墙高逐渐降低至 2m 以下，使边坡坡脚不致伸入边沟内，有时也可与横向端墙连接。

2）按地基及地形情况进行分段，确定伸缩缝与沉降缝的位置。

3）布置各段挡土墙的基础。墙趾地面有纵坡时，挡土墙的基底宜做成不大于 5% 的纵坡。但地基为岩石时，为减少开挖，可沿纵向做成台阶。台阶尺寸视纵坡大小而定，但其高宽比不宜大于 1∶2。

4）布置泄水孔的位置，包括数量、间隔和尺寸等。在布置图上注明各特征点的桩号，以及墙顶、基础顶面、基底、冲刷线、冰冻线、常水位线或设计洪水位的高程等。

3. 挡土墙的横向布置

挡土墙的横向布置宜选择在墙高最大处、墙身断面或基础形式有变异处以及其他必需桩号处的横断面图上进行。根据墙型、墙高及地基与填料的物理力学指标等设计资料，进行挡土墙设计或套用标准图，确定墙身断面、基础形式和埋置深度，布置排水设施等，并绘制挡土墙横断面图。

4. 平面布置

对于个别复杂的挡土墙，如高、长的沿河曲线挡土墙，应做平面布置、绘制平面图、标明挡土墙与路线的平面位置及附近地貌与地物等情况，特别是与挡土墙有干扰的建筑物的情况。沿河挡土墙还应绘出河道及水流方向、防护与加固工程等。

在以上设计图上，可标写简要说明。必要时可另编设计说明书，说明选用挡土墙方案的理由、选用挡土墙结构类型和设计参数的依据、对材料和施工的要求、注意事项以及主要工程数量等，若采用标准图，应注明其编号。

5.3 挡土墙的土压力计算

5.3.1 作用在挡土墙上的力系

挡土墙设计关键是确定作用在挡土墙上的力系，其中主要是确定土压力。作用在挡土墙上的力系，按力的作用性质分为主要力系、附加力和特殊力。主要力系是经常作用在挡土墙的各种力，如图 5-15 所示，它包括：

1）挡土墙自重 G 及位于墙上的恒载。

2）墙后土体的主动土压力 E_a（包括作用在墙后填料破裂棱体上的荷载，简称超载）。

3）基底的法向反力 N 及摩擦力 T。

4）墙前土体的被动土压力 E_p。

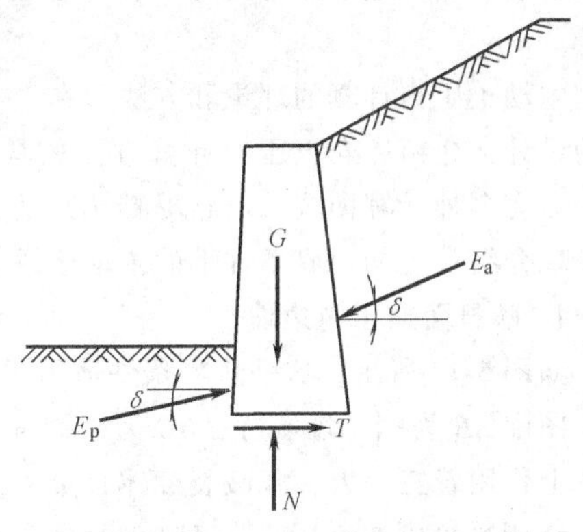

图 5-15　作用在挡土墙上的主要力系

对浸水挡土墙而言，在主要力系中尚应包括常水位时的静水压力和浮力。

附加力是季节性作用于挡土墙的各种力，如洪水时的静水压力和浮力、动力压力、波浪冲击力、冻胀压力及冰压力等。

特殊力是偶然出现的力，如地震力、施工荷载、水流漂浮物的撞击力等。

在一般地区，挡土墙设计仅考虑主要力系，在浸水地区还应考虑附加力，而在地震区应考虑地震对挡土墙的影响。各种力的取舍，应根据挡土墙所处的具体工作条件，按最不利的组合作为设计的依据。

5.3.2 一般条件下库仑主动土压力的计算

土压力是挡土墙的主要设计荷载。挡土墙的位移情况不同，可以形成不同性质的土压力(见图 5-16)。当挡土墙向外移动时（位移或倾覆），土压力随之减少，直到墙后土体沿破裂面下滑而处于极限平衡状态，作用于墙背的土压力称为主动土压力；当墙向土体挤压移动，土压力随之增大，土体被推移向上滑动处于极限平衡状态，此时土体对墙的抗力称为被动土压力；墙处于原来位置不动，土压力介于两者之间，称为静止土压力。采用哪种性质的土压力作为挡土墙设计荷载，要根据挡土墙的具体条件而定。

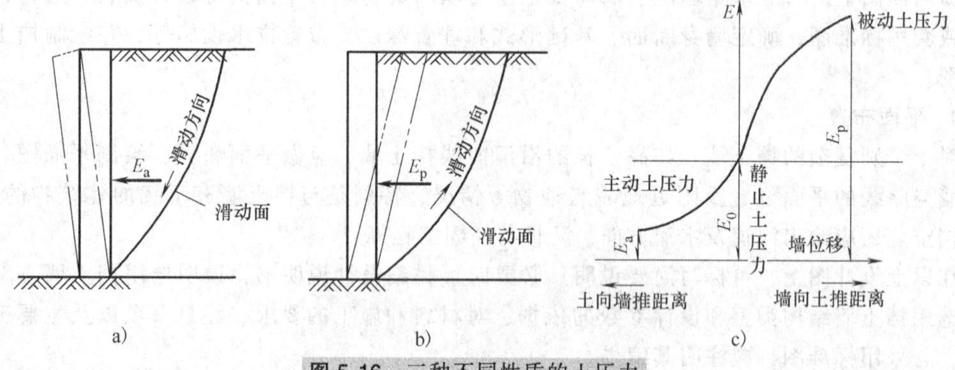

图 5-16 三种不同性质的土压力

路基挡土墙一般都可能有向外的位移或倾覆。因此，在设计时按墙背土体达到主动极限平衡状态，且需取一定的安全系数，以保证墙背土体的稳定。对于墙趾前土体的被动土压力 E_p，在挡土墙基础一般埋深的情况下，考虑到各种自然力和人畜活动的作用，一般均不计，以偏于安全。

主动土压力计算的理论和方法，在“土力学”课程中已有专门介绍，这里仅结合路基挡土墙的设计，介绍库仑土压力计算方法的具体应用。路基挡土墙因路基形式和荷载分布的不同，土压力有多种计算图式。以路堤挡土墙为例，按破裂面交于路基面的位置不同，可分为 5 种图示，现介绍常见的边界条件下的主动土压力的计算。

1. 破裂面交于内边坡

如图 5-17 所示，这一边界条件适用于路堤或路堑挡土墙。

图中 AB 为挡土墙墙背，BC 为破裂面，BC 与铅垂线的夹角 θ 为破裂角，ABC 为破裂棱体。棱体上作用着三个力，即破裂棱体自重 G、主动土压力的反力 E_a 和破裂面上的反力 R。E_a 的方向与墙背法线成 δ 角，且偏于阻止棱体下滑的方向；R 的方向与破裂面法线成 φ 角，且偏于阻止棱体下滑的方向。取挡土墙长度为 1m 计算，由作用在棱体上的平衡力三角形 abc 可得

$$E_a=\frac{\sin\ (90°-\theta-\varphi)}{\sin(\theta+\psi)}G=\frac{\cos(\theta+\varphi)}{\sin(\theta+\psi)}G \tag{5-1}$$

式中 $\psi=\varphi+\alpha+\delta$

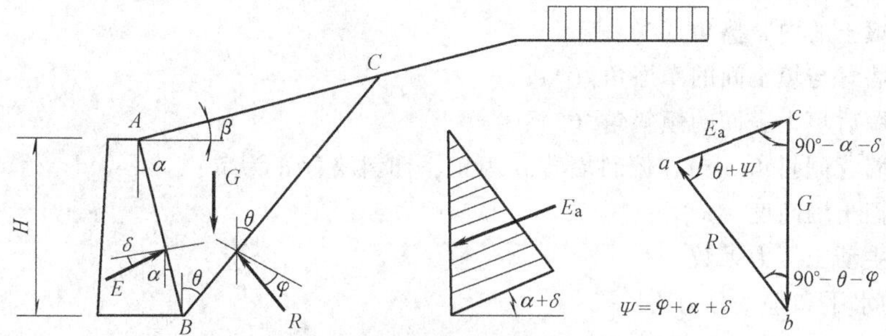

图 5-17　破裂面交于内边坡

因　$G=\gamma AB\cdot BC\sin(\alpha+\theta)/2$

而　$AB=H\sec\alpha$

$$BC=\frac{\sin(90°-\alpha+\beta)}{\sin(90°-\theta-\beta)}AB=H\sec\alpha\frac{\cos(\alpha-\beta)}{\cos(\theta+\beta)}$$

$$G=\frac{1}{2}\gamma H^2\sec^2\alpha\frac{\cos(\alpha-\beta)\sin(\alpha+\theta)}{\cos(\theta+\beta)} \tag{5-2}$$

将式（5-2）代入式（5-1），得

$$E_a=\frac{1}{2}\gamma H^2\sec^2\alpha\frac{\cos(\alpha-\beta)\sin(\alpha+\theta)}{\cos(\theta+\beta)}\cdot\frac{\cos(\theta+\varphi)}{\sin(\theta+\psi)} \tag{5-3}$$

令　$A=\frac{1}{2}H^2\sec^2\alpha\cos(\alpha-\beta)$，则

$$E_a=\gamma A\frac{\sin(\alpha+\theta)\cos(\theta+\varphi)}{\cos(\theta+\beta)\sin(\theta+\psi)} \tag{5-4}$$

当参数 γ、φ、δ、α、β 固定时，E_a 随破裂面的位置而变化，即 E_a 是破裂面 θ 的函数。为求最大土压力时的破裂角 θ_0，取 $\mathrm{d}E_a/\mathrm{d}\theta=0$ 得

$$\gamma A\left[\frac{\cos(\theta+\varphi)}{\sin(\theta+\psi)}\cdot\frac{\cos(\theta+\beta)\cos(\theta+\alpha)+\sin(\theta+\beta)\sin(\theta+\alpha)}{\cos^2(\theta+\beta)}-\frac{\sin(\theta+\alpha)}{\cos(\theta+\beta)}\cdot\frac{\sin(\theta+\psi)\sin(\theta+\varphi)+\cos(\theta+\psi)\cos(\theta+\varphi)}{\sin^2(\theta+\psi)}\right]=0$$

整理化简后得

$$P\tan^2\theta+Q\tan\theta+R=0$$

$$\tan\theta=\frac{-Q\pm\sqrt{Q^2-4PR}}{2P} \tag{5-5}$$

式中　$P=\cos\alpha\sin\beta\cos(\psi-\varphi)-\sin\varphi\cos\psi\cos(\alpha-\beta)$

$Q=\cos(\alpha-\beta)\cos(\psi+\varphi)-\cos(\psi+\varphi)\cos(\alpha+\delta)$

$R=\cos\varphi\sin\psi\cos(\alpha-\beta)-\sin\alpha\cos(\psi-\varphi)\cos\beta$

将式（5-5）求得的 θ 值代入式（5-4），即可求得最大主动土压力 E_a。最大主动土压力 E_a 也可用下式表示

$$E_a=\frac{1}{2}\gamma H^2K_a=\frac{1}{2}\gamma H^2\frac{\cos^2(\varphi-\alpha)}{\cos^2\alpha\cos(\alpha+\delta)\left[1+\sqrt{\frac{\sin(\varphi+\delta)\sin(\varphi-\beta)}{\cos(\alpha+\delta)\cos(\alpha-\beta)}}\right]^2} \tag{5-6}$$

式中 γ——墙后填土的重度（kN/m^3）；

φ——填土的内摩擦角（°）；

δ——墙背与填土间的摩擦角（°）；

β——墙后填土表面的倾斜角（°）；

α——墙背倾斜角（°），俯斜墙背 α 为正，仰斜墙背 α 为负；

H——挡土墙高度（m）；

K_a——主动土压力系数。

土压力的水平和垂直分力为

$$\begin{cases} E_x = E_a \cos(\alpha+\delta) \\ E_y = E_a \sin(\alpha+\delta) \end{cases} \tag{5-7}$$

2. 破裂角交于路基面

（1）破裂面交于荷载中部（见图 5-18a） 破裂棱体的断面面积为

$$S = \frac{1}{2}(a+H)^2(\tan\theta+\tan\alpha) - \frac{1}{2}(b+a\tan\alpha)a + [(a+H)\tan\theta + H\tan\alpha - b - a]h_0$$

$$= \frac{1}{2}(a+H+2h_0)(a+H)\tan\theta - \frac{1}{2}ab - (a+b)h_0 + \frac{1}{2}H(H+2a+2h_0)\tan\alpha$$

令

$$A_0 = \frac{1}{2}(a+H+2h_0)(a+H)$$

$$B_0 = \frac{1}{2}ab + (b+d)h_0 - \frac{1}{2}H(H+2a+2h_0)\tan\alpha \tag{5-8}$$

则

$$S = A_0\tan\theta - B_0$$

因此，破裂棱体的重力为

$$G = \gamma(A_0\tan\theta - B_0)$$

将 G 代入式（5-1）得

$$E_a = \gamma(A_0\tan\theta - B_0)\frac{\cos(\theta+\varphi)}{\sin(\theta+\psi)} \tag{5-9}$$

令 $dE_a/d\theta = 0$，即

$$\gamma\left[(A_0\tan\theta - B_0)\frac{-\sin(\theta+\psi)\sin(\theta+\varphi) - \cos(\theta+\psi)\cos(\theta+\varphi)}{\sin^2(\theta+\psi)} + \frac{A_0\cos(\theta+\varphi)}{\sin(\theta+\psi)\cos^2\theta}\right] = 0$$

经整理化简，得

$$\tan^2\theta + 2\tan\psi\tan\theta - \cot\varphi\tan\psi - \frac{B_0}{A_0}(\cot\varphi + \tan\psi) = 0$$

故

$$\tan\theta = -\tan\psi \pm \sqrt{(\cot\varphi + \tan\psi)\left(\frac{B_0}{A_0} + \tan\psi\right)} = 0 \tag{5-10}$$

将求得的 θ 值代入式（5-9），即可求得主动土压力 E_a。

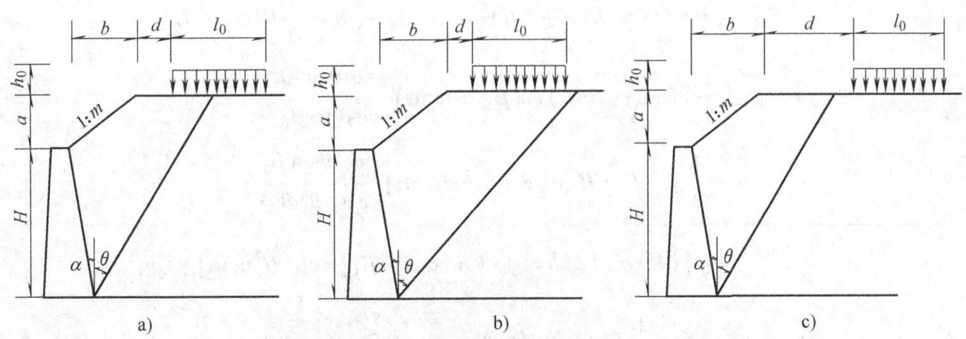

图 5-18 破裂面交于路基面

a) 交于荷载中部 b) 交于荷载外侧 c) 交于荷载内侧

必须指出，式（5-9）和式（5-10）具有普遍意义。因为无论破裂面交于荷载中部、荷载的内侧或外侧，破裂棱体的断面面积 S 都可以归纳为一个表达式，即

$$S=A_0\tan\theta-B_0$$

式中 A_0、B_0——边界条件系数。

将不同边界条件下的 A_0、B_0 值代入式中，即可求得与之相应的破裂角和最大主动土压力。

（2）破裂面交于荷载外侧（见图 5-18b）

$$S=\frac{1}{2}(a+H)^2(\tan\theta+\tan\alpha)-\frac{1}{2}(b+a\tan\alpha)a+l_0h_0$$

$$=\frac{1}{2}(a+H)^2\tan\theta+\frac{1}{2}H(H+2a)\tan\alpha-\frac{1}{2}ab+l_0h_0$$

则

$$S=A_0\tan\theta-B_0$$

式中

$$A_0=\frac{1}{2}(a+H)^2 \tag{5-11}$$

$$B_0=\frac{1}{2}ab-l_0h_0-\frac{1}{2}H(H+2a)\tan\alpha$$

（3）破裂面交于荷载内侧（见图 5-18c）

在式（5-8）或式（5-11）中，令 $h_0=0$，则

$$S=A_0\tan\theta-B_0$$

式中 $A_0=\frac{1}{2}(a+H)^2$

$$B_0=\frac{1}{2}ab-\frac{1}{2}H(H+2a)\tan\alpha \tag{5-12}$$

3. 破裂面交于外边坡（见图 5-19）

$$AB=b+L+(H+a)\cot\beta_1-H\tan\alpha$$

$$BC=AB\frac{\sin(90°-\theta)}{\sin(90°+\theta-\beta_1)}=AB\frac{\cos\theta}{\cos(\theta-\beta_1)}$$

$$CD=BC\sin\beta_1=AB\frac{\cos\theta\sin\beta_1}{\cos(\theta-\beta_1)}$$

破坏棱体的面积 S 为

$$S=(H+a)(b+L)+\frac{1}{2}(H+a)^2\cot\beta_1-\frac{1}{2}ab-\frac{1}{2}H^2\tan\alpha+l_0h_0-$$

$$\frac{1}{2}[b+L+(H+a)\cot\beta_1-H\tan\alpha]^2\frac{\cos\theta\sin\beta_1}{\cos(\theta-\beta_1)}$$

$$=-\frac{1}{2}[b+L+(H+a)\cot\beta_1-H\tan\alpha]^2\frac{\cos\theta\sin\beta_1}{\cos(\theta-\beta_1)}+$$

$$\frac{1}{2}\{(H+a)[2(b+L)+(H+a)\cot\beta_1]-ab-H^2\tan\alpha\}+l_0h_0$$

令

$$A_0=\frac{1}{2}[b+L+(H+a)\cot\beta_1-H\tan\alpha]^2\sin\beta_1$$

$$B_0=\frac{1}{2}\{(H+a)[2(b+L)+(H+a)\cot\beta_1]-ab-H^2\tan\alpha\}+l_0h_0$$

则

$$S=A_0\frac{\cos\theta}{\cos(\theta-\beta_1)}+B_0$$

$$G=\gamma S=\gamma\left(A_0\frac{\cos\theta}{\cos(\theta-\beta_1)}+\beta_0\right)$$

代入式（5-1）得

$$E_a=\gamma\left(A_0\frac{\cos\theta}{\cos(\theta-\beta_1)}+\beta_0\right)\frac{\cos(\theta+\varphi)}{\sin(\theta+\psi)} \tag{5-13}$$

令 $\mathrm{d}E_a/\mathrm{d}\theta=0$，则

$$\gamma\left[\left(A_0\frac{\cos\theta}{\cos(\theta-\beta_1)}+B_0\right)\frac{-\sin(\theta+\psi)\sin(\theta+\varphi)-\cos(\theta+\psi)\cos(\theta+\varphi)}{\sin^2(\theta+\psi)}+A_0\frac{\cos(\theta+\varphi)}{\sin(\theta+\psi)}\frac{-\cos(\theta-\beta_1)\sin\theta+\sin(\theta-\beta_1)\cos\theta}{\cos^2(\theta-\beta_1)}\right]=0$$

经整理化简得

$$P\tan^2\theta+Q\tan\theta+R=0$$

$$\tan\theta=\frac{-Q\pm\sqrt{Q^2-4PR}}{2P} \tag{5-14}$$

式中 $P=-A_0\sin\beta_1\sin\varphi\cos\psi+B_0\cos(\psi-\varphi)\sin^2\beta_1$

$Q=2A_0\sin\beta_1\cos\varphi\cos\psi+B_0\cos(\psi-\varphi)\sin^2\beta_1$

$R=\cos\beta_1\cos(\psi-\varphi)(A_0+B_0\cos\beta_1)+A_0\sin^2\beta_1\cos\varphi\sin\psi$

以上介绍了路堤挡土墙俯斜墙背的几种计算式，荷载均布置在行车道上。这些公式也可以应用于其他类型的挡土墙：①当为路肩墙时，式中 $a=b=0$。②对于俯斜墙背，α 取正值；垂直墙背 α 为零；仰斜墙背，取负值。③当荷载沿路肩边缘布置时，取 $d=0$。

计算挡土墙最大土压力 E_a，首先要确定产生最大土压力的破裂面，求出破裂角 θ，但是这在事先并不知道，必须进行试算。试算时，通常先假定破裂面位置通过荷载中心，按此图式及相应的计算公式算出 θ 角，与原假定的破裂面位置做比较，看是否相符。如与假定不符，应根据计算的 θ 角重新假定破裂面，重复以上计算，直至相符为止，最后根据此破裂角计算最大主动土压力。

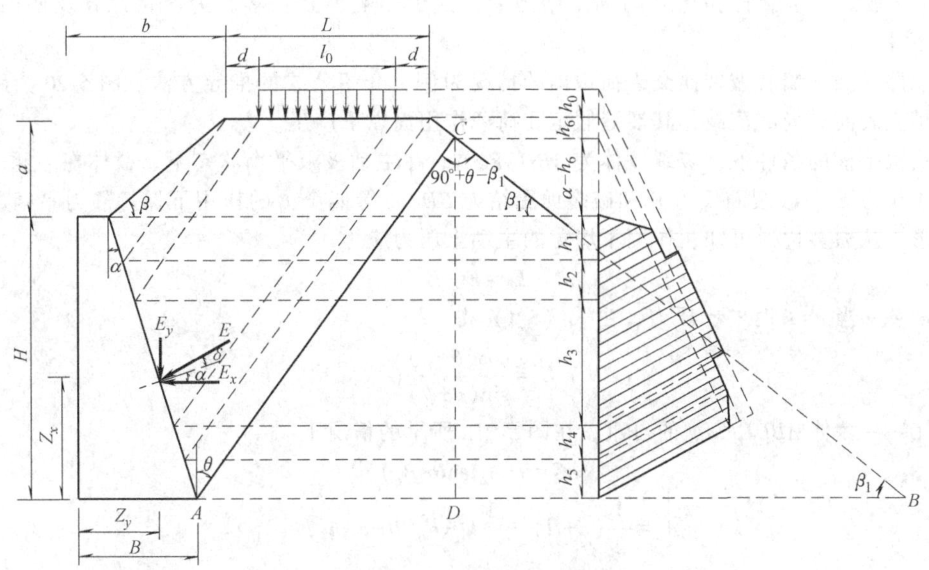

图 5-19　破裂面交于外边坡

5.3.3　黏性土土压力计算

经典库仑理论只考虑不具有黏结力的砂类土的土压力问题。当墙背填料为黏性土时，土粒间不仅有摩擦力存在，而且还有黏结力。显然，这与库仑理论假定是不相符合的。下面介绍以库仑理论为基础计算黏性土主动土压力的近似方法，包括等效内摩擦角法和力多边形法。

1. 等效内摩擦角法

由于目前对黏性土 c、φ 值的确定还存在一些问题，尤其是土的流变性质及其对墙的影响尚不十分清楚，因此在设计黏性土的挡土墙时，通常将内摩擦角 φ 与单位黏结力 c 换算成较实际 φ 值大的"等效内摩擦角" φ_D，按砂性土的公式来计算土压力。可以按换算前后土的抗剪强度相等的原则或土压力相等的原则来计算 φ_D 值。通常把黏性土的内摩擦角值增大 5°~10°，或采用等效内摩擦角 φ_D 为 30°~35°。

但是，由于影响土压力数值的因素是多方面的，包括墙高、墙型、墙后填料的表面以及荷载的情况等，不可能用上述方法确定一个固定的换算关系或固定的换算值。用上述方法换算的内摩擦角，只与某一特定的墙高相适应，对于矮墙偏于安全，对于高墙则偏于危险。因此在设计高墙时，应按墙高酌情降低 φ_D 值。最好是按实际测定的 c、φ 值，采用力多边形法来计算黏性土的主动土压力。

2. 力多边形法（数解法）

当墙身向外有足够位移时，黏性土土层顶部会出现拉应力，产生竖向裂缝，裂缝从地面向下延伸至拉应力趋于零处。裂缝深度 h_c 按下式计算

$$h_c=\frac{2c}{\gamma}\tan\left(45°+\frac{\varphi}{2}\right) \tag{5-15}$$

式中　c——填料的单位黏结力（kPa 或 kN/m²）。

在垂直裂缝区 h_c 范围内，竖直面上的侧压力等于零，因此在此范围内不计土压力。

根据库仑理论，假设破裂面为一平面，沿破裂面的土的抗剪强度由土的内摩擦力 $\sigma\tan\varphi$ 和

黏结力 c 组成。至于墙背和土之间的黏结力 c'，由于影响因素很多，为简化计算及使用安全，可忽略不计。

现以路堤挡土墙后破裂面交于荷载内的情况为例，介绍公式的推导方法。图 5-20 为路堤挡土墙，填土表面有局部荷载，其裂缝假定在荷载作用面以下产生。

在极限平衡的条件下，破裂棱体为 $ABDEFMN$。在主动极限平衡状态下，棱体在自重 G、墙背主动土压力 E_a、破裂面反力 R 和破裂面黏结力 $BD\cdot c$ 等四个力的作用下保持静力平衡，构成力多边形。从力多边形可知，作用于墙背的主动土压力应为

$$E_a=E'-E_c \tag{5-16}$$

式中　E'——当 $c=0$ 时的土压力，由式（5-1）得

$$E'=\frac{\cos(\theta+\varphi)}{\sin(\theta+\psi)}G$$

G——棱体 $ABDEFMN$ 的自重，在图 5-21a 所示的情况下

$$G=\gamma(A_0\tan\theta-B_0)$$

$$A_0=\frac{1}{2}(a+H)^2-\frac{1}{2}h_c^2+h_0(H+a-h_c)$$

$$B_0=\frac{1}{2}ab+(b+d)h_0+\frac{1}{2}H(H+2a+2h_0)\tan\alpha$$

将 G 的表达式代入 E'的表达式得

$$\begin{aligned}E'&=\gamma(A_0\tan\theta-B_0)\frac{\cos(\theta+\varphi)}{\sin(\theta+\psi)}\\&=\gamma A_0(\tan\theta+\tan\psi)\frac{\cos(\theta+\varphi)}{\sin(\theta+\psi)}-\gamma A_0\tan\psi\frac{\cos(\theta+\varphi)}{\sin(\theta+\psi)}-\gamma B_0\frac{\cos(\theta+\varphi)}{\sin(\theta+\psi)}\\&=\gamma A_0(\tan\theta+\tan\psi)\frac{\cos(\theta+\varphi)}{\sin(\theta+\psi)}-\gamma(A_0\tan\psi+B_0)\frac{\cos(\theta+\varphi)}{\sin(\theta+\psi)}\\&=\frac{\gamma A_0}{\cos\psi}\cdot\frac{\cos(\theta+\varphi)}{\cos\theta}-\gamma(A_0\tan\psi+B_0)\frac{\cos(\theta+\varphi)}{\sin(\theta+\psi)}\end{aligned} \tag{5-17}$$

式（5-16）中的 E_c 是由于$BD\cdot c$ 黏结力的作用而减少的土压力，从图 5-20b 中可得

$$E_c=\frac{c'\cos\varphi\cdot BD}{\sin(\theta+\psi)}=\frac{c(H+a-h_c)\cos\varphi}{\cos\theta\sin(\theta+\psi)} \tag{5-18}$$

令$\frac{dE_a}{d\theta}=\frac{dE}{d\theta}-\frac{dE_c}{d\theta}=0$ 得

$$\frac{dE_a}{d\theta}=-\frac{\gamma A_0\sin\varphi}{\cos\psi\cos^2\theta}+\frac{\gamma(A_0\tan\psi+B_0)\cos(\varphi-\psi)}{\sin(\theta+\psi)}+c(H+a-h_c)\cos\varphi\frac{\cos\theta\cos(\theta+\varphi)-\sin\theta\sin(\theta+\psi)}{\cos^2\theta\sin^2(\theta+\psi)}=0$$

将上式整理化简即可得到计算破裂角 θ 的公式

$$\tan\theta=-\tan\psi\pm\sqrt{\sec^2\psi-D} \tag{5-19}$$

$$D=\frac{A_0\sin(\varphi-\psi)-B_0\cos(\varphi-\psi)}{\cos\psi\left[A_0\sin\varphi+\frac{c}{\gamma}(H+a-h_c)\cos\varphi\right]}$$

将 θ 代入E_a的表达式，即可求得主动土压力E_a。

5.3.4　折线形墙背的土压力计算

凸形墙背的挡土墙和衡重式挡土墙，其墙背不是一个平面而是折面，称为折线形墙背。对

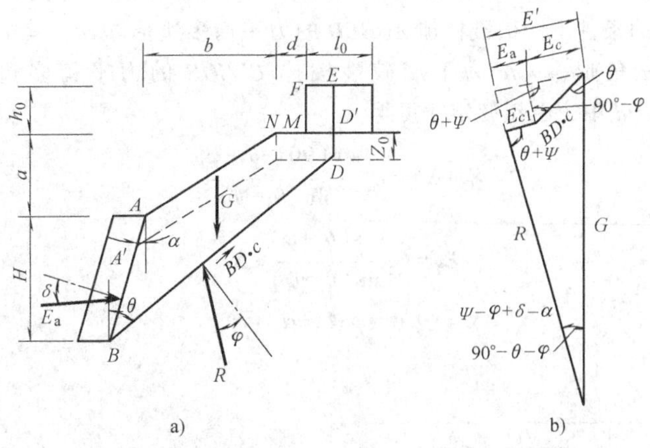

图 5-20 路堤挡土墙黏性土主动土压力计算

这类墙背，以墙背转折点或衡重台为界，分成上墙与下墙，分别按库仑方法计算主动土压力，然后取两者的矢量和作为全墙的土压力。

计算上墙土压力时，不考虑下墙的影响，按俯斜墙背计算土压力。衡重式挡土墙的上墙，由于衡重台的存在，通常都将墙顶内缘和衡重台后缘的连线作为假想墙背，假定假想墙背与实际墙背之间的土楔与实际墙背一起移动。计算时先按墙背倾角 α 或假想墙背倾角 α' 是否大于第二破裂角 φ_1 进行判断，若不出现第二破裂面，应以实际墙背或假想墙背为边界条件，按一般直线墙背库仑主动土压力计算；若出现第二破裂面，则按第二破裂面的主动土压力计算。

下墙土压力计算较复杂，目前普遍采用各种简化的计算方法，下面介绍两种常用的计算方法：

1. 延长墙背法

如图 5-21 所示，在上墙土压力算出后，延长下墙墙背交于填土表面 C，以 $B'C$ 为假想墙背，根据延长墙背的边界条件，用相应的库仑公式计算土压力，并绘出墙背应力分布图，从中截取下墙 BB' 部分的应力图作为下墙的土压力。将上下墙两部分应力图叠加，即为全墙土压力。

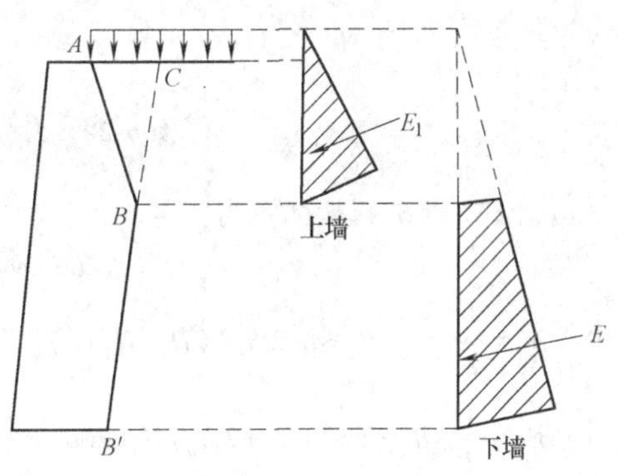

图 5-21 延长墙背法

这种方法存在着一定误差。第一，忽略了延长墙背与实际墙背之间的土楔及荷载重，但考虑了在延长墙背和实际墙背上土压力方向不同而引起的垂直分力差，虽然两者能相互补偿，但未必能相互抵消。第二，绘制土压应力图形时，假定上墙破裂面与下墙破裂面平行，但大多数情况下两者是不平行的，由此存在计算下墙土压力所引起的误差。以上误差一般偏于安全，由于此法计算简便，至今仍被广泛采用。

2. 力多边形法

在墙背土体处于极限平衡条件下，作用于破裂棱体上的诸力，应构成矢量闭合的力多边形。在算得上墙土压力 E_1 后，就可绘出下墙任一破裂面力多边形。利用力多边形来求下墙土压力，这种方法称为力多边形法。

现以路堤挡土墙下墙破裂面交于荷载范围内的情况（见图 5-22）为例说明下墙土压力的推导过程。在极限平衡的条件下，破裂棱体 $AOBCD$ 的力平衡多边形 $abed$，其中 abc 为上墙破裂棱体 $AOCD$ 的力平衡三角形，$bedc$ 为下墙破裂棱体 $C'COB$ 的力平衡多边形。图中 $eg//bc$，$cf//be$，$gf=\Delta E$。在△cfd 中，由正弦定律可得

$$E_2+\Delta E=G_2\frac{\sin(90°-\theta_2-\varphi)}{\sin(\theta_2+\psi)}$$

$$E_2=G_2\frac{\cos(\theta_2+\varphi)}{\sin(\theta_2+\psi)}-\Delta E \tag{5-20}$$

$$\psi=\varphi+\delta_2-\alpha_2$$

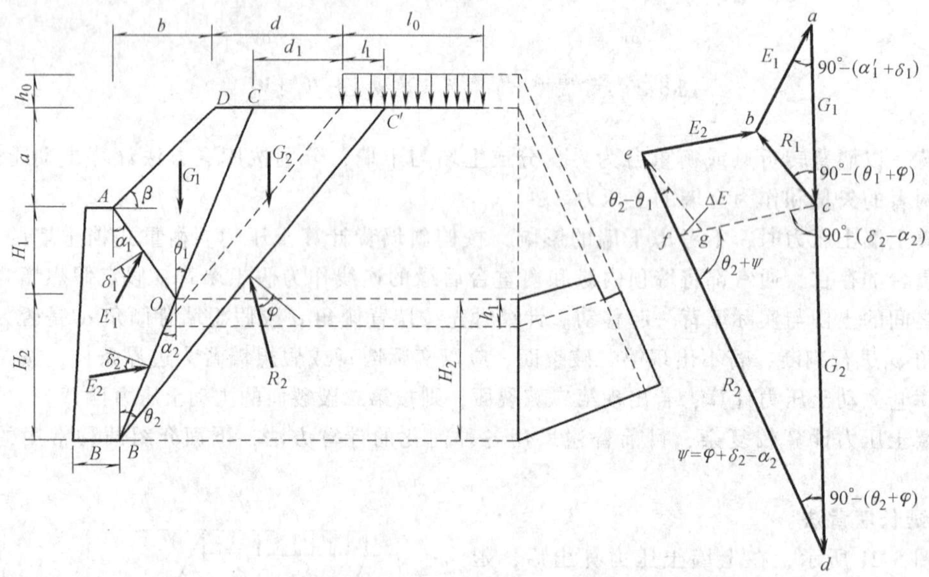

图 5-22　力多边形法求下墙土压力

挡土墙下部破裂棱体重力

$$G_2=\gamma(A_0\tan\theta_2-B_0) \tag{5-21}$$

式中 $A_0=\frac{1}{2}(H_2+H_1+a+2h_0)(H_2+H_1+a)$

$$B_0=\frac{1}{2}(H_2+2H_1+2a+2h_0)H_2\tan\alpha_2+\frac{1}{2}(a+H_1)^2\tan\theta_1+(d+b-H_1\tan\alpha_1)h_0$$

在 Δefg 中，有

$$\Delta E=R_1\frac{\sin(\theta_2-\theta_1)}{\sin[180°-(\theta_2+\psi)]}=R_1\frac{\sin(\theta_2-\theta_1)}{\sin(\theta_2+\psi)} \tag{5-22}$$

在 Δabc 中，上墙土压力 E_1已求出。

$$R_1=E_1\frac{\sin[90°-(\alpha_1+\delta_1)]}{\sin[90°-(\theta_1+\varphi)]}=E_1\frac{\cos(\alpha_1+\delta_1)}{\cos(\theta_1+\varphi)} \tag{5-23}$$

将G_2及 ΔE 代入式（5-23），得

$$E_2=\gamma(A_0\tan\theta_2-B_0)\frac{\cos(\theta_2+\varphi)}{\sin(\theta_2+\psi)}-R_1\frac{\sin(\theta_2-\theta_1)}{\sin(\theta_2+\psi)} \tag{5-24}$$

由上式可知，下墙土压力 E_2 计算值是试算破裂角 θ_2 的函数。为求 E_2 的最大值，可令 $\frac{dE_2}{d\theta_2}=0$，得

$$\tan\theta_2=-\tan\psi\pm\sqrt{(\tan\psi+\cot\varphi)\left(\tan\psi+\frac{B_0}{A_0}\right)-\frac{R_1\sin(\psi+\theta_1)}{A_0\gamma\sin\varphi\cos\psi}} \tag{5-25}$$

将求得的破裂角 θ_2 代入式（5-27），可求得下墙土压力 E_2。

在图 5-23 中，作用于下墙的土压力图形，可近似假定 $\theta_1\approx\theta_2$，即

$$\frac{h_1}{H_2}=\frac{d_1}{l_1+d_1}$$

则 $h_1=\frac{H_2}{l_1+d_1}d_1=\frac{H_2[d+b-H_1\tan\alpha_1-(H_1+a)\tan\theta_1]}{(H_2+H_1+a)\tan\theta_2-H_2\tan\alpha_2-(H_1+a)\tan\theta_1}$

土压力作用点

$$\begin{cases}Z_{2x}=\dfrac{H_2^3+3H_2^2(H_1+a+h_0)-3h_0h_1(2H_1-h_1)}{3[H_2^2+2H_2(H_1+a)+2h_0(H_1-h_1)]}\\ Z_{2y}=B+2Z_{2x}\tan\alpha_2\end{cases} \tag{5-26}$$

各种边界条件下折线墙背下挡土墙土压力的力多边形法计算公式见《挡土墙实用设计手册》。

5.3.5 不同土层的土压力计算

如图 5-23 所示，采用近似的计算方法。首先求得上一土层的土压力 E_{1x} 及其作用点高度 Z_{1x}。并近似地假定：上下两土层层面平行；计算下一土层时，将上一土层视为均布荷载，按地面为一平面时的库仑公式计算，然后截取下一土层的土压应力图形为其土压力。

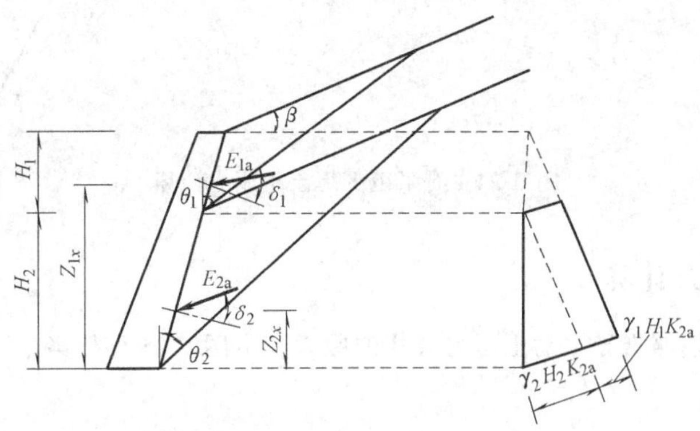

图 5-23 不同土层土压力计算

在图 5-24 中

$$E_{2a}=\left(\gamma_1H_1H_2+\frac{1}{2}\gamma_2H_2^2\right)K_{2a} \tag{5-27}$$

式中 E_{2a}——下一土层的土压力系数。

土压力的作用点高度为

$$Z_{2x}=\frac{H_2}{3}\left(1+\frac{\gamma_1 H_1}{2\gamma_1 H_1+\gamma_2 H_2}\right) \tag{5-28}$$

5.3.6 有限范围填土的土压力计算

以上各种土压力计算公式，适用于墙后填料为均质体，并且破裂面能在填料范围内产生的情况。如果挡土墙修在陡坡的半路堤上，或者山坡土体有倾向路基的层面，则墙后存在着已知坡面或潜在滑动面，当其倾角陡于由计算求得的破裂面的倾角时，墙后填料将沿着陡坡面（或滑动面）下滑，而不是沿着计算破裂面下滑，如图 5-24 所示。此时作用在墙上的主动土压力为

$$E_a=G\frac{\sin(\beta-\varphi')}{\cos(\psi-\beta)} \tag{5-29}$$

式中 G——土楔及其上荷载重；

β——滑动面的倾角，即原地面的横坡或层面倾角；

φ'——土体与滑动面的摩擦角；当坡面无地下水，并按规定挖台阶填筑时，可采用土的内摩擦角 φ；

ψ——参数，$\psi=\varphi+\alpha+\delta$。

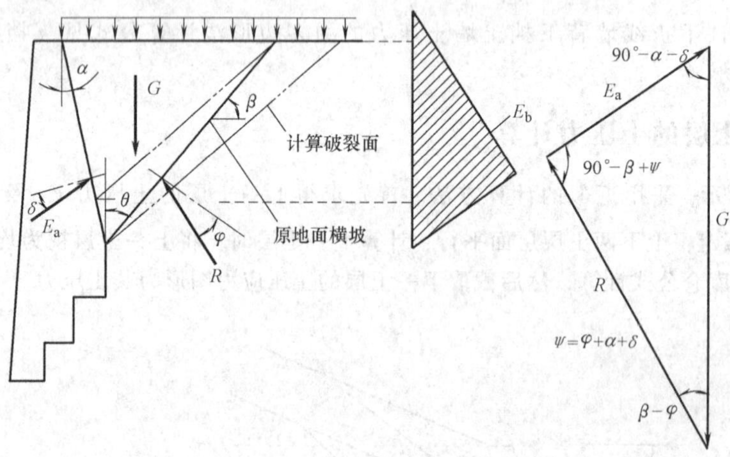

图 5-24 有限范围填土土压力计算

5.3.7 被动土压力计算

根据库仑理论，按照推导主动土压力公式的原理，由图 5-25 可得当地面为一平面时的被动土压力公式为

$$E_P=\frac{1}{2}\gamma H^2 K_P$$

$$K_P=\frac{\cos^2(\varphi+\alpha)}{\cos^2\alpha\cos(\alpha-\delta)\left[1-\sqrt{\frac{\sin(\varphi+\delta)\sin(\varphi+\beta)}{\cos(\alpha-\delta)\cos(\alpha-\beta)}}\right]^2} \tag{5-30}$$

实践表明，用库仑理论计算的被动土压力，常常有很大的偏于不安全的误差，其误差还随着土的内摩擦角 φ 的增大而迅速增大。因此在许多情况下，式（5-33）是不能采用的。

应当指出，被动极限状态的产生，要求土体产生较大的变形，而这对一般的建筑物来说常

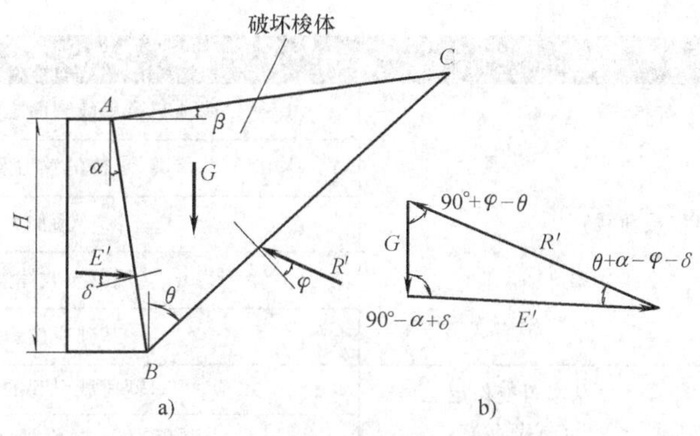

图 5-25 库仑被动土压力的计算

a）破裂棱体 b）力三角形

是不能允许的。因此，当建筑物的设计要求考虑土的被动抗力时，应对被动土压力的计算值进行大幅度的折减。

5.3.8 车辆荷载的换算

作用于墙后破裂棱体上的车辆荷载，使土体中出现附加的竖直应力，从而产生附加的侧向压力。考虑到这种影响，可将车辆荷载近似地按均布荷载考虑，换算成单位体积的重力与墙后填料相同的均布土层。

车辆活载引起的附加土侧压力按等代均布土层厚度计算

$$h = q/\gamma \tag{5-31}$$

式中 γ——墙背填土的重度（kN/m^3）；

q——附加荷载强度，按表 5-2 取用（kN/m^2）；

h——换算土层厚（m）。

表 5-2 附加荷载强度

墙高/m	q/(kN/m^2)	墙高/m	q/(kN/m^2)
$H \leqslant 2.0$	20.0	$H \geqslant 10.0$	10.0

注：中间值可用表中数值直线内插计算。

5.4 挡土墙设计

5.4.1 挡土墙的荷载组合

施加于挡土墙的荷载按性质划分，见表 5-3。常用作用（或荷载）组合见表 5-4。

表 5-3 作用（或荷载）分类

作用(或荷载)分类	作用(或荷载)名称
永久作用(或荷载)	挡土墙结构重力
	填土(包括基础襟边以上土)重力
	填土侧压力
	墙顶上的有效永久荷载

（续）

作用(或荷载)分类		作用(或荷载)名称
永久作用(或荷载)		墙顶与第二破裂面之间的有效荷载
		计算水位的浮力及静水压力
		预加力
		混凝土收缩及徐变
		基础变位影响力
可变作用（或荷载）	基本可变作用（或荷载）	车辆荷载引起的土侧压力
		人群荷载、人群荷载引起的土侧压力
	其他可变作用（或荷载）	水位退落时的动水压力
		流水压力
		波浪压力
		冻胀压力和冰压力
		温度影响力
	施工荷载	与各类型挡土墙施工有关的临时荷载
偶然作用（或荷载）		地震作用力
		滑坡、泥石流作用力
		作用于墙顶护栏上的车辆碰撞力

表 5-4　常用荷载组合

组合	计　算　力
Ⅰ	挡土墙结构自重、土重、土侧压力相组合
Ⅱ	挡土墙结构自重、土重、土侧压力、汽车荷载引起的土侧压力相组合
Ⅲ	Ⅰ与设计水位的静水压力及浮力相组合
Ⅳ	Ⅱ与设计水位的静水压力及浮力相组合
Ⅴ	Ⅰ与地震力相组合

5.4.2　挡土墙的设计原则

挡土墙的设计方法有允许应力法和极限状态法两种。允许应力法是把结构材料视为理想的弹性体，在荷载作用下产生的应力和变形不超过规定的允许值。极限状态法是根据结构在荷载作用下的工作特征，在允许应力法基础上发展形成的一种设计方法。这种方法不再采用均质弹性体的假定，而是承认结构在临近破坏时处于弹塑性工作阶段，以结构物在各种荷载组合情况下均不得达到其极限状态为前提，同时具有足够的安全储备。从理论上讲，极限状态法更加科学合理，按照 JTG D30—2015《公路路基设计规范》，挡土墙按“极限状态分项系数法”进行设计。挡土墙设计极限状态分为构件承载能力极限状态和正常使用极限状态。

承载力极限状态是指当挡土墙出现以下任何一种状态，即认为超过了承载力极限状态：

1）整个挡土墙或挡土墙的一部分作为刚体失去平衡。

2）挡土墙构件或连接部件因材料承受的强度超过极限而破坏，或因过量塑性变形而不适于继续承载。

3）挡土墙结构变为机动体系或局部失去平衡。

正常使用极限状态是指挡土墙出现下列状态之一时，即认为超过了正常使用极限状态：

1）影响正常使用或外观变形。

2）影响正常使用或耐久性的局部破坏（包括裂缝）。

3）影响正常使用的其他特定状态。

挡土墙按构件承载能力极限状态设计时，采用下列表达式

$$\gamma_0 S \leqslant R(\cdot) \tag{5-32}$$

$$R(\cdot) = R\left(\frac{R_k}{\gamma_f}, \alpha_d\right) \tag{5-33}$$

式中 γ_0——结构重要性系数，按表5-5的规定选用；

S——作用（或荷载）效应的组合设计值；

$R(\cdot)$——挡土墙结构抗力函数；

R_k——抗力材料的强度标准值；

γ_f——结构材料、岩土性能的分项系数，按表5-6的规定选用；

α_d——结构或结构构件几何参数的设计值，当无可靠数据时，可采用几何参数标准值。

表5-5 结构重要性系数 γ_0

墙高/m	公路等级	
	高速公路、一级公路	二级及二级以下公路
≤5.0	1.0	0.95
>5.0	1.05	1.0

表5-6 承载力极限状态作用（或荷载）分项系数

情况	荷载增大对挡土墙结构起有利作用时		荷载增大对挡土墙结构起不利作用时	
组合	Ⅰ，Ⅱ	Ⅲ	Ⅰ，Ⅱ	Ⅲ
垂直恒载 γ_G	0.90		1.20	
恒载或车辆荷载的主动土压力 γ_{Q1}	1.00	0.95	1.40	1.30
被动土压力 γ_{Q2}	0.30		0.50	
水浮力 γ_{Q3}	0.95		1.10	
静水压力 γ_{Q4}	0.95		1.05	
动水压力 γ_{Q5}	0.95		1.20	
地震力 γ_{Q6}	0.90		1.10	

挡土墙按正常使用极限状态设计时，通常采用表5-6所列的各分项系数；当对挡土墙进行基础合力偏心距计算时，除被动土压力 γ_{Q2} 采用0.30外，其他全部荷载系数规定采用1.0。

5.4.3 挡土墙的破坏形式及稳定性要求

重力式挡土墙的破坏形式及原因如下：

1）由于基础滑动而造成的破坏。

2）由于绕墙趾转动所引起的倾覆。

3）因基础产生过大或不均匀的沉陷而引起的墙身倾斜。

4）因墙身材料强度不足而产生的墙身剪切破坏。

5）沿通过墙踵的某一滑动圆弧的浅层剪切破坏和沿基底下某一深度（如通过软土下卧层底面）的滑弧的深层剪切破坏。

为避免挡土墙发生上述破坏，保证其具有足够的整体稳定性和强度，设计挡土墙时，一般均应验算沿基底的滑动稳定性，绕墙趾转动的倾覆稳定性，基底应力和偏心距，以及墙身断面的强度，若地基有软弱下卧层存在，还需验算沿基底下某一可能的滑动面滑动的稳定性。

1. 挡土墙稳定性验算

（1）抗滑稳定性验算　为保证挡土墙抗滑稳定性，应验算在土压力及其他外力作用下，基底摩擦力抵抗挡土墙滑移的能力，如图 5-26 所示。

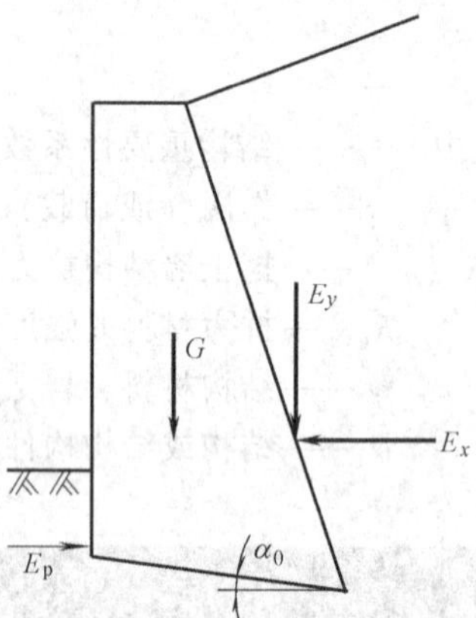

图 5-26　挡土墙的抗滑稳定

1）滑动稳定方程

$$[1.1G+\gamma_{Q1}(E_y+E_x\tan\alpha_0)-\gamma_{Q2}E_p\tan\alpha_0]\mu+(1.1G+\gamma_{Q1}E_y)\tan\alpha_0-\gamma_{Q1}E_x+\gamma_{Q2}E_p>0 \quad (5\text{-}34)$$

式中　G——挡土墙自重力；

E_x，E_y——墙背主动土压力的水平与垂直分力（kN）；

E_p——墙前被动土压力的水平分量（kN），当为浸水挡土墙时，$E_p=0$；

α_0——基底倾斜角（°）；

μ——基底摩擦系数，可通过现场试验确定；无试验资料时，可参考表 5-7 的经验数据；

γ_{Q1}、γ_{Q2}——主动土压力和墙前被动土压力分项系数，可按表 5-6 的规定采用。

表 5-7　基底摩擦系数 μ 参考值

地基土分类	μ	地基土分类	μ
软塑黏土	0.25	碎石类土	0.5
硬塑黏土	0.3	软质岩石	0.4~0.6
砂类土、黏砂土、半干硬黏土	0.3~0.4	硬质岩石	0.6~0.7
砂类土	0.4		

2）抗滑动稳定系数 K_c

$$K_c=\frac{[N+(E_x-E'_p)\tan\alpha_0]\mu+E'_p}{E_x-N\tan\alpha_0} \quad (5\text{-}35)$$

式中　N——作用于基底上合力的竖向分力（kN），浸水挡土墙应计浸水部分的浮力；

E'_p——墙前被动土压力水平分量的 0.3 倍（kN）。

（2）抗倾覆稳定性验算　为保证挡土墙抗倾覆稳定性，须验算其抵抗墙身绕墙趾向外转动倾覆的能力，如图 5-26 所示。

1）抗倾覆稳定方程

$$0.8GZ_G+\gamma_{Q1}(E_yZ_x-E_xZ_y)+\gamma_{Q2}E_pZ_p>0 \quad (5\text{-}36)$$

式中　Z_G——墙身、基础及其上的土重合力重心及作用于墙顶的其他荷载的竖向力合力重心到墙趾的水平距离（m）；

Z_x——墙后主动土压力垂直分力作用点到墙趾的水平距离；

Z_y——墙后主动土压力水平分力作用点到墙趾的垂直距离（m）；

Z_p——墙前被动土压力的水平分量到墙趾的距离（m）。

2）抗倾覆稳定系数 K_0

$$K_0=\frac{GZ_G+E_yZ_x+E'_pZ_p}{E_xZ_y} \tag{5-37}$$

在规定的墙高范围内，验算挡土墙的抗滑动和抗倾覆稳定时，稳定系数不应小于表5.8的规定。验算结果如不满足以上要求，则表明抗滑稳定性或抗倾覆稳定性不够，应改变墙身断面尺寸重新核算。设置于不良土质地基、覆盖土层下为倾斜基岩地基及斜坡上的挡土墙，应对挡土墙地基及填土的整体稳定性进行验算，其稳定系数不应小于1.25。

表5-8 抗滑动和抗倾覆的稳定性系数

荷载情况	验算项目	稳定系数
荷载组合Ⅰ，Ⅱ	抗滑动 K_c	1.3
	抗倾覆 K_0	1.5
荷载组合Ⅲ	抗滑动 K_c	1.3
	抗倾覆 K_0	1.3
施工阶段验算	抗滑动 K_c	1.2
	抗倾覆 K_0	1.2

2. 基底应力及合力偏心距验算

基础设计与稳定性计算应符合下列要求：

基底合力的偏心距 e_0。可按下式计算

$$e_0=\frac{M_d}{N_d} \tag{5-38}$$

式中 M_d——作用于基底形心的弯矩组合设计值（MPa）；

N_d——作用于基底上的垂直力设计值（kN/m）。

挡土墙地基应力验算时，各类作用（或荷载）组合下，作用效应组合设计值计算式中的作用分项系数，除被动土压力分项系数$\gamma_{Q2}=0.3$外，其余作用（或荷载）的分项系数规定均等于1.0。重力式挡土墙轴向力的偏心距 e_0应符合表5-9的规定。

表5-9 圬工结构轴向力合力的允许偏心距 e_0

荷载组合	允许偏心距
Ⅰ、Ⅱ	0.25B
Ⅲ	0.3B
施工荷载	0.33B

注：B为沿力矩转动方向的矩形计算截面宽度。

基底合力的偏心距 e_0，对土质地基不应大于 $B/6$，对岩石地基不应大于 $B/4$。基底压应力 P 应按式（5-39）计算，位于岩石地基上的挡土墙基底压应力可按式（5-40）、式（5-41）计算。基底压应力不应大于地基的允许承载力［f_a］；地基允许承载力值可按现行《公路桥涵地基与基础设计规范》的规定采用，当为作用（或荷载）组合Ⅲ及施工荷载时，且［f_a］>150kPa时，可提高25%。

$$|e_0|\leqslant\frac{B}{6}\text{时，}P_{1,2}=\frac{N_d}{A}\left(1\pm\frac{6e_0}{B}\right) \tag{5-39}$$

$$e_0>\frac{B}{6}\text{时}，P_1=\frac{2N_d}{3\alpha_1}，P_2=0 \tag{5-40}$$

$$\alpha_1=\frac{B}{2}-e_0 \tag{5-41}$$

式中　P_1——挡土墙趾部的压应力（kPa）；

P_2——挡土墙墙踵部的压应力（kPa）；

B——基底宽度（m），倾斜基底为其斜宽；

A——基础底面每延米的面积，矩形基础为基础宽度 $B\times1$（m^2）。

3. 重力式挡土墙强度验算

重力式挡土墙按承载能力极限状态设计时，在某一类作用（或荷载）效应组合下，作用或（荷载）效应的组合设计值，可按式（5-42）计算。圬工构件或材料的抗力分项系数 γ_f，按表5-10采用。

$$S=\psi_{ZL}(\gamma_G\sum S_{Gik}+\sum\gamma_{Qi}S_{Qik}) \tag{5-42}$$

式中　S——作用（或荷载）效应的组合设计值；

γ_G、γ_{Qi}——作用（或荷载）的分项系数，按表5-6采用；

S_{Gik}——第 i 个垂直恒载的标准值效应；

S_{Qik}——土侧压力、水浮力、静水压力、其他可变作用（或荷载）的标准值效应。

ψ_{ZL}——荷载效应组合系数，按表5-11采用。

表5-10　圬工构件或材料的抗力分项系数 γ_f

圬工种类	受力情况	
	受压	受弯、剪、拉
石料	1.85	2.31
片石砌体、片石混凝土砌体	2.31	2.31
块石、粗料石、混凝土预制块、砖砌体	1.92	2.31
混凝土	1.54	2.31

表5-11　荷载效应组合系数 ψ_{ZL}

荷载组合	ψ_{ZL}
Ⅰ、Ⅱ	1.0
Ⅲ	0.8
施工荷载	0.7

挡土墙构件轴心或偏心受压时，正截面强度和稳定按式（5-43）、式（5-44）计算。偏心受压构件除验算弯曲平面内的纵向稳定外，还应按轴心受压构件验算非弯曲平面内的稳定。

计算强度时

$$\gamma_0 N_d\leqslant\frac{\alpha_k A R_a}{\gamma_f} \tag{5-43}$$

计算稳定时

$$\gamma_0 N_d\leqslant\frac{\psi_k\alpha_k A R_a}{\gamma_f} \tag{5-44}$$

式中　N_d——验算截面上的轴向力组合设计值（kN）；

γ_0——重要性系数，按表5-5采用；

γ_f——圬工构件或材料的抗力分项系数，按表5-10取用；

R_a——材料抗压极限强度（kN）；

A——挡土墙构件的计算截面面积（m^2）；

α_k——轴向力偏心影响系数，按式（5-45）计算；

ψ_k——偏心受压构件在弯曲平面内的纵向弯曲系数，按式（5-47）采用轴心受压构件的纵向弯曲系数，可采用表5-12的规定。

表5-12　轴心受压构件弯曲系数ψ_k

2H/B	混凝土构件	砌体砂浆强度等级	
		M10,M7.5、M5	M2.5
≤3	1.00	1.00	1.00
4	0.99	0.99	0.99
6	0.96	0.96	0.96
8	0.93	0.93	0.91
10	0.88	0.88	0.85
12	0.82	0.82	0.79
14	0.76	0.76	0.72
16	0.71	0.71	0.66
18	0.65	0.65	0.60
20	0.60	0.60	0.54
22	0.54	0.54	0.49
24	0.50	0.50	0.44
26	0.46	0.46	0.40
28	0.42	0.42	0.36
30	0.38	0.38	0.33

$$\alpha_k=\frac{1-256\left(\frac{e_0}{B}\right)^8}{1+12\left(\frac{e_0}{B}\right)^2} \tag{5-45}$$

式中　e_0——轴向力的偏心距（m），按式（5-46）计算；挡土墙墙身或基础为圬工截面时，其轴向力的偏心距e_0应符合表5-9的规定；

B——挡土墙计算截面宽度（m）。

$$e_0=\left|\frac{M_0}{N_0}\right| \tag{5-46}$$

式中　M_0——在某一类作用（或荷载）组合下，作用（或荷载）对计算截面形心的总力矩（kN·m）；

N_0——某一类作用（或荷载）组合下，作用于计算截面上的轴向力的合力（kN）。

$$\psi_k=\frac{1}{1+\alpha_s\beta_s(\beta_s-3)\left[1+16\left(\frac{e_0}{B}\right)^2\right]} \tag{5-47}$$

$$\beta_s = \frac{2H}{B} \tag{5-48}$$

式中　H——墙高（m）；

α_s——与材料有关的系数，按表5-13取值。

表5-13　α_s取值

圬工名称	浆砌砌体采用以下砂浆强度等级			混凝土
	M10、M7.5、M5	M2.5	M1	
α_s值	0.002	0.0025	0.004	0.002

表5-14　按钢筋混凝土构件计算的受拉钢筋最小配筋率　（单位:%）

钢筋牌号(种类)	钢筋最小配筋率	
	截面一侧钢筋	全截面钢筋
Q235钢筋(Ⅰ级)	0.20	0.50
HRB400钢筋(Ⅱ、Ⅲ级)	0.20	0.50

注：钢筋最小配筋率按构件的全截面计算。

重力式挡土墙轴向力的偏心距应符合表5-9的规定。混凝土截面在受拉一侧配有不小于截面面积0.05%的纵向钢筋时，表5-9中的允许规定值可增加0.05B；当截面配筋率大于表5-14的规定时，按钢筋混凝土构件计算，偏心距不受限制。

5.4.4　增加挡土墙稳定性的措施

1. 增加抗滑稳定性的方法

（1）采用倾斜基底（见图5-27）　采用向内倾斜基底，可以增加抗滑力和减小滑动力，从而增加抗滑稳定性，这是增加挡土墙抗滑稳定性的常用方法。用倾斜基底时，基底倾角α_0越大，对抗滑稳定性越有利，但应考虑挡土墙连同地基土体一起滑动的可能性，因此对地基倾斜度应加以控制。通常，对土质地基，不陡于1∶5（$\alpha_0 \leqslant 11°$）；对岩石地基，不陡于1∶3（$\alpha_0 \leqslant 16°42'$）。此外，在验算沿基底的抗滑稳定性的同时，还应验算通过墙踵的地基水平面（图5-27中的Ⅰ-Ⅰ水平面）的滑动稳定性。

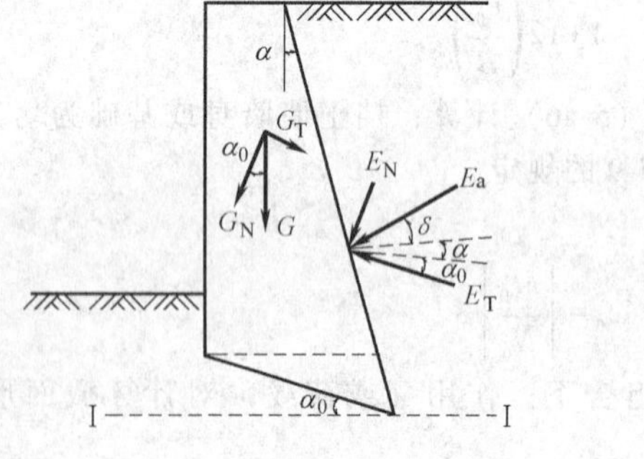

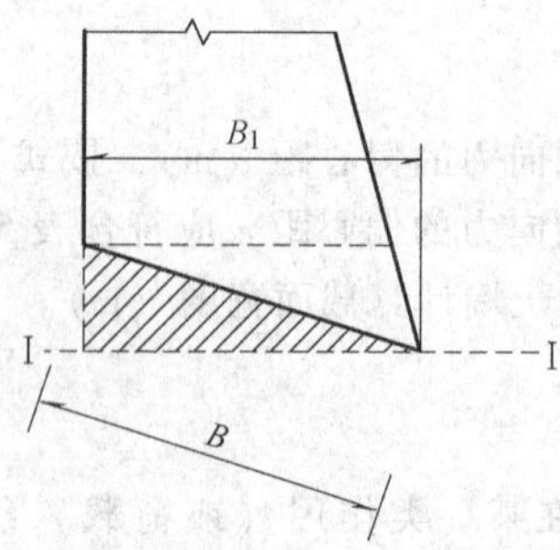

图5-27　采用倾斜基底增加挡土墙抗滑稳定性

（2）采用凸榫基础（见图5-28）　在挡土墙底部设置混凝土凸榫基础的作用在于利用榫前

被动土压力，增加其抗滑力，从而增加挡土墙的抗滑稳定性。为了增加榫前被动阻力，应使榫前土楔不超过墙趾。同时，为防止因设凸榫而增加墙背的主动土压力，应使凸榫后缘与墙踵的连线与水平线的夹角不超过土体内摩擦角 φ。因此，应将整个凸榫置于通过墙趾并与水平线成 $45°-\varphi/2$ 角和通过墙踵并与水平线成 φ 角所形成的三角形范围内，如图 5-29 所示。

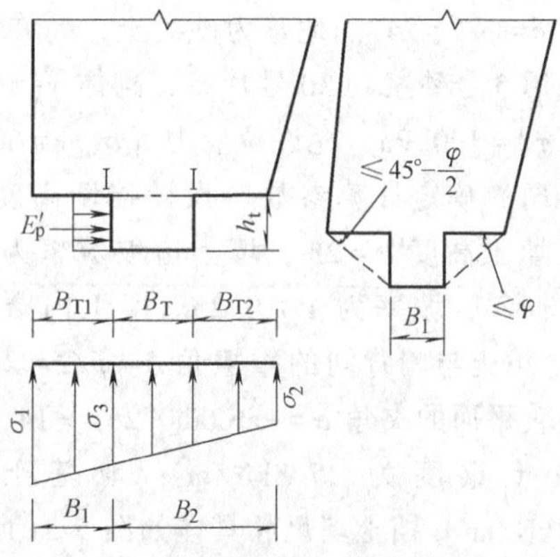

图 5-28 凸榫基础

2. 增加抗倾覆稳定性的方法

根据抗倾覆稳定系数的计算原理，应采取加大稳定力矩和减小倾覆力矩的方法增加抗倾覆稳定性。

(1) 展宽墙趾 展宽墙趾的作用是增大抗倾覆力矩的力臂，从而增加其抗倾覆稳定性，是增加挡土墙抗倾覆稳定性的常用方法。但是，当墙趾前地面较陡时，墙趾加宽过多，将导致墙高和圬工体积显著增加。

(2) 改变墙面及墙背坡率 改陡墙背坡率可减小土压力（见图 5-29b)，改缓墙面可加大抗倾覆力矩的力臂（见图 5-29a)。但是，若墙趾前地面较陡，改缓坡面将引起基础外移，使墙高增加。

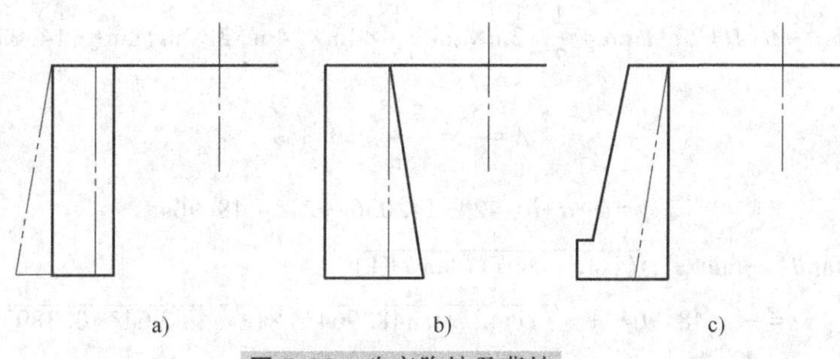

图 5-29 改变胸坡及背坡

(3) 改变墙身断面形式（见图 5-30） 由上述可知，不同的墙身断面形式具有不同的稳定性。就抗倾覆而言，衡重式优于仰斜式，仰斜式又优于俯斜式。设计时可根据地基和地面横坡情况选择适当的墙身断面形式，以增加挡土墙的抗倾覆稳定性。

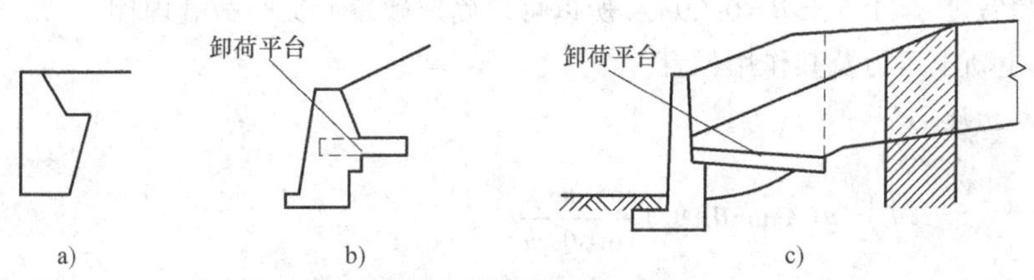

图 5-30 改变墙身类型的措施

【挡土墙设计案例 1】 设计资料：浆砌片石重力式路堤墙，填土边坡 1∶1.5，墙背仰斜，坡率为 1∶0.15~1∶0.35。公路等级二级，车辆荷载等级为公路-Ⅱ级，挡土墙荷载效应组合采用荷载组合Ⅰ、Ⅱ。墙背填土重度 $\gamma=17.8\text{kN/m}^3$，计算内摩擦角 $\varphi=42°$，填土与墙背间的内摩擦角 $\delta=\varphi/2=21°$。地基为砂类土，允许承载力 $[\sigma]=810\text{kPa}$，基底摩擦系数 $\mu=0.43$。墙身材料采用5号砂浆砌30号片石，砌体 $\gamma_a=22\text{kN/m}^3$，砌体允许压应力为 $[\sigma_a]=600\text{kPa}$，允许剪应力 $[\tau]=100\text{kPa}$，允许拉应力 $[\sigma_{wl}]=60\text{kPa}$。不考虑墙后荷载。

（1）确定计算参数　设计挡墙高度 $H=4\text{m}$，墙上填土高度 $a=2\text{m}$，填土边坡坡率为1：1.5，墙背仰斜，坡率为1：0.25。填土内摩擦角 $\varphi=42°$，填土与墙背间的摩擦角 $\delta=\varphi/2=21°$；墙背与竖直平面的夹角 $\alpha=-\arctan0.25=-14.036°$。墙背填土重度为 17.8kN/m^3，地基土重度为 17.7kN/m^3。挡土墙尺寸具体如图5-31所示。

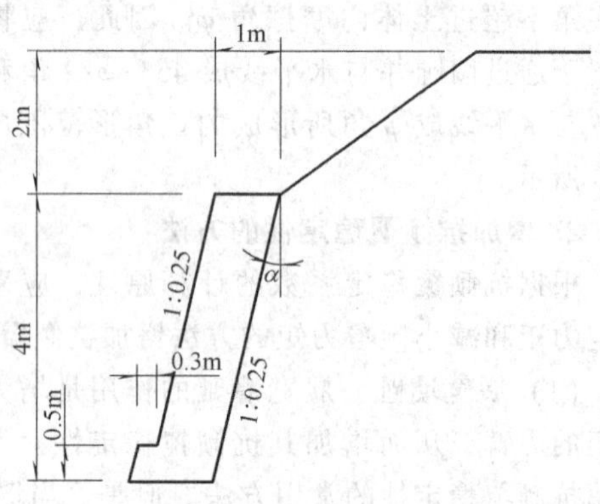

图5-31　挡土墙尺寸

（2）车辆荷载换算

试算不计车辆荷载作用时破裂棱体宽度。

① 假定破裂面交于荷载内侧

不计车辆荷载作用 $h_0=0$；计算棱体参数 A_0、B_0

$$A_0=\frac{1}{2}(a+H+2h_0)(a+H)=\frac{1}{2}(a+H)^2=\frac{1}{2}(2\text{m}+4\text{m})^2=18\text{m}^2$$

$$B_0=\frac{1}{2}ab-\frac{1}{2}H(H+2a)\tan\alpha=\frac{1}{2}\times2\text{m}\times3\text{m}-\frac{1}{2}\times4\text{m}\times(4\text{m}+2\times2\text{m})\tan(-14.036°)=7\text{mm}^2$$

$$A=\frac{B_0}{A_0}=\frac{7\text{m}^2}{18\text{m}^2}=0.389$$

$$\psi=\varphi+\alpha+\delta=42°-14.036°+21°=48.964°$$

$$\begin{aligned}\tan\theta&=-\tan\psi\pm\sqrt{(\cot\varphi+\tan\psi)(\tan\psi+A)}\\&=-\tan48.964°+\sqrt{(\cot42°+\tan48.964°)\times(\tan48.964°+0.389)}=0.715\end{aligned}$$

则：$\theta=\arctan0.715=35.57°>\arctan\dfrac{4\text{m}\times0.25+3\text{m}}{2\text{m}+4\text{m}}=33.69°$

计算车辆荷载作用时破裂棱体宽度值 B：

$$\begin{aligned}B&=(H+a)\times\tan\theta+H\tan\alpha-b\\&=(4\text{m}+2\text{m})\times0.715+4\text{m}\times\tan(-14.036°)-3\text{m}=0.29\text{m}\end{aligned}$$

由于路肩宽度 $d=1.5\text{m}>B=0.29\text{m}$，所以可以确定破裂面交与荷载内侧。

② 计算主动土压力及其作用位置。

最大主动土压力

$$\begin{aligned}E_a&=\gamma(A_0\tan\theta-B_0)\frac{\cos(\theta+\varphi)}{\sin(\theta+\psi)}\\&=17.8\text{kN/m}^3\times(18\text{m}^2\times0.715-7\text{m}^2)\times\frac{\cos(33.69°+42°)}{\sin(33.69°+48.964°)}\\&=26.04\text{kN/m}\end{aligned}$$

土压力的水平和垂直分力为

$$
\begin{aligned}
E_x &= E_a\cos(\alpha+\delta)\\
&= 26.04\text{kN/m}\times\cos(-14.036°+21°)\\
&= 25.85\text{kN/m}\\
E_y &= E_a\sin(\alpha+\delta)\\
&= 26.04\text{kN/m}\times\sin(-14.036°+21°)\\
&= 3.16\text{kN/m}
\end{aligned}
$$

主动土压力系数及作用位置

$$h_1=\frac{d}{\tan\theta+\tan\alpha}=\frac{1.5\text{m}}{0.715-0.25}=3.226\text{m}$$

$$h_3=\frac{b-a\tan\theta}{\tan\theta+\tan\alpha}=\frac{3\text{m}-2\text{m}\times0.715}{0.715-0.25}=3.376\text{m}$$

$$K_1=1+\frac{2a}{H}\left(1-\frac{h_3}{2H}\right)+\frac{2h_0h_4}{H^2}=1+\frac{2\times2\text{m}}{4\text{m}}\times\left(1-\frac{3.376\text{m}}{2\times4\text{m}}\right)+0=0.312$$

作用位置

$$
\begin{aligned}
Z_y &= \frac{H}{3}+\frac{a\ (H-h_3)^2+h_0h_4(3h_4+2H)}{3H^2K_1}\\
&= \frac{4\text{m}}{3}+\frac{2\text{m}\times(4\text{m}-3.376\text{m})^2+0}{3\times(4\text{m})^2\times0.312}=1.39\text{m}
\end{aligned}
$$

$$Z_x=B-Z_y\tan\alpha=0.29\text{m}-1.39\text{m}\tan(-14.037°)=0.64\text{m}$$

(3) 抗滑稳定性验算　为保证挡土墙抗滑稳定性，应验算在土压力及其他外力作用下，基底摩擦力抵抗挡土墙滑移的能力。在一般情况下：

$$(0.9G+\gamma_{Q1}E_y)\mu+0.9G\tan\alpha_0\geqslant\gamma_{Q1}E_x \tag{5-49}$$

式中　G——挡土墙自重；

E_x，E_y——墙背主动土压力的水平与垂直分力；

α_0——基底倾斜角（°）；

μ——基底摩擦系数，此处根据已知资料，$\mu=0.43$；

γ_{Q1}——主动土压力分项系数，当荷载组合为Ⅰ、Ⅱ时，$\gamma_{Q1}=1.4$；当荷载组合为Ⅲ时，$\gamma_{Q1}=1.3$。

$$G=(1\text{m}\times4\text{m}+0.3\text{m}\times0.5\text{m})\times22\text{kN/m}^3=91.3\text{kN/m}$$

$$
\begin{aligned}
&(0.9G+\gamma_{Q1}E_y)\mu+0.9G\tan\alpha_0\\
&=(0.9\times91.3\text{kN/m}+1.4\times3.16\text{kN/m})\times0.43+0.9\times91.3\text{kN/m}\times0\\
&=37.24\text{kN/m}\geqslant\gamma_{Q1}E_x=1.4\times25.85\text{kN/m}=36.19\text{kN/m}
\end{aligned}
$$

因此，该挡土墙抗滑稳定性满足要求。

(4) 抗倾覆稳定性验算　为保证挡土墙抗倾覆稳定性，需验算它抵抗墙身绕墙趾向外转动倾覆的能力，

$$0.9GZ_G+\gamma_{Q1}(E_yZ_x-E_xZ_y)>0 \tag{5-50}$$

式中　Z_G——墙身、基础及其上的土重合力重心到墙趾的水平距离（m）；

Z_x——土压力垂直分力作用点到墙趾的水平距离（m）；

Z_y——土压力水平分力作用点到墙趾的垂直距离（m）。

$$Z_{G1}=0.5\,l_d-0.5\,l_h\times0.25=0.5\times0.3\text{m}-0.5\text{m}\times0.5\times0.25=0.09\text{m}$$

$$Z_{G2}=0.5b_1+0.5H\times0.25=0.5\times1\text{m}+0.5\times4\text{m}\times0.25=1.0\text{m}$$

$$G_1=V_1\gamma_a=0.3\text{m}\times0.5\text{m}\times22\text{kN/m}^3=3.3\text{kN/m}$$

$$G_2=V_2\gamma_a=1\text{m}\times4\text{m}\times22\text{kN/m}^3=88\text{kN/m}$$

$$Z_G=\frac{G_1Z_{G1}+G_2Z_{G2}}{G}=\frac{3.3\text{kN/m}\times0.09\text{m}+88\text{kN/m}\times1.0\text{m}}{91.3\text{kN/m}}=0.967\text{m}$$

$$0.9\times91.3\text{kN/m}\times0.967\text{m}+1.4\times(3.16\text{kN/m}\times0.64\text{m}-25.85\text{kN/m}\times1.39\text{m})=31.99\text{kN}>0$$

因此，该挡土墙抗倾覆稳定性满足要求

（5）基底应力及合力偏心距验算　为了保证挡土墙基底应力不超过地基承载力，应进行基底应力验算；同时，为了避免挡土墙不均匀沉陷，控制作用于挡土墙基底的合力偏心距。

1）基础底面的压应力。

① 轴心荷载作用时

$$p=\frac{N_1}{A}$$

式中　p——基底平均压应力（kPa）；

A——基础底面每延米的面积，即基础宽度，$B\times1.0\text{m}$；

N_1——每延米作用于基底的总竖向力设计值（kN）。

$$N_1=(G\gamma_G+\gamma_{Q1}E_y-W)\cos\alpha_0+\gamma_{Q1}E_x\sin\alpha_0$$

式中　E_y——墙背主动土压力（含附加荷载引起）的垂直分力（kN）；

E_x——墙背主动土压力（含附加荷载引起）的水平分力（kN）；

W——低水位浮力（kN）（指常年淹没水位）。

② 偏心荷载作用时，作用于基底的合力偏心距 e 为

$$e=\frac{M}{N_1}$$

式中　M——作用于基底形心的弯矩，可按下表采用。

作用于基底的合力偏心距 e 为

$$e=\frac{B}{2}-C$$

其中：

$$B=1\text{m}+0.3\text{m}=1.3\text{m}$$

$$C=\frac{GZ_G+E_yZ_x-E_xZ_y}{G+E_y}$$

$$=\frac{91.3\text{kN/m}\times0.967\text{m}+3.16\text{kN/m}\times0.64\text{m}-25.85\text{kN/m}\times1.39\text{m}}{91.3\text{kN/m}+3.16\text{kN/m}}$$

$$=0.576\text{m}$$

则 $e=\frac{1.3\text{m}}{2}-0.576\text{m}=0.07\text{m}\leqslant\frac{B}{6}=\frac{1.3\text{m}}{6}=0.22\text{m}$

$$p_{max}=\frac{G+E_y}{B}\left(1+\frac{6e}{B}\right)=\frac{91.3\text{kN/m}+3.16\text{kN/m}}{1.3\text{m}}\left(1+\frac{6\times0.07\text{m}}{1.3\text{m}}\right)=96.14\text{kPa}<[\sigma]=810\text{kPa}$$

所以基础底面的压应力满足要求。

2）基底合力偏心距。由以上计算可知，基底合力偏心距满足表 5-9 的要求。

3）地基承载力抗力值。

① 当轴向荷载作用时

$$p \leqslant f$$

式中 p——基底平均压应力（kPa）；

f——地基承载力抗力值（kPa）。

② 当偏心荷载作用时

$$p \leqslant 1.2f$$

$$p=\frac{N_1}{A}=\frac{(G\gamma_G+\gamma_{Q1}E_y-W)\cos\alpha_0+\gamma_{Q1}E_x\sin\alpha_0}{B}$$

$$=\frac{(91.3\text{kN/m}\times1.2+1.4\times3.16\text{kN/m}-0)\cos0+1.4\times25.85\text{kN/m}\times\sin0}{1.3\text{m}}$$

$$=87.68\text{kPa}\leqslant1.2f=1.2\times810\text{kPa}=972\text{kPa}$$

所以满足地基承载力要求。

（6）墙身截面强度验算　为了保证墙身具有足够的强度，应根据经验选择 1~2 个控制断面进行验算，如墙身底部、1/2 墙高处、上下墙（凸形及衡重式墙）交界处。

此处选择 1/2 墙高处进行验算。

1）强度计算。

$$N_j \leqslant \alpha_k A R_a/\gamma_f$$

式中 γ_f——抗力分项系数，取为 2.31；

R_a——材料极限抗压强度（kPa），$R_a=1275\text{kPa}$；

A——挡土墙构件的计算截面积（m^2），$A=1m^2$；

α_k——轴向力偏心影响系数。

按每延米墙长计算

$$N_j=\gamma_0(\gamma_G N_G+\gamma_{Q1}N_{Q1})$$

式中 N_j——设计轴向力（kN）；

γ_0——重要性系数，取为 1.0；

N_G、γ_G——恒载（自重及襟边以上土重）引起的轴向力（kN）和相应的分项系数；

N_{Q1}——主动土压力引起的轴向力（kN）；

γ_{Q1}——主动土压力引起的轴向力的分项系数。

$$N_G=1\text{m}\times1\text{m}\times4\text{m}\times22\text{kN/m}^3=88\text{kN}$$

$$N_{Q1}=3.16\text{kN}$$

$$N_j=1.0\times(1.2\times88\text{kN}+1.4\times3.16\text{kN})=110.024\text{kN}$$

$$\alpha_k=\frac{1-256\left(\frac{e_0}{B}\right)^8}{1+12\left(\frac{e_0}{B}\right)^2}=\frac{1-256\left(\frac{0.07\text{m}}{1.3\text{m}}\right)^8}{1+12\left(\frac{0.07\text{m}}{1.3\text{m}}\right)^2}=0.966$$

$$N_j=110.024\text{kN}\leqslant\frac{\alpha_k A R_a}{\gamma_f}=0.966\times1\text{m}^2\times\frac{1275\text{kPa}}{2.31}=533.18\text{kN}$$

故强度满足要求。

2）稳定计算。

$$N_j \leqslant \psi_k \alpha_k A R_a/\gamma_f$$

式中 ψ_k——弯曲平面内的纵向翘曲系数，按下式计算

$$\psi_k=\frac{1}{1+\alpha_s\beta_s(\beta_s-3)[1+16(e_0/B)]}$$

β_s——$2H/B$，H 为墙有效高度（m），B 为墙的宽度（m）；

一般情况下挡土墙尺寸不受稳定控制，但应判断是细高墙或是矮墙。当 H/B 小于 10 时为矮墙，其余则为细高墙。对于矮墙可取 $\psi_k=1$，即不考虑纵向稳定。此处 $H/B=4/1=4<10$，故 $\psi_k=1$。

$$N_j=110.024\text{kN}\leqslant\psi_k\frac{\alpha_k A R_a}{\gamma_f}=1\times0.966\times1\text{m}^2\times\frac{1275\text{kPa}}{2.31}=533.18\text{kN}$$

故稳定满足要求。

同理，选择墙身底部进行验算，经验算强度与稳定均满足要求。

故所设计的挡土墙满足要求。

【挡土墙设计案例 2】 设计资料：某二级公路，路基宽 8.5m，拟设计一段路堤挡土墙，进行稳定性验算。墙身构造：拟采用混凝土重力式路堤墙，如图 5-32 所示。填土高 $a=2$m，填土边坡 1∶1.5（$\beta=33°41'$），墙身分段长度 10m。车辆荷载：二级荷载。填料：砂土，重度 $\gamma=18\text{kN/m}^3$，计算内摩擦角 $\varphi=35°$，填料与墙背的摩擦角 $\delta=\frac{\varphi}{2}$。地基情况：中密砾石土，地基承载力抗力 $f=500$kPa，基底摩擦系数 $\mu=0.5$。墙身材料：10 号砌浆片石，砌体重度 $\gamma_a=22\text{kN/m}^3$，允许压应力 $[\sigma_a]=1250$kPa，允许剪应力 $[\tau]=175$kPa，考虑墙后荷载。

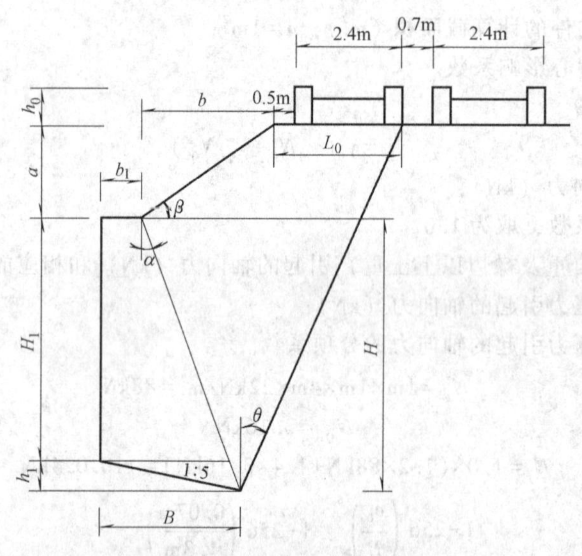

图 5-32 重力式路堤墙尺寸

（1）挡土墙尺寸设计 初拟墙高 $H=6$m，墙背俯斜，倾角 $\alpha=18°26'$（1∶0.33），墙顶宽 $b_1=0.94$m，墙底宽 $B=2.92$m。

（2）计算与验算

1）车辆荷载换算。当 $H\leqslant2$m 时，$q=20.0$kPa；当 $H\geqslant10$m 时，$q=10$kPa，由直线内插法得：$H=6$m 时，$q=\left(\frac{6\text{m}-2\text{m}}{10\text{m}-2\text{m}}\right)\times(20\text{kPa}-10\text{kPa})+10\text{kPa}=15\text{kPa}$

换算均布土层厚度：$h_0=\dfrac{q}{r}=\dfrac{15\text{kPa}}{18\text{kN/m}^3}=0.83\text{m}$

2）主动土压力计算（假设破裂面交于荷载中部）。

由 $\alpha=18°26'$，$\varphi=35°$，$\delta=\dfrac{\varphi}{2}=17°30'$得

$$\omega=\varphi+\alpha+\delta=35°+18°26'+17°30'=70°56'$$

$$\begin{aligned}A&=\frac{ab+2h_0(b+d)-H(H+2a+2h_0)\tan\alpha}{(H+a)(H+a+2h_0)}\\&=\frac{2\text{m}\times2\text{m}\times1.5+2\times0.83\text{m}\times(3\text{m}+0.5\text{m})-6\text{m}\times(6\text{m}+4\text{m}+2\times0.83\text{m})\tan18°26'}{(6\text{m}+2\text{m})\times(6\text{m}+2\text{m}+2\times0.83\text{m})}\\&=\frac{11.81\text{m}^2-23.318\text{m}^2}{77.28\text{m}^2}=-0.149\end{aligned}$$

$$\begin{aligned}\tan\theta&=-\tan\omega+\sqrt{(\cot\varphi+\tan\omega)(\tan\omega+A)}\\&=-\tan70°56'+\sqrt{(\cot35°+\tan70°56')\times(\tan70°56'-0.149)}\\&=-2.893+\sqrt{(1.428+2.893)\times(2.893-0.149)}=-2.893+3.443\\&=0.55\end{aligned}$$

$$\theta=28.81°=28°49'$$

验核破裂面位置：

路堤破裂面距路基内侧水平距离为

$$(H+a)\tan\theta+H\tan\alpha-b=(6\text{m}+2\text{m})\times0.55+6\text{m}\times0.33-3=3.4\text{m}$$

荷载外边缘距路基内侧水平距离为 5.5m+0.5m=6m

因为 0.5m<3.4m<6m，所以破裂面交于荷载内，假设成立。

3）主动土压力系数 K 和 K_1。

$$h_1=\frac{b-a\tan\theta}{\tan\theta+\tan\alpha}=\frac{3\text{m}-2\text{m}\times0.55}{0.55+\tan18°26'}=2.152\text{m}$$

$$h_2=\frac{d}{\tan\theta+\tan\alpha}=\frac{0.5\text{m}}{0.55+\tan18°26'}=0.566\text{m}$$

$$h_3=H-h_1-h_2=6\text{m}-2.152\text{m}-0.566\text{m}=3.282\text{m}$$

$$K=\frac{\cos(\theta+\varphi)}{\sin(\theta+\omega)}(\tan\theta+\tan\alpha)=\frac{\cos(28°49'+35°)}{\sin(28°49'+70°56')}(0.55+\tan18°26)=0.395$$

$$\begin{aligned}K_1&=1+\frac{2a}{H}\left(1-\frac{h_1}{2H}\right)+\frac{2h_0h_3}{H^2}=1+\frac{4\text{m}}{6\text{m}}\left(1-\frac{2.152\text{m}}{12\text{m}}\right)+\frac{2\times0.83\text{m}\times3.282\text{m}}{(6\text{m})^2}\\&=1+0.547+0.151=1.698\end{aligned}$$

4）求主动土压力 E_a 及土压力的作用点。

$$E_a=\frac{1}{2}\gamma H^2KK_1=\frac{1}{2}\times18\text{kN/m}^3\times(6\text{m})^2\times0.395\times1.698=217.31\text{kN/m}$$

$$E_x=E_a\cos(\alpha+\delta)=217.31\text{kN/m}\times\cos(18°26'+17°30')=175.96\text{kN/m}$$

$$E_y=E_a\sin(\alpha+\delta)=217.31\text{kN/m}\times\sin(18°26'+17°30')=127.53\text{kN/m}$$

$$Z_x=\frac{H}{3}+\frac{a\ (H-h_1)^2+h_0h_3(3h_3-2H)}{3H^2K_1}$$

$$=\frac{6\text{m}}{3}+\frac{2\text{m}\ (6\text{m}-2.152\text{m})^2+0.83\text{m}\times3.282\text{m}\times(3\times3.282\text{m}-2\times6\text{m})}{3\times(6\text{m})^2\times1.698}$$

$$=2\text{m}+0.129\text{m}=2.13\text{m}$$

$$Z_y=B-Z_x\tan\alpha=2.92\text{m}-2.13\text{m}\times\tan18°26'=2.22\text{m}$$

因基底倾斜，土压力对墙趾的力臂 Z_x 改为

$$Z'_x=Z_x-B\tan\alpha_0=2.13\text{m}-2.92\text{m}\times0.2=1.55\text{m}$$

（3）稳定性验算　一般情况下，挡土墙的抗倾覆稳定性较容易满足，墙身断面尺寸主要由抗滑稳定性和基底承载力来控制，故选择基底倾斜 1∶5（$\alpha_0=11°18'$）

1）计算墙身重 G 及力臂 Z_ω（取墙长 1m 计）。

$$G=\gamma_aA=\left[\frac{1}{2}(b_1+B)H-\frac{1}{2}BB\tan\alpha_0\right]\gamma_a$$

$$=\left[3\text{m}\times(0.94\text{m}+2.92\text{m})-\frac{1}{2}\times2.92\text{m}\times2.92\text{m}\times\tan11°18'\right]\times22\text{kN/m}^3$$

$$=(11.58\text{m}^2-0.85\text{m}^2)\times22\text{kN/m}^3=236\text{kN/m}$$

由力矩平衡原理得

$$G\times Z_G=\left[A_1\frac{b_1}{2}+A_2\left(b_1+\frac{B-b_1}{3}\right)-A_3\frac{B}{3}\right]\gamma_a$$

其中：$A_1=b_1H$，$A_2=\frac{1}{2}H(B-b_1)$，$A_3=\frac{1}{2}Bh_1$。

则：

$$236\text{kN/m}\times Z_G=\left[0.94\text{m}\times6\text{m}\times\frac{0.94\text{m}}{2}+\frac{1}{2}\times6\text{m}\times(2.92\text{m}-0.94\text{m})\times\left(0.94\text{m}+\frac{2.92\text{m}-0.94\text{m}}{3}\right)-\frac{1}{2}\times2.92\text{m}\times2.92\text{m}\times\tan11°18'\times\frac{2.92\text{m}}{3}\right]\times22\text{kN/m}^3$$

$$Z_G=1.05m$$

2）抗滑稳定性验算。

$$[1.1G+\gamma_{Q1}(E_y+E_x\tan\alpha_0)]\mu+(1.1G+\gamma_{Q1}E_y)\tan\alpha_0\geqslant\gamma_{Q1}E_x,(\gamma_{Q1}=1.4,\mu=0.5)$$

$$[1.1G+\gamma_{Q1}(E_y+E_x\tan\alpha_0)]\mu+(1.1G+\gamma_{Q1}E_y)\tan\alpha_0$$

$$=[1.1\times236\text{kN/m}+1.4\times(127.53\text{kN/m}+175.96\text{kN/m}\times0.2)]\times0.5+(1.1\times236\text{kN/m}+1.4\times127.53\text{kN/m})\times\tan11°18'=331.34\text{kN/m}$$

$$\gamma_{Q1}E_x=1.4\times175.96\text{kN/m}=246.34\text{kN/m}$$

331.34kN/m>246.34kN/m，故满足抗滑稳定性的方程。

抗滑稳定性系数 $K_c=\dfrac{(N+E_x\tan\alpha_0)\mu}{E_x-N\tan\alpha_0}$

$$K_c=\frac{(G+E_y+E_x\tan\alpha_0)\times0.5}{E_x-(G+E_y)\times0.2}=1.9>1.3$$

故满足抗滑稳定性的要求。

3）抗倾覆稳定性验算。

$$0.8GZ_G+\gamma_{Q1}(E_yZ_y-E_xZ_x)>0$$

$$0.8GZ_G+\gamma_{Q1}(E_yZ_y-E_xZ_x)=0.8\times236\text{kN/m}\times1.05\text{m}+1.4\times(127.53\text{kN/m}\times2.22\text{m}-175.96\text{kN/m}\times1.55\text{m})=212.77\text{kN}>0$$

故满足抗倾覆稳定性的方程。

抗倾覆稳定性系数 $K_0=\dfrac{GZ_G+E_yZ_y}{E_xZ_x}$

$$K_0=\frac{236\text{kN/m}\times1.05\text{m}+127.53\text{kN/m}\times2.22\text{m}}{175\text{kN/m}\times1.55\text{m}}=1.94>1.5$$

故满足抗倾覆稳定性的要求。

4）基底应力与偏心距验算。

① 偏心荷载作用时，作用于基底的合力偏心距：$e_0=\dfrac{B}{2}-Z_N$

$$Z_N=\frac{\sum M_y-\sum M_0}{\sum N}=\frac{GZ_G+E_yZ_y-E_xZ_x}{G+E_y}$$

$$=\frac{236\text{kN/m}\times1.05\text{m}+127.53\text{kN/m}\times2.22\text{m}-175.96\text{kN/m}\times1.55\text{m}}{236\text{kN/m}+127.53\text{kN/m}}=0.71\text{m}$$

$$e_0=\frac{B}{2}-Z_N=\frac{2.92\text{m}}{2}-0.71\text{m}=0.75\text{m}$$

因为$\dfrac{B}{6}=\dfrac{2.92\text{m}}{6}=0.487\text{m}$，故 $e_0>\dfrac{B}{6}$，不满足要求。

由于 $e_0>\dfrac{B}{6}$，将墙趾加宽成宽 0.8m，高 0.8m 的台阶后再进行验算。

$$(236\text{kN/m}+0.8\text{m}\times0.8\text{m}\times22\text{kN/m}^3)\times Z'_G=\left[0.94\text{m}\times6\text{m}\times\left(\frac{0.94\text{m}}{2}+0.8\text{m}\right)+\frac{1}{2}\times6\text{m}\times(2.92\text{m}-0.94\text{m})\times\left(0.94\text{m}+\frac{2.92\text{m}-0.94\text{m}}{3}+0.8\text{m}\right)-\frac{1}{2}\times2.92\text{m}\times2.92\text{m}\times0.2\times\left(\frac{2.92\text{m}}{3}+0.8\text{m}\right)+0.8\text{m}\times0.8\text{m}\times\frac{0.8\text{m}}{2}\right]\times22\text{kN/m}^3$$

$$Z'_G=1.77\text{m}$$

$$Z_N=\frac{G'Z'_G+E_yZ'_x-E_xZ_y}{G+E_y+(0.8\text{m})^2\times22\text{kN/m}^3}$$

$$=\frac{(236\text{kN/m}+(0.8\text{m})^2\times22\text{kN/m}^3)\times1.77\text{m}+127.53\text{kN/m}\times(2.22\text{m}+0.8\text{m})-175.96\text{kN/m}\times1.55\text{m}}{236\text{kN/m}+127.53\text{kN/m}+(0.8\text{m})^2\times22\text{kN/m}^3}$$

$$=1.47\text{m}$$

$$e_0=\frac{B}{2}-Z_N=\frac{2.92\text{m}+0.8\text{m}}{2}-1.47=0.39\text{m},\quad e'_0=e_0/\cos\alpha_0=0.39\text{m}/0.98=0.40\text{m}$$

因为$\dfrac{B}{6}=\dfrac{3.72\text{m}}{6}=0.62\text{m}$，故 $e_0<\dfrac{B}{6}$，故满足基底合力偏心距的要求。

② 基底应力验算。

$$\sigma_{max}=\frac{N_d}{A'}\left(1+\frac{6e}{B'}\right),\quad \sigma_{min}=\frac{N_d}{A'}\left(1-\frac{6e}{B'}\right)$$

其中 $B'=B/\cos\alpha_0=3.72\text{m}/0.98=3.80\text{m}$，$A'=B'\times1.0=3.80\text{m}$

当基底有倾斜时

$$N_d=(G+E_y)\cos\alpha_0+E_x\sin\alpha_0$$
$$=(236\text{kN/m}+127.53\text{kN/m})\times0.98+175.96\text{kN/m}\times0.2=391.45\text{kN/m}$$
$$\sigma_{max}=\frac{391.45\text{kN/m}}{3.80\text{m}}\left(1+\frac{6\times0.40\text{m}}{3.80\text{m}}\right)=168.07\text{kPa}<[\sigma_0]=500\text{kPa}$$
$$\sigma_{min}=\frac{391.45\text{kN/m}}{3.80\text{m}}\left(1-\frac{6\times0.40\text{m}}{3.80\text{m}}\right)=37.95\text{kPa}<[\sigma_0]=500\text{kPa}$$

验算通过，所拟尺寸合理，可以使用。

习　题

1. 什么叫挡土墙？其分类有哪些？
2. 常用的重力式挡土墙一般由哪几部分组成？
3. 挡土墙的排水措施包括哪些内容？
4. 挡土墙中沉降缝和伸缩缝有何区别与联系？
5. 作用在挡土墙上的力系有哪些？
6. 有哪三种土压力？各种土压力在工程结构中如何运用？
7. 挡土墙验算内容有哪些？如何验算？
8. 增加挡土墙稳定性的措施主要有哪些？
9. 挡土墙课程设计，内容如下：

(1) 挡土墙布置　已知三级公路某路段中心线上纵坡为-3%（下坡），纵断面设计资料见表 5-15（表中设计高程为路肩外缘的设计高程）。

表　5-15

标号	K4+300	K4+330	K4+370	K4+400	K4+420
原地面高程/m	80.30	72.00	68.80	70.50	76.60
设计高程/m		77.20			

各横断面左右及原地面点比中心桩的高差见表 5-16。

表　5-16

桩号	K4+300	K4+330	K4+370	K4+400	K4+420
左 20m	+2.0m	+2.5m	+3.2m	+2.4m	+1.8m
右 20m	-1.5m	-1.8m	-2.2m	-1.7m	-1.4m

路基宽度为 8.5m，左侧路肩墙，右侧可占地（离路中心线 8m）。K4+350 之前地基为坚硬砾石，之后为砾石土。采用浆砌重力式块石挡土墙，墙面垂直，俯斜式，墙背坡率为 1∶0.25，也可设计成衡重式挡土墙。填料为开挖的砾石土，路基边坡坡率为 1∶1.5。要求做挡土墙设计图（包括各桩横断面图，左右墙趾纵断面图，最高断面处挡土墙大样图，构造及施工说明等，比例自定）。

(2) 挡土墙力学验算　地基为中密砾石土，基底摩阻系数 $f=0.45$，承载压力标准值 $[\sigma_0]=392\text{kPa}$。开挖的砾石土内摩擦角为 40°，重度为 18.62kN/m^3。M2.5 砂浆浆砌块石与土外摩擦角为 20°，墙身浆砌块石重度为 22.54kN/m^3。砌体容许压应力为 700kPa，容许拉应力为 70kPa，容许剪应力为 150kPa。设计荷载为汽车-20 级，试做右侧最高墙的力学验算。

Part II

第 2 篇

路面工程

第 6 章

路面工程总论

学习目标

掌握路面在道路结构中的特点及使用性能要求；了解路面结构为了保证车辆的正常运行需要满足的基本要求；掌握面层、基层等路面结构的特点及功能要求；掌握必要的功能层种类及设置要求；理解根据面层类型不同对路面的分类；了解目前常见的车辆与轴型划分；掌握不同路面类型对应的轴载换算；了解轴数、轮组对路面结构的影响；掌握道路车辆对应的轴载换算方法；了解不同路面结构层位对应的力学响应及常见破坏类型；熟悉常见路面材料的弹性模量。

6.1 路面的使用性能及对路面的要求

路基是路面的基础，坚强而稳定的路基为路面结构长期承受汽车荷载提供了重要保证。只有坚强、稳定的路基结构才能保证路面的长期使用性能及道路后期较便捷、经济地维修。路基、路面相辅相成，在路面结构的设计及材料参数考虑中，应一直考虑对应道路路基特点，不能孤立路基而仅考虑路面。

路面是在路基顶面的行车部分用各种混合料铺筑而成的层状结构物。路面结构的铺筑一方面隔离了路基，使之避免了直接承受车辆和环境因素的破坏作用，确保路基长期处于稳定状态；另一方面，铺筑路面后，提高了平整度，改善了公路条件，从而保证汽车能以一定的速度，安全、舒适且经济地在公路上全天候通行。

路面直接供车辆行驶，其好坏直接影响行车速度、安全和运输成本。高等级公路铺筑了良好的路面，就能够保证车辆高速、安全、舒适地行驶，并且可以节约运输成本，充分发挥高等级公路的功能。但是，高等级路面的造价较高，路面工程占公路造价的比例较大，因此，在考虑路面材料、结构时，应根据公路等级、任务、交通量及当地的实际资源、环境情况，合理选择、精心设计、精心施工，使路面在设计使用年限内具备良好的使用性能。中国地大物博，没有固定、单一的最优与标准方案；良好的设计方案一般是在满足质量要求、进度、经济的统一的前提下，根据不同的实际情况又有一定的侧重点。

6.1.1 路面的使用性能

同房屋、桥梁、隧道等一样，路面结构的使用性能可分为功能性能和结构性能两个方面。

1. 功能性能

路面的基本功能是为车辆提供快速、安全、舒适和经济的行驶表面。路面的功能性能指路面满足这一基本功能的能力，它反映了路面的服务水平或行驶质量。

煤炭、石油等原料的发现及大规模使用引起了一系列的工业革命及产业升级；内燃机汽车在这种背景下的发明及运用，极大地改善了人们的出行及物资运输方式。为了满足车辆快速与安全的行驶特点，路面宽度较农业社会有了大幅度的提高，为了保证舒适性及经济性，路面材料及结构也应满足更高的要求。行人荷载相对于车辆荷载对路面结构的影响微不足道，同时由于行人在路面上行驶时慢速、便捷改变方向及较小的体积特点；考虑路面行驶质量时主要把车辆及坐在车辆里面的人的感知作为研究对象。

路面的行驶质量同路面平整度、车辆悬挂系统的振动特性、人对振动的反应或接受能力三个方面的因素有关。车辆悬挂系统的振动特性研究是汽车生产厂家关注的焦点，路面设计者要考虑的车辆是目前绝大部分能在路面上正常行驶的车辆，没有必要太过关注车辆悬挂系统的振动特性；人对振动的反应或接受能力同路面平整度息息相关；因此，对路面行驶质量的影响因素中最主要的是路面的平整度。常见的沥青路面、水泥混凝土路面在竣工验收的时候都对路面平整度提出一定的要求，往往是沥青路面的平整度优于水泥混凝土路面，这也是沥青路面在高等级道路中占据比例远远高于水泥混凝土路面的重要原因之一。

路面的行驶质量可以通过主观或者主观和客观相结合的方法进行评价，用5分制或10分制的行驶质量指数（RQI）或服务指数（PSI）表示，并同平整度的量测结果（IRI）建立联系。

安全性主要指路面表面的抗滑能力。路面的抗滑能力可采用横向力系数SFC、摆值BPN、构造深度TD等指标评定。随着车轮的不断磨耗，路面的抗滑能力因集料被磨光而下降。当表面摩阻性能下降到不可接受的水平时，车辆行驶时可能出现飘滑从而引发严重的交通事故；在雨雪天气尤为突出。因此，对路面结构常常需采取加铺抗滑磨耗层等措施，恢复甚至提高其抗滑能力，从而确保安全性。

2. 结构性能

路面的结构性能指路面保持其结构完好而不出现损坏的能力。路面的损坏可归纳为三大类（见表6-1）：

1）断裂和裂缝类路面结构的整体性受到破坏。

2）永久变形类路面结构虽仍保持整体性，但形状有较大改变。

3）耗损类路面表面部分材料的散失或磨损。

路面结构设计主要考虑前两类损坏，采取特定措施防止它们在预定的设计期内出现。例如，沥青路面结构设计主要针对疲劳开裂、低温缩裂、反射裂缝和车辙等；水泥混凝土主要针对疲劳断裂、唧泥和错台等。而耗损类损坏则主要同面层材料的性能有关，在材料选择和设计时考虑。

表6-1 路面损坏类型

损坏类型	一般原因	特定原因	损坏形式
断裂和裂缝	车辆荷载	重复荷载、制动力、下层接（裂）缝和车辆荷载	疲劳断裂或龟裂、滑动裂缝、反射裂缝
	环境因素	温度变化、湿度变化、下层接（裂）缝和温（湿）度收缩	横向裂缝、收缩裂缝、反射裂缝
永久变形	车辆荷载	重复荷载、荷载过重	车辙、塑流或蠕变
	环境因素	膨胀土或冰冻作用、固结、水渗入	隆起、沉降、唧泥和错台
耗损	车辆荷载	—	磨光、磨损、露骨
	环境因素	—	剥落

路面损坏状况用类型、严重程度和范围（或密度）三个方面表征，并采用单项损坏类型指标或综合指标进行评价，路面损坏状况也随时间而发展，严重到一定程度后，便需要采取措施恢复其完好程度。

路面结构的承载能力指路面在达到预定的损坏状况之前还能承受行车荷载作用的次数，或者还能使用的年数。结构承载能力同损坏状况有内在的联系。在使用过程中，承载能力逐渐下降，且损坏逐步发展；承载能力低的路面，其损坏状况必然很严重。已往采用路表面无破损弯沉测定方法评价路面的结构承载能力，也即确定其剩余寿命。路面回弹弯沉作为沥青路面设计控制指标被使用了30多年；JTG D50—2017《公路沥青路面设计规范》只是把其作为竣工验收的一个控制指标；沥青路面设计性能指标采用多元指标：沥青混合料层层底拉应变、无机结合料稳定层层底拉应力、沥青混合料层永久变形量、路基顶面竖向压应变、季节性冰冻地区沥青面层低温开裂指数。

6.1.2 对路面的要求

为了保证道路全年通车，提高行车速度，增强安全性和舒适性，降低运输成本和延长道路使用年限，对路面具有以下要求。

(1) 具有足够的强度和刚度　汽车在路面上行驶时，路面除受到车辆通过车轮传递的垂直力和水平力以外，还受到车辆震动力和冲击力作用。

在上述车辆荷载的作用下，路面结构内就会产生应力、应变（微观）及位移（宏观）。当路面结构整体或某一组成部分（如某一层）的强度或抗变形能力不足以抵抗这些应力、应变及位移时，路面就会出现断裂、裂缝、沉陷、车辙及波浪等破坏，使路况继续恶化，服务水平下降。其中强度主要对应应力，刚度主要对应应变及位移，强度与刚度是对材料在抵抗荷载时两个方面的描述。路面结构整体及其各组成部分都应具有足够的强度和刚度。

路面的强度和刚度是两个既相互联系又相互区别的力学特性。路面结构应具有足够的强度，以抵抗车轮荷载引起的各个部位的各种应力，如压应力、拉应力和剪应力等，以保证路面结构不发生压碎、断裂、剪切等各种破坏。路面结构应具有足够的刚度，使得在车轮荷载作用下 不发生过大的变形和位移，保证路面不发生沉陷、车辙或波浪等病害。

(2) 具有足够的稳定性　由于路面建筑在路基之上，袒露于大气之中，除了承受车轮荷载作用外，还经常受到水分湿度、大气温度等自然环境因素的影响，这些因素也影响着路面的强度和刚度。

温度变化会对路面稳定性产生重要影响，如沥青路面由于高温稳定性不足而导致高温季节条件下的软化，在车轮荷载作用下产生车辙、波浪等永久变形等病害，在高温及重载交通下更为明显；低温时沥青面层由于抗拉强度不足而出现开裂。半刚性基层低温收缩产生反射裂缝并会向上延伸到路面结构中，而水泥混凝土路面高温时发生拱胀开裂，低温时出现收缩裂缝以及在温度梯度作用下产生翘曲应力而破坏等。在北方低温冰冻季节，温度和湿度的共同作用会引起路基路面结构的冻胀，春融季节在重要交通路段产生翻浆，严重影响路基路面的强度与稳定性。

大气降水及蒸发是路面湿度变化的主要原因，这些都会影响路面结构稳定性。水泥混凝土路面因排水不畅发生唧泥，冲刷基层导致结构破坏；沥青混凝土路面由于水分的侵蚀，引起沥青面层剥落、松散等水损害；砂石路面在雨季因雨水冲刷和渗入路面结构而导致强度下降，产生沉陷、松散等病害。

只有充分调查和分析当地温度、湿度状况，才能设计出具有足够稳定性的路面材料及路面结构；因此，不同地区、不同的气候条件应对应不同的最优路面材料及路面结构。

(3) 具有足够的耐久性　往往通车前几年，路面的使用性能和大部分指标都比较好；但是3~5年以后，在车辆荷载的反复作用下，路面使用性能将逐年下降，强度和刚度逐年衰减，路面出现不同程度的疲劳破坏和塑性变形。此外，路面在大气温度、湿度等自然环境因素的长期反复作用下，路面材料性能的老化也会损坏原路面结构。

应精心选择具有足够抗疲劳强度、抗老化和抗变形能力的材料；同时精心设计、精心施工，并重视路面长期的养护与维修，从而保证和尽量延长路面使用年限。已修道路重建设而轻养护；十二五规划以后，道路的养护与管理工作越来越提到重要日程上，这些都有利于路面使用寿命的延长及长远的经济效益。

(4) 具有足够的平整度　由于车辆行驶的安全、快速及舒适性要求，路面必须保证一定的平整度。不平整的路面会使行驶的车辆产生一附加的振动，这种振动会造成行车颠簸，影响行驶的安全性和舒适性。同时，振动作用对路面施加冲击力，从而加速路面损坏和车辆轮胎的磨损，增加耗油量，提高车辆的运行费用。不同等级的公路，对行驶速度和舒适性的要求不同，从而对路面平整度的要求也不同。高等级道路对路面平整度的要求更高。

优良平整的路面，要依靠优良的施工设备、精细的施工工艺、严格的施工质量控制，同时还应采取必要的养护措施。此外，随着行车荷载的反复作用，路面结构逐渐出现破坏和变形（如断裂、沉陷、车辙、推移和松散等），从而使路面平整度变差。因此，采用强度和刚度高、稳定性好的路面结构和面层材料，对于长期保证路面优良的平整度、减小其衰变速度非常重要。

(5) 具有足够的抗滑性　路面一方面要求平整度好；另一方面不宜光滑。表面光滑，行驶的车轮与路面之间的附着力和摩擦力较小，当雨雪天或高速行驶需紧急制动、上下坡、转弯时，容易造成车轮打滑或空转，从而引发严重的交通事故。路面的抗滑性能通常采用摩擦系数表征。高速公路和一级公路，由于行驶速度高，而要求具有较高的抗滑性能。

对于沥青路面，应采用坚硬、耐磨、表面粗糙的粒料以及具有良好黏结力的沥青或改性沥青，并通过合理的组成设计来提高路面表面的构造深度从而提高其抗滑性能；对于水泥混凝土路面，可采取刷毛、刻槽等工艺措施提高其抗滑性能。此外，应及时清除影响路面抗滑性能的积雪、浮水和污泥等。

(6) 具有足够的不透水性（抗透性）　路面透水性过大时，雨天水分容易渗入路面结构和路基，但是将水分排出路面及路基困难很多，大量水分会滞留在路面表层和路面结构内部。在大量高速行车荷载反复作用下，自由水产生很大的动水压力不断冲刷路面，路面会有剥落、坑洞及龟裂等早期水损坏现象。同时水分会使路基结构湿软，影响路基强度及稳定性。

透水性路面是目前提倡的“海绵城市”重要组成部分；一定的透水性就需要路面结构内部足够多的空隙，但是路面为了承担车辆荷载，又需要一定小的空隙及压实度；如何在一定的材料性能前提下，通过恰当的路面结构找到合适的平衡点是透水性路面的设计重点。

(7) 具有低噪声及低扬尘性　噪声与扬尘会对环境造成污染，影响正常的行车秩序及居民身体健康，改革开放近40年的发展成果牺牲了很大的生态环境，在以后的路桥建设中对“低噪声及低扬尘”的控制及要求只会越来越严。

引起行车噪声的原因一方面是路面平整度差及路面面层材料的刚度大；另一方面是不良的线形设计导致车辆频繁的加速、减速、转向。扬尘主要发生于砂石路面及路基施工环节，因车轮后面产生真空吸力将面层细集料、路基土吸出而引起。目前除了清扫路面浮土和灰尘外，常采用洒水车喷洒路面降低扬尘。

6.2 路面的适用范围及分类

6.2.1 路面的适用范围

面层结构作为路面结构的最外层，直接承受车辆荷载及环境因素的综合作用；其材料性能一定要满足要求。不同等级的道路对路面类型有不同的要求；要找到与道路等级相匹配的路面类型，才能确保质量、进度、经济三方面的合理与最优化，表6-2是常见的路面的适用范围。

表6-2 常见路面的适用范围

路面类型	适用范围
沥青混凝土路面、水泥混凝土路面	高速、一级、二级、三级、四级公路
沥青贯入路面、沥青碎石路面、沥青表面处治路面	三级、四级公路
砂石路面	四级公路

6.2.2 路面类型

按路面所使用的主要材料，路面一般可划分为：水泥混凝土路面、沥青路面、砂石路面等。在进行路面结构设计时，从路面结构在行车荷载作用下的力学特性出发，将路面划分为柔性路面、刚性路面和半刚性路面三类。下面分别介绍它们的力学特性及路面结构特点。

(1) 柔性路面 柔性路面结构整体刚度较小，在行车荷载作用下产生的弯沉变形较大，路面结构层抗弯拉强度较低，面层结构能够承担的力较小，绝大部分力主要有基层及路基承担，因而基层、路基需要承受较大的单位压力。柔性路面在考虑基层材料时，往往采取较大刚度的无机结合料半刚性材料；若基层材料本身刚度也不是很大，则需要较厚的路面结构，避免路面结构因抗拉、抗剪能力不足而引起一些病害。柔性路面主要为各种未经处治的粒料基层和各类沥青面层、碎（砾）石面层或块石面层组成的路面结构。

(2) 刚性路面 刚性路面主要指水泥混凝土做面层或基层的路面结构，主要包括普通水泥混凝土路面结构、钢筋混凝土路面结构、预应力混凝土路面结构等。与柔性路面相比，水泥混凝土本身具有较高的抗压强度、抗弯拉强度、板体刚度及弹性模量。因此，其具有较大的承担、扩散应力的能力；在车辆荷载作用下，通过板体传递给基层或地基的单位压力要比柔性路面小得多。但对应的基层结构表面一定要保持一定的平整度，否则会出现面层板体的应力集中。由于对上述问题认识不到位，部分修建的“村村通”水泥混凝土路面在未经受重载交通荷载作用下，也常出现断板、开裂等病害而影响路面的使用性能。

(3) 半刚性路面 刚性路面造价高，柔性路面的承载能力不足。自20世纪90年代以来，我国公路行业快速发展，并在高等级道路建设中大规模采用了半刚性路面。用水泥、石灰、粉煤灰、工业废渣等无机结合料稳定土或碎（砾）石而修筑的基层，称为半刚性基层；由半刚性基层和铺筑在它上面的沥青面层所组成的路面结构称为半刚性路面。半刚性基层初期强度和刚度较小，具有柔性路面力学性质，后期强度和刚度增长幅度较大，具有刚性路面力学性质，但是最终的强度和刚度仍远小于水泥混凝土路面。在21世纪初，对部分半刚性路面的病害原因分析，发现原有的水泥掺量偏大，容易产生基层的温缩、干缩裂缝；这些裂缝随后延伸、发展到路面，容易引起沥青路面的开裂；许多学者对此进行研究，把水泥掺量由起初的8%左右降低到5%以下，大大降低了反射裂缝。

刚性路面、柔性路面和半刚性路面是从结构设计方面出发，以力学特性作为划分原则，这种划分没有绝对的定量界限。随着材料科学的发展，刚性路面与柔性路面间的区别会变得模糊，如水泥混凝土添加聚合物，使得它在保留高强度的同时降低刚度，具有柔性路面的特性，而沥青改性的研究使得沥青混凝土随着气候的变化而变化的力学性质更加趋于稳定，从而具有刚性路面的特性。目前，部分研究机构提出了半柔性路面概念，其路面刚度介于柔性与半刚性之间。这说明不同的路面类型是处于发展和相互转化中。

6.3 交通荷载及其对路面的作用

交通荷载是路面结构分析和设计中最重要的内容之一，同时也是最难准确预测的因素。以前是依据对路面结构造成相同的破坏为换算原则，将路面实际中的混合交通换算成标准轴载作用下的当量轴载作用次数。当量轴载换算受到路面结构类型、结构厚度、轴载类型、路面损坏类型等诸多因素的影响。

已往对各类车型代表车辆的轴重取典型值，使得利用当量轴载作用次数不能很好反映路面车辆轴重的实际情况。考虑到各类车辆的轴重值是在不同轴重区间上的分布函数。JTG D50—2017《公路沥青路面设计规范》采取了更准确的当量轴载换算系数。

6.3.1 交通荷载数据调查与整理

交通荷载数据可通过交通量观测、车辆自动识别仪、称重仪等手段采集。使用的称重仪包括静态称重仪与动态称重仪两类。静态称重仪需要隔断交通，通常只能选择部分车辆进行称重，所得结果不能完全反映道路的交通荷载特性，费时且费用较高。动态称重仪有低速动态称重仪（LS-WIM）和高速动态称重仪（HS-WIM）。

低速动态称重仪通常是在车速为5~10km/h时进行称重，经常运用在收费站、称重站等地方。高速动态称重仪是对正常速度行驶下的车辆进行称重，这种称重仪可以对交通荷载数据实现连续、自动的采集且对交通流没有干扰。但是，称重仪的精度受路面平整度、路面结构特性的影响，在使用时，应特别注意仪器的标定工作。

采集的交通荷载数据主要包括：车辆类型及数量，以及每个车辆的轴载数量、轴载类型、轴重、轮胎组成、速度、通过断面时间等。按照轮组和轴组类型对轴型进行分类，见表6-3。

表6-3 轴型分类

轴型编号	轴型说明
1	单轴(每侧单轮胎)
2	单轴(每侧双轮胎)
3	双联轴(每侧单轮胎)
4	双联轴(每侧各一单轮胎、双轮胎)
5	双联轴(每侧双轮胎)
6	三联轴(每侧单轮胎)
7	三联轴(每侧双轮胎)

采用按轴型的组成及排列对车辆进行编号，即将车辆按照上述轴型进行描述，就可以确定该种车辆的轴型组成情况。例如，“12”车（整体车），表示该车由一个“1”轴型（单轴每侧

单轮胎）和一个“2”轴型（单轴每侧双轮胎）组成；“157”车（半挂车）表示该车由一个“1”轴型（单轴每侧单轮胎）和一个“5”轴型（双联轴每侧双轮胎）及一个“7”轴型（三联轴每侧双轮胎）组成。这种编号可以精确反映车辆的轴载组成特性，对收集到的数据按表6-4进行整理，为下一步分析做好数据采集工作。

表6-4 交通荷载数据整理格式

字段编号	字段名	备注
1	省市代码	
2	断面代码	
3	上行、下行	上行:1,下行:2
4	车道代码	
5	通过时间	实例:2017-10-30 10:33
6	车速	
7	客货车类型	客车:1,货车:2
8	车辆分类	
9	车轴类型编号	
10	轴重	
11	轴重	
12	…	按车轴组成依次记录

6.3.2 车辆分类

我国以往是将混合交通流中的车辆分成小客车、大客车、小货车、中货车、大货车及集装箱车六种类型，并为每一类车辆选择一个代表车型及典型轴重值。这样的方法对交通组成的量度过于粗糙，可能会将轴载特性相差很大的车型归入同一类型中，导致每一车辆类型的标准车型并不具备很好的代表性，根据JTG D50—2017《公路沥青路面设计规范》的规定，车辆类型分类见表6-5。

新车型分类方法：

1）先按车辆的整体构造（整体车、半挂车、全挂车）进行区分。

2）然后对每一种车再按其轴组组成进行细分。

3）将对路面结构破坏作用相近的车辆归入一类，从而提高路面结构设计结果的可靠性。

表6-5 车辆类型分类

车型编号	说　明	主要车型及图示		其他车型
1类	2轴4轮车辆	11型车		
2类	2轴6轮及以上客车	12型客车		15型客车
3类	2轴6轮整体式货车	12型货车		

（续）

车型编号	说　明	主要车型及图示		其他车型
4类	3轴整体式货车(非双前轴)	15型	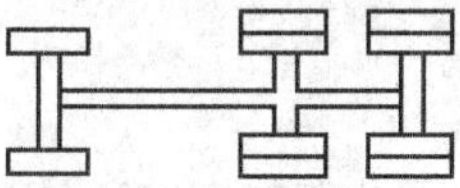	
5类	4轴及以上整体式货车(非双前轴)	17型	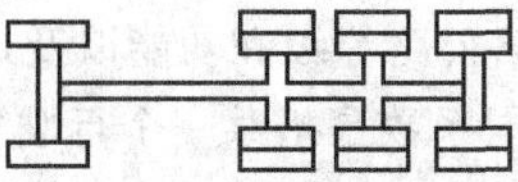	
6类	双前轴整体式货车	112型 115型	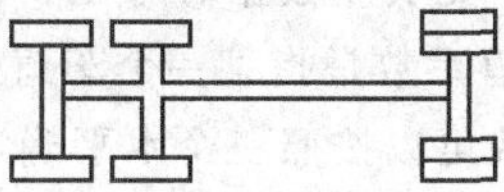	117型
7类	4轴及以下半挂货车(非双前轴)	125型	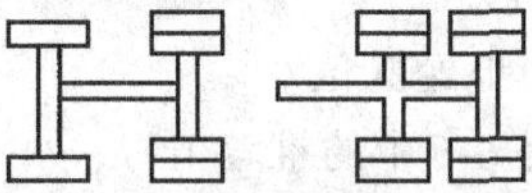	122型
8类	5轴半挂货车(非双前轴)	127型 155型	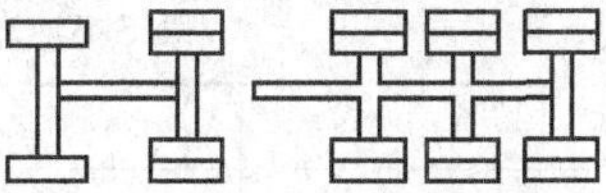	
9类	6轴及以上半挂货车(非双前轴)	157型	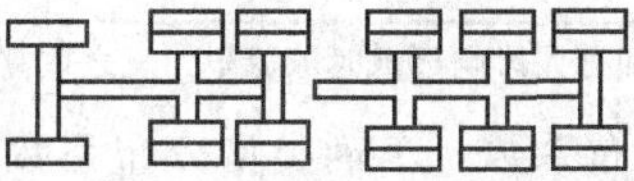	
10类	双前轴半挂式货车	1127型	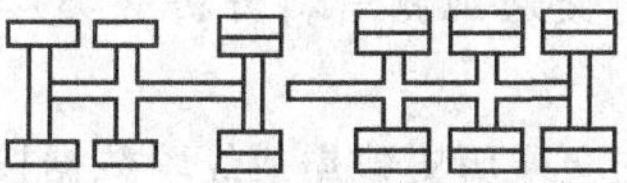	1122型 1125型 1155型 1157型
11类	全挂货车	1522型 1222型	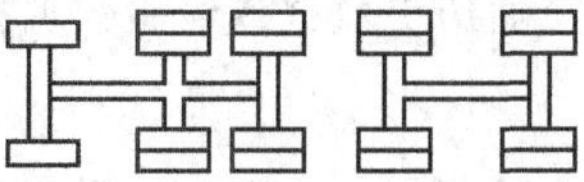	

通过对实测交通荷载数据的分析，表明11型车是我国公路网中的一个主要车型，虽然11车型在路面结构设计中不考虑，但是为了明确现场交通整体组成，需要确定其比例，所以将11型车划为一类。整体车中，客车、12型客车及15型客车所占比例均较大，应单独划分为一类；虽然我国17型车所占比例较小，考虑到其是具有三联轴的整体车，将其划分为一类。我国实测数据分析可知，122型比例很小，可将其与125型车划分为一类；155型和127型轴数相同，其对路面的破坏作用相差不大，且155型所占比例较小，将127型与155型归为一类。

我国车辆组成的一个特点是双前轴整体车或者半挂车数量较多，分析表明双前轴车辆对路面的破坏作用大于轴组组成相近的单前轴车辆，所以把双前轴的整体车和半挂车分别划分为两个类型。对于全挂车，在我国只能在非高速上行驶，主要为1522型和1222型，其数量很少，挂车基本为22型，没有必要对全挂车进行细分，将全挂车归为一类。

6.3.3 交通荷载参数

（1）交通量及增长率　公路初期交通量和其他参数可参照可行性研究报告等有关交通量预测资料，结合当地交通观测站的观测和统计资料，或通过实地设立站点进行观测和统计。交通量的年平均增长率可依据公路等级和功能以及地区经济和交通发展情况等，通过调查分析确定。

（2）方向系数　方向系数是指某一个行驶方向上2类~11类车辆数量在双向2类~11类车辆中所占的比例。方向系数宜根据不同方向上实测交通量数据确定，由于改革开放以来，我国经济发展的相对均衡性，无实测数据时可在0.5~0.6范围内选取。

（3）车道系数　车道系数是指某一个车道上2类~11类车辆数量在该方向2类~11类车辆中所占的比例。车道系数可以按照三个水平确定：

1）水平一，根据现场交通量观测资料统计设计方向不同车道上车辆的数量，确定车道系数。

2）水平二，根据当地经验值。

3）水平三，采用表6-6中的推荐值。

改建设计应采用水平一，新建路面设计可采用水平二或者水平三。

表6-6　车道系数

单向车道数	1	2	3	≥4
高速公路	—	0.70~0.85	0.45~0.60	0.40~0.50
其他等级公路	1.00	0.50~0.75	0.50~0.75	—

注：交通受非机动车和行人影响严重时取低限，反之取高值。

（4）车辆类型分布系数　车辆类型分布系数是指2类~11类车辆中，各类车辆的数量在2类~11类所有车辆数量中所占的百分比。车辆类型分布系数可按三个水平确定：

1）水平一：根据交通观测资料分析2类~11类车型所占的百分比，得到车辆类型分布系数。

2）水平二：根据交通历史数据或经验数据按表6-7确定公路TTC分类，采用该TTC分类车辆类型分布系数当地经验值。

3）水平三：根据交通历史数据或经验数据按表6-7确定公路TTC分类，采用表6-8规定车辆类型分布系数。

表6-7　公路TTC分类标准　（单位：%）

TTC分类	整体式货车比例	半挂式货车比例
TTC1	<40	>50
TTC2	<40	<50
TTC3	40~70	>20
TTC4	40~70	<20
TTC5	>70	—

注：表中整体式货车为表6-5中3~6类车，半挂式货车为表6-5中7~10类车。

表 6-8 不同 TTC 分类车辆类型分布系数 （单位：%）

车辆类型	2 类	3 类	4 类	5 类	6 类	7 类	8 类	9 类	10 类	11 类
TTC1	6.4	15.3	1.4	0.0	11.9	3.1	16.3	20.4	25.2	0.0
TTC2	22.0	23.3	2.7	0.0	8.3	7.5	17.1	8.5	10.6	0.0
TTC3	17.8	33.1	3.4	0.0	12.5	4.4	9.1	10.6	8.5	0.7
TTC4	28.9	43.9	5.5	0.0	9.4	2.0	4.6	3.4	2.3	0.1
TTC5	9.9	42.3	14.8	0.0	22.7	2.0	2.3	3.2	2.5	0.2

（5）平均轴数 平均轴数是指 2 类~11 类车辆中，每一种车型各种类型轴（单轴单胎/方向轴、单轴双胎、双联轴、三联轴）的数量平均值。平均轴数宜根据实测交通量的数据确定。

（6）轴重分布系数（轴载谱） 轴重分布系数是指对给定的车型和轴载类型，轴重位于一定轴重区间的轴数在总轴数中所占的百分比。轴重分布系数从整体上精确地描述了轴载的质量分布情况。为了确定轴重分布系数，首先需要对各种轴型选择合适的轴重间隔，轴重间隔选择的越小，对轴重分布的描述越精确，使用时因工作量大而烦琐；轴重间隔选择过大，会引起较大的分析误差。计算分析表明，对于单轴单胎、单轴双胎、双联轴、三联轴的轴重间隔可分别取 2.5kN、4.5kN、9.0kN、13.5kN 划分轴重区间，既保证分析的精度，又便于使用。

6.4 标准轴载及轴载换算

6.4.1 轴载换算基本参数

当量轴载换算是将混合交通中不同轴重、不同轴组形式的轴载作用次数根据当量破坏的原则转化为设计轴载的作用次数。根据不同的国情，各国采用的设计轴载数值也不相同；大多数都在 60~130kN 之间。我国一直采用 100kN 的设计轴载，设计轴载的具体参数见表 6-9。

表 6-9 设计轴载参数

参数	数值
标准轴载 P/kN	100
轮胎接地压强 p/MPa	0.7
单轮传压面当量圆直径 d/cm	21.3
两轮中心距	1.5d

设计轴载 P_s 在路面结构上作用一次产生的损伤为 D_S，实际轴重 P_i 在同一个路面结构上作用一次产生的损伤为 D_i；按照损伤等效原则，轴载 P_i 作用 N_i 次所产生的损伤等于设计轴载 P_s 作用 N_s 次的损伤，即 $N_iD_i=N_sD_s$ 则轴载换算系数 $EALF_i$ 的计算公式如下

$$EALF_i = N_s/N_i = D_i/D_s = N_{fs}/N_{fi} \tag{6-1}$$

式中 $EALF_i$——实际轴载 P_i 转化为设计轴载 P_s 作用次数的当量轴载换算系数；

N_{fs}、N_{fi}——设计轴载 P_s 和实际轴载 P_i 作用下达到某类损坏使用性能标准的寿命（作用次数），其利用性能模型计算得到。

各类损坏的使用寿命 N_f 是路面结构、材料相关参数以及应力或者应变变量 R 的函数，R 是轴载 P 作用下路面结构的力学响应量，计算公式如下

$$R = P\varphi \tag{6-2}$$

式中 P——作用应力；

φ——应力或者应变量系数，由弹性层状体系理论计算得到。

对于同一个路面结构而言，结构层厚度和材料力学参数不变，当实际轴载 P_i 是单轴双轮组，则上述公式中的 φ 为一常量。因此，式（6-1）可改写为

$$EALF_i = N_s/N_i = D_i/D_s = N_{fs}/N_{fi} = (R_i/R_s)^b = (P_i/P_s)^b \tag{6-3}$$

式中 R_i、R_s——实际轴载与设计轴载产生的关键应力或者应变变量，如沥青层层面拉应变、无机结合料稳定层层底拉应力、路基顶面竖向压应变；

b——各类损坏预估模型中应力或者应变变量项的幂函数，分析沥青混合料层疲劳和沥青混合料层永久变形时，$b=4$；分析路基永久变形时，$b=5$；分析无机结合料稳定层疲劳时，$b=13$。

当 P_i 为单轴单轮、双联轴、三联轴时，由于荷载模式不同，应力应变量系数 φ 也不同；根据荷载作用下路面结构某一点引起响应波形曲线，确定当量换算系数，根据一系列的有效响应与性能模型，得到了不考虑轴重分布的可供直接使用的当量轴载换算公式

$$EALF_i = c_1 c_2 (P_i/n \times 100)^b \tag{6-4}$$

式中 c_1——轮组系数，双轮组时取 1.0，单轮组时取 4.5；

P_i——单轴或并联轴的总轴重；

n——所分析轴载中轴的个数，单轴、双联轴、三联轴 n 分别取 1、2、3；

c_2——轴组系数，按表 6-11 取值；

b——同前面的意义相同，为各类损坏预估模型中应力或者应变变量项的幂函数，在实际运用中归纳为换算指数，其具体取值见表 6-10。

轴型系数与路面结构及材料参数、性能指标等有关，也受有效力学响应确定方法的影响。对大量的路面结构与材料组合工况，分析了不同性能指标下的轴型系数，表明采用不同有效力学响应确定方法得到的结果差别很大。对各种不同工况下的结果进行综合分析，取较大的轴型系数偏于安全，最终得到轴型系数，见表 6-11。

表 6-10 幂函数换算指数

设计指标	换算指数取值
沥青混合料层疲劳	4
沥青混合料层永久变形	
路基永久变形	5
无机结合料层疲劳	13

表 6-11 轴型 c_2 系数取值

设计指标	轮-轴型	c_2 取值
沥青混合料层层底拉应变	双联轴	2.1
沥青混合料层永久变形量	三联轴	3.2
路基顶面竖向压应变	双联轴	4.2
	三联轴	8.7
无机结合料稳定层层底拉应力	双联轴	2.6
	三联轴	3.8
单轴		1.0

注：前后轴间距大于 3m 时，分别按单轴计算；轴间距小于 3m 时，按并联轴计算。

实际的路面车辆荷载中，2类~11类车辆中单轴单胎、单轴双胎、双联轴、三联轴的数量及不同轴型在不同轴重区间所占的比例也不相同。(JTG D50—2017)《公路沥青路面设计规范》中为了方便工程应用，各类车辆当量设计轴载换算系数按水平一、水平二、水平三确定，高速公路、一级公路的改建设计应采用水平一，其他情况可采用水平二或者水平三。

6.4.2 水平一条件下当量设计轴载换算系数

分别统计2类~11类车辆单轴单胎、单轴双胎、双联轴、三联轴的数量，除以各类车辆总量，按式（6-5）计算各类车辆中不同轴型平均轴数。

$$NAPT_{mi}=NA_{mi}/NT_{m} \tag{6-5}$$

式中 $NAPT_{mi}$——m类车辆中i种轴型的平均轴数；

NA_{mi}——m类车辆中i种轴型总数；

NT_{m}——m类车辆总数；

m——表6-5中所列2类~11类车；

i——分别为单轴单胎、单轴双胎、双联轴、三联轴。

按公式（6-6）计算2类~11类车辆不同轴型在不同轴重区间所占的百分比，得到不同轴型的轴重分布系数。确定轴重分布系数时，既要保证一定的精度，又要避免过于烦琐；单轴单胎、单轴双胎、双联轴、三联轴应分别间隔2.5kN、4.5kN、9.0kN、13.5kN划分轴重区间。

$$ALDF_{mij}=ND_{mij}/NA_{mi} \tag{6-6}$$

式中 $ALDF_{mij}$——m类车辆中i种轴型在j级轴重区间的轴重分布系数；

ND_{mij}——m类车辆中i种轴型j级轴重区间的数量；

NA_{mi}——m类车辆中i种轴型的数量；

其他符号意义同式（6-5）。

按式（6-7）计算2类~11类车辆不同轴型在不同轴重区间的当量设计轴载换算系数，计算时取各轴重区间中点值作为该轴重区间代表值。

$$EALF_{mij}=c_1c_2(P_{mij}/P_s)^b \tag{6-7}$$

式中 P_s——设计轴载（kN），我国取100kN；

P_{mij}——m类车辆中i种轴型在j级轴重区间的单轴轴载（kN），对双联轴、三联轴为平均分配到每根轴的轴载；

b——换算指数，分析沥青混合料层疲劳和沥青混合料层永久变形时，$b=4$；分析路基永久变形时，$b=5$；分析无机结合料稳定层疲劳时，$b=13$；

c_1——轴组系数，前后轴间距大于3m时，分别按单个轴计算；轴间距小于3m时，按JTG D50—2017《公路沥青路面设计规范》中表A.3.1-1取值；

c_2——轮组系数，双轮组为1.0，单轮组为4.5。

综上所述，可按照（6-8）得到各类车辆当量设计轴载换算系数：

$$EALF_{m}=\sum_{i}\left[NAPT_{mi}\left(\sum_{j}EALF_{mij}\times ALDF_{mij}\right)\right] \tag{6-8}$$

式中 $EALF_{m}$——m类车辆的当量设计轴载换算系数；

$NAPT_{mi}$——m类车辆中i种轴型的平均轴数；

$ALDF_{mij}$——m类车辆中i种轴型在j级轴重区间的轴重分布系数；

$EALF_{mij}$——m类车辆中i种轴型在j级轴重区间当量设计轴载换算系数。

6.4.3 水平二、水平三条件下当量设计轴载换算系数

采用水平二或水平三时，没有实测的交通荷载数据，为了减少误差，国内外进行了一些研究。结果都发现，轴重分布系数和交通组成没有关系；只是简单地把 m 类车辆区分为满载与非满载。JTG D50—2017《公路沥青路面设计规范》，提出在第二、三水平时，按照式（6-9）确定各类车辆的当量设计轴载换算系数。

$$EALF_m = EALF_{ml} \times PER_{ml} + EALF_{mh} \times PER_{mh} \tag{6-9}$$

式中 $EALF_{ml}$——m 类车辆中非满载车的当量设计轴载换算系数；

$EALF_{mh}$——m 类车辆中满载车的当量设计轴载换算系数；

PER_{ml}——m 类车辆中非满载车所占的百分比；

PER_{mh}——m 类车辆中满载车所占的百分比。

其中各类车辆非满载车和满载车是以该类车辆的标准总重进行划分，低于标准总重的车辆为非满载车，大于标准总重的车辆为满载车。

根据 GB 1589—2016《汽车、挂车及汽车列车外廓尺寸、轴荷及质量限值》，汽车及挂车的单轴、二轴组及三轴组的最大允许轴荷不应超过该轴或轴组各轮胎负荷之和，且不应超过表 6-12 规定的限值。

表 6-12 汽车及挂车单轴、二轴组及三轴组的最大允许轴荷限值

类型			最大允许轴荷限值/kg
单轴	每侧单轮胎		7000①
	每侧双轮胎	非驱动轴	10000②
		驱动轴	11500
二轴组	轴距<1000mm		11500③
	轴距≥1000mm，且<1300mm		16000
	轴距≥1300mm，且<1800mm		18000④
	轴距≥1800mm（仅挂车）		18000
三轴组	相邻两轴之间距离≤1300mm		21000
	相邻两轴之间距离>1300mm，且≤1400mm		2400

① 安装名义断面宽度不小于 425mm 轮胎的车轴，最大允许轴荷限值为 10000kg；驱动轴安装名义断面宽度不小于 445mm 轮胎，则最大允许轴荷限值为 11500kg。

② 装备空气悬架时最大允许轴荷的最大限值为 11500kg。

③ 二轴挂车最大允许轴荷限值为 11000kg。

④ 汽车驱动轴为每轴每侧双轮胎且装备空气悬架时，最大允许轴荷的最大限值为 19000kg。

对于其他类型的车轴，其最大允许轴荷不应超过该轴轮胎数乘以 3000kg。

汽车、挂车及汽车列车的最大允许总质量不应超过各车轴最大允许轴荷之和，且不应超过表 6-13 规定的限值。

表 6-13 汽车、挂车及汽车列车最大允许总质量限值

车辆类型		最大允许总质量限值/kg
汽车	三轮汽车	2000①
	乘用车	4500
	二轴客车、货车及半挂牵引车	18000②
	三轴客车、货车及半挂牵引车	25000③

（续）

车辆类型			最大允许总质量限值/kg
汽车	单铰接客车		28000
	双转向轴四轴货车		31000③
挂车	半挂车	一轴	18000
		二轴	35000
		三轴	40000
	牵引杆挂车	二轴，每轴每侧为单轮胎	12000④
		二轴，一轴每侧为单轮胎、另一轴每侧为双轮胎	16000
		二轴，每轴每侧为双轮胎	18000
	中置轴挂车	一轴	10000
		二轴	18000
		三轴	24000
汽车列车		三轴	27000
		四轴	36000⑤
		五轴	43000
		六轴	49000

① 当采用方向盘转向、由传动轴传递动力、具有驾驶室且驾驶员座椅后设计有物品放置空间时，最大允许总质量限值为 3000kg。

② 低速货车最大允许总质量限值为 4500kg。

③ 当驱动轴为每轴每侧双轮胎且装备空气悬架时，最大允许总质量限值增加 1000kg。

④ 安装名义断面宽度不小于 425mm 轮胎，最大允许总质量限值为 18000kg。

⑤ 驱动轴为每轴每侧双轮胎并装备空气悬架且半挂车的两轴之间的距离大于或等于 1800mm 的铰接列车，最大允许总质量限值为 37000kg。

当车辆各轴对应的轴重认定标准和该车对应的货车总重认定标准不一致时，以二者之间的较小值作为该车对应的公路承载能力认定标准。

式（6-9）中非满载车和满载车的比例和当量设计轴载换算系数，水平二时取当地经验值，水平三时取表 6-14、6-15 所列全国经验值。

表 6-14　2 类~11 类车辆非满载车与满载车比例

车型	非满载比例	满载比例
2 类	0.80~0.90	0.10~0.20
3 类	0.85~0.95	0.05~0.15
4 类	0.60~0.70	0.30~0.40
5 类	0.70~0.80	0.20~0.30
6 类	0.50~0.60	0.40~0.50
7 类	0.65~0.75	0.25~0.35
8 类	0.40~0.50	0.50~0.60
9 类	0.55~0.65	0.35~0.45
10 类	0.50~0.60	0.40~0.50
11 类	0.60~0.70	0.30~0.40

表 6-15　2 类～11 类车辆当量设计轴载换算系数

车型	沥青混合料层层底拉应变、沥青混合料层永久变形量		无机结合料稳定层层底拉应力		路基顶面竖向压应变	
	非满载车	满载车	非满载车	满载车	非满载车	满载车
2 类	0.8	2.8	0.5	35.5	0.6	2.9
3 类	0.4	4.1	1.3	314.2	0.4	5.6
4 类	0.7	4.2	0.3	137.6	0.9	8.8
5 类	0.6	6.3	0.6	72.9	0.7	12.4
6 类	1.3	7.9	10.2	1505.7	1.6	17.1
7 类	1.4	6.0	7.8	553.0	1.9	11.7
8 类	1.4	6.7	16.4	713.5	1.8	12.5
9 类	1.5	5.1	0.7	204.3	2.8	12.5
10 类	2.4	7.0	37.8	426.8	3.7	13.3
11 类	1.5	12.1	2.5	985.4	1.6	20.8

6.4.4　当量设计轴载累计作用次数

根据确定的车辆当量设计轴载换算系数，按式（6-10）确定初始年设计车道日平均当量轴次 N_1。

$$N_1 = AADTT \times DDF \times LDF \times \sum_{m=2}^{11} (VCDF_m \times EALF_m) \tag{6-10}$$

式中　$AADTT$——2 轴 6 轮及以上车辆的双向年平均日交通量（辆/d）；

DDF——方向系数；

LDF——车道系数；

m——车辆类型编号；

$VCDF_m$——m 类车辆类型分布系数；

$EALF_m$——m 类车辆的当量设计轴载换算系数。

根据初始年设计车道日平均当量轴次 N_1、设计使用年限 t、设计使用年限内交通量的年平均增长率 γ 等可按照式（6-11）计算设计车道上的当量设计轴载累计作用次数 N_e；其中设计使用年限内交通量的年平均增长率只考虑对路面结构有影响的 2 类～11 类车辆，不考虑 1 类车辆。

$$N_e = \frac{[(1+\gamma)^t - 1]}{\gamma} \times 365 N_1 \tag{6-11}$$

JTG D50—2017《公路沥青路面设计规范》相对于以往的旧规范，强调了很大的灵活性，其中设计使用年限可以根据需要适当调整。例如，高速公路沥青路面的设计使用年限 t 不一定就是 15 年，可以选择 20 年，也可以考虑 10 年后的路面情况而选择 10 年；只要同一个设计方案前后一致，与材料参数选取的使用年限相同即可。最终得到的交通荷载分析流程图如图 6-1 所示。

6.4.5　水平一计算示例

华中地区某一条一级公路，设计年限为 15 年。根据 OD 分析（交通起止点调查），断面大型客车和货车交通量为 3500 辆/日，交通量年增长率为 6.5%。方向系数取 0.55；根据表 6-5，车道系数取 0.50，则设计车道初始年大型客车和货车日均交通量为 962 辆/日，进而计算得到 15 年大型客车和货车累计达到 850 万辆，可知设计交通荷载等级为重。根据对路段每辆车实际收到的轴载数据进行分析，得到车辆类型分布系数列于表 6-16。分别统计 2 类～11 类车辆中单轴

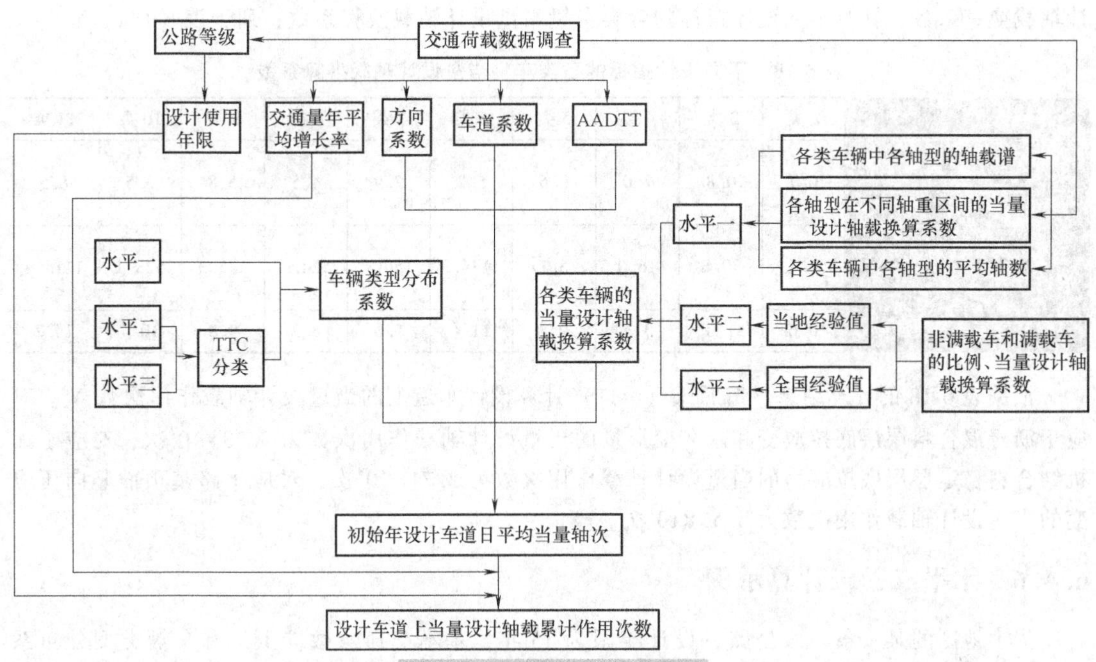

图 6-1　交通荷载分析流程图

单胎、单轴双胎、双联轴、三联轴的数量，除以各类车辆总量，按式（6-5）计算各类车辆中不同轴型的平均轴数列于下表 6-17。

表 6-16　车辆类型分布系数

车辆类型	2类	3类	4类	5类	6类	7类	8类	9类	10类	11类
车型分布系数(%)	6.4	15.3	1.4	0	11.9	3.1	16.3	20.4	25.2	0.0

表 6-17　各类车型的不同轴型平均轴数

车辆类型	2类	3类	4类	5类	6类	7类	8类	9类	10类	11类
单轴单胎	1.0	1.0	1.0	1.0	2.0	1.0	1.0	1.0	2.0	1.0
单轴双胎	1.0	1.0	0.0	0.0	0.34	1.07	0.92	0.0	1.0	2.0
双联轴	0.0	0.0	1.0	0.0	0.64	0.93	0.16	1.0	0.03	1.0
三联轴	0.0	0.0	0.0	1.0	0.02	0.0	0.92	1.0	0.98	0.0

按照式（6-6）计算 2 类~11 类车辆不同轴型在不同轴重区间所占的百分比，得到轴重分布系数，6 类~10 类车辆的不同轴型的轴重分布系数如图 6-2 所示。

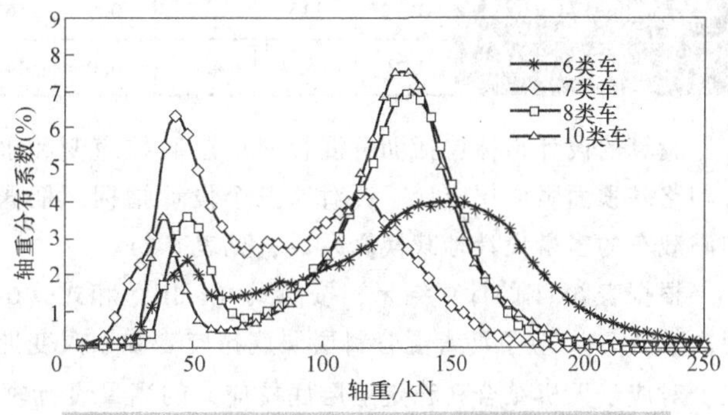

图 6-2　6~10 类车辆的单轴双联轴轴重分布系数

验算的设计指标包括沥青混合料层层底拉应变和永久变形量、无机结合料稳定层层底拉应力和路基顶面竖向压应变。针对这三个设计指标，按照式（6-7）计算 2 类~11 类各类车辆当量设计轴载换算系数，针对不同设计指标的各类车辆当量设计轴载换算系数，列于表 6-18。

表 6-18　不同设计指标的各类车辆当量设计轴载换算系数

车辆类型	2类	3类	4类	5类	6类	7类	8类	9类	10类	11类
沥青混合料层层底拉应变和永久变形量	0.7	0.8	2.0	0.5	5.2	2.9	4.5	3.8	5.5	8.5
无机结合料稳定层层底拉应力	1.1	39.8	16.0	5.1	1144.3	156.7	524.0	345.3	528.1	1115.4
路基顶面竖向压应变	0.6	1.0	3.7	0.7	11.4	5.0	8.2	9.8	10.4	14.7

根据表 6-18 的计算结果，按照式（6-11）计算设计车道上的当量设计轴载作用次数 N_e。对应于沥青混合料层层底拉应变和永久变形量的当量设计轴载作用次数为 3.23×10^7次；对应于无机结合料稳定层层底拉应力的当量设计轴载作用次数为 3.71×10^9次；对应于路基顶面竖向压应变的当量设计轴载作用次数为 6.55×10^7次。

6.4.6　水平二、三计算示例

华中地区的某一条一级公路，设计年限为 15 年，基本交通参数同上，有车辆类型分布系数、累计货车和大客车交通量计算得到的各类车型交通量，列于下表 6-19。

表 6-19　车辆类型分布系数和各类车辆的交通量

车辆类型	2类	3类	4类	5类	6类	7类	8类	9类	10类	11类
车型分布系数(%)	6.4	15.3	1.4	0.0	11.9	3.1	16.3	20.4	25.2	0.0
交通量/万	54.3	129.9	11.9	0.0	101.0	26.3	138.4	173.2	214.0	0.0

水平二时，非满载车和满载车的比例取当地经验值，计算额达到各类车型非满载车和满载车数量见表 6-20。

表 6-20　非满载车和满载车所占比例及相应交通量

车辆类型	2类	3类	4类	5类	6类	7类	8类	9类	10类	11类
交通量/万辆	54.3	129.9	11.9	0.0	101.0	26.3	138.4	173.2	214.0	0.0
非满载车比例	0.85	0.87	0.65	0.75	0.56	0.68	0.45	0.61	0.58	0.0
满载车比例	0.15	0.13	0.35	0.25	0.44	0.32	0.55	0.39	0.42	0.0
非满载车交通量/万辆	46.2	113	7.7	0.0	56.6	17.9	62.3	105.7	124.1	0.0
满载车交通量/万辆	8.2	16.9	4.2	0.0	44.5	8.4	76.1	67.6	89.9	0.0

验算的设计指标包括沥青混合料层层底拉应变和永久变形量、无机结合料稳定层层底拉应力和路基顶面竖向压应变。针对这三个设计指标，根据当地经验值得到各车型对应的非满载车和满载车的当量设计轴载换算系数，见表 6-21。

根据表 6-21 的计算结果，按照式（6-10）和式（6-11）计算设计车道上的当量设计轴载作用次数 N_e。对应于沥青混合料层层底拉应变和永久变形量的当量设计轴载作用次数为 2.74×10^7次；对应于无机结合料稳定层层底拉应力的当量设计轴载作用次数为 1.91×10^9次；对应于路基顶面竖向压应变的当量设计轴载作用次数为 5.22×10^7次。

表 6-21　非满载车和满载车的当量设计轴载换算系数

车型	沥青混合料层层底拉应变、沥青混合料层永久变形量		无机结合料稳定层层底拉应力		路基顶面竖向压应变	
	非满载车	满载车	非满载车	满载车	非满载车	满载车
2 类	0.9	2.7	0.3	34.9	0.5	2.8
3 类	0.3	4.2	1.2	313.6	0.6	5.8
4 类	0.8	4.1	0.3	136.9	1.0	8.9
5 类	0.5	6.4	0.5	73.9	0.8	1231.4
6 类	1.4	7.8	10.5	1506.6	1.7	17.6
7 类	1.5	5.9	7.9	556.1	1.8	11.9
8 类	1.4	6.8	16.6	712.6	1.7	12.6
9 类	1.6	5.1	0.6	204.5	2.9	12.9
10 类	2.5	6.9	37.8	427.8	3.8	13.7
11 类	1.4	12.2	2.6	986.6	1.7	18.9

按照水平三的要求确定交通参数。华中地区的某一条一级公路，设计年限为 15 年，基本交通参数同上，有车辆类型分布系数、累计货车和大客车交通量计算得到的各类车型交通量，见表 6-19。验算的设计指标包括沥青混合料层底拉应变和永久变形量、无机集合料稳定层层底拉应力和路基顶面竖向压应变。针对这三个设计指标，根据当地经验值得到各车型对应的非满载车和满载车的当量设计轴载换算系数，见表 6-15。

根据表 6-15 的计算结果，按照式（6-10）和式（6-11）计算设计车道上的当量设计轴载作用次数 N_e。对应于沥青混合料层层底拉应变和永久变形量的当量设计轴载作用次数为 2.62×10^7 次；对应于无机结合料稳定层层底拉应力的当量设计轴载作用次数为 1.64×10^9 次；对应于路基顶面竖向压应变的当量设计轴载作用次数为 4.82×10^7 次。

6.5　路面材料设计参数

交通量和轴载越来越大，路基路面的承载能力面临巨大挑战。路面结构由单一类型向多元化发展。在行车荷载作用下，材料承受较大的竖向力、水平力、冲击力以及车轮的磨耗作用，道路材料应该具有足够的强度、刚度、变形特征、抗冲击能力和柔韧性等力学性能。材料的各项力学性能指标和设计参数也是材料选择、组合设计和路面结构分析的重要参数。应用力学-经验法分析和设计路面结构的前提是，对路面各结构层组成材料的性状及反映其性状的参数有正确的了解和掌握。

路面材料应根据公路等级、交通荷载等级、气候条件、各结构层功能要求和当地材料特性等，在技术经济论证基础上进行设计并确定材料设计参数。原来路面材料参数设计中规范标准与设计指标不够协调，所采用的路基和路面材料力学性能指标和测试方法，未能确切反映土和材料的力学性状，如应力依赖及温度和湿度依赖。对全国各地环境因素（湿度和温度）影响的差异缺少考虑，因而，无法按地区条件的不同，如实反映土和粒料回弹模量的湿度依赖性及沥青混合料劲度模量的温度依赖性。

JTG D50—2017《公路沥青路面设计规范》改变了路面材料的设计参数，采用反映材料力学性能（应力依赖及温度和湿度依赖性）的指标和测试方法。路面材料参数由静态参数向动态参数转变，设计参数输入由单一水平向多水平转变，根据公路等级和不同的设计阶段，参数采集要求分三个层次。

（1）水平一　通过室内试验实测确定材料参数，需要具有一定的实验设备条件。

（2）水平二　部分试验周期较长、设备要求较高、测量精度要求较高，短期内难以在一些设计、施工及检测单位开展；可根据已有学者做的大量试验数据建立难以测量的试验参数与容易测量参数之间的预估方程。根据预估方程和简单材料试验（如测定材料的含水率、最大干密度、颗粒组成等）预估材料力学参数，不需要直接进行材料模量和强厚度模量，但是在这方面所做的研究较少，目前只有沥青混合料动态压缩模量有相应的经验关系式。

（3）水平三　根据材料类型、交通等级等参照推荐的典型数值确定参数，不需要进行材料参数试验。

水平一适用于高速公路、一级公路的施工图设计阶段；水平二和水平三适用于二级及其以下公路各设计阶段和高速公路、一级公路的初步设计阶段。

6.5.1　路基土和粒料类材料参数

土是非线性的弹塑性材料，在荷载作用下的应力-应变曲线呈现出非线性。在荷载的重复作用下，卸载段应力-应变曲线的滞后随荷载作用次数的增加而逐渐减小，永久变形的积累随作用次数的增加逐渐趋于稳定，回弹应变随作用次数的增加也趋于稳定，材料表现出越来越多的弹性性质。

通常把重复荷载作用下变形稳定后的重复应力与回弹应变之比定义为回弹模量，把回弹的轴向应变与径向应变之比定义为回弹泊松比，以表征土和粒料的回弹性状。在实验室内测定土的回弹模量的方法，主要是反复加载三轴试验。在野外现场测定路基土和粒料层的回弹模量的方法，主要有落锤式弯沉仪（FWD）法和承载板法。采用动态三轴压缩试验来测定土和粒料的回弹模量。试件成型可以采用冲击压实法、静载压实法、振动压实法等。试验设计主要考虑试件尺寸、成型、预加载处理、围压应力及加载序列等因素。

根据国内路基的实际条件和经验，并参照国外设计方法中的经验数值，按照交通荷载等级对路基顶面的回弹模量规定见表6-22。

表6-22　路基顶面回弹模量　（单位：MPa）

交通荷载等级	极重	特重	重	中等、轻
回弹模量，不小于	70	60	50	40

粒料类材料主要用于基层和底基层，用作基层的粒料类材料主要包括级配碎石、级配砾石、填隙碎石等。用作底基层的粒料类材料主要包括级配碎石、未筛分碎石、级配砾石、天然砂砾等。级配碎石的CBR值应符合表6-23的有关规定。

表6-23　级配碎石的CBR值要求　（单位：%）

结构层	公路等级	极重、特重交通	重交通	中等、轻交通
基层	高速公路、一级公路	≥200	≥180	≥160
	二级及二级以下公路	≥160	≥140	≥120
底基层	高速公路、一级公路	≥120	≥100	≥80
	二级及二级以下公路	≥100	≥80	≥60

高速公路和一级公路基层粒料公称最大粒径不宜大于26.5mm，底基层采用级配碎石或级配

砂砾时，公称最大粒径不宜大于 31.5mm；底基层采用天然砂砾时，公称最大粒径不宜大于 53.0mm。二级及二级以下公路的基层、底基层公称最大粒径不宜大于 53.0mm。

粒料层除了具有足够的承载能力（CBR 值、模量），还需要具有一定的疏水能力，以发挥其排水功能，故需要控制碎石混合料中 0.075mm 以下颗粒含量。级配碎石细集料多采用碎石场的细筛余料（石屑），0.075mm 以下颗粒含量高且波动大，配置的混合料 0.075mm 以下颗粒含量难以保证时，可掺入一定量的天然砂替代石屑，以降低 0.075mm 以下颗粒含量。

粒料的回弹模量主要通过室内重复加载三轴试验进行测试和确定，与路基土的回弹模量试验方法类似，粒料类材料与路基土在路面结构中的应力水平不同，因此加载序列不同。按照水平三的要求确定粒料回弹模量时，参考全国多个地区的数值均值，得到粒料回弹模量取值范围，见表 6-24。

表 6-24 粒料回弹模量取值范围 （单位：MPa）

粒料类型和层位	在最佳含水率和压实度要求相应的干密度条件下	经湿度调整后
级配碎石基层	200~400	300~700
级配碎石底基层	180~250	190~440
级配砾石基层	150~300	250~600
级配砾石底基层	150~220	160~380
未筛分碎石层	180~220	200~400
天然砂砾层	105~135	130~240

6.5.2 无机结合料稳定材料参数

无机结合料的强度有抗压强度、抗拉强度、间接拉伸强度（劈裂强度）和弯拉强度之分。JTG/T F20—2015《公路路面基层施工技术细则》采用无侧限抗压强度（浸水 7d）作为无机结合料材料的强度指标，为各级公路的基层和底基层分别规定了最低抗压强度要求；无机结合料类基层沥青路面进行基层疲劳损伤分析时，考虑到与实际受力的一致性，主要采用抗弯强度指标进行分析。由于梁试件成型的难度和不均匀性大于圆柱体试件，抗弯强度测试结果的变异性要大于抗压强度。通过试验建立弯拉强度与抗压强度的转换关系，便可以利用抗压强度代替弯拉强度进行结构层的疲劳寿命分析。部分学者利用石灰-粉煤灰稳定碎石的弯拉强度和抗压强度测定数据建立的关系式表明，弯拉强度接近于抗压强度的 20%。

表 6-25 给出了 JTG D50—2017《公路沥青路面设计规范》规定的无机结合料稳定材料的弯拉强度取值范围。其中，水泥稳定类、水泥粉煤灰稳定类材料试件的龄期为 90d，石灰稳定类、石灰粉煤灰稳定类材料试件的龄期为 180d。

表 6-25 无机结合料稳定材料的弯拉强度取值范围 （单位：MPa）

材　料	弯拉强度
水泥稳定粒料、水泥粉煤灰稳定粒料、石灰粉煤灰稳定粒料	1.5~2.0
	0.9~1.5
水泥稳定土、水泥粉煤灰稳定土、石灰粉煤灰稳定土	0.6~1.0
石灰土	0.3~0.7

注：结合料用量高、材料性能好、级配好或压实度大时取高值，反之取低值。

弹性模量是无机结合料稳定材料的重要参数，已往在布设测量元件时，试件轴向变形测量点位于试件地面，采用逐级加载卸载的加载方式。加载过程中由于试件断面效应的影响，使测得的试件顶底面轴向变形大于实际的轴向变形，测得的结果过于小。JTG D50—2017《公路沥青路面设计规范》规定采用侧面法单轴压缩弹性模量试验，位移传感器安置于试件侧面中部，试验机压力采用 1mm/min。在试验条件下，可按照式（6-12）得到弹性模量。

$$E=\frac{0.3F_r}{\varepsilon_3\pi D^2/4} \tag{6-12}$$

式中 E——弹性模量（MPa）；

F_r——最大荷载（N）；

D——试件直径（mm）；

ε_3——荷载达到 $0.3F_r$ 时对应的应变值。

表 6-26 给出了 JTG D50—2017《公路沥青路面设计规范》规定的无机结合料稳定材料的弹性模量取值范围。在进行路面结构设计时，要考虑到实际情况；室内试验的试件得到均匀拌和与压实，并在恒温恒湿的养护室内进行养生。路面结构层材料的胶结强度及均值性远不及试件材料，在野外温度和湿度变化的影响下，结构层很快就会出现内应力和微裂缝。因而无机结合料类结构层的弹性模量值要比室内试验得到的弹性模量值低。学者经过大量的研究发现，结构层的弹性模量值取室内试验模量值的 0.5 倍。

表 6-26 无机结合料稳定材料的弹性模量取值范围 （单位：MPa）

材　料	弹性模量
水泥稳定粒料、水泥粉煤灰稳定粒料、石灰粉煤灰稳定粒料	18000~28000
	14000~20000
水泥稳定土、水泥粉煤灰稳定土、石灰粉煤灰稳定土	5000~7000
石灰土	3000~5000

无机结合料稳定材料疲劳试验方法以振动成型大梁试件为母体，将大梁试件切割成若干个尺寸为长、宽、高依次为 380mm、63.5mm、50mm 的小梁试件后，通过相同层位小梁试件弯拉强度的测试确定同层位小梁试件的疲劳荷载，在此基础上进行四点弯曲梁动态重复加载试验。按照上述方法进行不同应力比条件下的重复加载试验，即可得到无机结合料稳定碎石材料的疲劳损伤寿命。

无机结合料稳定材料的弯曲疲劳试验结果采用单对数方程进行回归，应力强度比与疲劳寿命的对数之间存在一元线性相关关系，疲劳方程的形式如下

$$\lg N=a+b(\sigma/s) \tag{6-13}$$

式中 σ——弯拉应力（MPa）；

N——荷载作用次数（次）；

s——梁试件弯拉强度（MPa）；

a，b——回归系数。

6.5.3 沥青结合类材料

目前，沥青路面是高等级公路路面的主要形式，在建的“村村通”公路也逐渐大面积采用沥青路面，研究沥青路面的使用及材料性能很有必要。沥青和沥青结合料作为沥青混合料的重

要组成部分，其性质和参数对沥青路面的影响很大。

沥青类型应根据公路等级、气候条件、交通荷载等级、结构层位和施工条件确定。在极重、特重、重交通等级公路、气候条件严酷地区公路，以及连续长陡纵坡路段，中面层和表面层宜采取优化混合料级配、选用改性沥青或添加外掺剂等措施。开级配沥青混合料表面层宜采用高黏沥青或橡胶沥青，并采用适量消石灰或水泥替代矿粉等措施来提高混合料的抗水损害能力。

对设定的原材料混合料抗车辙能力受级配组成、沥青用量和压实度等影响远大于公称最大粒径影响；抗滑性能主要受级配组成、构造深度和集料抗磨耗性能影响，与公称最大粒径没有显著的相关性。同时，公称最大粒径越大，施工越容易出现离析现象，因此要科学选择混合料公称最大粒径。表面层沥青混合料公称最大粒径不宜大于16.0mm，中面层和下面层沥青混合料公称最大粒径不宜小于16.0mm。

为了保证沥青路面的强度与使用寿命，必须意识到沥青及沥青混合料对温度、受荷载作用时间和形式的敏感性；在进行路面设计时，应注意到表面层沥青低温性能、高温性能及水稳定性。一般采用沥青弯曲梁流变实验、直接拉伸试验和临界开裂温度试验来测试其低温性能。采用车辙动稳定度试验来确定其高温稳定性。JTG D50—2017《公路沥青路面设计规范》采用了单轴贯入试验方法来加强控制沥青路面的车辙病害。采用浸水马歇尔试验残留稳定度和冻融劈裂试验残留强度比来评价沥青混合料的水稳定性。

已往设计方法中，采用15℃或20℃的顶面法回弹模量作为沥青混合料中的设计参数，其无法精确反映模量对温度、加载时间的依赖性。在以往参数上改进后，JTG D50—2017《公路沥青路面设计规范》采用了动态单轴压缩模量。

动态压缩模量是沥青路面结构计算首要的输入参数。在水平一中，其试验方法为AASHTO TP62。通过直接进行混合料的动态压缩模量试验，结合沥青胶结料剪切模量和相位角试验（AASHTO T315）可以得到时间和温度与动态压缩模量关系的主曲线。水平二中，不需要试验确定沥青混合料的动态压缩模量，而是根据混合料加载频率、复数剪切模量、油石比、压实孔隙率、捣实状态下粗集料的松装间隙率，按照预估式（6-14）预估标准条件20℃、10Hz下的动态压缩模量。

$$\lg E_a = 4.59 - 0.02f + 2.58G^* - 0.14P_a - 0.04V - 0.03VCA_{DRC} - 2.65\times1.1^{\lg f}G^*\times f^{-0.06} - 0.05\times1.52^{\lg f}VCA_{DRC}\times f^{-0.21} + 0.0031fP_a + 0.0024VV \tag{6-14}$$

式中 E_a——沥青混合料动态压缩模量（MPa）；

f——试验频率（Hz），沥青面层试验频率采用10Hz，层位较深的沥青稳定碎石基层试验频率采用5Hz；

G^*——60℃、10rad/s下沥青动态剪切复数模量（kPa）；

P_a——沥青混合料的油石比（%）；

VV——压实沥青混合料的空隙率（%）；

VCA_{DRC}——捣实状态下粗集料的松装间隙率（%）。

根据水平三确定沥青混合料动态压缩模量取值范围见表6-27。

表6-27　常用沥青混合料20℃条件下动态压缩模量取值范围　（单位：MPa）

沥青混合料类型	沥青种类			
	70号道路石油沥青	90号道路石油沥青	110号道路石油沥青	SBS改性沥青
SMA-10、SMA-13、SMA-16	—	—	—	7500~12000
AC-10、AC-13	8000~12000	7500~11500	7000~10500	8500~12500

（续）

沥青混合料类型	沥青种类			
	70 号道路石油沥青	90 号道路石油沥青	110 号道路石油沥青	SBS 改性沥青
AC-16、AC-20、AC-25	9000~13500	8500~13000	7500~12000	9000~13500
ATB-25	7000~11000	—	—	—

习　题

1. 路基和路面有什么相互关系？
2. 路面的使用性能是什么？
3. 简述路面的结构及其组成。
4. 简述行车荷载对路面结构的影响。
5. 简述温度和湿度对路面结构的影响。
6. 简述水平一、水平二、水平三条件下标准轴载换算公式中各个参数含义。
7. 简述路面材料选择时的注意事项。

第7章

路面基层

学习目标

了解各类基层材料的特点，掌握其应用过程；熟悉柔性、半刚性及刚性基层材料的区别；了解石灰土、水泥稳定碎石（砂砾）与石灰粉煤灰稳定碎石三种材料的强度形成机理；掌握影响强度的规律及一般配合比设计过程。

7.1 概述

路面基层在路面结构中位于路基和路面面层之间，起着承上启下的作用，是路基路面体系中的重要组成部分。路面基层是直接位于沥青面层或水泥混凝土面板之下，用高质量材料铺筑的主要承重层或下承层。路面基层可以是一层或多层，可以是一种或多种材料。基层由多层构成时，除最上一层外的其他层被称为“底基层”，在此情况下，最上一层相应地被称为“基层”。应注意鉴别基层概念在不同情况下的内涵。基层和底基层应具有足够的承载能力、抗疲劳开裂性能、足够的耐久性和水稳定性。沥青结合料类和粒料类基层尚应具有足够的抗永久变形能力。基层和底基层的材料类型可参照表7-1选用。

表7-1　基层和底基层材料的适用交通荷载等级和层位

类　型	材料类型	适用交通荷载等级和层位
无机结合料稳定类	水泥稳定级配碎石或砾石、水泥粉煤灰稳定级配碎石或砾石、石灰粉煤灰稳定级配碎石或砾石	各交通荷载等级的基层和底基层
	水泥稳定未筛分碎石或砾石、石灰粉煤灰稳定未筛分碎石或砾石、石灰稳定未筛分碎石或砾石	轻交通荷载等级的基层、各交通荷载等级的底基层
	水泥稳定土、石灰稳定土、石灰粉煤灰稳定土	轻交通荷载等级的基层、各交通荷载等级的底基层
粒料类	级配碎石	重及重以下交通荷载等级的基层、各交通荷载等级的底基层
	级配砾石、未筛分碎石、天然砂砾、填隙碎石	中等和轻交通荷载等级的基层、各交通荷载等级的底基层
沥青结合料类	密级配沥青碎石、半开级配沥青碎石、开级配沥青碎石	极重、特重和重交通荷载等级的基层
	沥青贯入碎石	重及重以下交通荷载等级的基层
水泥混凝土	水泥混凝土或贫混凝土	极重、特重交通荷载等级的基层

处于沥青路面或水泥混凝土路面中的基层在结构承载方面的作用有所不同。简言之，沥青路面基层在承载中起主要作用，而水泥路面基层的承载相对次要，主要起提供稳定、耐久的下部支撑作用。从能量角度来看，沥青面层的刚度相对较小，在荷载作用下，基层的应变能（变形能）占总应变能的比例较高；而水泥面板的刚度很大，其应变能占总应变能绝大部分，基层内应力应变水平相对较低，对其刚度方面的要求也相对较低。

水泥路面面层开裂往往与面板脱空有直接关系。水泥路面基层在荷载、水和温度的共同作用下，细料被泵吸走，顶面产生局部凹陷，而面板本身刚度较高，不会随之变形，脱空由此产生，在板角和接缝处更易如此。脱空后的板内，荷载引起的应力骤增，材料加速疲劳破坏，最终导致面板断裂。因此，对水泥路面基层的耐久性要求较高。对于极重、特重和重交通，可用沥青混合料做基层。

基层材料的刚度不同，所承担的应变能比例不同，从而导致路面结构内其他层位（面层、路基）的受力状况不同。在路面所处的交通、环境条件确定的情况下，同样满足使用年限要求的路面结构设计可有显著差异，相应的，其造价差别也很大。正因基层刚度的差异性，人们习惯上根据其材料刚度差异将其分为三类：柔性基层、半刚性基层和刚性基层。柔性基层的构成材料包括碎石类材料、沥青稳定碎石和沥青混凝土，半刚性基层的构成材料包括石灰、粉煤灰或水泥等无机结合料稳定集料或综合稳定土，刚性基层的构成材料则包括碾压混凝土、贫混凝土和水泥混凝土材料。这三类基层材料的刚度依次递增，见表 7-2。

表 7-2　各种基层材料的抗压回弹模量取值范围

<table>
<tr><th>材料名称</th><th>填隙碎石</th><th>级配碎石</th><th>沥青稳定碎石</th><th>石灰土</th><th>水泥碎石/石灰粉煤灰碎石</th><th>贫混凝土</th><th>水泥混凝土</th></tr>
<tr><td>材料刚度特征</td><td colspan="3">柔性</td><td colspan="2">半刚性</td><td colspan="2">刚性</td></tr>
<tr><td>结合料类型</td><td colspan="2">无</td><td>沥青</td><td colspan="4">无机结合料</td></tr>
<tr><td>抗压回弹模量/MPa</td><td>200~280</td><td>200~500</td><td>7000~18000</td><td>3000~5000</td><td>14000~28000</td><td>15000~20000</td><td>30000~32500</td></tr>
</table>

注：1. 级配碎石根据层位和级配类型，模量取值不同：200~250MPa（底基层），300~350MPa（基层连续级配）、300~500MPa（基层骨架密实级配）。

2. 沥青稳定碎石模量根据级配类型不同取值不同：5000~6000MPa（半开级配）、7000~18000MPa（密级配）。

3. 贫混凝土模量由文献资料总结，水泥混凝土模量引自《混凝土结构设计规范》，其他引自《公路沥青路面设计规范》。

基层材料又可以根据其组成特征来区分。根据基层材料的结合料类型，又可以划分为：无机结合料的碎石类材料的基层（如级配碎石）、采用无机结合料稳定材料的基层（如水泥稳定碎石、石灰粉煤灰稳定碎石、石灰土等）和采用沥青（有机）结合料稳定的基层（如沥青稳定碎石等）。

路面结构较多采用基层（三、四级公路）或基层加底基层（二级及其以上公路）的结构形式。随着公路交通荷载的快速增长，公路路面基层有逐步加厚的趋势。有些高速公路基层采用了较厚的水泥稳定碎石（简称水泥碎石或水稳碎石）基层，其总厚度达 50~60cm。

与摊铺、碾压设备能力相适应，每种不同的基层材料有其合适的单层施工厚度，如水泥稳定碎石的适宜施工厚度范围是 15~20cm。路面结构设计中，有可能设计较厚的单层材料，如 40cm 的水泥掺量为 3%的水稳碎石底基层，其在施工中需分两层（每层 20cm）施工，但因设计计算过程中将其当作单层看待，为使设计与施工相匹配，施工中应采取措施加强先后施工的两层之间的连接。

7.2 柔性基层

7.2.1 碎石与级配碎石基层

1. 碎（砾）石的类型与强度

碎石是指在矿场通过开采、破碎和筛分后生产的具有棱角和不同粒径规格的石料。砾石是指岩石自然风化后经水流冲刷、搬运形成的无棱角或棱角性差的石料。

与砾石相比，碎石因加工后的棱角性较好，风化程度低，相同矿物组成时纯度更高、坚固性更好、抗压碎能力强，用作筑路材料时，可以提供较大的内摩擦角，使得材料性能更优，因此碎石是比砾石更佳的材料，但成本有所增加。

具有一定粒度组成（级配）的掺配碎（砾）石，可以直接作为路面基层使用，通过掺加无机结合料或沥青稳定类，可以形成水泥稳定碎（砾）石、沥青稳定碎石等更为优质的基层材料。优质碎石是沥青混凝土和水泥混凝土的主要原材料之一。

碎石作为基层应用时，会涉及多种碎石混合料概念，如级配碎石、填隙碎石、水结碎石、未筛分碎石、石屑等。

填隙碎石基层系用单一规格的粗碎石做主集料，形成嵌锁结构，用石屑做填隙料，填满粗碎石间的孔隙，增加密实度和稳定性，起承受和传递车轮荷载的作用。

水结碎石路面是用规格不同的轧制碎石从大到小分层铺筑，经洒水碾压后形成的一种构层。其强度由碎石之间的嵌挤作用以及碾压时所产生的石粉与水形成的石粉浆的黏结作用形成。由于石灰岩和白云岩石粉的黏结力较强，是水结碎石的常选石料。水结碎石路面厚度一般10~16cm。

级配砾石是指粗、中、小砾石和砂各按一定比例混合，其颗粒组成符合规定的密实级配要求，且塑性指数和承载比均符合规定要求的混合料。

碎、砾石基层通常是指水结碎石、泥结碎石以及密级配的碎（砾）石等，这类基层通常只能用于中低等交通量的公路，但优质级配碎（砾）石基层也用于重交通以上公路路面结构层。

对于碎、砾石路面结构，矿料颗粒之间的黏结强度一般都要比矿料颗粒本身的强度小得多，在外力作用下，首先在颗粒之间产生滑动和位移，使其失去承载能力而导致破坏。因此，对于这种由松散材料组成的路面结构，其中矿料颗粒本身强度固然重要，但是起决定作用的则是颗粒之间的黏结强度。凡在强度特性上具有上述特点的材料，均属于松散介质的范畴。对于松散介质范畴的材料，其抗剪强度可用库仑公式表示。因此，由材料的黏结力和内摩擦角表征的内摩擦力所决定的颗粒之间的黏结强度，即构成了碎、砾石路面材料的结构强度。

2. 填隙碎石基层

填隙碎石基层要求用加工轧制的碎石按嵌挤原理铺压而成。填隙碎石基层可采用干法或湿法施工，并要求填缝紧密。

填隙碎石用作基层时，集料的公称最大粒径应不大于53mm；用作底基层时，应不大于63mm。集料的颗粒组成应符合表7-3的规定。

填隙碎石宜用振动压路机碾压，碾压后基层的固体体积率宜不小于85%，底基层宜不小于83%。填隙碎石初压宜用双轮压路机碾压3~4遍，使集料稳定就位。然后用石料撒布机均匀撒铺填隙料25~30mm，重复振动碾压，扫除局部残余的填隙料。

填隙碎石的湿法施工是在集料层表面空隙填满后，立即用洒水车洒水直至饱和。再用重型压路机碾压，形成表面粉浆。

表 7-3　填隙碎石用集料的颗粒组成　（单位：%）

项次	公称粒径/mm	筛孔尺寸/mm							
		63	53	37.5	31.5	26.5	19	16	9.5
1	30~60	100	25~60	—	0~15	—	0~5	—	—
2	25~50	—	100	—	25~50	0~15	0~5	—	—
3	20~40	—	—	100	35~37	—	0~15	—	0~5

3. 级配碎（砾）石基层

级配碎（砾）石基层，是由各种集料（砾石、碎石）按最佳级配原理修筑而成的路面基层。由于级配碎（砾）石是用大小不同的集料按一定比例配合，逐级填充空隙，故经过压实后，能形成密实的结构。级配碎（砾）石的强度由摩擦力和黏结力构成，具有一定的水稳性和力学强度。

级配碎（砾）石基层厚度，一般为 8~16cm，当厚度大于 16cm 时应分两层铺筑，下层厚度为总厚度的 0.6 倍，上层厚度为总厚度的 0.4 倍。若基层和面层为同样类型的结构，其总厚度在 16cm 以下时，可分两层摊铺，一次碾压。

级配碎（砾）石所用材料，主要为天然砾石或较软的碎石。其形状以接近立方体或圆球形为佳，石料强度应不低于Ⅳ级。用于高速公路和一级公路基层时，级配宜符合表 7-4 的 G-A-4 或 G-A-5 的规定；用于高速公路和一级公路底基层时，级配宜符合表 7-4 的 G-A-3 或 G-A-4 的规定；用于二级及二级以下公路的基层、底基层时，级配宜符合表 7-4 的 G-A-1 或 G-A-2 的规定。级配碎石材料的 CBR 标准见表 6-23。

表 7-4　级配碎石或砾石的推荐级配范围　（单位：%）

筛孔尺寸/mm	G-A-1	G-A-2	G-A-3	G-A-4	G-A-5
37.5	100	—	—	—	—
31.5	100~90	100	100	—	—
26.5	93~80	100~90	95~90	100	100
19	81~64	86~70	84~72	88~79	100~95
16	75~57	79~62	79~65	82~70	89~82
13.2	69~50	72~54	72~57	76~61	79~70
9.5	60~40	62~42	62~47	64~49	63~53
4.75	45~25	45~25	40~30	40~30	40~30
2.36	31~16	31~16	28~19	28~19	28~19
1.18	22~11	22~11	20~12	20~12	20~12
0.6	15~7	15~7	14~8	14~8	14~8
0.3	—	—	10~5	10~5	10~5
0.15	—	—	7~3	7~3	7~3
0.075①	5~2	5~2	5~2	5~2	5~2

① 对无塑性的混合料，小于 0.075mm 的颗粒含量宜接近高限。

二级及二级以下公路基层采用未筛分碎石或砾石时，应采用表 7-5 推荐的级配范围。

表7-5　未筛分碎石或砾石的推荐级配范围　（单位：%）

筛孔尺寸/mm	G-B-1	G-B-2	筛孔尺寸/mm	G-B-1	G-B-2
53	100	—	4.75	10~30	17~45
37.5	85~100	100	2.36	8~25	11~35
31.5	69~88	83~100	0.6	6~18	6~21
19.0	40~65	54~84	0.075	0~10	0~10
9.5	19~43	29~59			

用级配砾石的垫层称为级配砂砾垫层，其级配砂砾要求颗粒尺寸为4.75~31.5mm，其中19~31.5mm含量不少于50%。

回弹模量是表征级配碎石刚度的重要指标及设计参数。一般来说，级配碎石的回弹模量明显低于无机结合料稳定材料基层材料，然而与无机结合料稳定材料不同的是，级配碎石材料具有较显著的非线性。这种非线性特性使其在刚度较大的下层上，表现出较大的回弹模量，从而也具有足够的抵抗应力和变形的能力，最终使得级配碎石作为上基层不仅具有减缓无机结合料稳定材料基层沥青路面反射裂缝的作用，同时也具有较好的抗疲劳能力。

级配碎石弹性模量随应力状态而变化的非线性特性表明，处于无机结合料稳定材料基层上的级配碎石上基层和处于土基上的级配碎石底基层，由于所处的应力状态不同，它们的弹性模量取值也不同。表7-6是级配碎石分别用于上基层及底基层时，根据弹性层状理论分析所得到的常规路面结构碎石所处的应力状态及模量取值的建议范围。

表7-6　不同层位级配碎石受力状态模量取值建议范围

结构层位	最小主压应力 σ_3/MPa	最大主压应力 σ_1/MPa	应力不变量 θ （$\sigma_1+2\sigma_3$）	回弹模量 E/MPa
级配碎石上基层①	20~120	120~600	250~800	350~550
级配碎石底基层②	受拉	30~120	30~120	150~250

① 路面结构为5~20cm沥青面层+10~15cm碎石上基层+40~50cm无机结合料稳定材料基层+土基。
② 路面结构为5~20cm沥青面层+20~40cm无机结合料稳定材料基层+20cm碎石底基层+土基。

从表7-6中可以看出，对于常规高速公路和一级公路沥青路面结构，当级配碎石作为上基层下卧无机结合料稳定材料基层时，其受力远大于传统结构中做底基层时的应力水平。按此应力水平，并取前述动三轴试件模型（K_1、K_2取平均值）$E=244432\theta^{0.47}$（MPa），则级配碎石做上基层时，其模量建议取350~550MPa，此范围对应的沥青面层厚度为5~10cm。由于目前高速公路与一级公路沥青路面面层厚度多为12~18cm，对应于此结构的碎石基层模量取400~450MPa。而当级配碎石作为传统结构底基层时，若仍按上述动三轴试验模型，则模量可取150~250MPa。

7.2.2　沥青碎石基层

1. 沥青稳定碎石的类型

沥青稳定碎石混合料指的是由沥青、粗细集料和矿粉，按一定配合比设计方法进行材料组成设计的混合料。将其拌和、摊铺、碾压成形，在路面结构中做基层使用的称为沥青稳定碎石基层。

按照其设计空隙率和用途不同，沥青稳定碎石混合料可分为：

1）密级配沥青稳定碎石（Asphalt Treated Base，ATB，设计空隙率3%~6%，用作基层）。

2）半开式沥青稳定碎石（Asphalt Macadam，AM，设计空隙率6%~12%，用作低等级公路面层）。

3）开级配沥青稳定碎石（Asphalt Treated Permeable Base，简称ATPB，设计空隙率18%~22%，用于基层排水）。

作基层使用时，因其设计空隙率大，物理力学性质和耐久性相对较差，开级配沥青稳定碎石（ATPB）在我国的工程应用尚不多，ATB是沥青稳定碎石基层的主要材料形式。

2. 沥青稳定碎石的力学特性

ATB的配合比设计与施工工艺与沥青混凝土基本相同，在材料物理力学性质上也非常相似，但因用作基层，其公称最大粒径比一般的沥青混凝土更大一些，常用的ATB类型有：ATB-25、ATB-30和ATB-40，分属粗粒式和特粗式沥青混合料。公称最大粒径较大时，施工难度加大，因此应用中以ATB-25和ATB-30最为常见。与沥青混凝土相比，其主要功能上的区别有：

1）因公称最大粒径较大，具有更好的抗剪和抗变形能力，特别适用于高温重载有抗车辙性能要求的路面。

2）一般使用非改性沥青，且沥青用量稍低，抗拉强度和抗拉疲劳性能较差。

3）铺筑在半刚性基层上时，对可能出现的反射裂缝的适应和调整能力更好。

密级配沥青碎石属于柔性基层的一种，其物理力学性能要优于级配碎石。其与级配碎石的主要区别有：

1）材料组成不同，增加了沥青，与沥青面层联结整体性好。

2）强度构成不同，除嵌挤形成的内摩擦角外还有沥青提供的黏结力，模量较高。

3）力学性能不同，除具有更好的抗压抗剪能力外，还具有一定抗拉能力。

4）排水性能不同，因空隙率小，排水效率低于级配碎石。

3. 材料组成设计

密级配沥青稳定碎石的级配范围要求见表7-7。

表7-7 ATB矿料级配范围要求

级配类型		通过下列筛孔(mm)的质量百分率(%)														
		53	37.5	31.5	26.5	19	16	13.2	9.5	4.75	2.36	1.18	0.6	0.3	0.15	0.075
特粗式	ATB-40	100	90~100	75~92	65~85	49~71	43~63	37~57	30~50	20~40	15~32	10~25	8~18	5~14	3~10	2~6
	ATB-30		100	90~100	70~90	53~72	44~66	39~60	31~51	20~40	15~32	10~25	8~18	5~14	3~10	2~6
粗粒式	ATB-25			100	90~100	60~80	48~68	42~62	32~52	20~40	15~32	10~25	8~18	5~14	3~10	2~6

密级配沥青稳定碎石组成设计采用马歇尔设计方法。因其公称最大粒径更大，为消除试件的尺寸效应，对ATB-30和ATB-40级配需采用大型马歇尔试验方法。与常规马歇尔试验方法相比，大型马歇尔试验将击实锤重改为10.2kg，直径149.4mm，击实时落高457mm；试件尺寸和击实次数增加为1.5倍，见表7-8，国外资料显示大型马歇尔的稳定度为小型马歇尔的1.5~2.25倍，流值提高1.5倍，其他体积指标基本不变。

表7-8 沥青稳定碎石混合料马歇尔试验配合比设计技术标准

试验指标	密级配基层(ATB)		半开级配面层(AM)	排水式开级配磨耗层(OGFC)	排水式开级配基层(ATPB)
公称最大粒径/mm	26.5	等于或大于31.5	等于或小于26.5	等于或小于26.5	所有尺寸

（续）

试验指标	密级配基层（ATB）		半开级配面层（AM）	排水式开级配磨耗层（OGFC）	排水式开级配基层（ATPB）
马歇尔试件尺寸/mm	ϕ101.6×63.5	ϕ152.4×95.3	ϕ101.6×63.5	ϕ101.6×63.5	ϕ152.4×95.3
击实次数（双面）/次	75	112	50	50	75
空隙率 VV(%)	3~6		6~10	不小于 18	不小于 18
稳定度，不小于/kN	7.5	15	3.5	3.5	—
流值/mm	1.5~4	实测	—	—	—
沥青饱和度 VFA(%)	55~70		40~70	—	—
密级配基层 ATB 的矿料间隙率 VMA(%)，不小于	设计空隙率(%)		ATB~40	ATB~30	ATB~25
	4		11	11.5	12
	5		12	12.5	13
	6		13	13.5	14

注：在干旱地区，可将密级配沥青稳定碎石基层的空隙率适当放宽到8%。

按照《公路沥青路面设计规范》规定，ATB 无须进行后续的动稳定度、低温弯曲、破坏应变、残留稳定度（浸水或冻融）及渗水系数试验。

7.3 半刚性基层

在粉碎的或原状松散的土中掺入一定量的无机结合料（包括水泥、石灰或工业废渣等）和水，经拌和得到的混合料在压实与养生后，其抗压强度符合规定要求的材料称为无机结合料稳定材料，以此修筑的路面基层为无机结合料稳定材料基层，或称为半刚性基层。

无机结合料稳定材料具有稳定性好、抗冻性能强、结构本身自成板体等特点，但其耐磨性差，因此广泛用于修筑路面结构的基层和底基层。

破碎的或原状松散的土按照土中单个颗粒（指碎石、砾石、砂和土颗粒）的粒径大小和组成，将土分成细粒土、中粒土和粗粒土。不同的土与无机结合料拌和得到不同的稳定材料，如石灰土、水泥土、水泥砂砾、石灰粉煤灰碎石等。

无机结合料稳定材料种类较多，其物理、力学性质各异，使用时应根据结构要求、掺加剂和原材料的供应情况及施工条件进行综合技术经济比较后选定。

7.3.1 石灰稳定类基层

在粉碎的土和原状松散的土（包括各种粗、中、细粒土）中掺入适量的石灰和水，按照一定技术要求，经拌和，在最佳含水率下摊铺、压实及养生，其抗压强度符合规定要求的路面基层称为石灰稳定类基层。用石灰稳定细粒土得到的混合料简称石灰土，所做成的基层称石灰土基层（底基层）。

石灰剂量是石灰质量占全部土颗粒的干质量的百分率，即石灰剂量=石灰质量/干土质量。

石灰稳定土一般指的是石灰土（以细粒土、天然土为主），它具有一定的抗压强度和弯拉强度，且强度随龄期逐渐增加，但因其吸水性、透水性和水稳定性较差，适用于各级公路路面的底基层和二级以下公路的基层，不得用作二级和二级以上公路路面的基层。在冰冻地区的潮湿路段和其他地区的过湿路段，不宜采用石灰土做基层和底基层。

1. 石灰稳定土强度形成机理

土中掺入适量的石灰，在最佳含水率下拌匀压实，石灰与土会发生一系列的物理、化学作用，土的性质会发生根本的变化，从而使石灰稳定土具有一定强度。石灰与土间发生的物理、化学作用一般分四个方面：离子交换作用、结晶硬化作用、火山灰作用和碳酸化作用。

(1) 离子交换作用　土的微小颗粒具有一定的胶体性质，它们一般都带有负电荷，表面吸附着一定数量的钠、氢、钾等低价阳离子（Na^+、H^+、K^+）。石灰是一种强电解质，在土中加入石灰和水后，石灰在溶液中电离出来的钙离子（Ca^{2+}）与土中的钠、氢、钾离子产生离子交换作用，原来的钠（钾）土变成钙土，土颗粒表面所吸附的离子由一价变成二价，减少了土颗粒表面吸附水膜的厚度，使土粒相互之间更为接近，分子引力随之增加，许多单个土粒聚成小团粒，组成一个稳定结构。

(2) 结晶硬化作用　在石灰土中只有一部分熟石灰［$Ca(OH)_2$］进行离子交换作用，绝大部分饱和的 $Ca(OH)_2$ 自行结晶。熟石灰与水作用生成熟石灰结晶网格，其化学反应式为

$$Ca(OH)_2+nH_2O \longrightarrow Ca(OH)_2 \cdot nH_2O$$

(3) 火山灰作用　熟石灰的游离 Ca^{2+} 与土中的活性氧化硅（SiO_2）和氧化铝（Al_2O_3）作用生成含水的硅酸钙和铝酸钙的化学反应就是火山灰作用，其反应为

$$xCa(OH)_2+SiO_2+nH_2O \longrightarrow xCaO \cdot SiO_2(n+1)H_2O$$

$$xCa(OH)_2+Al_2O_3+nH_2O \longrightarrow CaO \cdot Al_2O_3(n+1)H_2O$$

上述所形成的熟石灰结晶网格、含水的硅酸钙和铝酸钙结晶都是胶凝物质，具有水硬性并能在固体和水两相环境下发生硬化。这些胶凝物质在土颗粒团外围形成一层稳定保护膜，填充颗粒空隙，使颗粒间产生结合料，减少了颗粒间的空隙与透水性，同时提高密实度，这是石灰土获得强度和水稳定性的基本原因，也是石灰土后期强度增长的主要原因，但这种作用的发展比较缓慢。

(4) 碳酸化作用　碳酸化作用是指土中的 $Ca(OH)_2$ 与空气中的二氧化碳发生作用，其化学反应式为

$$Ca(OH)_2+CO_2 \longrightarrow CaCO_3+H_2O$$

$CaCO_3$ 是坚硬的结晶体，它和其生成的复杂盐类把土粒胶结起来，从而大大提高了土的强度和整体性。

由于石灰与土发生了一系列的相互作用，从而使土的性质发生根本的改变。在初期，主要表现为土的结团、塑性降低、最佳含水率增加和最大密实度减小等，后期主要表现为结晶结构的形成，从而提高其板体性、强度和稳定性。

2. 影响强度的因素

(1) 土质　各种成因的土都可以用石灰来稳定，采用的土质，既要考虑其强度，还要考虑到施工时易于粉碎、便于碾压成型。当采用高液限黏土时施工不易粉碎；采用粉性土的石灰土早期强度较低，但后期强度也可满足行车要求；采用低液限土质时易拌和，但难以碾压成型，稳定的效果不显著。一般采用塑性指数 15~20 的黏质土较合适。塑性指数偏大的黏质土，要加强粉碎，粉碎后，土中的土块直径不宜超过 15mm。经验证明，塑性指数小于 10 的土不宜用石灰稳定。对于硫酸盐类含量超过 0.8%或腐殖质含量超过 10%的土，对强度有显著影响，不宜直

接采用。

(2) 灰质　石灰应是消石灰粉或生石灰粉，对高速公路或一级公路宜用磨细生石灰粉。石灰质量应符合Ⅲ级以上的技术指标（见表7-9），并要尽量缩短石灰的存放时间。在同等石灰剂量下，质量好的石灰，稳定效果好。若采用质量差的石灰，为了满足石灰土的技术要求，需适当增加石灰剂量。

表7-9　石灰技术要求

指标		钙质生石灰			镁质生石灰			试验方法
		Ⅰ	Ⅱ	Ⅲ	Ⅰ	Ⅱ	Ⅲ	
有效氧化钙加氧化镁含量(%)		≥85	≥80	≥70	≥80	≥75	≥65	T0813
未消化残渣含量(%)		≤7	≤11	≤17	≤10	≤14	≤20	T0815
钙镁石灰的分类界限,氧化镁含量(%)		≤5			>5			T8012
指标		钙质消石灰			镁质消石灰			试验方法
		Ⅰ	Ⅱ	Ⅲ	Ⅰ	Ⅱ	Ⅲ	
有效氧化钙加氧化镁含量(%)		≥65	≥60	≥55	≥60	≥55	≥50	T0813
含水率(%)				≤4	≤4	≤4	≤4	T0801
细度	0.60mm方孔筛的筛余(%)	0	≤1	≤1	0	≤1	≤1	T0814
	0.15mm方孔筛的筛余(%)	≤13	≤20	—	≤13	≤20	—	T0814
钙镁石灰的分类界限,氧化镁含量(%)		≤4			>4			T0812

(3) 石灰剂量　石灰剂量是指石灰干重占干土重的百分率。石灰剂量对石灰土强度影响显著。石灰剂量较低（小于3%~4%）时，石灰主要起处治作用，可减弱土的塑性、膨胀性，改善土的密实度、强度，称为石灰处治土。随着石灰剂量的增加，石灰土强度和稳定性均提高，但石灰剂量超过一定范围时，石灰土强度反而降低。生产实践中常用的最佳剂量范围，对于黏质土及粉质土为8%~14%，对砂类土为9%~16%。石灰剂量的确定应根据结构层技术要求进行混合料组成设计。

(4) 含水率　水是石灰土的重要组成部分。它促使石灰和土发生物理-化学变化，形成强度，便于土的粉碎、拌和与压实，并且有利于养生。不同土质的石灰土有不同的最佳含水率，需通过标准击实试验确定，以控制施工中的实际加水量。水应是干净可供饮用的水。

(5) 密实度　石灰土的强度随密实度的增加而增长。实践证明，石灰土的密实度每增减1%，强度约增减4%。而密实的石灰土，其抗冻性、水稳定性也好，缩裂现象也少。

(6) 石灰土的龄期　石灰土强度具有随龄期增长的特点。一般石灰土初期强度低，前期（30~60d）增长速率较后期快。石灰土强度与龄期关系可表示为

$$R_t = R_1 t^{\beta} \tag{7-1}$$

式中　R_1——1个月龄期抗压强度；

R_t——t个月龄期抗压强度；

β——系数，约为0.1~0.5。

(7) 养生条件　养生条件主要是指温度与湿度。养生条件不同，其强度也有差异。当温度高时，物理-化学反应、硬化快，强度增长快，反之强度增长慢，在负温条件下甚至不增长。因此，要求施工时的最低温度应在5℃以上，并在第一次重冰冻（-5~-3℃）到来之前一个月至

一个半月内完成。实践证明，温度较高的季节施工的石灰土强度高，质量更有保证。养生的湿度条件对石灰土的强度也有很大影响。实践证明：在一定潮湿条件下养生的强度比在一般空气中养生好。

3. 石灰稳定土基层的缩裂防治

石灰稳定土基层防治缩裂的措施主要有下述几种。

1）控制压实含水量。石灰稳定土因含水率过多产生的干缩裂缝显著，因而压实时含水率一定不要大于最佳含水率，其含水率应略小于最佳含水率。

2）严格控制压实标准。实践证明，压实度小时产生的干缩要比压实度大时严重，因此，应尽可能达到最大压实度。

3）温缩的最不利季节是材料处于最佳含水率附近，而且温度在0~-10℃时。因此施工要在当地气温进入0℃前一个月结束，以防在不利季节产生严重温缩。

4）干缩的最不利情况是石灰稳定土成型初期，因此，要重视初期养护，保证石灰土表面处于潮湿状况，禁干晒。

5）石灰稳定土施工结束后要及早铺筑面层，使石灰土基层含水率不发生大变化，可减轻干缩裂隙。

6）在石灰稳定土中掺加集料（砂砾、碎石等），使其集料含量为60%~70%，使混合料满足最佳组成要求，不但可提高强度和稳定性，而且具有较好的抗裂性。

7）基层的缩裂会反射到面层，为了防止基层裂缝的反射，国内外常采取以下措施：

① 设置联结层。设置沥青碎石或沥青贯入式联结层，是防止反射裂缝的有效措施。

② 铺筑碎石隔离过渡层。在石灰土与沥青面层间铺筑厚10~20cm的碎石层或玻璃纤维网格，可减轻反射裂缝出现。

4. 石灰稳定土混合料设计

石灰稳定土是由土、石灰和水组成的。混合料的组成设计包括：根据强度标准，通过试验选取合适的土，确定必需的或最佳的石灰剂量和混合料的最佳含水率。

（1）石灰稳定土的强度标准　石灰稳定土的强度标准根据相应的公路等级和在路面结构中的层位而定。在规定温度保湿养生6d、浸水1d后无侧限抗压强度标准见表7-10。

表7-10　石灰稳定细粒土的强度和压实度标准

层位	稳定材料类型	高速公路及一级公路		二级及二级以下公路	
		压实度(%)	抗压强度/MPa	压实度(%)	抗压强度/MPa
基层	集料	—	—	≥97	≥0.8
	细粒土	—		≥95	
底基层	集料	≥97	≥0.8	≥95	≥0.5~0.7
	细粒土	≥95		≥93	

注：1. 在低塑性土（塑性指数小于7）地区，石灰稳定砂砾土和碎石土的7d浸水抗压强度应大于0.5MPa。

2. 低限用于塑性指数小于7的黏性土，高限用于塑性指数大于7的黏性土。

（2）混合料的设计步骤

1）制备同一种土样、不同石灰剂量的石灰稳定土混合料，根据不同的层位，可参照下列石灰剂量进行配制。

① 做基层用时：

砂砾土和碎石土：5%，6%，7%，8%，9%。

塑性指数小于12的黏性土：10%，12%，13%，14%，16%。

塑性指数大于12的黏性土：5%，7%，9%，11%，13%。

② 做底基层用时：

塑性指数小于12的黏性土：8%，10%，11%，12%，14%。

塑性指数大于12的黏性土：5%，7%，8%，9%，11%。

2）确定混合料的最佳含水率和最大干压实密度（用重型击实标准试验），至少做三个不同石灰剂量混合料的击实试验，即最小剂量、中间剂量和最大剂量。

3）按最佳含水率与工地预期达到的压实密度制备试件，进行强度试验时，做平行试验的试件数量应符合规定。

4）试件在规定温度（北方冰冻地区为20℃±2℃，南方非冰冻地区为25℃±2℃）下保湿养生6d，浸水1d，进行无侧限抗压强度试验，根据表7-10的强度标准，选定合适的石灰剂量，室内试验结果的平均抗压强度应符合式（7-2）的要求

$$\overline{R} \geqslant \frac{R_d}{1-Z_\alpha C_v} \tag{7-2}$$

式中 R_d——设计抗压强度；

C_v——试验结果的偏差系数（小数计）；

Z_α——标准正态分布表中随保证率（或置信度α）而变的系数，重交通道路应取保证率95%，此时$Z_\alpha=1.645$；其他道路可取保证率为90%，即$Z_\alpha=1.282$。

工地实际采取的石灰剂量应较实验室内试验确定的剂量多0.5%~1.0%。具体可参见JTG/T F20—2015《公路路面基层施工技术细则》进行。

7.3.2 水泥稳定类基层

在粉碎的或原状松散的土（包括各种粗、中、细粒土）中，掺入适当水泥和水，按照技术要求，经拌和摊铺，在最佳含水率时压实及养护成型，其抗压强度符合规定要求，以此修建的路面基层称水泥稳定类基层。当用水泥稳定细粒土（砂性土、粉性土或黏性土）时，简称水泥土。

水泥是水硬性结合料，绝大多数的土类（高塑性黏土和有机质较多的土除外）都可以用水泥来稳定，改善其物理力学性质，适应各种不同的气候条件与水文地质条件。水泥稳定类基层具有良好的整体性，足够的力学强度、抗水性和耐冻性。其初期强度较高，且随龄期增长而增长，所以应用范围很广。近年来，在我国一些路面工程中，水泥稳定土可用于路面结构的基层和底基层，在保证路面使用品质上取得了满意的效果。但水泥土禁止作为高速公路或一级公路路面的基层，只能用作底基层。在高等级公路的水泥混凝土路面板下，水泥土也不应做基层。

1. 强度形成原理

在利用水泥来稳定土的过程中，水泥、土和水之间发生了多种非常复杂的作用，从而使土的性能发生了明显的变化。这些作用可以分为下述几点：

（1）化学作用　如水泥颗粒的水化、硬化作用，有机物的聚合作用，以及水泥水化产物与黏土矿物之间的化学作用等。

（2）物理-化学作用　如黏土颗粒与水泥及水泥水化产物之间的吸附作用，微粒的凝聚作用，水及水化产物的扩散、渗透作用，水化产物的溶解、结晶作用等。

（3）物理作用　如土块的机械粉碎作用，混合料的拌和、压实作用等。

现就其中的一些主要作用过程介绍如下：

(1) 水泥的水化作用　在水泥稳定土中，首先发生的是水泥自身的水化反应，从而产生出具有胶结能力的水化产物，这是水泥稳定土强度的主要来源。水泥的水化过程前面已经详细地介绍过了，其反应简式如下所示，这里不再赘述。

硅酸三钙：$3CaO \cdot SiO_2 + 6H_2O \longrightarrow 3CaO \cdot SiO_2 \cdot 3H_2O + 3Ca(OH)_2$

硅酸二钙：$2(2CaO \cdot SiO_2) + 4H_2O \longrightarrow 3CaO \cdot SiO_2 \cdot 3H_2O + Ca(OH)_2$

铝酸三钙：$3CaO \cdot Al_2O_3 + 6H_2O \longrightarrow 3CaO \cdot Al_2O_3 \cdot 6H_2O$

铁铝酸四钙：$4CaO \cdot Al_2O_3 \cdot Fe_2O_3 + 7H_2O \longrightarrow 4CaO \cdot Al_2O_3 \cdot Fe_2O_3 \cdot 7H_2O$

水泥水化生成的水化产物，在土的孔隙中相互交织搭接，将土颗粒包覆连接起来，使土逐渐丧失了原有的塑性等性质，并且随着水化产物的增加，混合料也逐渐坚固起来。但水泥稳定土中水泥的水化与水泥混凝土中水泥的水化之间还有所不同。这是因为：①土具有非常高的比表面积和亲水性；②水泥稳定土中的水泥含量较少；③土对水泥的水化产物具有强烈的吸附性；④在一些土中常存在酸性介质环境。由于这些特点，在水泥稳定土中，水泥的水化硬化条件较混凝土中差得多；特别是由于黏土矿物对水化产物中的 $Ca(OH)_2$ 具有极强的吸附和吸收作用，使溶液中的碱度降低，从而影响了水泥水化产物的稳定性；水化硅酸钙中会逐渐降低析出 $Ca(OH)_2$，从而使水化产物的结构和性能发生变化，进而影响到混合料的性能。因此在选用水泥时，在其他条件相同时，应优先选用硅酸盐水泥，必要时还应对水泥稳定土进行“补钙”，以提高混合料中的碱度。

(2) 离子交换作用　土中的黏土颗粒由于颗粒细小、比表面积大，因而具有较高的活性，当黏土颗粒与水接触时，黏土颗粒表面通常带有一定量的负电荷，在黏土颗粒周围形成一个电场，这层带负电荷的离子就称为电位离子。带负电的黏土颗粒表面，时而吸引周围溶液中的正离子，如 K^+、Na^+等，而在颗粒表面形成了一个双电层结构，这些与电位离子电荷相反的离子就称为反离子。在双电层中电位离子形成了内层，反离子形成外层。靠近颗粒的反离子与颗粒表面结合较紧密，当黏土颗粒运动时，结合较紧密的反离子将随颗粒一起运动，而其他反离子将不产生运动；由此在运动与不运动的反离子之间便出现了一个滑移面。

由于在黏土颗粒表面存在着电场，因此也存在着电位，颗粒表面电位离子形成的电位称为热力学电位（滑动面上的电位称为电动电位；由于反离子的存在，离开颗粒表面越远电位越低，经过一定的距离电位将降低为零，此距离称为双电层厚度。由于各个黏土颗粒表面都具有相同的双电层结构，因此黏土颗粒之间往往间隔着一定的距离。

在硅酸盐水泥中，硅酸三钙和硅酸二钙占主要部分，其水化后所生成的氢氧化钙所占的比例也较高，可达水化产物的 25%。大量的氢氧化钙溶于水以后，在土中形成了一个富含 Ca^{2+} 的碱性溶液环境。当溶液中富含 Ca^{2+}时，因为 Ca^{2+}的电价高于 K^+、Na^+等离子，因此与电位离子的吸引力较强，从而取代了 K^+、Na^+，成为反离子，同时 Ca^{2+}双电层电位的降低速度加快。因而使电动电位减小、双电层的厚度降低，使黏土颗粒之间的距离减小，相互靠拢，导致土的凝聚，从而改变土的塑性，使土具有一定的强度和稳定度。这种作用就称为离子交换作用。

(3) 化学激发作用　钙离子的存在不仅影响到了黏土颗粒表面双电层的结构，而且在这种碱性溶液环境下，土本身的化学性质也将发生变化。

土的矿物组成基本上都属于硅铝酸盐，其中含有大量的硅氧四面体和铝氧八面体。在通常情况下，这些矿物具有比较高的稳定性，但当黏土颗粒周围介质的 pH 值增加到一定程度时，黏土矿物中的部分 SiO_2 和 Al_2O_3 的活性将被激发出来，与溶液中的 Ca^{2+}进行反应，生成新的矿物，这些矿物主要是硅酸转和错酸钙系列，如 $4CaO \cdot 5SIO_2 \cdot 5H_2O \cdot 4CaO \cdot Al_2O_3 \cdot 19H_2O$、$3CaO \cdot$

$Al_2O_3 \cdot 16H_2O \cdot CaO \cdot Al_2O_3 \cdot 10H_2O$ 等。这些矿物的组成和结构与水泥的水化产物都有很多类似之处，并且同样具有胶凝能力。生成的这些胶结物质包裹着黏土颗粒表面，与水泥的水化产物一起，将黏土颗粒凝结成一个整体。因此，氢氧化钙对黏土矿物的激发作用，将进一步提高水泥稳定土的强度和水稳定性。

(4) 碳酸化作用　水泥水化生成的 $Ca(OH)_2$，除了可与黏土矿物发生化学反应外，还可以进一步与空气中的 CO_2 发生碳化反应并生成碳酸钙晶体。其反应如下

$$Ca(OH)_2+CO_2+nH_2O = CaCO_3+(n+1)H_2O$$

碳酸钙生成过程中产生体积膨胀，也可以对土的基体起到填充和加固作用；只是这种作用相对来讲比较弱，并且反应过程缓慢。

2. 影响强度的因素

(1) 土质　土的类别和性质是影响水泥稳定土强度的重要因素，各类砂砾土、砂土、粉土和黏土均可用水泥稳定，但稳定效果不同。试验和生产实践证明，用水泥稳定级配良好的碎(砾)石和砂砾，效果最好，不但强度高，而且水泥用量少；其次是砂性土；再次是粉性土和黏性土。重黏土难以粉碎和拌和，不宜单独用水泥来稳定，因此，一般要求土的塑性指数不大于17。

(2) 水泥的成分和剂量　各种类型的水泥都可以用于稳定土。但试验研究证明，水泥的矿物成分和分散度对其稳定效果有明显影响。对于同一种土，通常情况下硅酸盐水泥的稳定效果好，而铝酸盐水泥较差。

在水泥硬化条件相似，矿物成分相同时，随着水泥分散度的增加，其活性程度和硬化能力也有所增大，从而水泥土的强度也大大提高。

水泥土的强度随水泥剂量的增加而增长，但过多的水泥用量，虽获得强度的增加，在经济上却不一定合理，在效果上也不一定显著，且容易开裂。试验和研究证明，水泥剂量为4%~8%较为合理。

(3) 含水率　含水率对水泥稳定土强度影响很大，当含水率不足时，水泥不能在混合料中完全水化和水解，发挥不了水泥对土的稳定作用，影响形成后的强度。同时，含水率小，达不到最佳含水率也影响水泥稳定土的压实度。因此，使含水率达到最佳含水率的同时，也要满足水泥完全水化和水解作用的需要为好。

水泥正常水化所需的水量约为水泥重的20%，对于砂性土，完全水化达到最高强度的含水率较最佳密度的含水率为小；而对于黏性土则相反。

(4) 施工工艺过程　水泥、土和水拌和均匀，且在最佳含水率下充分压实，使之干密度最大，其强度和稳定性就高。水泥土从开始加水拌和到完成压实的延迟时间要尽可能最短，一般宜在6h以内。若时间过长，则水泥凝结，在碾压时，不但达不到压实度要求，而且也会破坏已结硬水泥的胶凝作用，反而使水泥稳定土强度下降。在水泥终凝时间达不到规定要求时，可以使用一定剂量的缓凝剂，但缓凝剂的品种和具体数量应根据试验确定。

水泥稳定土需湿法养生，以满足水泥水化形成强度的需要。养生温度越高，强度增长得越快，因此，要保证水泥稳定土养生的温度和湿度条件。

3. 材料要求及混合料组成设计

(1) 材料要求

1) 土。凡能被粉碎的土都可用水泥稳定。宜做水泥稳定类基层的材料有：碎石、石屑、砂砾、碎石土、砾石土等。粗集料及细集料的技术要求见表7-11和表7-12，集料的分档要求见表7-13。

表 7-11 粗集料的技术要求

指标	层位	高速公路和一级公路				二级及二级以下公路		试验方法
		极重、特重交通		重、中、轻交通				
		Ⅰ类	Ⅱ类	Ⅰ类	Ⅱ类	Ⅰ类	Ⅱ类	
压碎值(%)	基层	≤22①	≤22	≤26	≤26	≤35	≤30	T 0316
	底基层	≤30	≤26	≤30	≤26	≤40	≤35	
针片状颗粒含量(%)	基层	≤18	≤18	≤22	≤18	—	≤20	T 0312
	底基层	—	≤20	—	≤20	—	≤20	
0.075mm 以下粉尘含量(%)	基层	≤1.2	≤1.2	≤2	≤2	—	—	T 0310
	底基层	—	—	—	—	—	—	
软石含量(%)	基层	≤3	≤3	≤5	≤5	—	—	T 0320
	底基层	—	—	—	—	—	—	

① 对花岗岩石料，压碎值可放宽至 25%。

表 7-12 细集料技术要求

项目	水泥稳定①	石灰稳定	石灰粉煤灰综合稳定	水泥粉煤灰综合稳定	试验方法
颗粒分析	满足级配要求				T 0302/0303/0327
塑性指数②	≤17	适宜范围 15~20	适宜范围 12~20	—	T 0118
有机质含量(%)	<2	≤10	≤10	<2	T 0313/0336
硫酸盐含量(%)	≤0.25	≤0.8	—	≤0.25	T 0341

① 水泥稳定包含水泥石灰综合稳定。

② 应测定 0.075mm 以下材料的塑性指数。

表 7-13 粗集料的分档要求

层位	高速公路和一级公路		二级及二级以下公路
	极重、特重交通	重、中、轻交通	
基层	≥5	≥4	≥3 或 4①
底基层	≥4	≥3 或 4①	≥3

① 对一般工程可选择不少于 3 档备料，对极重、特重交通荷载等级且强度要求较高时，为了保证级配的稳定，宜选择不少于 4 档备料。

当被稳定材料中含有一定量的碎石或砾石，且小于 0.6mm 的颗料含量在 30%以下时，塑性指数可大于 17，且土的均匀系数应大于 5。水泥稳定材料的推荐级配范围见表 7-14，用于高速公路和一级公路的底基层时，被稳定材料的公称最大粒径应不大于 31.5mm，级配宜符合表 7-14 中 C-A-1 或 C-A-2 的规定，被稳定材料中不宜含有黏质土或粉质土；用于二级以下公路的基层时，级配宜符合表 7-14 中 C-A-3 的规定，被稳定材料中不宜含有黏质土或粉质土；用于二级以下公路的基层时，级配宜符合表 7-14 中 C-A-3 的规定，被稳定材料的公称最大粒径应不大于 37.5mm；用于二级及二级以下公路的底基层时，级配宜符合表 7-14 中 C-A-4 的规定，被稳定材料的公称最大粒径应不大于 37.5mm。水泥稳定级配碎石或砾石的推荐级配范围见表 7-15，用于高速公路和一级公路时，级配宜符合表 7-15 中 C-B-1 或 C-B-2 的规定，混合料密实时也可采用 C-B-3，C-B-1 宜用作基层和底基层，C-B-2 宜用作基层，C-B-3 宜用作极重、特重交通荷载等级的基层；用于二级及二级以下公路时，级配宜符合表 7-15 中 C-C-1、C-C-2、C-C-3 的规定，C-C-

1宜用作基层和底基层，C-C-2和C-C-3宜用作基层。

表7-14 水泥稳定材料的级配推荐范围 （单位：%）

筛孔尺寸/mm	高速公路和一级公路的底基层或二级公路的基层	高速公路和一级公路的底基层	二级以下公路的基层	二级及二级以下公路的底基层
	C-A-1	C-A-2	C-A-3	C-A-4
53	—	—	100	100
37.5	100	100	90~100	—
31.5	90~100	—	—	—
26.5	—	—	66~100	—
19	67~90	—	54~100	—
9.5	45~68	—	39~100	—
4.75	29~50	50~100	28~84	50~100
2.36	18~38	—	20~70	—
1.18	—	—	14~75	—
0.6	8~22	17~100	8~47	17~100
0.075	0~7	0~30	0~30	0~50

注：表中水泥稳定材料不包括水泥稳定级配碎石或砾石。

表7-15 水泥稳定级配碎石或砾石的推荐级配范围 （单位：%）

筛孔尺寸（mm）	高速公路和一级公路			二级及二级以下公路		
	C-B-1	C-B-2	C-B-3	C-C-1	C-C-2	C-C-3
37.5	—	—	—	100	—	—
31.5	—	—	100	100~90	100	—
26.5	100	—	—	94~81	100~90	100
19	86~82	100	68~86	83~67	87~73	100~90
16	79~73	93~88	—	78~61	82~65	92~79
13.2	72~65	86~76	—	73~54	75~58	83~67
9.5	62~53	72~59	38~58	64~45	66~47	71~52
4.75	45~35	45~35	22~32	50~30	50~30	50~30
2.36	31~22	31~22	16~28	36~19	36~19	36~19
1.18	22~13	22~13	—	26~12	26~12	26~12
0.6	15~8	15~8	8~15	19~8	19~8	19~8
0.3	10~5	10~5	—	14~5	14~5	14~5
0.15	7~3	7~3	—	10~3	10~3	10~3
0.075	5~2	5~2	0~3	7~2	7~2	7~2

2）水泥。普通硅酸盐水泥、矿渣硅酸盐水泥或火山灰质硅酸盐水泥都可以用于稳定土，但应选用终凝时间较长（宜6h以上）的水泥。早强、快硬及受潮变质的水泥不得使用。宜采用强度等级较低的水泥，如32.5级水泥。

3）水。饮用的水，均可以应用。

（2）混合料组成设计　水泥稳定土混合料组成设计与石灰稳定土基本相同。

7d 无侧限抗压强度和压实度应根据公路等级和所在路面结构中的层位确定，见表 7-16。水泥稳定材料推荐水泥剂量试验见表 7-17，水泥的最小剂量见表 7-18。

表 7-16　水泥稳定材料的 7d 无侧限抗压强度与压实标准

层位	稳定材料类型	高速公路及一级公路				二级及二级以下公路			
		压实度(%)	抗压强度/MPa			压实度(%)	抗压强度/MPa		
			极重、特重	重	中、轻		极重、特重	重	中、轻
基层	集料	≥98	5.0~7.0	4.0~6.0	3.0~5.0	≥97	4.0~6.0	3.0~5.0	2.0~4.0
	细粒土	—	—	—	—	≥95			
底基层	集料	≥97	3.0~5.0	2.5~4.5	2.0~4.0	≥95	2.5~4.5	2.0~4.0	1.0~3.0
	细粒土	≥95				≥93			

表 7-17　水泥稳定材料配合比设计试验推荐水泥试验剂量标准

被稳定材料	条件		推荐水泥试验剂量(%)
有级配的碎石或砾石	基层	R_d≥5.0MPa	5、6、7、8、9
		R_d<5.0MPa	3、4、5、6、7
土、砂、石屑等		塑性指数<12	5、7、9、11、13
		塑性指数≥12	8、10、12、14、16
有级配的碎石或砾石	底基层	—	3、4、5、6、7
土、砂、石屑等		塑性指数<12	4、5、6、7、8
		塑性指数≥12	6、8、10、12、14
碾压贫混凝土	基层	—	7、8、5、10、11、5、13

注：水泥剂量是水泥质量占干土质量的百分比。

表 7-18　水泥的最小剂量标准　（单位：%）

被稳定材料类型	拌和方法	
	路拌法	集中厂拌法
中、粗粒材料	4	3
细粒材料	5	4

（3）设计步骤

1）制备同一种土样、不同水泥剂量的混合料，一般按下列水泥剂量配制：

做基层用时：

中粒土和粗粒土：3%，4%，5%，6%，7%。

塑性指数小于 12 的土：5%，7%，8%，9%，11%。

其他细粒土：8%，10%，12%，14%，16%。

做底基层时：

中粒土和粗粒土：2%，3%，4%，5%，6%。

塑性指数小于 12 的土：4%，5%，6%，7%，8%。

其他细粒土：6%，8%，9%，10%，12%。

2）确定最佳含水率和最大干压实密度。

3）按最佳含水率和计算得到的干压实密度制试件，根据表 7-17 强度标准选定合适的水泥剂量。此剂量试件室内试验结果的平均抗压强度应符合式（7-2）的要求。

工地实际采用的水泥剂量应比室内试验确定剂量多 0.5%～1.0%。具体可参照 JTG/T F20—2015《公路路面基层施工技术细则》进行。

7.4 工业废渣稳定基层

随着工业的发展，工业废渣逐渐增多，怎样综合利用工业废渣引起了国内外重视。近年来，我国利用工业废渣铺筑路面基层，取得显著成效，不但提高了路面使用品质，而且降低了工程造价，“变废为宝”，具有显著的经济效益。

公路上常用的工业废渣有：火力发电厂的粉煤灰和煤渣，钢铁厂的高炉渣和钢渣，化肥厂的电石渣以及煤矿的煤矸石等。粉煤灰是煤粉在燃烧过程中的残留物，悬浮于高温烟气中，通过集尘设备回收的粉尘污染物；煤渣则是煤燃烧完全后留下的炉底灰，这两种废料中含有较多的二氧化硅、氧化钙和氧化铝等活性物质。用石灰稳定工业废渣时，石灰在水的作用下形成饱和的 $Ca(OH)_2$ 溶液，废渣的活性氧化硅和氧化铝在 $Ca(OH)_2$ 溶液中产生火山灰反应，生成水化硅酸钙和铝酸钙凝胶，把颗粒胶凝在一起，随水化物不断产生而结晶硬化，具有水硬性。

习　题

1. 碎（砾）石基层所包含的各种基层结构有哪些？
2. 无机结合料稳定类目前常用的基层有哪些？
3. 石灰稳定类基层的强度形成原理及影响强度的因素是什么？
4. 水泥稳定类基层的强度形成原理及影响强度的因素是什么？
5. 如何进行石灰稳定土混合料和水泥稳定土混合料的设计？

第8章

沥青路面

学习目标

沥青路面是我国公路的主要路面形式。本章主要介绍沥青路面的基本特征，包括沥青路面分类，沥青路面材料的力学特性与路用性能。要求了解沥青路面的基本特性、破坏类型及成因、沥青路面的性能要求，掌握沥青路面及其材料的工作特性；掌握提高沥青路面高温稳定性、低温抗裂性、水稳定性、疲劳和耐老化性能方法。

8.1 概述

沥青路面是用沥青材料做结合料黏结矿料修筑的面层与各类基层所组成的路面结构。

由于沥青面层使用沥青结合料，因而增强了矿料间的黏结力，提高了混合料的强度和稳定性，使路面的使用质量和耐久性都得到提高。与水泥混凝土路面相比，沥青路面具有表面平整、无接缝、行车舒适、耐磨、振动小、噪声低、工期短、养护维修简便、适宜于分期修建等优点，因而获得越来越广泛的应用。20世纪50年代以来，各国修建沥青路面的数量迅猛增长，所占比例很大。我国的公路和城市道路近20年来使用沥青材料修筑了相当数量的沥青路面。

沥青路面具有下列良好性能：

1）足够的力学强度，能承受车辆荷载施加到路面上的各种作用力。

2）一定的弹性和塑性变形能力，能承受应变而不破坏。

3）有良好的减振性，使汽车快速行驶，平稳而低噪声。

4）不扬尘，易清扫。

5）维修养护比较简单。

6）与轮胎附着力较好，保证行车安全。

沥青路面是在柔性基层、半刚性基层上或刚性基层之上铺筑一定厚度的沥青混合料做面层的路面结构。沥青路面设计的任务是根据使用要求及气候、水文、土质等自然条件，密切结合当地实践经验，设计确定经济合理的路面结构，使之能承受交通荷载和环境因素的作用，在预定的使用期限满足各级公路相应的承载力、耐久性、舒适性、安全性的要求。路面设计应包括原材料的选择、混合料配合比设计和设计参数的测试与确定、路面结构层组合与厚度计算以及路面结构的方案比选等内容。路面设计除行车道部分的路面外，对高速公路、一级公路还应包括路缘带、硬路肩、加减速车道、紧急停车带、收费站和服务区的场面设计以及路面排水系统的设计，对其他各级公路应包括路肩加固、路缘石和路面排水设计。

沥青路面的强度与稳定性在很大程度上取决于路基和基层的特性。

1. 沥青路面对路基的主要要求

(1) 路基要有足够的强度　路基强度的高低不仅对整个路面的厚度有很大的影响，而且直接影响到路面结构层材料的选择，软弱路基还有可能直接导致路面的变形和破坏。

(2) 路基要有良好的稳定性　在使用过程中，路基的强度和稳定性对路面使用质量以及使用期限有很大的影响。所以，为了保证路基的强度和稳定性，首先要尽量减少或防止自由水进入路基；其次是分层填筑路基，按重型压实标准加强路基压实度，特别是增加路基上部的压实度，是提高路基强度和稳定性的既经济又有效的措施。对软弱路基或翻浆路段，必须预先加以处理。在低温时，沥青路面的抗变形能力很低，在寒冷地区为了防止路基不均匀冻胀而使沥青路面开裂，需设置防冻层。

2. 沥青路面对基层的主要要求

(1) 具有足够的强度和适宜的刚度　基层是沥青路面的承重层，在预期行车荷载的反复作用下，不允许产生超量的残余变形，更不允许产生剪切破坏（粒料基层）和弯拉破坏（半刚性基层和刚性基层)。特别是在重交通道路上，只有具有满足强度要求的材料才能作为基层使用，同时要求基层材料有较高的抗疲劳破坏能力。

(2) 具有良好的稳定性　沥青面层，特别是沥青表面处治、沥青贯入式和路拌沥青碎石路面，在使用初期透水性一般较大。雨季表面水将透过沥青面层进入基层或底基层。表面水也有可能从两侧路肩或路面和路肩的结合处渗入路面结构中。如果沥青面层上产生了裂缝，将有更多的表面水从裂缝中渗入路面结构，但水分要从路面结构和路基中蒸发出来就比较困难。进入路面结构层的水能使细料含量较多而且塑性指数较大的基层材料强度大大降低。因此，必须采用水稳定性好的材料作为沥青路面的基层。在潮湿多雨地区以及在路基湿度可能受地下水影响的地段，要特别重视。

(3) 抗冻性和抗低温开裂能力　在寒冷地区以及季节性冰冻地区基层还应具有良好的抗冻性和抗低温开裂能力。

(4) 基层表面必须平整、密实，路拱与路面一致　薄沥青路面的平整度、路拱取决于基层的平整度和路拱。用沥青面层来调整基层的平整度和路拱是不合理、不经济的。因此，保证基层的平整度和路拱是保持薄沥青面层厚度均匀一致以及面层表面平整度和路拱的先决条件。

(5) 与面层结合良好　基层与面层结合良好，可以减少面层底部的拉应力和拉应变。因此，基层表面应该稳定并且具有一定的粗糙度，表面还应该结构均匀，无松散颗粒。在铺筑沥青面层之前，基层表面还应该干燥无尘。对交通量较大的路段，为使沥青路面具有一定的抗弯拉和抗疲劳开裂的能力，宜在沥青面层下设置沥青混合料的联结层。采用较薄的沥青面层时，特别是在旧路面上加铺面层时，要采取措施加强面层与基层之间的粘结，以防止水平力作用而引起沥青面层的剥落、推挤、拥包等破坏。

(6) 基层材料　基层材料应有较小的干燥收缩、温度收缩变形，以减少反射裂缝。

沥青路面设计方法可概括为两类：一类是以经验或试验为依据的经验法；一类是以力学分析为基础，考虑环境、交通条件以及材料特性的力学经验法。近 30 年来，有关力学经验法的研究取得了很大进展，许多国家相继提出了较完整的设计体系。目前力学经验法对沥青路面的应力、变形和位移的分析，大多应用弹性层状体系理论，并采用电算的方法。鉴于理论法有着广阔的发展前景，我国 JTG D50—2017《公路沥青路面设计规范》规定沥青路面设计理论以弹性层状体系理论为基础，所以本章着重阐述基于力学经验法的沥青路面结构设计与计算。

8.2 沥青路面的分类及路面类型的选择

1. 沥青路面的分类

(1) 按强度构成原理分类　按强度构成原理的不同，沥青路面可分为密实类沥青路面和嵌挤类沥青路面。

1) 密实类沥青路面要求矿料的级配按最大密实原则设计，其强度和稳定性主要取决于混合料的黏结力和内摩擦力。密实类沥青路面按其空隙率的大小可分为闭式混合料和开式混合料两种：闭式混合料中含有较多的粒径为0.075~0.6mm的矿料颗粒，空隙率小于6%，混合料致密且耐久，但热稳定性较差；开式混合料中小于0.6mm的矿料颗粒含量较少，空隙率大于6%，其热稳定性较好。

2) 嵌挤类沥青路面要求采用颗粒尺寸较为均一的矿料，路面的强度和稳定性主要依靠集料颗粒之间相互嵌挤所产生的内摩擦力，而黏结力则起着次要的作用。按嵌挤原则修筑的沥青路面，其热稳定性较好，但因空隙率较大，嵌挤类沥青路面易渗水且耐久性较差。

(2) 按施工工艺的不同分类　按施工工艺的不同，沥青路面可分为层铺法施工拌和法施工（路拌法施工和厂拌法施工）。

1) 层铺法施工是用分层洒布沥青，分层摊铺矿料和碾压的方法修筑，其主要优点是工艺和设备简便、功效较高、施工进度快、造价较低，其缺点是路面成型期较长，需要经过炎热季节行车碾压之后路面方能成形。用这种方法修筑的沥青路面有沥青表面处治施工和沥青贯入式两种施工。沥青表面处治路面是指用沥青和集料按层铺法或拌和法铺筑而成的厚度不超过3cm的沥青路面。沥青表面处治的厚度一般为1.5~3.0cm。层铺法可分为单层、双层、三层。单层表面处治厚度为1.0~1.5cm，双层表面处治厚度为1.5~2.5cm，三层表面处治厚度为2.5~3.0cm。沥青表面处治适用于三级、四级公路的面层，旧沥青面层上加铺罩面或抗滑层、磨耗层等。沥青贯入式路面是指用沥青贯入碎（砾）石作为面层的路面。沥青贯入式路面的厚度一般为4~8cm。当沥青贯入式的上部加铺拌和的沥青混合料时，也称为上拌下贯，此时拌和层的厚度宜为3~4cm，其总厚度为7~10cm。沥青贯入式碎石适用于二级及二级以下公路的沥青面层。

2) 路拌法施工是在路上用机械将矿料和沥青材料就地拌和、摊铺和碾压密实而成的沥青面层，此类面层所用矿料为碎（砾）石的称为路拌沥青碎（砾）石；所用矿料为土的称为路拌沥青稳定土。路拌沥青面层，通过就地拌和，沥青材料在矿料中分布比层铺法均匀，可以缩短路面的成形期。但因所用的矿料为冷料，需使用黏稠度较低的沥青材料，故混合料的强度较低。

3) 厂拌法施工是由一定级配的矿料和沥青材料在工厂用专用设备加热拌和，然后送到工地摊铺、碾压而成的沥青路面。矿料中细颗粒含量少，不含或含少量矿粉，混合料为开级配的（空隙率达10%~15%），称为厂拌沥青碎石；若矿料中含有矿粉，混合料是按最佳密实级配配制的（空隙率6%以下）称为沥青混凝土。厂拌法按混合料铺筑时温度的不同，又可分为热拌热铺和热拌冷铺两种：热拌热铺是混合料在专用设备加热拌和后立即趁热运到路上摊铺压实。如果混合料加热拌和后储存一段时间再在常温下运到路上摊铺压实，即为热拌冷铺。厂拌法使用较黏稠的沥青材料，且矿料经过精选，因而混合料质量高，使用寿命长，但修建费用也相对较高。

(3) 按沥青路面的技术特性分类　根据沥青路面的技术特性，沥青路面可分为沥青混凝土路面、沥青碎石路面、乳化沥青碎石路面。

1）沥青混凝土路面是指用沥青混凝土作为面层的路面，其面层可由单层或双层或三层沥青混合料组成，各层混合料的组成设计应根据其层厚和层位、气温和降雨量等气候条件、交通量和交通组成等因素确定，以满足对沥青面层使用功能的要求。沥青混凝土常用作高等级公路的面层。

2）沥青碎石路面是指用沥青碎石作为面层的路面，沥青碎石的配合比设计应根据实践经验和马歇尔试验的结果，并通过施工前的试拌和试铺确定。沥青碎石有时也用作联结层。

3）乳化沥青碎石混合料适用于做三级、四级公路的沥青面层，二级公路养护罩面以及各级公路的调平层。国外也用作柔性基层。

2. 沥青路面类型的选择

采用不同的施工工艺和材料可以修筑成不同类型的沥青路面。因此，必须根据路面的使用要求和施工的具体条件，按照技术经济原则来综合考虑，选定最适当的路面类型。

选择沥青路面的类型，一方面要根据任务要求（道路的等级、交通量、使用年限、修建费用等）和工程特点（施工季节、施工期限、基层状况等）；另一方面还应考虑材料供应情况、施工机具、劳力和施工技术条件等因素。

热拌沥青混合料（HMA）适用于各种等级公路的沥青路面。其种类按集料公称最大粒径、矿料级配、空隙率划分，见表 8-1。

表 8-1 热拌沥青混合料的分类

混合料类型	密级配			开级配		半开级配	公称最大粒径/mm	最大粒径/mm
	连续级配		间断级配	间断级配		沥青稳定碎石		
	沥青混凝土	沥青稳定碎石	沥青玛蹄脂碎石	排水式沥青磨耗层	排水式沥青碎石基层			
特粗式	—	ATB-40	—	—	ATPB-40	—	37.5	53.0
粗粒式	—	ATB-30	—		ATPB-30	—	31.5	37.5
	AC-25	ATB-25	—	—	ATPB-25	—	26.5	31.5
中粒式	AC-20	—	SMA-20	—	—	AM-20	19.0	26.5
	AC-16	—	SMA-16	OGFC-16	—	AM-16	16.0	19.0
细粒式	AC-13	—	SMA-13	OGFC-13	—	AM-13	13.2	16.0
	AC-10	—	SMA-10	OGFC-10	—	AM-10	9.5	13.2
砂粒式	AC-5	—	—	—	—	—	4.75	9.5
设计空隙率(%)	3~5	3~6	3~4	>18	>18	6~12	—	—

注：设计空隙率可按配合比设计要求适当调整。

各层沥青混合料应满足所在层位的功能性要求，便于施工，不容易离析。各层应连续施工并联结成为一个整体。当发现混合料结构组合及级配类型的设计不合理时应进行修改、调整，以确保沥青路面的使用性能。同时沥青面层集料的最大粒径宜从上至下逐渐增大，并应与压实层厚度相匹配。对热拌热铺密级配沥青混合料，沥青层一层的压实厚度不宜小于集料公称最大粒径的 2.5~3.0 倍，对 SMA 和 OGFC 等嵌挤型混合料不宜小于公称最大粒径的 2.0~2.5 倍，以减少离析，便于压实。

沥青路面一般不宜铺筑在纵坡大于 6% 的路段上。纵坡大于 3% 的路段，考虑抗滑的要求，宜采用粗粒式的沥青碎石或粗面式的沥青表面处治。

8.3 沥青路面材料的特性与路用性能

8.3.1 沥青路面材料的力学特性

1. 沥青混合料的强度特性

表征沥青混合料力学强度的参数是抗压强度、抗剪强度和抗拉（包括抗弯拉）强度。一般沥青混合料均具有较高的抗压强度，而抗剪和抗拉强度则较低。因此，沥青路面的损坏，往往是由拉裂或滑移开始而逐渐扩展的。

（1）抗剪强度　沥青混合料的剪切破坏可按莫尔—库仑原理进行分析。材料在外力作用下若不产生剪切破坏，则应具备下列条件

$$\tau_{max}<\sigma\tan\varphi+c \tag{8-1}$$

式中　τ_{max}——在外荷载作用下，某一点所产生的最大的剪应力；

σ——在外荷载作用下，在同一剪切面上的正应力；

c——材料的黏结力；

φ——材料的内摩擦角。

在沥青路面的最不利位置取一单元体，设其三个方向的主应力为 σ_1、σ_2 和 σ_3，且 $\sigma_1>\sigma_2>\sigma_3$。由于单元体中最不利的剪切条件取决于 σ_1 和 σ_3，故仅根据 σ_1 和 σ_3 分析单元体的应力状况。图 8-1 为单元体应力状况的莫尔圆。

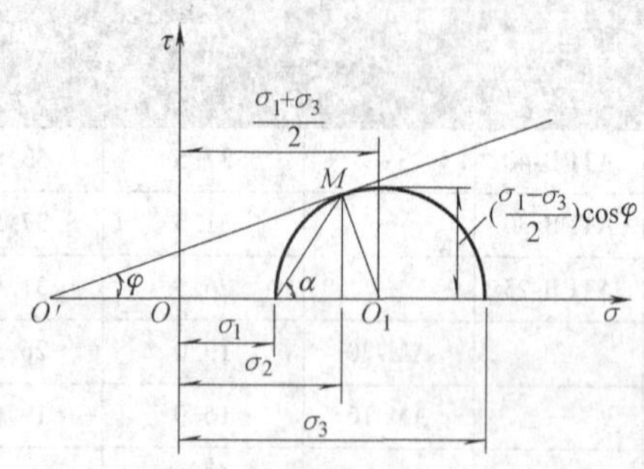

图 8-1　单元体应力状况的莫尔圆

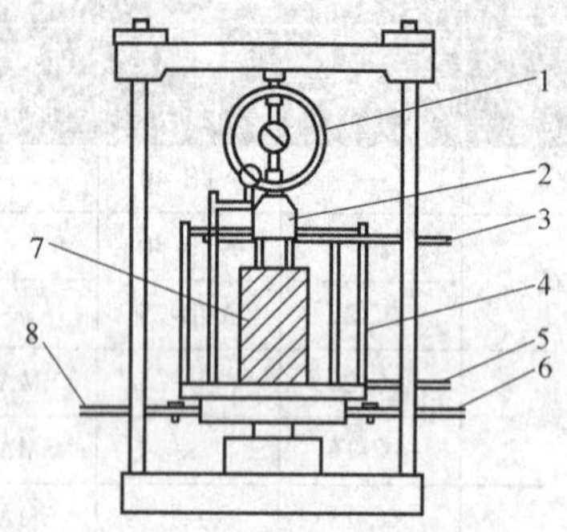

图 8-2　三轴剪切试验的装置

1—压力环　2—活塞　3—出水　4—保温罩　5—进水门　6—接压力盒　7—试件　8—接水银压力计

从图 8-1 可得

$$\tau=\frac{1}{2}(\sigma_1-\sigma_3)\cos\varphi \tag{8-2}$$

$$\sigma=\frac{1}{2}(\sigma_1+\sigma_3)\cos^2\varphi-\frac{c}{\tan\varphi}\sin^2\varphi \tag{8-3}$$

将式（8-2）、式（8-3）代入式（8-1）得

$$\frac{1}{2\cos\varphi}[(\sigma_1-\sigma_3)-(\sigma_1+\sigma_3)\sin\varphi]\leqslant c \tag{8-4a}$$

$$\frac{\tau_{\max}}{\cos\varphi}-(\sigma-\tau_{\max})\tan\varphi\leqslant c \tag{8-4b}$$

式（8-4a）或式（8-4b）为沥青路面材料强度的判别式。式左端称为活动剪应力，当活动剪应力等于黏结力 c 时，材料处于极限平衡，若大于黏结力 c，材料出现塑性变形。根据式（8-4a）或式（8-4b）可求得沥青路面材料应具有的 c 和 φ 值。

c 和 φ 值可通过三轴剪切试验取得。三轴剪切试验的装置如图 8-2 所示。三轴剪切试验所用试件的直径应大于矿料最大粒径的 4 倍，试件的高与直径之比应大于 2。矿料最大粒径小于 25mm 时，试件直径为 10cm，高为 20cm。试验时，将一组试件分别在不同侧压力下以一定加荷速度施加垂直压力，直至试件破坏。此时测得的最大垂直压力，即为沥青混合料的最大主应力 σ_1，侧压力即为最小主应力 σ_3（$\sigma_3=\sigma_2$）。根据各试件的侧压力和最大垂直压力绘出相应的莫尔圆。这些圆的公切线称为莫尔包络线。切线与 τ 轴相交的截距即为黏结力 c，切线的斜率即为内摩擦角 φ（见图 8-3）

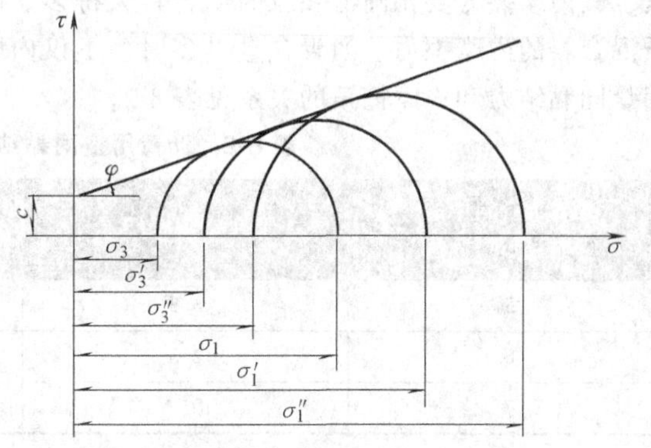

图 8-3　决定 c 与 φ 的莫尔包络线

由于温度对沥青混合料的抗剪强度有很大的影响，故试件应在高温条件（65℃或 50℃）下进行测试。

黏结力 c 和内摩擦角 φ 值，也可根据无侧限抗压和轴向拉伸试验取得的抗压强度和抗拉强度来计算

抗压强度
$$R=2\cot\left(\frac{\pi}{4}+\frac{\varphi}{2}\right) \tag{8-5}$$

抗拉强度
$$r=\frac{2c}{\tan\left(\frac{\pi}{4}+\frac{\varphi}{2}\right)} \tag{8-6}$$

从式（8-5）或式（8-6）可得

$$\varphi=\sin^{-1}\left(\frac{R-r}{R+r}\right) \tag{8-7}$$

$$c=0.5\sqrt{Rr} \tag{8-8}$$

沥青混合料的抗剪强度主要取决于沥青与矿料相互作用而产生的黏结力，以及矿料在沥青混合料中相互嵌挤而产生的内摩擦角。

沥青混合料的黏结力取决于许多因素，其中最主要的是沥青黏滞度、沥青含量与矿粉含量的比值以及沥青与矿料相互作用的特性。沥青的黏滞度越高，黏结力就越大，因为高黏滞度的沥青能使沥青混合料的黏滞阻力增大，因而具有较高的抗剪强度。随着沥青含量增加，矿料颗粒间自由沥青增加，沥青混合料的黏结力随即下降。在沥青与矿料的界面上，由于分子的吸附作用，越靠近矿料表面，沥青的黏滞度越高。因此，矿料的比面积和矿料周围沥青膜的厚度对沥青混合料的黏结力有很大的影响。矿料颗粒越小，比面积越大，包覆矿料颗粒的沥青膜越薄，黏结力就越大。沥青的表面活性越强，矿料对沥青的亲和性越好，吸附作用

就越强烈，黏结力也越大。碱性的矿料与沥青粘结时，会发生化学吸附过程，在矿料与沥青接触面上形成新的化合物，因而黏结力较高。酸性的矿料与沥青粘结时，不会形成化学吸附过程，黏结力就较低。

矿料的级配、颗粒的形状和表面特性都对沥青混合料的内摩擦力产生影响。随着颗粒尺寸的增大，内摩擦力也就增大，颗粒表面粗糙、棱角尖锐的矿料组成的混合料，由于颗粒相互嵌紧，其内摩擦力要比圆滑颗粒的混合料大得多。此外，沥青混合料中沥青的存在总是会降低矿质混合料的内摩擦力。沥青含量过多时，不仅内摩擦力显著地降低，而且黏结力也下降。沥青用量同黏结力和内摩擦角的关系见表 8-2。

表 8-2　沥青用量同黏结力和内摩擦角的关系

沥青混合料中的沥青用量(%)	剩余空隙率(%)	内摩擦角(°)	黏结力/MPa
5	3.3	30	0.190
6	2.5	30	0.155
7	0.7	19	0.060

(2) 抗拉强度　在气候较寒冷地区，冬季气温下降，特别是骤时降温，沥青混合料发生收缩，如果收缩受阻，就会产生拉应力，该应力超过沥青混合料自身的抗拉强度，路面就会产生开裂。

沥青混合料的抗拉强度，可用直接拉伸试验或间接拉伸试验（劈裂试验）测定。直接拉伸试验（见图 8-4）是将沥青混合料制成圆柱体试件，试件两端粘结在球形铰接的金属盖帽上，试件上安置变形传感器。在给定温度时，以一定加荷速度拉伸，记录各荷载应力下的变形值。应力-应变曲线中的最大应力值即为极限抗拉强度。

间接拉伸试验（劈裂试验，见图 8-5）是将沥青混合料用马歇尔标准击实法制成直径 101.6mm±0.25mm、高 63.5mm±1.3mm，或从轮碾机成型的板块试件或从道路现场钻取直径 100mm±2mm 或 150mm±2.5mm、高为 40mm±5mm 的圆柱体试件。试件两侧垫上金属压条。试件直径为 100mm±2mm 或 101.6mm±0.25mm 时，压条宽度为 12.7mm，内侧曲率半径 50.8mm，试件直径为 150mm±2.5mm 时，压条宽度为 19mm，内侧曲率半径 75mm，压条两端均应磨圆。在给定温度下，沿试件直径方向通过试件两侧压条按一定加荷速度施加压力，直到试件劈裂破坏。

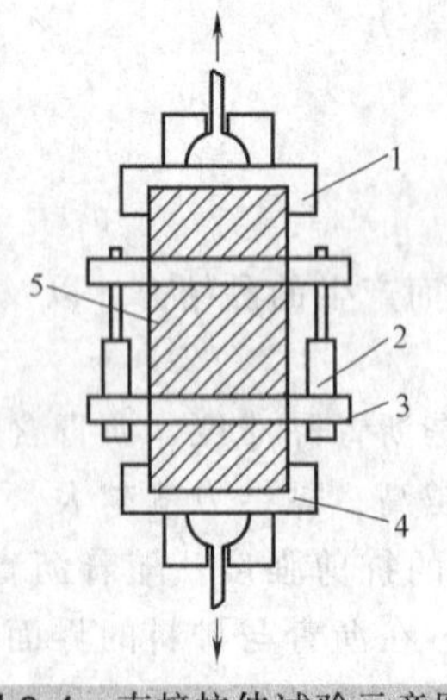

图 8-4　直接拉伸试验示意图

1—上盖帽　2—变形传感器　3—金属帽　4—下盖帽　5—试件

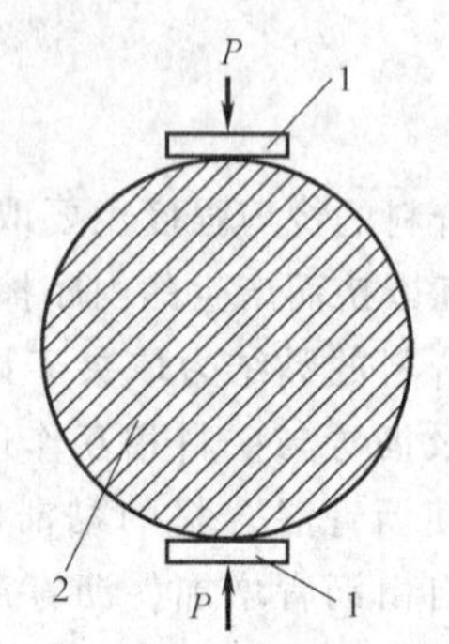

图 8-5　间接拉伸试验示意图

1—压条　2—试件

沥青混合料在低温下的抗拉强度同沥青的性质、沥青含量、矿质混合料的级配、测试时的温度等因素有关。试验表明，沥青的黏滞度大，或沥青含量较大，沥青混合料具有较高的抗拉强度。密级配混合料的抗拉强度较开级配混合料高，在低温下沥青混合料的抗拉强度随温度降低而提高，形成一个峰值（脆化点），低于脆化点后则强度下降。

我国现行的 JTG D50—2017《公路沥青路面设计规范》中沥青混凝土和半刚性材料的抗拉强度采用劈裂试验测得的劈裂强度。表 8-3、表 8-4 列出了沥青混凝土和半刚性基层材料劈裂强度的常见范围。

表 8-3　沥青混凝土劈裂强度的常见范围

材料名称	沥青针入度(0.1mm)	劈裂强度(15℃)/MPa
细粒式密级配沥青混凝土	≤90	1.2~1.6
中粒式密级配沥青混凝土	≤90	0.8~1.2
中粒式开级配沥青混凝土	≤90	0.6~1.0
细粒式开级配沥青混凝土	≤90	0.6~1.0

表 8-4　半刚性基层材料劈裂强度的常见值范围

材料名称	配合比或则格要求	劈裂强度/MPa
二灰砂砾	7：13：80	0.6~0.8
二灰碎石	8：17：75	0.5~0.8
水泥砂砾	5%~6%	0.4~0.6
水泥碎石	5%~6%	0.4~0.6
水泥粉煤灰碎石	4：16：80	0.4~0.7
石灰水泥粉煤灰砂砾	6：3：10：75	0.4~0.6
石灰水泥碎石	5：3：92	0.35~0.5
石灰土碎石	粒料占 60%	0.3~0.4
碎石灰土	粒料占 50%	0.25~0.35
水泥石灰砂砾土	4：3：25：68	0.3~0.4
二灰土	10：30：60	0.2~0.3
石灰土	8%~12%	0.25

(3) 抗弯拉强度　沥青路面在行车重复荷载作用下，往往因路面弯曲而产生开裂破坏。因此，必须验算沥青混合料的抗弯拉强度。

沥青混合料的抗弯拉强度在室内用梁式试件在简支受力情况下测定。梁式试件的高和宽应不小于矿料最大粒径的 4 倍，梁的跨径为高的 3 倍。常用的试件尺寸为：粗粒式沥青混合料，采用 150mm×150mm×550mm 的大梁，跨径为 450mm；中粒式、细粒式沥青混合料，采用 100mm×100mm×400mm 的中梁，跨径为 300mm；砂质沥青混合料，采用 50mm×50mm×240mm 的小梁，跨径为 150mm。试验时用三分点法加荷，梁中间部分处于纯弯拉状态（见图 8-6）。我国 JTG E20—2011《公路工程沥青及沥青混合料试验规程》规定的试件尺寸是由轮碾成型后切制的长 250mm±2.0mm，宽 30mm±2.0mm，高 35mm±2.0mm 的棱柱体小梁，其跨径为 200mm±0.5mm。试验温度采用 15℃±0.5℃。当用于评价沥青混合料低温拉伸性能时，宜采用试验温度-10℃±0.5℃。

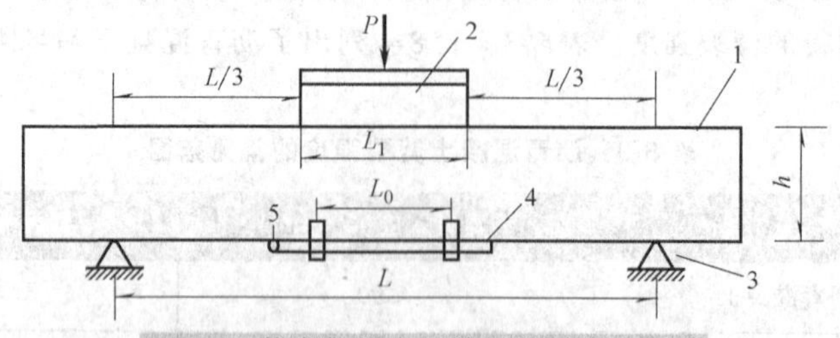

图 8-6 抗弯拉强度试验加荷形式示意图

1—试验梁 2—承压板 3—支点 4—顶杆 5—千分表

沥青混合料的抗弯拉强度为

$$\sigma_t = \frac{PL}{b\,h^2} \tag{8-9}$$

式中 P——最大荷载（N）；

b——试件宽度（mm）；

h——试件高度（mm）；

L——跨径（mm）。

沥青混合料的抗弯拉强度，取决于所用材料的性质（沥青的性质、沥青的用量、矿料的性质、混合料的均匀性）及结构破坏过程的加荷状况（重复次数、应力增长速度等）。此外，计算时的温度状况对抗弯拉强度也有很大的影响。

2. 沥青混合料的应力-应变特性

沥青混合料是一种黏弹塑性材料，在应力-应变关系中呈现出不同的性质。有时仅呈现为弹性性质，有时则主要呈黏塑性性质。而大多数情况下，几乎同时综合呈现上述性质。掌握表征这些性质的指标，就能正确地判断沥青混合料在不同条件下的特性，特别是沥青混合料在最高温度和最低温度下的变形特性。

为了研究沥青混合料的工作性质，必须考虑材料的蠕变和应力松弛现象。蠕变是材料在固定的应力作用下，变形随时间而发展的过程。沥青混合料的蠕变试验表明，在作用应力恒定的情况下，黏弹塑性材料的变形随时间的发展，取决于作用应力的大小。当作用应力相当小，即低于弹性极限或屈服强度时（见图 8-7a），应力作用后，一部分变形瞬间在该材料中产生，并在应力撤除之后，仍以同样的速度消失，这是沥青混合料的纯弹性变形（或称瞬时弹性变形），在这个范围内应力-应变呈直线关系。另一部分变形随力的作用时间而缓慢增大，应力撤除后，变形也随时间增加而缓慢地消失，这是沥青混合料的纯弹性变形（或称滞后弹性变形）。这种情况说明，沥青混合料受力较大时，即高于弹性极限或屈服强度，特别是受力的时间很短促时，材料呈现出弹性或兼有黏弹性的性质。当作用力相当大时（见图 8-7b），在相当长的时间内（超过弹性变形发展的时间），材料的变形除有瞬时弹性变形和滞后弹性变形外，还存在黏滞性塑性流动变形：应力撤除后，这部分变形不再消失，即塑性变形。这种情况说明，沥青混合料受力相当大，且受力时间又较长时，材料不仅产生弹性变形，而且

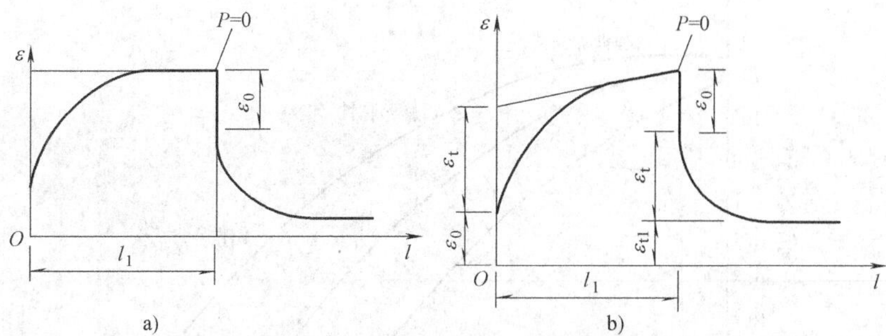

图 8-7　应力作用下变形的发展

产生随时间而发展的塑性变形。

为了正确地了解沥青混合料的工作状况，还应考虑沥青混合料在应力-应变状态下呈现出的应力松弛特性。应力松弛是变形物体在恒定应变下应力随时间而自动降低的现象，这是由于物体内部流动的结果。为使物体保持变形的状态，随着时间的推移，所需的力越来越小，应力下降到初始数值的那段时间，叫作松弛时间。这是表征松弛过程的主要因素。

弹性黏塑体松弛时间 t' 与黏滞度 η 和弹性模量 E 的关系为

$$t'=\frac{\eta}{E} \tag{8-10}$$

可见沥青混合料的松弛时间主要取决于黏滞度。随着温度的增高与黏滞度的降低，沥青混合料松弛时间也就缩短。

沥青混合料呈现为弹性还是黏塑性质，只决定于荷载作用时间与应力松弛时间的比值。若荷载作用时间比应力松弛时间短得多，材料就呈现为理想的弹性体；反之，则呈现为黏塑性体。如果荷载作用时间与应力松弛时间相同，则材料是弹-黏塑性的，同时呈现弹性和流动。荷载作用时间相同的情况下，沥青混合料的性质，既可能是弹性体，也可能是黏塑性体，视温度的高低而定。

沥青混合料在冬季低温时具有很高的黏滞度，因而应力松弛时间大大超过荷载作用时间。在此情况下，沥青混合料就呈现为弹性体，并且具有弹性体的变形特性。夏季高温时，沥青混合料的黏滞度迅速降低。因此，应力松弛时间也就大大缩短，与荷载作用时间接近或比它短得多，在临界状态下就产生塑性交形。

由此可见，沥青混合料的应力-应变特性，不仅同荷载大小和作用时间有关，而且与材料的温度有关。

考虑到荷载作用时间和温度对沥青及沥青混合料应力-应变特性的影响，C. 范德甫（Vander Poel）提出用劲度模量（简称劲度）作为表征弹-黏塑性材料的性质指标。所谓劲度模量，就是材料在给定的荷载作用时间和温度条件下应力与总应变的比值即

$$S_{t,T}=\left(\frac{\sigma}{\varepsilon}\right) \tag{8-11}$$

式中　$S_{t,T}$——劲度模量（MPa）；
　　σ——施加的应力（MPa）；
　　ε——总应变；
　　t——荷载作用时间（s）；
　　T——材料的温度（℃）。

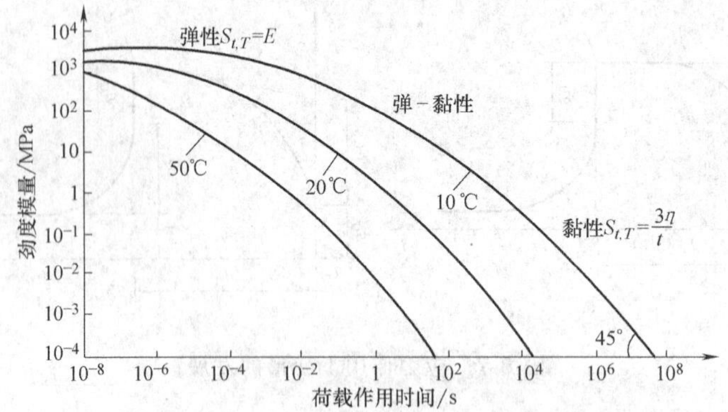

图 8-8 荷载作用时间与温度对沥青劲度模量的影响

(1) 沥青的劲度模量 图 8-8 表示荷载作用时间和温度对沥青劲度模量的影响。在荷载作用时间短时，曲线接近水平，表明材料呈弹性；而荷载作用时间很长时，材料呈纯黏性。这时沥青的劲度模量为

$$S_{t,T}=\frac{3\eta}{t} \tag{8-12}$$

式中 η——沥青的动黏滞度。

当荷载作用时间处于瞬时和长时间之间时，材料则兼呈弹-黏性质。

图 8-8 也表示出温度对沥青劲度模量的影响。从图中还可以看出，劲度模量随温度变化很大，而且各温度曲线的形状基本相似，这表明在某一荷载作用时间下，温度对材料具有相同的影响。这是沥青材料的一项重要性质。

(2) 沥青混合料的劲度模量 C. 范德甫对一系列密级配沥青混合料进行试验后确认，沥青混合料的劲度模量是沥青的劲度模量和混合料中集料数量的函数。

$$S_m=S_b\left[1+\frac{2.5}{n}\cdot\frac{C_V}{1-C_V}\right]^n \tag{8-13}$$

$$n=0.83\lg\left(\frac{4\times10^4}{S_b}\right)$$

式中 S_m——沥青混合料的劲度模量（MPa）；

S_b——沥青的劲度模量（MPa）；

C_V——混合料中集料的集中系数，即

$$C_V=\frac{集料的体积}{集料的体积+沥青的体积}$$

此式仅适用于沥青混合料的空隙率 VV 为 3%，C_V等于 0.7~0.9 的情况，若空隙率大于 3%，C_V要修正为

$$C_V'=\frac{C_V}{1+(0.01VV-0.03)}$$

算得的C_V'值代替式（8-13）中的C_V值，就可求得沥青混合料的劲度模量。

3. 沥青混合料的疲劳特性

如同其他路面材料一样，沥青混合料的变形和破坏，不仅与荷载应力的大小有关，而且同

荷载作用次数有很大关系。路面材料在低于极限抗拉强度下经受重复拉应力或拉应变最终导致破坏，称为疲劳破坏。导致路面材料最终破坏（即开始疲劳开裂）的荷载作用次数，称为疲劳寿命。

影响沥青混合料疲劳特性的因素有很多，除了与材料的性质（种类、组成等）、环境因素（温度、湿度等）、加荷方式等因素有关外，还取决于沥青混合料的劲度模量。因此，任何影响劲度模量的因素（矿料级配、沥青种类和用量、混合料的压实程度和空隙率、试验的温度、加荷速度和应力等级等）对混合料的疲劳特性都有影响。

沥青混合料的疲劳特性可用各种室内试验方法测定。通常采用的方法是在简支的小梁上做重复加荷弯曲试验，也可采用重复加荷抗拉试验（劈裂试验）测定。

弯曲应力 σ（MPa）和应变 ε 用下式计算

$$\sigma=\frac{3aP}{b\,h^2} \tag{8-14}$$

$$\varepsilon=\frac{12h\Delta}{(3\,l^2-4\,a^2)} \tag{8-15}$$

式中 b——试件宽度（mm）；

h——试件高度（mm）；

l——支点间距（mm）；

P——使梁弯曲的动荷载（N）；

a——荷载距支点的水平距离（mm）；

Δ——梁中点的动挠度（mm）。

疲劳试验可以用控制应力或控制应变两种方式控制加荷。若用控制应力的方式，则每次对试件施加的荷载为常量。由于施加荷载过程中，在应力集中处开始产生裂缝，随着荷载作用次数增加，试件不断受到损伤，劲度模量随之而降低，故荷载应力尽管不变，实际的弯曲应变则随施加荷载次数的增加而增大，对于控制应变的方式，在测试过程中，始终保持每次荷载下应变值不变，要不断改变荷载使梁产生一固定值的挠曲，因此，应力随施加荷载次数的增加而不断减小。

在控制应力条件下，沥青混合料达到疲劳破坏的荷载平均作用次数按下式计算

$$N_1=K_1\left(\frac{1}{\sigma_{\max}}\right)^{n_1} \tag{8-16}$$

控制应变施加荷载时，达到破坏的平均作用次数为

$$N_2=K_2\left(\frac{1}{\varepsilon_{\max}}\right)^{n_2} \tag{8-17}$$

式中 $\sigma_{\max}$——拉应力的最大值；

$\varepsilon_{\max}$——拉应变的最大值；

K_1，K_2——取决于沥青混合料组成和特性的系数；

n_1，n_2——坡度因素，由应变-疲劳寿命图 8-9 上得出，通常 $n_2>n_1$，对于大多数沥青混合料 $n_2=5\sim6$。

图 8-9 表示一些典型沥青混合料的拉应变与疲劳寿命的相互关系。

试验表明，同一种沥青混合料因试验时所采用的控制方式不同，试件达到破坏的荷载作用

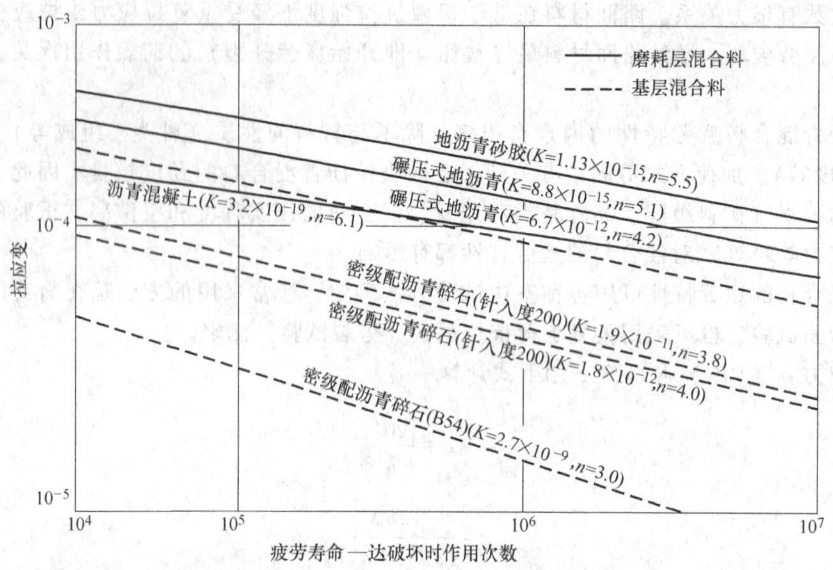

图 8-9 沥青混合料拉应变与疲劳寿命的关系

总次数有一定的差别。一般情况下，按控制应力得出的疲劳寿命较短。路面设计时，用控制应力还是用控制应变，主要取决于路面的应力状态更接近于哪一种试验的受力状态。这也是目前学术界广泛开展研究的课题，尚有争议。由于应变便于量测，因此，国际上大多数有影响的设计方法均采用应变作为设计指标。

8.3.2 沥青路面的温度状况

沥青混合料的强度随温度而变化，温度降低时强度提高，温度升高时强度降低。可见温度是影响沥青路面力学特性的一个重要因素。

自然气温每年和每月都发生周期性变化，与大气直接接触的路面表面温度也相应地发生周期性变化。路面表面温度周期性变化与气温的变化基本上是一致的；但是，在太阳直接辐射下，由于有一部分辐射热被路面所吸收，因而路面的热量增大，使路面表面的温度较气温高。图8-10表示沥青路面一天中的温度变化。可以看出，太阳辐射和气温对沥青路面的温度有极大的影响。此外沥青路面结构内不同深度的温度，同样随气温变化也呈现出周期性的变化，但变化的幅度随距离路表深度的增大而减小。图 8-11 表示一个典型的沥青路面温度随深度变化的情况。在上午 4 时，地球的长波辐射热保持路面结构内温度比气温高。而在下午 2 时，太阳辐射由路面吸收，使路面表面温度升高。

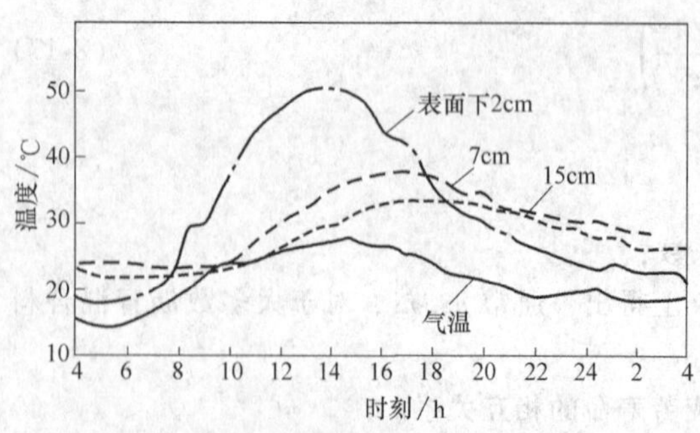

图 8-10 沥青路面一天中的温度变化

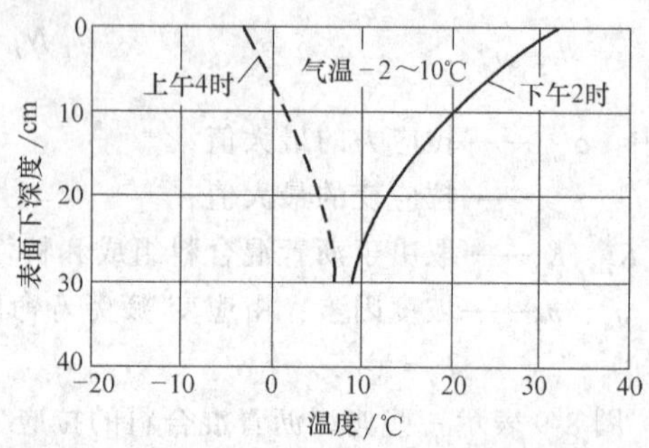

图 8-11 一个典型的沥青路面温度随深度变化

影响路面结构内温度状况的因素有外部因素和内在因素两种。外部因素是气候条件，例如气温、太阳辐射、风力、降水量、蒸发量和冷凝作用等。显然，地理位置对一个地区的气候也有极大的影响。在外部诸因素中，气温和太阳辐射是决定路面结构内温度的关键，太阳辐射热一部分被路面反射掉，一部分被再辐射，余下的部分被路面吸收而提高其温度。风力加强了空气的对流使路面丧失部分热量。降水和蒸发降低日照所提高的路面温度。内在因素一般是指从地球长波辐射热的散发和热的特性。它包括路面材料和地基的热导率、热容量、对辐射热的吸收能力等。路面材料和地区的地质特征对内在因素的作用有重大影响。热导率是在单位温度梯度条件下，在单位时间内垂直通过一个单位面积表面的热量。材料的热传导性越高，温度梯度越小，因而在材料中产生的温度应力越小。热导率的大小同路面的结构、孔隙度和温度有关。热容量是指单位物质质量中引起单位温度变化所必需的热能量。材料的热容量越高，温度梯度将越低。

路面结构内的温度状况，可通过在外部和内在的影响因素之间建立联系的方法来推算。最常用的方法是统计分析方法。

在沥青路面内埋设测温元件，实测年循环内路面结构不同深度在不同时刻的温度变化，将取得的数据与当地的气象资料，包括气温、辐射热等进行相关分析，分别建立路面不同深度处温度的回归方程。利用这些统计关系就可以根据以往的气象资料推算路面结构层内的温度状况。

上海地区沥青混凝土面层温度状况的回归方程为

$$T_{max}=8.68+0.874\,t_{max}+0.007L \tag{8-18}$$

式中 T_{max}——路面表面的最高温度（℃）；

t_{max}——最高气温（℃）；

L——日辐射热［$J/(cm^2 \cdot d)$］。

8.3.3 沥青路面材料的路用性能

1. 沥青路面的高温稳定性

沥青混合料的特点是强度和抗变形能力随温度的升降而产生变化。温度升高时，沥青的黏滞度降低，矿料之间的黏结力削弱，导致强度降低。温度降低时恰好相反，沥青的黏滞度增大，强度增大。强度随温度而变化的幅度很大，相差几倍甚至几十倍。表8-5为沥青混凝土试件的抗压强度随温度变化而变化的情况。由于沥青混合料强度的这种变化，导致沥青路面稳定性和工作状况变坏，使用性能降低。

表8-5 沥青混凝土试件的抗压强度随温度变化而变化的情况

温度/℃	平均抗压强度/MPa
50	1.0~2.0
20	2.5~5.0
0	8.0~13.0
-10	10.0~17.0
-35	18.0~30.0

夏季高温时，在停车地点（平面交叉路口、停车站、停车场等）和行车变速的路段上，由于行车的起动与制动，加速与减速，路面可能受到很大的水平作用力（可达到0.6~0.8MPa），大体上与垂直应力相当，并且在车辆的重复荷载作用下会发生变形累积。在这种情况下，若沥

青混合料的高温稳定性不足，路面就会产生较大的剪切变形。因此，提高沥青混合料在高温下的抗剪切能力，就是提高其高温稳定性。

沥青路面在高温下产生的剪切变形，大体上有下列两种情况：一种是面层很薄，或者面层与基层之间的黏结力很差时，面层将沿着基层顶面滑动，如图 8-12a 所示；另一种是面层很厚，或者面层与基层之间的黏结力很大时，则整个面层内部发生推挤移动，如图 8-12b 所示。

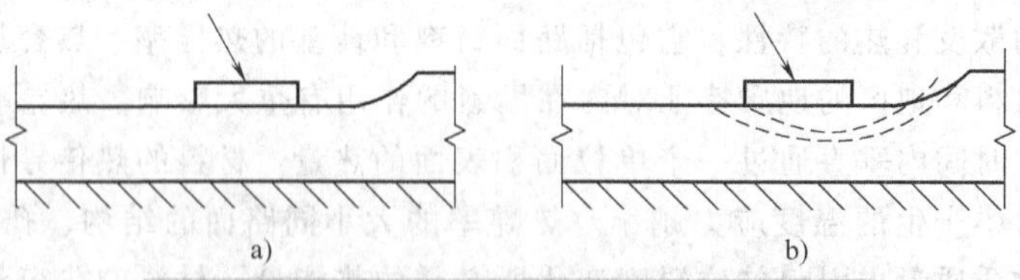

图 8-12　沥青路面形成推挤与波浪现象示意图

a）路面沿基层滑动　b）路面内部上下各层相互滑动推挤

多年来，国内外一些研究工作者都从抗剪切原理出发，着重从荷载应力和材料强度的对比，提出一些分析沥青路面高温稳定性的计算模式。但是，限于力学计算和试验条件都还不够完善而未普遍采用。目前，对沥青混合料高温稳定性的分析大都借助于试验的方法。较广泛应用的有马歇尔稳定度、无侧限抗压强度和车辙试验等试验方法。

影响沥青混合料高温稳定性的因素主要是：沥青和矿料的性质及其相互作用的特性，矿料的级配组成等。

为了提高沥青混合料的高温稳定性，可采用提高黏结力和内摩擦力的方法。在混合料中增加粗矿料含量，或限制剩余空隙率，使粗矿料形成空间骨架结构就能提高混合料的内摩擦力。适当地提高沥青材料的黏稠度，控制沥青与矿粉的比值、严格控制沥青用量，采用具有活性的矿粉，以改善沥青与矿粉的相互作用，就能提高混合料的黏结力。此外，在沥青混合料中掺入聚合物（如天然橡胶、合成橡胶、聚异丁烯、聚乙烯等）改性的沥青，也能取得比较满意的效果。

车辙是路面结构及土基在行车荷载作用下的补充压实，以及结构层中材料的侧向位移产生的累积永久变形。这种变形出现在行车轮带处，即形成路面的纵向带状凹陷。车辙是高等级沥青路面的主要破坏形式。沥青混凝土的热稳定性主要表现在夏季路面是否在车辆荷载作用下逐渐形成车辙。研究表明，处于45℃以上的沥青路面受交通荷载的作用最易造成较大的车辙。车辙的年增加量与沥青的软化点、60℃的黏度、沥青混合料的动稳定度有很显著的相关性。沥青混合料的动稳定度是一项沥青混合料的车辙试验指标。车辙试验是在规定尺寸的板块状压实沥青混合料试件上，用固定荷载的橡胶轮反复行走后，测定其在变形稳定期每增加变形 1mm 的碾压次数，即动稳定度，以次/mm 表示。车辙试验的试验温度与轮压是动稳定度的重要试验影响因素，可根据有关规定和需要选用，我国规范 JTG E20—2011《公路工程沥青及沥青混合料试验规程》规定，一般情况下试验温度为 60℃，轮压为 0.7MPa，在寒冷地区也可采用 45℃或其他温度。计算动稳定度的时间原则上为试验开始后 45~60min。轮碾成型机碾压成型的试件尺寸为 300mm，宽 300mm，厚 50 mm，也可用现场切割制作长 300mm、宽 150 mm、厚 50mm 的板块状试件。

研究表明，采用动稳定度来表征沥青混合料的热稳定性是适宜的。不少国家在沥青混合料设计时采用了该项指标，例如日本沥青路面规范规定，在 60℃，0.64MPa 的轮压下进行车辙试验时，动稳定度不小于 1500 次/mm；重交通道路，要求动稳定度大于 3000 次/mm 。但是，当动稳定度大于 5000 次/mm 时，应进行弯曲疲劳试验，评价沥青混合料的抗疲劳特性和低温抗裂性能。

影响沥青混合料动稳定度的因素较多。一般密级配的动稳定度大于开级配，沥青用量过多，动稳定度下降；试验温度低则动稳定度高；试验荷载大则动稳定度低。采用改性沥青则可明显地提高动稳定度。综合考虑我国国情，我国 JTG D50—2017《公路沥青路面设计规范》规定，高速公路和一级公路的普通沥青混合料的动稳定度应不能小于 600 次/mm，改性沥青混合料的动稳定度应不能小于 1800 次/mm，SMA 混合料不能小于 1500 次/mm。若在南方长期持续较高温地区，应尽可能地提高沥青混合料的动稳定度指标。

2. 沥青路面的低温抗裂性

沥青路面在低温时强度显然增大，但其变形能力却因刚性增大而降低。气温下降，特别是在急骤降温时，会在路面结构上产生温度梯度，路面面层遇降温而收缩的趋势会受到其下部层次的约束而在面层产生拉应力，开始时由于沥青混合料的劲度模量相对较低，这个拉应力较小，但是随着进一步的降温，在低温状态下，沥青混合料的劲度模量增加，从而伴随着收缩趋势的进一步增强，导致拉应力超过沥青混凝土的强度，造成面层开裂。沥青路面的低温缩裂，大致可分为两类：一类是温度下降而造成路面的的，它与沥青混合料的体积收缩有关，这种裂缝是由表面开始发裂而逐渐发展成为裂缝；另一类是属于路基或基层收缩与冰冻共同作用而产生的裂缝，这类裂缝是从基层开始逐渐反映到沥青面层的。由于路面收缩的主轴是纵向的，因此，低温产生的裂缝大多是横向的。裂缝的间距一般为 6~10m。裂缝的出现，往往就是沥青路面损坏的开始。随着低温循环的影响，裂缝将会进一步扩展，随后雨水由裂缝渗入路面结构，逐渐导致路面工作状况恶化。

影响低温开裂的因素很多，其中主要的因素是路面所用沥青的性质、当地的气温状况、沥青老化程度、路基的种类和路面层次的厚度等。此外，路面面层与基层的黏结状况，基层所用材料的特性，行车的状况对开裂也有一定的影响。

使用稠度较低、温度敏感性低的沥青可以减少或延缓路面的开裂。路面所在地区的气温越低，开裂越为严重。沥青材料的老化，对低温更为敏感，使路面产生开裂的可能性增大。增加沥青面层的厚度可以减少或者延缓路面的开裂，但是不能根除。

近年来，有的国家提出在沥青路面面层上用沥青-橡胶（黏稠沥青 75%+磨细硫化橡胶粉 25%）混合料铺设一层厚约 10mm 的薄层，构成应力吸收薄膜，以提高路面的抗拉强度和减少温度对路面开裂的影响。在路面面层与基层之间，用沥青-橡胶混合料铺设一层应力吸收薄膜夹层，也能有效地防止路面的反射开裂。

3. 沥青路面的水稳定性

高速公路、一级公路、二级公路的沥青混凝土应具有良好的水稳定性。沥青混凝土的水稳定性指标，除通常采用浸水马歇尔试验和沥青与矿料的黏附性试验，以及检验沥青混合料受水损害时的抗剥落性能外，对年最低气温低于-21.5℃的寒冷地区，还应增加沥青混合料冻融劈裂残留强度试验。该试验采用简化的洛特曼试验，用两面击实 50 次的马歇尔试件，常温下浸水 20min，0.09MPa 浸入，抽真空 15min 后，在-18℃冰箱中冷冻 16h，在 60℃水浴中放置 24h 完成一次冻融循环，再在 25℃水中浸泡 2h，再测试劈裂强度比，以此指标作为年最低气温低于-21.5℃的地区沥青混合料水稳定性指标。

4. 沥青路面的老化性能

沥青材料在沥青混合料的拌和、摊铺、碾压过程中以及沥青路面的使用过程中都存在老化问题。老化过程一般分为两个阶段，即施工过程中的热老化和路面使用过程中的长期老化，沥青路面碾压成型后，沥青混合料的抗老化能力不仅与沥青材料有关，除了与光（含紫外线）、氧等自然气候条件有关外，也与沥青在混合料中所处的形态有关，如沥青混合料空隙率大小、沥青用量等。沥青混合料老化导致沥青路面路用性能降低。

习　题

1. 沥青路面对路基和基层有哪些要求？
2. 沥青路面如何分类？
3. 如何选择沥青路面的类型？
4. 沥青路面的力学特性有哪些？
5. 沥青路面的高温病害有哪些？影响沥青路面高温稳定性的因素是什么？
6. 沥青路面的低温病害有哪些？影响沥青路面低温稳定性的因素是什么？
7. 沥青路面的水损害有哪些？影响沥青路面水稳定性的因素是什么？

第9章

沥青路面设计

学习目标

了解路面破坏状态，熟悉沥青路面设计指标和标准，掌握沥青设计内容和沥青路面组合设计方法；掌握沥青路面厚度设计流程和设计方法。

9.1 概述

9.1.1 沥青路面的设计内容

沥青路面设计是指设计出在使用年限内，在行车荷载和环境因素的影响下，满足技术要求以及经济合理的路面结构。

沥青路面的设计内容主要有：原材料的调查与选择、面层沥青混合料及基层材料的配合比设计、各项设计参数的测试与确定、路面结构层组合设计、路面结构厚度验算、路面结构方案比选、路面排水系统设计和路肩加固等。

9.1.2 沥青路面的破坏状态

在行车荷载的重复作用及环境因素的持续影响下，沥青路面在未达到使用年限时就可能发生破坏。常见的破坏形式有沉陷、车辙、疲劳开裂、推移、低温开裂、路面弯沉等。

1. 沉陷

沉陷是路面在车轮作用下表面产生的较大的凹陷变形，有时凹陷两侧伴有隆起现象出现，如图9-1所示。当沉陷严重时，超过了结构的变形能力，在结构层受拉区产生开裂而形成纵裂，并有可能逐渐发展成龟裂。造成路面沉陷的主要原因是路基土的压缩。当路基土的承载能力较低时，不能承受从路面传至路基表面的车轮压力，便产生较大的垂直变形，即沉陷。

图9-1 沥青路面沉陷

2. 车辙

车辙是路面的结构层及路基在行车重复荷载作用下的补充压实以及结构层材料的侧向位移产生的累积永久变形。这种变形出现在行车轮迹处，即形成路面的纵向带状凹陷，如图9-2所示。车辙是沥青路面的主要破坏形式。因为沥青路面的使用寿命较长，即使每一次行车荷载作用产生的残余变形量很小，但多次重复作用累积起来的残余变形总和也会很大，足以影响车辆的正常行驶。

图 9-2　路面车辙图片

沥青路面的车辙同荷载应力大小、重复作用次数以及结构层和土基的性质有关。根据观测试验结果，国外已提出了表征上述关系的经验公式和设计指标。有代表性的控制车辙深度的指标有两种：一种是路面各结构层包括路基的残余变形总和；另一种是路基顶面的垂直变形。

3. 疲劳开裂

疲劳开裂是沥青路面常见的一种破坏类型。疲劳开裂的特点是：路面无显著的永久变形，开裂开始大部分都是形成细而短的横向开裂，继而逐渐扩展成网状，开裂的宽度和范围不断扩大，如图 9-3 所示。产生疲劳开裂的原因是沥青结构层受车轮荷载的反复弯拉作用，使沥青结构层底面产生的拉应变（或拉应力）值超过材料的疲劳强度，底面开裂，并逐渐向表面发展。

图 9-3　沥青路面的疲劳开裂

沥青结构层达到临界疲劳状态时所承受的荷载重复次数称为疲劳寿命。路面结构层疲劳寿命的大小，主要取决于所受到的重复应变（或应力）大小，同时也与路面的环境因素有关。通过室内试验和现场路段的观测，可以建立路面或结构层材料承受重复荷载次数与重复应变（或应力）大小之间的关系，即疲劳方程或疲劳曲线。因而可根据路面的设计使用年限求得累计荷载作用次数，由疲劳方程确定路面结构层所允许的重复应变（或应力）的大小。

4. 推移

当沥青路面受到较大的车轮水平荷载作用时（如经常启动或制动路段及弯道、坡率变化处等），路面表面可能出现推移和拥起，如图 9-4 所示。造成这种破坏的原因是，车轮荷载引起的垂直力和水平力的综合作用，使结构层内产生的剪应力超过材料的抗剪强度。同时，这种破坏也与行驶车轮的冲击、振动有关。

5. 低温缩裂

路面结构中某些整体性结构层在低温时由于材料收缩受限制而产生较大的拉应力，当它超过材料相应条件下的抗拉强度时便产生开裂。由于路面的纵向尺度远大于横向，低温收缩时侧向约束不大，故这种开裂一般为横向间隔性的裂缝，严重时才发展为纵向裂缝，如图 9-5 所示。在冰冻地区，沥青面层和无机结合料稳定的整体性基层，冬季可能出现这种开裂。

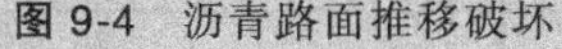

图 9-4 沥青路面推移破坏

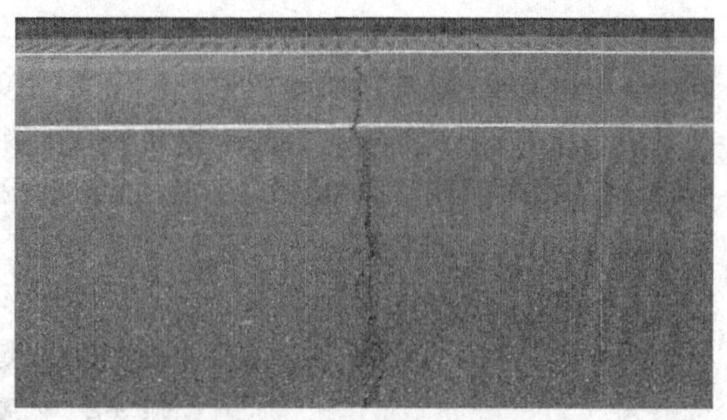

图 9-5 沥青路面低温开裂

6. 路面弯沉

路面弯沉是路面在垂直荷载作用下产生的垂直变形。一般认为，路面弯沉不仅能够反映路面结构层路基的整体强度和刚度，而且与路面的使用状态存在一定的内在联系，同时弯沉值的测定也比较方便。但是弯沉并不能与路面具体病害建立力学对应关系，且无法作为对比不同路面结构使用寿命或者性能的依据。由于路面结构类型的多样性和路面性能影响因素的复杂性，我国现行的沥青路面设计规范仅将其作为路基和路面的验收指标。落锤式弯沉仪弯沉测试如图 9-6 所示。

图 9-6 落锤式弯沉仪弯沉测试

9.1.3 设计指标及要求

1. 设计指标

JTG D50—2017《公路沥青路面设计规范》中规定沥青路面设计应控制沥青混合料层疲劳开裂损坏、无机结合料稳定层疲劳开裂损坏、沥青混合料层永久变形量、路基顶面竖向压应变及季节性冻土地区的路面低温开裂。这五项指标是沥青路面的设计指标。

2. 设计标准

为保证沥青路面的使用性能，设计指标应满足相应的要求：

1）沥青混合料层和无机结合料稳定层的疲劳开裂寿命，不小于设计年限内的当量设计轴载累计作用次数。

2）沥青混合料层永久变形量不大于表 9-1 中所列容许永久变形量。

表 9-1 沥青混合料层容许永久变形量

基层类型	沥青混合料层容许永久变形量	
	高速、一级公路	二级、三级公路
无机结合料稳定类基层、水泥混凝土基层和底基层为无机结合料稳定类的沥青混合料基层	15	20
其他基层	10	15

3）路基顶面压应变不大于容许压应变 $[\varepsilon_z]$

$$[\varepsilon_z]=1.25\times10^{4-0.1\beta}(k_{T3}N_{e4})^{-0.21} \tag{9-1}$$

式中 $[\varepsilon_z]$——路基顶面容许竖向压应变（10^{-6}）；

β——目标可靠指标，根据公路等级，按表 9-16 取值；

N_{e4}——基于路基顶面压应变指标的设计使用年限内设计车道上的当量设计轴载累计作用次数；

k_{T3}——温度调整系数。

4）季节性冻土地区，沥青路面的低温开裂指数 *CI* 不宜大于表 9-2 中所列数值。

表 9-2 低温开裂指数要求

公路等级	高速、一级公路	二级公路	三级、四级公路
低温开裂指数 *CI*,不大于	3	5	7

5）高速公路、一级公路及山岭重丘区二级和三级公路的路面在交工验收时，其抗滑技术指标应满足表 9-3 的技术要求。

表 9-3 抗滑技术要求

年平均降雨量/mm	交工检测指标值	
	横向力系数 SFC_{60}①	构造深度 TD②/mm
>1000	≥54	≥0.55
500~1000	≥50	≥0.50
250~500	≥45	≥0.45

① 横向力系数 SFC_{60}——用横向力系数测试车，在 60km/h±1km/h 车速下测定。

② 构造深度 TD——用铺砂法测定。

9.1.4 交通、材料和环境参数

1. 交通参数

各设计指标对应的当量设计轴载累计作用次数，根据交通参数调查分析结果和设计使用年限，参照第 6 章计算确定。

2. 材料参数

路面材料应根据公路等级、交通荷载等级、气候条件、各结构层功能要求和当地材料特性等，在技术经济论证基础上进行设计并确定材料设计参数。

路面结构层材料设计参数的确定可分为下列三个水平：

水平一：通过室内试验实测确定。

水平二：利用已有经验关系式确定。

水平三：参照典型数值确定。

高速公路和一级公路的施工图设计阶段宜采用水平一，其他设计阶段可采用水平二或水平三；二级及二级以下公路可采用水平二或水平三。

沥青路面结构设计时结构层模量按下列规定取值：

1）沥青面层采用 20℃、10Hz 条件下的动态压缩模量，沥青类基层采用 20℃、5Hz 条件下的动态压缩模量。

2）无机结合料稳定层采用经调整系数修正后的弹性模量。

3）粒料层采用经湿度调整的回弹模量，路基采用平衡湿度状态下并考虑干湿与冻融循环作用后的顶面当量回弹模量。

3. 温度参数

我国 JTG D50—2017《公路沥青路面设计规范》根据所在地区的气温条件、路面结构类型和结构层厚度，采用温度调整系数表征不同地区气候条件对路面结构层疲劳开裂和路基顶面竖向压应变的影响，根据所在地区的气候条件采用等效温度表征对沥青混合料层永久变形的影响。

一般分两个步骤确定温度调整系数和等效温度，首先确定基准路面结构温度调整系数和等效温度，然后进行结构层厚度和模量修正，得到不同结构路面的温度调整系数和等效温度。

基准路面结构是指面层、基层与路基组成的三层路面结构，一般分为粒料基层沥青路面和无机结合料稳定类基层沥青路面两种结构形式。结构层的标准厚度和模量参数如下：沥青面层厚度 $h_a=180\text{mm}$，粒料基层或无机结合料稳定类基层厚度 $h_b=40\text{mm}$，沥青混合料动态模量 $E_a=8000\text{MPa}$，粒料层回弹模量 $E_b=400\text{MPa}$，无机结合料稳定层弹性模量 $E_b=7000\text{MPa}$，路基回弹模量 $E_0=100\text{MPa}$。

不同气温状况下基准路面结构的损坏，转换成标准温度（20℃）条件下基准路面结构的等效损坏，得到基准路面结构温度调整系数。部分地区各类路面结构设计指标的基准结构温度调整系数以及沥青混合料层的等效温度，可参照表 9-4 取用。其他地区的基准结构温度调整系数和沥青混合料层的等效温度，可按气温条件相近地区的系数值取用，气温资料取连续 10 年的平均值。

表 9-4　各地气温统计资料及相应的基准路面结构温度调整系数和等效温度

地名	省（自治区、直辖市）	最热月平均气温/℃	最冷月平均气温/℃	年平均气温/℃	温度调整系数		基准等效温度/℃
					沥青混合料层层底拉应变、无机结合料稳定层层底拉应力	路基顶面竖向压应变	
北京	北京	26.9	-2.7	13.1	1.23	1.09	20.1
济南	山东	28.0	0.2	15.1	1.32	1.17	21.8
日照	山东	26.0	-2.0	12.7	1.21	1.06	19.4
太原	山西	23.9	-5.2	10.5	1.12	0.98	17.3
大同	山西	22.5	-10.4	7.5	1.01	0.89	15.0
侯马	山西	26.8	-2.3	13.0	1.23	1.08	19.9
西安	陕西	27.5	0.1	14.3	1.28	1.13	20.9
延安	陕西	23.9	-5.3	10.5	1.12	0.98	17.3
安康	陕西	27.3	3.7	15.9	1.35	1.19	21.7
上海	上海	28.0	4.7	16.7	1.38	1.23	22.5
天津	天津	26.9	-3.4	12.8	1.22	1.08	20.0
重庆	重庆	28.3	7.8	18.4	1.46	1.31	23.6
台州	浙江	27.7	6.9	17.5	1.42	1.26	22.8
杭州	浙江	28.4	4.5	16.9	1.40	1.25	22.8
合肥	安徽	28.5	2.9	16.3	1.37	1.22	22.6
黄山	安徽	27.5	4.4	16.6	1.38	1.23	22.3
福州	福建	28.9	11.3	20.2	1.55	1.40	24.9

（续）

地名	省（自治区、直辖市）	最热月平均气温/℃	最冷月平均气温/℃	年平均气温/℃	温度调整系数		基准等效温度/℃
					沥青混合料层层底拉应变、无机结合料稳定层层底拉应力	路基顶面竖向压应变	
建瓯	福建	28.2	8.9	19.1	1.49	1.35	24.1
敦煌	甘肃	25.1	-8.0	9.9	1.10	0.97	17.6
兰州	甘肃	22.9	-4.7	10.5	1.12	0.98	17.0
酒泉	甘肃	22.2	-9.1	7.8	1.02	0.90	15.0
广州	广东	28.7	14.0	22.4	1.66	1.52	26.5
汕头	广东	28.6	14.4	22.1	1.64	1.50	26.1
韶关	广东	28.5	10.3	20.4	1.56	1.42	25.2
河源	广东	28.4	13.1	21.9	1.63	1.49	26.1
连州	广东	27.6	11.0	20.3	1.55	1.40	24.8
南宁	广西	28.4	13.2	22.1	1.64	1.51	26.3
桂林	广西	28.0	8.1	19.1	1.49	1.35	24.2
贵阳	贵州	23.7	4.7	15.3	1.31	1.15	20.1
郑州	河南	27.4	0.6	14.7	1.30	1.15	21.2
南阳	河南	27.3	1.7	15.2	1.32	1.17	21.4
固始	河南	28.1	2.6	16.0	1.36	1.21	22.3
黑河	黑龙江	21.5	-22.5	1.0	0.80	0.77	10.7
漠河	黑龙江	18.6	-28.7	-3.9	0.67	0.73	6.4
齐齐哈尔	黑龙江	23.0	-19.7	3.5	0.88	0.81	13.0
沈阳	辽宁	24.9	-11.2	8.6	1.06	0.94	16.9
大连	辽宁	24.8	-3.2	11.6	1.16	1.02	18.2
朝阳	辽宁	25.4	-8.7	9.8	1.10	0.97	17.7
二连浩特	内蒙古	24.0	-17.7	4.8	0.92	0.84	14.2
东胜	内蒙古	21.7	-10.1	6.9	0.98	0.87	14.2
额济纳旗	内蒙古	27.4	-10.3	9.5	1.10	0.97	18.2
海拉尔	内蒙古	20.5	-24.1	0.0	0.77	0.76	9.8
科右前旗	内蒙古	20.8	-16.7	3.0	0.86	0.79	11.4
通辽	内蒙古	24.3	-12.5	7.3	1.01	0.90	15.7
锡林浩特	内蒙古	21.5	-18.5	3.3	0.87	0.80	12.2
石家庄	河北	26.9	-2.4	13.3	1.24	1.10	20.3
承德	河北	24.4	-9.1	9.1	1.07	0.95	16.8
邯郸	河北	26.9	-2.3	13.5	1.25	1.10	20.5
武汉	湖北	28.9	4.2	17.2	1.41	1.27	23.3
宜昌	湖北	27.5	5.0	17.1	1.40	1.25	22.7

（续）

地名	省（自治区、直辖市）	最热月平均气温/℃	最冷月平均气温/℃	年平均气温/℃	温度调整系数		基准等效温度/℃
					沥青混合料层层底拉应变、无机结合料稳定层层底拉应力	路基顶面竖向压应变	
长沙	湖南	28.5	5.0	17.2	1.41	1.26	23.1
常宁	湖南	29.1	6.0	18.1	1.45	1.31	23.9
湘西	湖南	27.2	5.3	16.9	1.39	1.24	22.4
长春	吉林	23.6	-14.5	6.3	0.97	0.87	14.9
延吉	吉林	22.2	-13.1	5.9	0.95	0.86	13.9
南京	江苏	28.1	2.6	15.9	1.35	1.20	22.1
南通	江苏	26.8	3.6	15.5	1.33	1.17	21.2
南昌	江西	28.8	5.5	18.0	1.45	1.30	23.8
赣州	江西	29.1	8.3	19.6	1.52	1.38	25.0
银川	宁夏	23.8	-7.5	9.5	1.08	0.95	16.8
固原	宁夏	19.6	-7.9	6.9	0.97	0.86	13.2
西宁	青海	17.3	-7.8	6.1	0.94	0.84	11.9
海北	青海	11.3	-13.6	0.0	0.74	0.74	5.5
格尔木	青海	18.2	-8.9	5.7	0.93	0.83	11.9
玉树	青海	12.9	-8.0	3.5	0.85	0.78	8.2
果洛	青海	9.9	-12.9	-0.3	0.73	0.74	4.7
成都	四川	25.5	5.8	16.5	1.37	1.21	21.5
峨眉山	四川	11.7	-5.8	3.4	0.84	0.77	7.4
甘孜州	四川	13.9	-4.6	5.7	0.92	0.82	10.0
阿坝州	四川	11.0	-10.0	1.7	0.79	0.75	6.4
泸州	四川	27.0	7.6	17.9	1.43	1.28	22.9
绵阳	四川	26.2	5.5	16.7	1.38	1.22	21.9
攀枝花	四川	26.4	12.8	20.8	1.57	1.42	24.6
拉萨	西藏	16.2	-0.9	8.4	1.01	0.88	12.5
阿克苏	新疆	24.2	-7.7	10.6	1.13	0.99	18.0
阿勒泰	新疆	22.0	-15.4	5.0	0.92	0.84	13.4
哈密	新疆	26.3	-10.0	10.1	1.12	0.99	18.5
和田	新疆	25.7	-4.1	12.9	1.22	1.08	20.0
喀什	新疆	25.4	-5.0	11.9	1.18	1.04	19.1
若羌	新疆	27.9	-7.2	12.0	1.19	1.06	20.2
塔城	新疆	23.3	-10.0	7.7	1.02	0.90	15.3
吐鲁番	新疆	32.3	-6.4	15.0	1.34	1.21	24.1
乌鲁木齐	新疆	23.9	-12.4	7.4	1.01	0.90	15.7

（续）

地名	省（自治区、直辖市）	最热月平均气温/℃	最冷月平均气温/℃	年平均气温/℃	温度调整系数		基准等效温度/℃
					沥青混合料层层底拉应变、无机结合料稳定层层底拉应力	路基顶面竖向压应变	
焉耆	新疆	23.4	-11.0	8.9	1.06	0.94	16.8
伊宁	新疆	23.4	-8.3	9.4	1.08	0.95	16.8
昆明	云南	20.3	8.9	15.6	1.30	1.13	18.7
腾冲	云南	19.9	8.5	15.4	1.29	1.12	18.5
蒙自	云南	23.2	12.7	18.8	1.46	1.29	21.9
丽江	云南	18.7	6.2	12.8	1.18	1.02	16.1
景洪	云南	26.3	17.2	22.7	1.66	1.51	25.6
海口	海南	28.9	18.4	24.6	1.77	1.65	27.9
三亚	海南	29.1	22.0	26.2	1.85	1.74	28.8
西沙	海南	29.3	23.6	27.0	1.89	1.79	29.3

当路面结构沥青面层或基层（含底基层）由两层或两层以上不同材料结构层组成时，可以按式（9-2）和式（9-3）分别换算成当量沥青面层和当量基层，从而简化为由当量沥青面层、当量基层和路基构成的三层路面结构。对采用沥青结合料类基层的路面，将基层换算至当量沥青面层。超过2层时，重复利用式（9-2）和式（9-3）自上而下逐层换算，简化为由当量沥青面层、当量基层和路基构成的三层路面结构。

$$h_i^* = h_{i1} + h_{i2} \tag{9-2}$$

$$E_i^* = \frac{E_{i1}h_{i1}^3 + E_{i2}h_{i2}^3}{h_{i1}+h_{i2}} + \frac{3}{h_{i1}+h_{i2}}\left(\frac{1}{E_{i1}h_{i1}} + \frac{1}{E_{i2}h_{i2}}\right)^{-1} \tag{9-3}$$

式中 h_i^*，E_i^*——当量层厚度（mm）和回弹模量（MPa），下标 $i=\mathrm{a}$ 为沥青面层，$i=\mathrm{b}$ 为基层。

路面结构的温度调整系数，应根据下式计算。

$$K_{\mathrm{T}i} = A_{\mathrm{h}} A_{\mathrm{E}} \hat{K}_{\mathrm{T}i}^{1+B_{\mathrm{h}}+B_{\mathrm{E}}} \tag{9-4}$$

式中 $K_{\mathrm{T}i}$——温度调整系数；下标 $i=1$ 对应沥青混合料层疲劳开裂分析，$i=2$ 对应无机结合料稳定层疲劳开裂，$i=3$ 对应路基顶面竖向压应变分析；

$\hat{K}_{\mathrm{T}i}$——基准路面结构温度调整系数，按所在地查表9-4取用；

A_{h}，B_{h}，A_{E}，B_{E}——与面层、基层厚度和回弹模量有关的函数，按式（9-5）~式(9-16）计算。

沥青混合料层疲劳开裂

$$A_{\mathrm{E}} = 0.76\lambda_{\mathrm{E}}^{0.09} \tag{9-5}$$

$$A_{\mathrm{h}} = 1.14\lambda_{\mathrm{h}}^{0.17} \tag{9-6}$$

$$B_{\mathrm{E}} = 0.14\ln(\lambda_{\mathrm{E}}/20) \tag{9-7}$$

$$B_{\mathrm{h}} = 0.23\ln(\lambda_{\mathrm{h}}/0.45) \tag{9-8}$$

无机结合料稳定层疲劳开裂

$$A_{\mathrm{E}} = 0.10\lambda_{\mathrm{E}} + 0.89 \tag{9-9}$$

$$A_h = 0.73\lambda_h + 0.67 \tag{9-10}$$

$$B_E = 0.15\ln(\lambda_E / 1.14) \tag{9-11}$$

$$B_h = 0.44\ln(\lambda_h / 0.45) \tag{9-12}$$

路基顶面竖向压应变

$$A_E = 0.006\lambda_E + 0.89 \tag{9-13}$$

$$A_h = 0.67\lambda_h + 0.70 \tag{9-14}$$

$$B_E = 0.12\ln(\lambda_E / 20) \tag{9-15}$$

$$B_h = 0.38\ln(\lambda_h / 0.45) \tag{9-16}$$

λ_E——面层与基层当量模量之比，按下式计算

$$\lambda_E = \frac{E_a^*}{E_b^*} \tag{9-17}$$

λ_h——面层与基层当量厚度之比，按下式计算

$$\lambda_h = \frac{h_a^*}{h_b^*} \tag{9-18}$$

分析沥青混合料层永久变形量时，沥青混合料层的等效温度应按下式计算

$$T_{pef} = T_\xi + 0.016h_a \tag{9-19}$$

式中 T_{pef}——沥青混合料层等效温度（℃）；

h_a——沥青混合料层厚度（mm）；

T_ξ——基准等效温度，按所在地查表9-4取用。

9.2 沥青路面结构组合设计

路面结构组合设计应针对各种路面结构组合的力学特性、功能特性及其长期性能衰变规律和破坏特点，遵循路基路面综合设计的理念，保证路面结构的安全、耐久和全生命周期经济合理。

沥青路面通常由沥青面层、基层、底基层以及必要的功能层等多层结构组成。

9.2.1 路面结构组合

沥青路面结构类型可按照基层材料性质分为无机结合料稳定类基层沥青路面、粒料类基层沥青路面、沥青结合料类基层沥青路面和水泥混凝土基层沥青路面四类。应结合交通荷载等级和路基状况等因素，结合路面材料特性和结构特性，选择路面结构类型。

路面结构组合的选择需要充分考虑路面结构组合的材料特性和结构特性、主要损坏类型及性能衰变规律。不同结构组合的沥青路面主要损坏类型见表9-5。

无机结合料稳定类基层沥青路面承载能力高，适应于各种交通荷载等级，主要病害是无机结合料稳定层疲劳开裂和面层反射裂缝。反射裂缝处雨水、雪水渗入后容易出现唧泥、基层脱空等损坏。可采用以下方法减少反射裂缝的出现：选用抗裂性能好的无机结合料稳定材料；增加沥青混合料层厚度；在基层上设置沥青碎石层、级配碎石层或改性沥青应力吸收层、铺设土工合成材料。

表 9-5　不同结构组合的沥青路面主要损坏类型

结构类型	粒料类基层沥青路面、底基层采用粒料的沥青结合料类基层沥青路面			无机结合料类基层沥青路面、底基层采用无机结合料稳定材料的沥青结合料类基层沥青路面	
沥青混合料层厚度/mm	≥150	150~50	≤50	≥150	<150
主要损坏类型	沥青层永久变形、沥青层疲劳开裂	沥青层疲劳开裂、沥青层永久变形	车辙	车辙基层疲劳开裂、面层反射裂缝	基层疲劳开裂、面层反射裂缝
季冻地区	面层低温开裂				

粒料类基层沥青路面无反射裂缝问题，但沥青面层承受更大的弯拉作用，沥青面层疲劳是主要损坏指标。此外，此类结构沥青面层、粒料层和路基都可能产生永久变形，需关注路面车辙问题。

沥青结合料类基层沥青路面适用各种交通荷载等级，底基层采用无机结合料稳定类材料时，性能类似于无机结合料稳定类基层沥青路面，由于沥青混合料层较厚，路面承载能力更强，且具有更好的延缓反射裂缝能力。底基层采用粒料类材料时，性能类似于粒料类基层沥青路面。

水泥混凝土基层沥青路面具有较高承载能力，适用于重及重以上交通荷载等级公路。除水泥混凝土路面常见损坏外，此类路面结构主要病害是水泥混凝土板接缝处沥青面层反射裂缝和沥青面层永久变形。

路基湿度状态为中湿或潮湿，宜采用粒料类底基层或设置粒料类路基改善层。多雨地区的无机结合料稳定类基层和水泥混凝土基层沥青路面，路面出现反射裂缝后易发展为唧泥、脱空等，从而加速路面状况恶化。有必要采取如在无机结合料稳定类基层或水泥混凝土基层下方铺设粒料排水层或设置粒料类路基改善层等措施，减少唧泥、脱空损坏。

选定结构组合类型后，可根据交通荷载等级参照表 9-6~表 9-11 初选结构层厚度。结构层厚度应根据交通荷载等级、路基承载能力等因素选择。交通荷载等级高、路基承载能力弱时宜取靠近高限的厚度或参照高一个交通荷载等级的路面厚度范围，反之可靠近低限的厚度或参照低一个交通荷载等级的路面厚度范围。

表 9-6　无机结合料稳定类基层（粒料类底基层）路面厚度范围

（单位：mm）

交通荷载等级	极重、特重	重	中等	轻
面层	250~150	250~150	200~100	150~20
基层（无机结合料稳定类）	600~350	550~300	500~250	450~150
底基层（粒料类）	200~150			

表 9-7　无机结合料稳定类基层（无机结合料稳定类底基层）路面厚度范围

（单位：mm）

交通荷载等级	极重、特重	重	中等	轻
面层	250~120	250~100	200~100	150~20
基层（无机结合料稳定类）	500~250	450~200	400~150	500~200
底基层（无机结合料稳定类）	200~150			—

表 9-8 粒料类基层（粒料类底基层）路面厚度范围

（单位：mm）

交通荷载等级	重	中等	轻
面层	350~200	300~150	200~100
基层(粒料类)	450~350	400~300	350~250
底基层(粒料类)	200~150		

表 9-9 沥青混合料类基层（粒料类底基层）路面厚度范围

（单位：mm）

交通荷载等级	重	中等	轻
面层	150~120	120~100	80~40
基层(沥青结合料类)	250~200	220~180	200~120
底基层(粒料类)	400~300	400~300	350~250

表 9-10 沥青混合料类基层（无机结合料稳定类底基层）路面厚度范围

（单位：mm）

交通荷载等级	极重、特重	重	中等	轻
面层	120~100	120~100	100~80	80~40
基层(沥青结合料类)	180~120	150~100	150~100	100~80
底基层(无机结合料稳定类)	600~300	600~300	550~250	450~200

表 9-11 沥青混合料类基层（粒料类+无机结合料底基层）路面厚度范围

（单位：mm）

交通荷载等级	极重、特重	重	中等	轻
面层	120~100	120~100	100~80	80~40
基层(沥青结合料类)	240~160	180~120	160~100	100~80
底基层(粒料类)	200~150	200~150	200~150	200~150
底基层(无机结合料类)	400~200	400~200	350~200	250~150

9.2.2 沥青面层结构

沥青面层可为单层、双层、三层，如图 9-7 所示。表面层应具平整密实、抗滑耐磨、稳定耐久等服务功能，同时应具有高温抗车辙、低温抗开裂、抗老化、抗剥离等性能。中面层、下面层应具有一定的密水性、高温抗车辙等性能。下面层应具有良好的抗疲劳性能和兼顾其他性能要求。面层材料类型可根据交通荷载等级和层位选用，见表 9-12。

表 9-12 面层材料的交通荷载等级和层位

材料类型	适用交通荷载等级和层位
连续级配沥青混合料	各交通荷载等级的表面层、中面层和下面层
沥青玛蹄脂碎石混合料	极重、特重和重交通荷载等级的表面层、对抗滑有特殊要求的表面层
厂拌热再生沥青混合料	各交通荷载等级的表面层、中面层和下面层
上拌下贯沥青碎石	中等、轻交通荷载等级的面层
沥青表面处治	中等、轻交通荷载等级的表面层

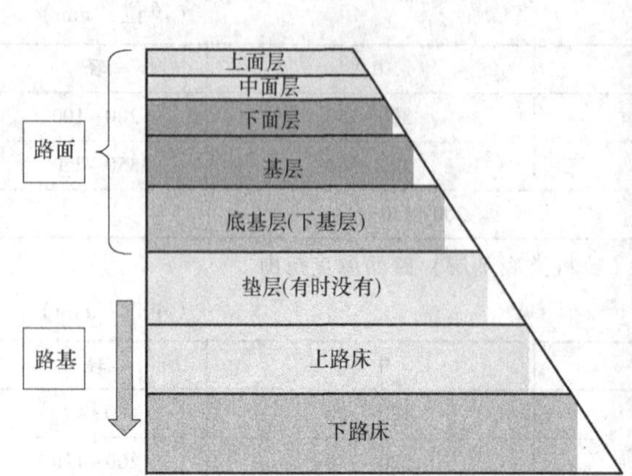

图 9-7　路基路面结构图

高速公路、一级公路一般选用三层沥青面层结构。为满足上述要求，应精心选择沥青面层混合料。通常认为密实型中粒式或细粒式沥青混合料（如 AC-13、AC-16）最宜用于表面层，它的空隙率一般为 3%~5%。在这个范围内，可以防止水害及冻害，又由于它保留一定的空隙率，热季不会泛油，表面层切忌使用空隙率大于 6%的半密实型混合料。此外，密级配沥青混合料的抗裂性、疲劳强度和耐久性均较优越。对于重交通和特重交通等级，普通热拌和沥青混合料不能满足使用要求时，可从材料和沥青混凝土结构上改善，例如采用改性沥青和 SMA-10、SMA-13 等混合料，对抗滑、排水和降噪有特殊要求的表面层可采用开级配沥青混合料，表面层下应设置防水层，防水层可采用改性乳化沥青或改性沥青等。沥青中面层和下面层经受着与沥青上面层相同的不利工作环境，仅对平整性和抗滑性的要求略低些。因此对沥青混合料的选择同样有较高的要求，特别是在密实防水和抗剪切变形等方面的要求也很高，通常选用密实型中粒式和粗粒式混合料（如 AC-20、AC-25）。对于特重交通等级或者炎热地区，常采用改性沥青。

二级、三级以下等级公路一般采用双层式沥青面层。即表面层与下面层，沥青混合料的选择，除了沥青混凝土之外，也可选用热拌沥青碎石（ATB）或沥青贯入式结构。

三级、四级公路一般可采用双层沥青表面处治结构。

沥青面层要有合理的厚度，从经济性考虑不宜太厚，从压实效果来看，各种类型的沥青层最小压实厚度与它的公称最大粒径成比例，连续级配沥青混合料和沥青玛𤧛脂碎石混合料的结构层厚度不宜小于集料公称最大粒径的 2.5 倍，开级配沥青混合料的结构层厚度不宜小于集料公称最大粒径的 2.0 倍，若小于最小厚度，则压实效果不好。我国沥青路面设计规范对不同粒径沥青混合料的层厚规定见表 9-13。

表 9-13　不同粒径沥青混合料的层厚

沥青混合料类型	以下集料公称最大粒径沥青混合料的层厚/mm,不小于					
	4.75	9.5	13.2	16.0	19.0	26.5
连续级配沥青混合料	15	25	35	40	50	75
沥青玛𤧛脂碎石	—	30	40	50	60	—
开级配沥青混合料	—	20	25	30	—	—

沥青贯入碎石层的厚度宜为 40~80mm，乳化沥青贯入式路面的厚度不宜超过 50mm；上拌

下贯式路面的拌和层厚度不宜小于 25mm；沥青表面处治可分为单层、双层和三层。单层表面处治厚度宜为 10~15mm，双层表面处治厚度宜为 15~25mm，三层表面处治厚度宜为 25~30mm。

9.2.3 基层结构

基层结构是承上启下的承重结构层，承担着沥青面层向下传递的全部荷载，还承受着由于土基水温状况多变而发生地基支承能力变化的敏感性，要求基层具有较高的强度、稳定性和耐久性。

沥青路面的基层按材料和力学特性的不同可以分为柔性基层（粒料类或沥青结合料类）、半刚性基层（无机结合料稳定类）和刚性基层（水泥混凝土）三种。

选择基层类型首先应根据路面结构所承受的交通等级进行比较，同时应考虑地基支撑的可靠性以及当地水温状况和路基排水与路基稳定的可靠程度做不同方案，比较后择优选定。我国沥青路面设计规范给出的基层材料类型选用建议见表 9-14。

近年来再生工程实践表明，冷再生沥青混合料可实现既有路面铣刨材料的回收利用（或就地再生利用），性能可满足各交通荷载等级的基层或底基层要求。厂拌热再生沥青混合料具有与新拌沥青混合料基本相当的路用性能，与冷再生混合料相比造价较高，用作基层时，宜用于重及重以上的交通荷载等级公路。

在交通、环境各方面工作条件都十分恶劣的情况下，可以考虑各种基层组合使用。例如，当地基承载力不佳、交通特别繁重、雨水集中或路基排水不良时，可以考虑半刚性基层和柔性基层组合应用，采用半刚性基层为下层，柔性基层为上层，一方面提高了结构承载力，减轻沥青面层荷载应力；另一方面又发挥了柔性基层变形协调能力利于渗水排水的优势，既使路面始终保持良好工作状态，还可避免横向裂缝反射到面层。对于严重超载的沥青路面，除了采用组合基层之外，也可以采用配钢筋的混凝土板或连续配筋混凝土板做基层的沥青路面。为了减少或延缓反射裂缝，在无机结合料稳定层与沥青结合料类材料层间可设置级配碎石层、半开级配层或开级配沥青碎石层，设置级配碎石层后，需注意验算沥青混合料层疲劳开裂寿命。

表 9-14 基层和底基层材料的使用交通荷载等级和层位

类　型	材料类型	适用交通荷载等级和层位
无机结合料稳定类	水泥稳定级配碎石或砾石、水泥粉煤灰稳定级配碎石或砾石、石灰粉煤灰稳定级配碎石或砾石	各交通荷载等级的基层和底基层
	水泥稳定未筛分碎石或砾石、石灰粉煤灰稳定未筛分碎石或砾石、石灰稳定未筛分碎石或砾石	轻交通荷载等级的基层、各交通荷载等级的底基层
	水泥稳定土、石灰稳定土、石灰粉煤灰稳定土	轻交通荷载等级的基层、各交通荷载等级的底基层
粒料类	级配碎石	重及重以下交通荷载等级的基层、各交通荷载等级的底基层
	级配砾石、未筛分碎石、天然砂砾、填隙碎石	中等和轻交通荷载等级的基层、各交通荷载等级的底基层
沥青结合料类	密级配沥青碎石、半开级配沥青碎石、开级配沥青碎石	极重、特重和重交通荷载等级的基层
	沥青贯入碎石	重及重以下交通荷载等级的基层
水泥混凝土	水泥混凝土或贫混凝土	极重、特重交通荷载等级的基层

基层结构的厚度主要应满足强度与刚度的设计要求，在厚度设计时，应逐层进行验算。除此之外，还应考虑施工的可实施性和材料规格对厚度的影响。一般情况下，基层的厚度应大于混合料最大粒径的4倍，同时还应考虑压实机具的功能，通常取能一次压密的最佳厚度。若基层厚度超过最佳厚度，可分几层铺筑，每次厚度接近最佳厚度。不同材料基层和底基层厚度宜符合表9-15的规定。

表9-15　不同材料基层和底基层厚度

材料种类	集料公称最大粒径/mm	厚度/mm,不小于
密级配沥青碎石 半开级配沥青碎石 开级配沥青碎石	19.0	50
	26.5	80
	31.5	100
	37.5	120
沥青贯入碎石	—	40
贫混凝土	31.5	120
无机结合料稳定类	19.0、26.5、31.5、37.5	150
	53.0	180
级配碎石 级配砾石 未筛分碎石、天然砂砾	26.5、31.5、37.5	100
	53.0	120
填隙碎石	37.5	75
	53.0	100
	63.0	120

9.2.4　功能层

1. 路基改善层

为提高路基顶面回弹模量或改善路基湿度状态而设置的粒料层或无机结合料稳定层，一般将其归类为路基，称为路基改善层。

2. 沥青路面垫层

沥青路面垫层结构位于基层以下，主要用于路基状况不良的路段，以确保路面结构不受路基中滞留的自由水的侵蚀以及冻融的危害。通常认为路基处于以下状况时，应专门设置垫层。

从垫层的设置目的与功能出发，垫层可分为防水垫层、排水垫层、防污垫层、防冻垫层四类。

3. 结合层

沥青路面各结构层之间应紧密结合，不因层间滑动或松散而丧失结构的整体效应。

1）沥青结合料类材料层间应设置黏层。

2）在沥青结合料类材料层与其他材料层间应设置封层，宜设置透层；无机结合料稳定类或冷再生类材料结构层与沥青结合料类结构层之间宜设置封层；粒料类基层和无机结合料稳定类基层顶面宜设置透层。

9.3　我国沥青路面结构设计验算

依据我国JTG D50—2017《公路沥青路面设计规范》，不同等级公路沥青路面结构的目标可靠度和目标可靠指标不应低于表 9-16 的规定值。新建沥青路面结构设计使用年限不应低于表 9-17 的规定值。

表 9-16 目标可靠度和目标可靠度指标

公路等级	高速公路	一级公路	二级公路	三级公路	四级公路
目标可靠度(%)	95	90	85	80	70
目标可靠指标 β	1.65	1.28	1.04	0.84	0.52

表 9-17 路面结构设计使用年限

公路等级	设计使用年限	公路等级	设计使用年限
高速公路、一级公路	15	三级公路	10
二级公路	12	四级公路	8

9.3.1 我国沥青路面设计指标与标准

1. 设计指标

我国 JTG D50—2017《公路沥青路面设计规范》规定路面结构验算时应根据路面结构组合，参照表 9-18 选择设计指标。选择单轴-双轮 100kN 作为标准轴载。基于双圆均布垂直荷载作用下的弹性层状连续体系理论，各设计指标应选用表 9-19 规定的竖向位置处的力学响应，并按图 9-8 所示计算点位置，选取 A、B、C 和 D 四点位置计算的最大力学响应量。根据弹性层状体系理论，沥青混合料层层底拉应变、无机结合料稳定层层底拉应力、沥青混合料层竖向压应变和路基顶面竖向拉应变的计算公式分别如式（9-20）~式(9-24) 所示。

表 9-18 不同结构组合路面的设计指标

基层类型	底基层类型	设 计 指 标①
无机结合料稳定类	粒料类	无机结合料稳定层层底抗应力、沥青混合料层永久变形量
	无机结合料稳定类	
沥青结合料类	粒料类	沥青混合料层层底拉应变、沥青混合料层永久变形量、路基顶面竖向压应变
	无机结合料稳定类	沥青混合料层永久变形量、无机结合料稳定层层底拉应力
粒料类②	粒料类	沥青混合料层层底拉应变、沥青混合料层永久变形量、路基顶面竖向压应变
	无机结合料稳定类	沥青混合料层层底拉应变、沥青混合料层永久变形量、无机结合料稳定层层底拉应力
水泥混凝土③	—	沥青混合料层永久变形量

① 季节性冰冻地区应增加沥青面层低温开裂验算和防冻厚度验算。

② 在沥青混合料层和无机结合料稳定层间设置粒料层时，应验算沥青混合料层疲劳开裂寿命。

③ 水泥混凝土基层应按现行 JTG D40—2011《公路水泥混凝土路面设计规范》设计。

表 9-19　各设计指标对应的力学响应及其竖向位置

设计指标	力学响应	竖向位置
沥青混合料层层底拉应变	沿行车方向的水平拉应变	沥青混合料层层底
无机结合料稳定层层底拉应力	沿行车方向的水平拉应力	无机结合料稳定层层底
沥青混合料层永久变形量	竖向压应力	沥青混合料层各分层顶面
路基顶面竖向压应变	竖向压应变	路基顶面

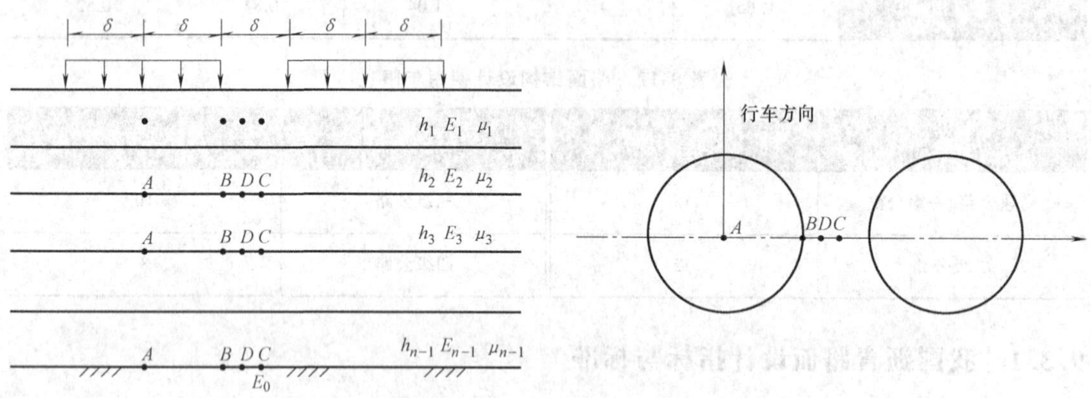

图 9-8　力学响应计算点位置图示

$$\varepsilon_a = p\,\overline{\varepsilon}_a \tag{9-20}$$

$$\overline{\varepsilon}_a = f\left(\frac{h_1}{\delta}, \frac{h_2}{\delta}, \cdots, \frac{h_{n-1}}{\delta}; \frac{E_2}{E_1}, \frac{E_3}{E_2}, \cdots, \frac{E_0}{E_{n-1}}\right) \tag{9-21}$$

$$\overline{\sigma}_t = f\left(\frac{h_1}{\delta}, \frac{h_2}{\delta}, \cdots, \frac{h_{n-1}}{\delta}; \frac{E_2}{E_1}, \frac{E_3}{E_2}, \cdots, \frac{E_0}{E_{n-1}}\right) \tag{9-22}$$

$$\overline{p}_i = f\left(\frac{h_1}{\delta}, \frac{h_2}{\delta}, \cdots, \frac{h_{n-1}}{\delta}; \frac{E_2}{E_1}, \frac{E_3}{E_2}, \cdots, \frac{E_0}{E_{n-1}}\right) \tag{9-23}$$

$$\overline{\varepsilon}_z = f\left(\frac{h_1}{\delta}, \frac{h_2}{\delta}, \cdots, \frac{h_{n-1}}{\delta}; \frac{E_2}{E_1}, \frac{E_3}{E_2}, \cdots, \frac{E_0}{E_{n-1}}\right) \tag{9-24}$$

式中　ε_a——沥青混合料层层底拉应变（10^{-6}）；

$\overline{\varepsilon}_a$——理论拉应变系数；

σ_t——无机结合料稳定层层底拉应力（MPa）；

$\overline{\sigma}_t$——理论拉应力系数；

p_i——沥青混合料层第 i 分层顶面竖向压应力（MPa）；

$\overline{p}_i$——理论压应力系数；

ε_z——路基顶面竖向压应变（10^{-6}）；

$\overline{\varepsilon}_z$——理论竖向压应变系数；

p，δ——标准轴载的轮胎接地压强（MPa）和当量圆半径（mm）；

E_0——路基顶面回弹模量（MPa）；

$h_1, h_2, \cdots, h_{n-1}$——各结构层厚度（mm）；

$E_1, E_2, \cdots, E_{n-1}$——各结构层模量（MPa）。

我国当前的沥青路面结构设计中作为路基和路面的交工验收指标。

2. 设计标准

1）以沥青混合料层层底拉应变为设计指标，以沥青混合料层疲劳开裂寿命为设计标准。基于沥青混合料层层底拉应变计算的沥青混合料层疲劳开裂寿命应大于基于沥青混合料层层底拉应变换算得到的设计年限内当量设计轴载累计作用次数。

2）以无机结合料层层底拉应力为设计指标，以无机结合料层的疲劳开裂寿命为设计标准。基于无机结合料稳定层层底拉应力计算的无机结合料稳定层疲劳开裂寿命应大于基于无机结合料稳定层层底拉应力换算得到的设计年限内当量设计轴载累计作用次数。

3）沥青混合料层永久变形量为设计指标。基于设计年限内当量设计轴载累计作用次数计算的沥青混合料永久变形量应不大于表9-1所列容许永久变形量。

4）路基顶面竖向压应变为设计指标，容许压应变为设计标准，竖向压应变应大于基于设计年限内当量设计轴载累计作用次数计算获得的容许竖向压应变。

5）对于季节性冰冻地区的沥青路面结构，以低温开裂指数为设计指标时，沥青面层低温开裂指数不宜大于表9-2所列数值。

6）验收指标。除了对上述路面使用性能设计指标的要求，高速公路、一级公路以及山岭重丘区二级和三级公路的路面在交工验收时，其抗滑技术指标应满足表9-3的技术要求；路基顶面和路表的实测代表弯沉值应不超过其各自的验收弯沉值。

9.3.2 路面结构验算

针对沥青路面结构组合设计进行沥青路面结构验算，主要验算内容有：

1. 沥青混合料层疲劳开裂验算

基于沥青混合料的柔性特征，一般采用沥青混合料层层底拉应变计算和控制沥青混合料层的疲劳开裂寿命。我国现行JTG D50—2017《公路沥青路面设计规范》在大量常应力加载模式和常应变加载模式疲劳试验的基础上，综合国内外大量加速加载试验路的疲劳数据，建立了基于沥青混合料层层底拉应变的沥青混合料层疲劳开裂寿命计算模型，见式（9-25），为了考虑不同加载模式的过渡与转换。在该模型中引入了疲劳开裂加载模式系数。

$$N_{f1} = 6.32\times10^{(15.6-0.37\beta)} k_a k_b k_{T1}^{-1} \left(\frac{1}{\varepsilon_a}\right)^{3.97} \left(\frac{1}{E_a}\right)^{1.58} (\mathrm{VFA})^{2.72} \tag{9-25}$$

式中 N_{f1}——沥青混合料层疲劳开裂寿命（轴次）；

β——目标可靠指标，根据公路等级按表9-16取值；

k_a——季节性冻土地区调整系数，按表9-20采用内插法确定；

k_b——疲劳加载模式系数，按下式计算

$$k_b = \left(\frac{1+0.3E_a^{0.43}(\mathrm{VFA})^{-0.85}\mathrm{e}^{(0.024h_a-5.41)}}{1+\mathrm{e}^{(0.024h_a-5.41)}}\right)^{3.33} \tag{9-26}$$

E_a——沥青混合料在20℃时的动态压缩模量（MPa）；

VFA——沥青混合料的沥青饱和度（%），根据混合料设计结果或按现行JTG F40—2004《公路沥青路面施工技术规范》的有关规定确定；

h_a——沥青混合料层厚度（mm）；

k_{T1}——温度调整系数；

ε_a——沥青混合料层层底拉应变（10^{-6}），根据弹性层状体系理论计算获取。

表 9-20 季节性冻土地区调整系数 k_a

冻区	重冻区	中冻区	轻冻区	其他地区
冻结指数 $F/(℃\cdot d)$	≥2000	2000~800	800~50	≤50
k_a	0.60~0.70	0.70~0.80	0.80~1.00	1.00

沥青混合料层的疲劳开裂寿命应大于设计使用年限内设计车道的当量设计轴载累计作用次数，否则，应调整路面结构方案，重新验算，直至满足要求。

2. 无机结合料稳定层疲劳开裂验算

基于无机结合料稳定类材料的半刚性特征，一般采用无机结合料稳定层层底拉应力计算和控制无机结合料稳定层的疲劳开裂寿命。我国 JTG D50—2017《公路沥青路面设计规范》在归纳水泥稳定砂砾、水泥稳定碎石、水泥稳定土和石灰粉煤灰稳定碎石四种常用混合料大量疲劳开裂试验结果的基础上，建立了无机结合料稳定粒料和稳定土的疲劳开裂计算模型如式（9-27）所示。

$$N_{f2}=k_a k_{T2}^{-1} 10^{a-b\frac{\sigma_t}{R_s}+k_c-0.57\beta} \tag{9-27}$$

式中 N_{f2}——无机结合料稳定层的疲劳开裂寿命（轴次）；

k_a——季节性冻土地区调整系数，按表 9-20 确定；

k_{T2}——温度调整系数；

R_s——无机结合料稳定类材料的弯拉强度（MPa）；

a，b——疲劳试验回归参数，按表 9-21 确定；

k_c——现场综合修正系数，按式（9-28）确定

$$k_c=c_1 e^{c_2(h_a+h_b)}+c_3 \tag{9-28}$$

c_1，c_2，c_3——参数，按表 9-22 取值；

h_a，h_b——沥青混合料层和计算点以上无机结合料稳定层厚度；

β——目标可靠指标，根据公路等级按表 9-16 取值；

σ_t——无机结合料稳定层的层底拉应力（MPa），根据弹性层状体系理论计算获取。

表 9-21 无机结合料稳定层疲劳破坏模型参数

材料类型	a	b
无机结合料稳定粒料	13.24	12.52
无机结合料稳定土	12.18	12.79

无机结合料稳定层的疲劳开裂寿命应大于设计使用年限内设计车道的当量设计轴载累计作用次数。否则，应调整路面结构组合或层厚，重新验算，直至满足要求。

3. 沥青混合料层永久变形量验算

我国 JTG D50—2017《公路沥青路面设计规范》建立了包含荷载作用次数、温度、竖向压应力、层厚和车辙试验永久变形量等参数的沥青混合料层永久变形预估模型，并对该模型进行了修正和验证。

表 9-22　现场综合修正系数 k_c 相关参数

材料类型	新建路面结构层或改建工程既有路面结构层		改建工程加铺层	
	无机结合料稳定粒料	无机结合料稳定土	无机结合料稳定粒料	无机结合料稳定土
c_1	14.0	35.0	18.5	21.0
c_2	-0.0076	-0.0156	-0.01	-0.0125
c_3	-1.47	-0.83	-1.32	-0.82

按照我国 JTG D50—2017《公路沥青路面设计规范》的规定，首先对路面结构中的各沥青混合料层进行分层：表面层，采用 10~20mm 作为一分层；第二层沥青混合料层，每一分层厚度应不大于 25mm；第三层沥青混合料层，每一分层厚度应不大于 10mm；第四层及其以下沥青混合料层，作为一个分层。然后，根据标准条件下的车辙试验，得到各层沥青混合料的车辙试验永久变形量，按式（9-29）计算各分层的永久变形量和沥青混合料层总的永久变形量。

$$R_a = \sum_{i=1}^{n} R_{ai} \tag{9-29}$$

$$R_{ai} = 2.31\times10^{-8} k_{Ri} T_{pef}^{2.93} p_i^{1.80} N_{e3}^{0.48} (h_i/h_0) R_{0i} \tag{9-30}$$

式中　R_a——沥青混合料层永久变形量（mm）；

R_{ai}——第 i 层永久变形量（mm）；

n——分层数；

T_{pef}——沥青混合料层永久变形等效温度（℃）；

N_{e3}——设计使用年限内或通车至首次针对车辙维修的期限内，设计车道上当量设计轴载累计作用次数；

h_i——第 i 分层厚度（mm）；

h_0——车辙试验试件的厚度（mm）；

R_{0i}——第 i 分层沥青混合料层在试验温度为 60℃，压强为 0.7MPa，加载次数为 2520 次时，车辙试验永久变形量（mm）；

k_{Ri}——综合修正系数，按式（9-31）~式（9-33）计算

$$k_{Ri} = (d_1 + d_2 \cdot z_i) \cdot 0.9731^{z_i} \tag{9-31}$$

$$d_1 = -1.35\times10^{-4} h_a^2 + 8.18\times10^{-2} h_a - 14.50 \tag{9-32}$$

$$d_2 = 8.78\times10^{-7} h_a^2 - 1.50\times10^{-3} h_a + 0.90 \tag{9-33}$$

z_i——沥青混合料层第 i 分层深度（mm），第一分层取为 15mm，其他分层为路表距分层中点的深度；

h_a——沥青混合料层厚度（mm），h_a 大于 200mm 时，取 200mm；

p_i——沥青混合料层第 i 分层顶面竖向压应力（MPa），根据弹性层状体系理论计算获取。

验算所得的沥青混合料层永久变形量应满足表 9-1 的要求。否则，应调整沥青混合料层设计，直至满足要求。

满足沥青混合料层允许永久变形量要求的沥青混合料，尚应满足 JTG D50—2017《公路沥青路面设计规范》中标准车辙试验的动稳定度要求，其永久变形最 R_0 对应的稳定度可用作沥青混合料的质量要求和施工控制指标。标准车辙试验温度为 60℃ ，压强为 0.7MPa，试件厚度为 50mm，加载次数为 2520 次时沥青混合料的动稳定度 DS，可根据永久变形量 R_0 按式（9-34）计算。

$$DS=9365R_0^{-1.48} \tag{9-34}$$

式中 DS——沥青混合料动稳定度（次/mm）。

4. 路基顶面竖向压应变验算

路基顶面竖向压应变是粒料类基层沥青路面和底基层为粒料的沥青结合料类基层沥青路面的重要设计指标。我国粒料类基层沥青路面应用较少，缺乏足够的实测数据。为此，整理了AASHO试验路的路面结构资料以及轴载作用次数等数据，建立了路基顶面竖向压应变与100kN轴载作用次数间的经验关系式，经调整和修正，建立了路基顶面允许竖向压应变的计算模型，如式（9-35）所示。

$$[\varepsilon_z]=1.25\times10^{4-0.1\beta}(k_{T3}N_{e4})^{-0.21} \tag{9-35}$$

式中 $[\varepsilon_z]$——路基顶面允许竖向压应变（10^{-6}）；

β——目标可靠指标，根据公路等级按表9-16取值；

N_{e4}——设计使用年限内设计车道上的当量设计轴载累计作用次数；

k_{T3}——温度调整系数。

对于选定的路面结构，根据弹性层状体系理论计算出的路基顶面竖向压应变应小于允许压应变值。否则，调整路面结构方案，重新验算，直至满足要求。

5. 沥青面层低温开裂指数验算

季节性冻土地区沥青路面低温开裂是常见病害。我国沥青路面设计规范采用经验法，建立了路面低温开裂指数预估模型，如式（9-36）所示。

$$CI=1.95\times10^{-3}S_t\lg b-0.075(T+0.07h_a)\lg S_t+0.15 \tag{9-36}$$

式中 CI——沥青面层低温开裂指数；

T——路面低温设计温度（℃），为连续10年年最低气温平均值；

S_t——在路面低温设计温度加10℃试验温度条件下，表面层沥青弯曲梁流变试验加载180s时蠕变劲度（MPa）；

h_a——沥青结合料类材料层厚度（mm）；

b——路基类型参数，砂$b=5$，粉质黏土$b=3$，黏土$b=2$。

沥青面层低温开裂指数值，应满足表9-2的低温开裂指数要求，否则应改变所选用的沥青材料，直至满足要求。

6. 防冻厚度验算

季节性冻土地区路基为中湿或潮湿状态时，应按照式（9-37）计算公路多年最大冻深。根据公路多年最大冻深，按表9-23的规定验算路面的防冻厚度，路面结构厚度小于表9-23规定的最小防冻厚度时，应增设防冻层，使其满足最小防冻厚度的要求。

$$Z_{max}=abcZ_d \tag{9-37}$$

式中 Z_{max}——公路多年最大冻深（mm）；

Z_d——大地多年最大冻深（mm），根据调查资料确定；

a——大地冻深范围内路基、路面各层材料热物性系数，按表9-24确定；

b——路基湿度系数，按表9-25确定；

c——路基断面形式系数，根据表9-26按内插法确定。

7. 设计路面结构的验收弯沉值

（1）路基顶面验收弯沉值　路基顶面验收弯沉值，应按式（9-38）计算。一般建议采用落锤式弯沉仪进行路基验收，落锤式弯沉仪荷载为50kN，荷载盘半径为150mm。路基顶面实测代表弯沉值应符合式（9-39）的要求。

表 9-23　沥青路面结构最小防冻深度

路基土质	基层、底基层材料类型	对应于以下公路多年最大冻深 Z_{max}(mm)和路基干湿类型的最小防冻厚度							
		中湿				潮湿			
		500~1000	1000~1500	1500~2000	>2000	500~1000	1000~1500	1500~2000	>2000
黏性土、细亚砂土	粒料类	400~450	450~500	500~600	600~700	450~550	550~600	600~700	700~800
	水泥或石灰稳定类、水泥混凝土	350~400	400~450	450~550	550~650	400~500	500~550	550~650	650~750
	水泥粉煤灰或石灰粉煤灰稳定类、沥青结合料类	300~350	350~400	400~500	500~550	350~450	450~500	500~550	550~700
粉性土	粒料类	450~500	500~600	600~700	700~750	500~600	600~700	700~800	800~1000
	水泥或石灰稳定类、水泥混凝土	400~450	450~500	500~600	600~700	450~550	550~650	650~700	700~900
	水泥粉煤灰或石灰粉煤灰稳定类、沥青结合料类	300~400	400~450	450~500	500~650	400~500	500~600	600~650	650~800

注：1. 在 JTJ 003—1986《公路自然区划标准》中，对潮湿系数小于 0.5 的地区，Ⅱ、Ⅲ、Ⅳ等干旱地区的防冻厚度可比表中值减少 15%~20%。
2. 对Ⅱ区砂性土路基防冻厚度应相应减少 5%~10%。
3. 公路多年最大冻深大时，靠近上限取值，反之靠近下限取值。
4. 基层、底基层采用不同材料类型时，按厚度较大的材料类型确定。

表 9-24　路基、路面材料热物性系数 *a*

路基材料	黏质土	粉质土	粉土质砂	细粒土质砂、黏土质砂	含细粒土质砾(砂)
热物性系数	1.05	1.10	1.20	1.30	1.35
路面材料	水泥混凝土	沥青结合料类	级配碎石	二灰或水泥稳定粒料	二灰土及水泥土
热物性系数	1.40	1.35	1.45	1.40	1.35

表 9-25　路基湿度系数 *b*

干湿类型	干燥	中湿	潮湿
湿度系数	1.0	0.95	0.90

表 9-26　路基断面形式系数 *c*

填挖形式和高(深)度	路基填土高度					路基挖方深度			
	零填	<2m	2~4m	4~6m	>6m	<2m	2~4m	4~6m	>6m
断面形式系数	1.0	1.02	1.05	1.08	1.10	0.98	0.95	0.92	0.90

$$l_g=\frac{176pr}{E_0} \tag{9-38}$$

式中 l_g——路基顶面验收弯沉值（0.01mm）；

p——落锤式弯沉仪承载板施加荷载（MPa）；

r——落锤式弯沉仪承载板半径（mm）；

E_0——平衡湿度状态下路基顶面回弹模量（MPa）。

$$l_0 \leqslant l_g \tag{9-39}$$

式中 l_g——路基顶面验收弯沉值（0.01nm）；

l_0——路段内实测的路基顶面弯沉代表值（0.01mm），以 1~3km 为一评定路段，按式（9-40）计算

$$l_0 = (\bar{l}_0 + \beta s) K_1 \tag{9-40}$$

式中 $\bar{l}_0$——路段内实测路基顶面弯沉平均值（0.01mm）；

s——路段内实测路基顶面弯沉标准差（0.01mm）；

β——目标可靠指标，根据公路等级按表 9-16 取值；

K_1——路基顶面弯沉湿度影响系数，根据当地经验确定。

（2）路表验收弯沉值 l_a　路表验收弯沉值 l_a，应根据设计路面结构，采用弹性层状体系理论按式（9-41）计算。路面结构层参数与路面结构验算时相同。路基顶面回弹模量应采用平衡湿度状态下路基顶面回弹模量乘以模量调整系数 k_l，用以协调理论弯沉与实测弯沉的差异。

$$l_a = p\,\bar{l}_a \tag{9-41}$$

$$\bar{l}_a = f\left(\frac{h_1}{\delta}, \frac{h_2}{\delta}, \cdots, \frac{h_{n-1}}{\delta}; \frac{E_2}{E_1}, \frac{E_3}{E_2}, \cdots, \frac{k_l E_0}{E_{n-1}}\right) \tag{9-42}$$

式中 $\bar{l}_a$——理论弯沉系数；

k_l——路基顶面回弹模量调整系数，无机结合料稳定类基层沥青路面和水泥混凝土基层沥青路面，取 0.5；粒料类基层沥青路面和沥青结合料类基层沥青路面，当采用无机结合料稳定底基层时，取 0.5，否则取 1.0；

E_0——平衡湿度状态下路基顶面回弹模量（MPa）；

其他符号意义同式（9-21）。

路表交（竣）工时应对路表弯沉值进行检测，检测时需要考虑对弯沉进行湿度和温度修正。落锤式弯沉仪中心点弯沉代表值应符合式（9-43）要求。

$$l_0 \leqslant l_a \tag{9-43}$$

式中 l_a——路表验收弯沉值（0.01mm）；

l_0——路段内实测路表弯沉代表值（0.01mm），以 1~3km 为一个评定路段，按式（9-44）计算

$$l_0 = (\bar{l}_0 + \beta s) K_1 K_3 \tag{9-44}$$

式中 l_0——路段内实测路表弯沉平均值（0.01mm）；

s——路段内实测路基顶面弯沉标准差（0.01mm）；

β——目标可靠指标，根据公路等级按表 9-16 取值；

K_1——路基顶面弯沉湿度影响系数，根据实测弯沉值通过反算得到路基模量值，再对路基模量进行修正得到结构模量值，然后得出测试状态下弯沉湿度修正系数 K_1，或者根据当地经验确定；

K_3——路表弯沉温度影响系数，按式（9-45）确定

$$K_3 = e^{[9\times10^{-6}(\ln E_0 - 1) h_a + 4\times10^{-3}](20-T)} \tag{9-45}$$

式中 T——弯沉测定时沥青结合料类材料层中点实测或预估温度（℃）；

h_a——沥青结合料类材料层厚度（mm）；

E_0——平衡湿度状态下路基顶面回弹模量（MPa）。

9.3.3 路面结构验算流程

新建沥青路面的结构验算流程如图 9-9 所示，新建沥青路面的结构验算示例见第 12 章。

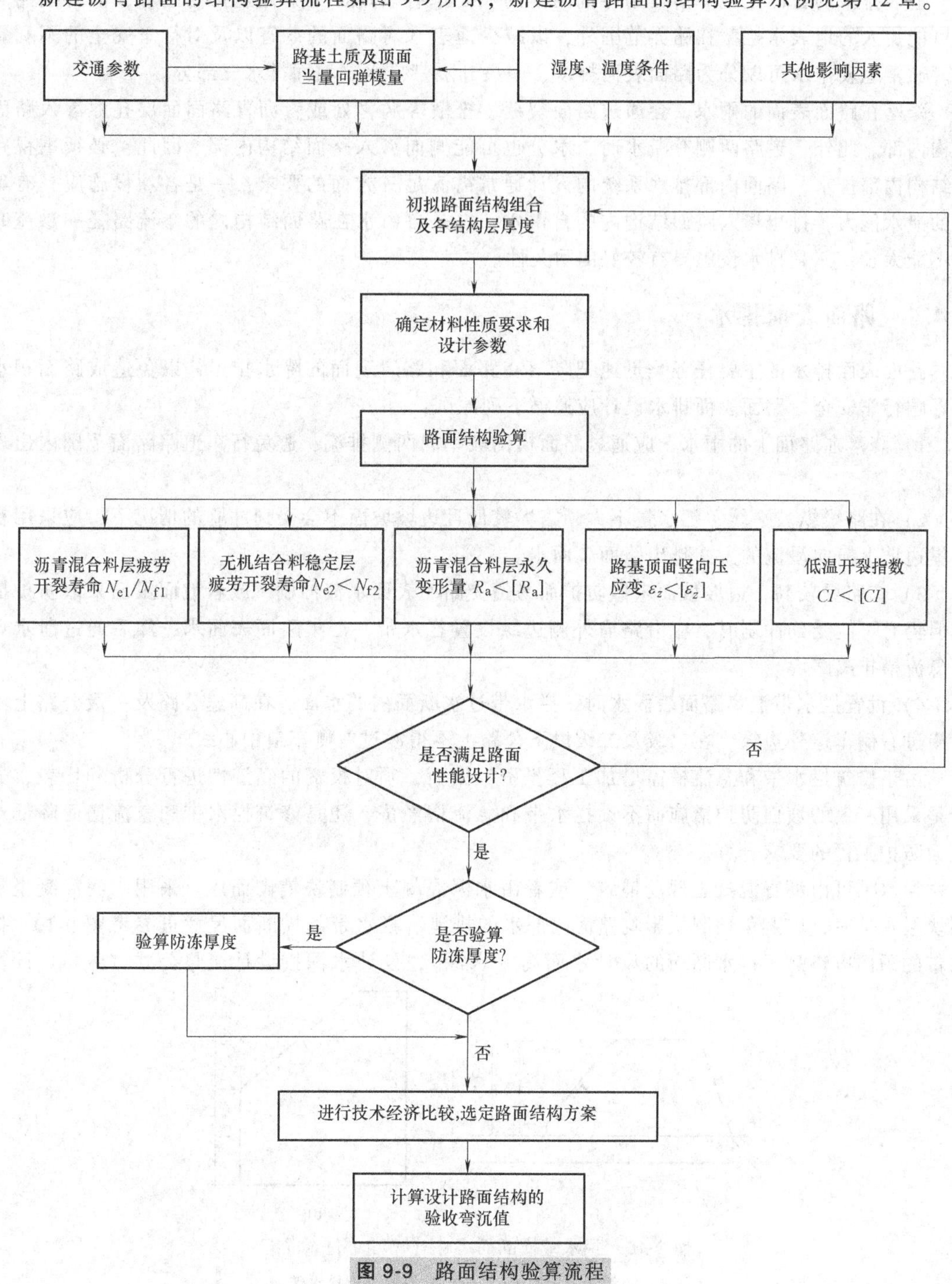

图 9-9 路面结构验算流程

9.4 路面排水设计

水是引发路面病害的主要因素之一，它密切影响着路面的强度和稳定性。因此，必须重视路面排水设计，包括地表排水和路面内部排水两部分。

地表排水的目的是把降落在路界范围内的表面水有效地汇集并迅速排出路界，同时把路界外可能流入的地表水拦截在路界范围外，以减少地表水对路面的危害以及对行车安全的不利影响。通常地表排水可以分为路面表面排水、中央分隔带排水、坡面排水三部分。

降落在路面表面的雨水，会通过路面裂缝、松散等病害处或者沥青路面面层孔隙渗入路面结构内部。此外，道路两侧有滞水时，水分也可能侧向渗入路面结构内部。因此，必须重视路面结构内部排水。路面内部排水系统的设计通常需满足三方面的要求：一是各项设施应具有足够的泄水能力，排出渗入路面结构内的自由水；二是自由水在路面结构内的渗流路径和渗流时间不能太长；三是排水设施要有较好的耐久性。

9.4.1 路面表面排水

路面表面排水的主要任务是迅速把降落在路面和路肩表面的降水排走，以免造成路面积水而影响行车安全。路面表面排水设计应遵循下列原则：

1）降落在路面上的雨水，应通过路面横向坡率向两侧排流，避免行车道路路面范围内出现积水。

2）在路线纵坡平缓、汇水量不大、路堤较低且边坡坡面不会受到冲刷的情况下，应采用在路堤边坡上横向漫流的方式排出路面表面水。

3）在路堤较高，边坡坡面未做防护而易遭受路面表面水流冲刷，或者坡面虽已采取防护措施但仍有可能受到冲刷时，应沿路肩外侧边缘设置拦水带，汇集路面表面水，然后通过泄水口和急流槽排离路堤。

4）设置拦水带汇集路面表面水时，拦水带过水断面内的水面，在高速公路及一级公路上不得漫过右侧车道外边缘，在二级及二级以下公路上不得漫过右侧车道中心线。

由于修筑拦水带和急流槽需增加工程投资，因而，须对投资的经济性进行分析和比较，分析是采用有效的坡面防护措施而不设拦水带和急流槽经济，还是修筑拦水带和急流槽而降低对坡面防护工程的要求合算。

拦水带可由沥青混凝土现场铺筑，或者由水泥混凝土预制块铺砌而成。采用水泥混凝土预制块拦水带时，应避免预制块影响路面内部水的排泄。拦水带的横断面尺寸可参考图 9-10，拦水带的顶面应略高于过水断面的设计水面高（水深），设计水深按设计流量公式（9-46）计算

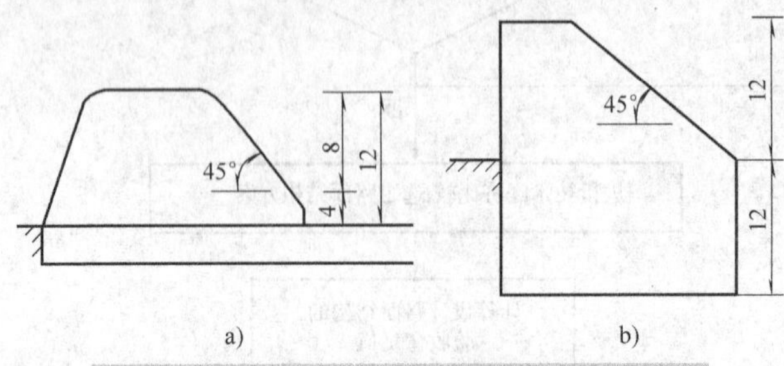

图 9-10 拦水带横断面尺寸（尺寸单位：cm）

a）沥青混凝土拦水带 b）水泥混凝土拦水带

确定。

$$Q_c = 0.377\frac{1}{i_h n}h^{\frac{8}{3}}I^{\frac{1}{2}} \tag{9-46}$$

式中 Q_c——沟或管的泄水能力（m^3/s）；

i_h——沟或过水断面的横向坡率；

n——沟壁或管壁的粗糙系数，按表9-27选用；

h——设计水深（m）；

I——水力坡度，要取用沟或管的坡度。

表9-27 沟壁或管壁的粗糙系数

沟或管类别	n	沟或管类别	n
塑料管(聚氯乙烯)	0.010	岩石质明沟	0.035
石棉水泥管	0.012	植草皮明沟(流速0.6m/s)	0.035~0.050
水泥混凝土管	0.013	植坡明沟(流速0.8m/s)	0.050~0.090
陶土管	0.013	浆砌石明沟	0.025
铸铁管	0.015	干砌石明沟	0.032
波纹管	0.027	水泥混凝土明沟(镘抹面)	0.015
沥青路面(光滑)	0.013	水泥混凝土明沟(预制)	0.012
沥青路面(粗糙)	0.016	土质明沟	0.022
水泥混凝土路面(镘抹面)	0.014	带杂草土质明沟	0.027
水泥混凝土路面(拉毛)	0.016	砂砾质明沟	0.025

拦水带的泄水口可设置成开口（喇叭口）式。设在纵坡坡段上的泄水口为提高泄水能力，宜做成不对称的喇叭口，并在硬路肩边缘的外侧设置逐渐变宽的低凹区。其平面布置可参照图9-11。泄水口的泄水量以及开口长度、低凹区宽度和下凹深度等尺寸应按泄水口水力计算确定。

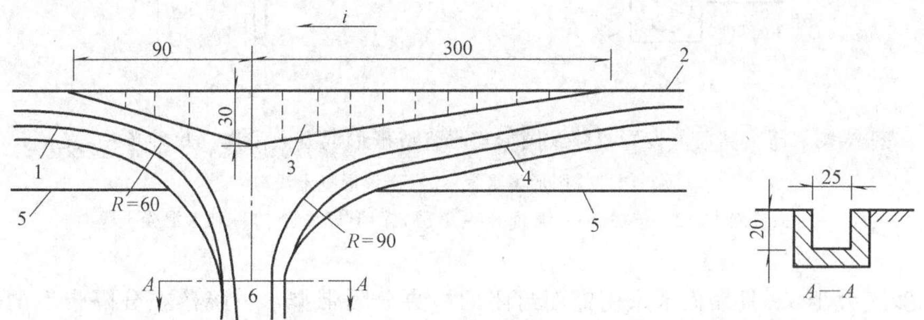

图9-11 纵坡坡段上拦水带不对称泄水口的平面布置（尺寸单位：cm）

1—水流流向 2—硬路肩边缘 3—低凹区 4—拦水带顶 5—路堤边坡坡顶 6—急流槽

在纵坡坡段上的开口式泄水口，其泄水量随开口长度 L_i，低凹区的宽度 B_w 和下凹深度 h_a 以及过水断面的纵向坡率 i_z 和横向坡率 i_n 而变化（见图9-12）。

9.4.2 中央分隔带排水

中央分隔带排水是高速公路及一级公路地表排水的重要内容，应根据分隔带宽度、绿化和交通安全设施的形式、分隔带表面的处理方式等因素选择不同的排水方式。我国的JTG/T

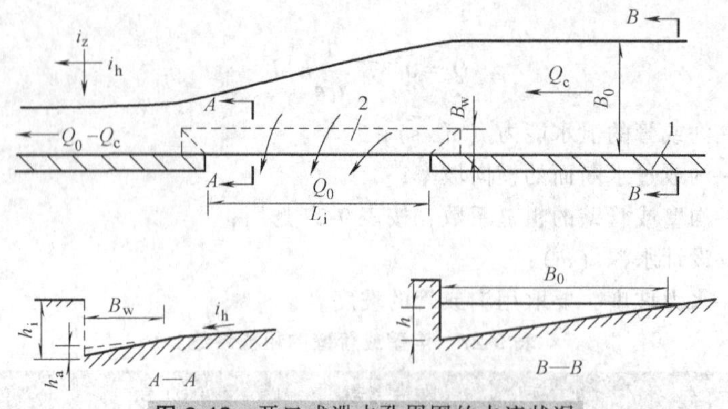

图 9-12 开口式泄水孔周围的水流状况

1—拦水带或缘石 2—低凹区

D33—2012《公路排水设计规范》将中央分隔带排水划分为 3 种类型：

（1）宽度小于 3m 且表面采用铺面封闭的中央分隔带排水 降落在分隔带上的表面水排向两侧行车道，其坡率与路面的横向坡率相同；在超高路段上，可在分隔带上侧边缘处设置缘石或泄水口，或者在分隔带内设置缝隙式圆形集水管或碟形混凝土浅沟和泄水口（见图 9-13），以拦截和排泄上侧半幅路面的表面水。缘石过水断面的泄水口可采用开口式、格栅式或组合式；碟形混凝土浅沟的泄水口采用格栅式。格栅钢丝应平行于水流方向，孔口的净泄水面积应占格栅面积的一半以上，泄水口间距和截流量以及断面尺寸等可通过计算选取。

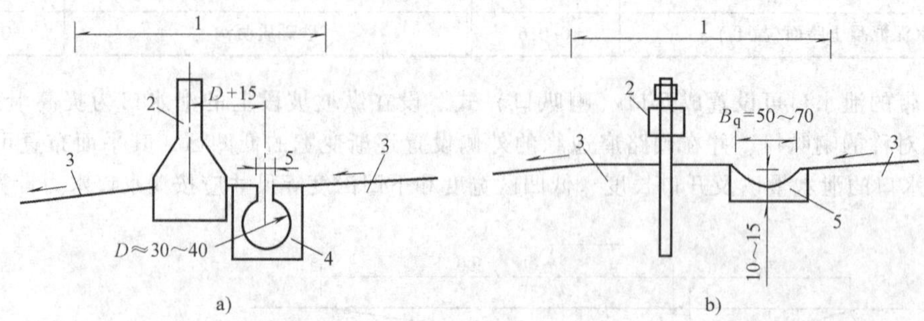

图 9-13 超高路段上设置缝隙式圆形集水管或碟形混凝土浅沟（尺寸单位：cm）

a）缝隙式圆形集水管 b）碟形混凝土浅沟

1—中央分隔带 2—护栏 3—铺面 4—缝隙式圆形集水管 5—碟形混凝土浅沟

（2）宽度大于 3m 且表面未采用铺面封闭的中央分隔带排水 降落在分隔带上的表面水汇集在分隔带中央的低洼处，并通过纵坡排流到泄水口或横穿路界的桥涵水道中。分隔带的横向坡率不得陡于 1∶6；分隔带的纵向排水坡率，在过水断面无铺面时不得缓于 0.25%，有铺面时不得缓于 0.12%。当水流速度超过地面土的最大允许流速时，应在过水断面宽度范围内对地面土进行防冲刷处理，做成三角形或 U 形断面的水沟。防冲刷层可采用石灰或水泥稳定土，或者采用浆砌片石铺砌，层厚 10～15cm。当中央分隔带内的水流流量过大或流速超过允许范围处，或者在分隔带低凹区的流水汇集处，应设置格栅或泄水口，并通过排水管引排到桥涵或路界处。格栅可以同周围地面齐平，也可适当降低，并在其周围一定宽度范围内做成低凹区（见图 9-14），以增加泄水能力。

（3）表面无铺面且未采用表面排水措施的中央分隔带排水 降落在分隔带上的表面水下渗，

由分隔带内的地下排水设施排出。常用的纵向排水渗沟如图 9-15 所示，应隔一定间距通过横向排水管将渗沟内的水排引出路界。渗沟周围包裹反滤织物（土工布），以免渗入水携带的细粒将渗沟堵塞。渗沟上的回填料与路面结构的交界面铺设涂双层沥青的土工布隔渗层。排水管可采用直径 70~150mm 的塑料管。

在我国，通常采用较窄的中央分隔带，仅在中间设预留车道时才采用宽的中央分隔带。各地在选用排水设施类型时，并未拘泥于以分隔带宽度限值作为唯一的依据，而是结合地区和工程需要确定，形式是多样的。因而，上述分类中的宽度标准并不是绝对的。

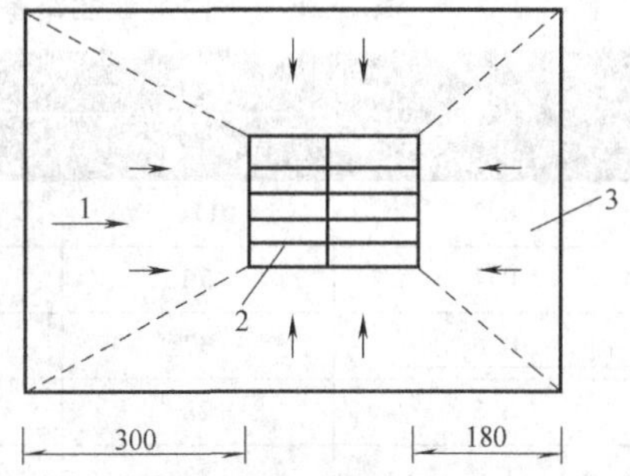

图 9-14　中央分隔带格栅式泄水口布置（尺寸单位：m）

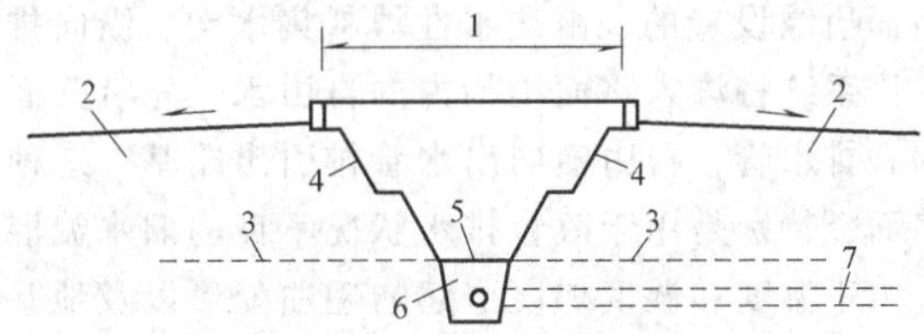

图 9-15　中央分隔带下设排水沟示意图

1—中央分隔带　2—路面　3—路床顶面　4—隔渗层
5—反滤织物　6—渗沟　7—横向排水管

9.4.3　路面内部排水

水可以通过路面裂缝、路面表面和路肩渗入路面，或是由高水位地下水、截断的含水层和泉水进入路面结构，被围封在路面结构内的水分产生的有害影响可归纳如下：

1）浸湿各结构层材料和路基土，易造成无黏结粒状材料和地基土的强度降低。

2）使混凝土路面产生唧泥，随之出现错台、开裂和整个路肩破坏。

3）进入空隙的自由水在行车荷载的作用下，会形成高孔隙水压力和高流速的水流，引起路面基层的细颗粒产生唧泥，结果使其失去支承。

4）冰冻深度大于路面厚度时，高地下水位会造成冻胀，并在冻融期间降低承载能力。

5）水使冻胀土产生不均匀冻胀。

6）与水经常接触将使沥青混合料剥落，影响沥青混凝土耐久性和产生龟裂。

表 9-28 所列即为每延米双车道路面（7.5m）下各种路基土排出 0.1m^3路面结构内自由水所需时间的计算结果（表中，H 为路面结构底面到地下水位的距离，H_0为到不透水层的距离）。由表列数值可知，当路基土为低透水性时（渗透系数不大于 10^{-5}cm/s），排出 0.1m^3路面结构内自由水约需 1d 以上时间；而当路基土的渗透系数不大于 10^{-7}cm/s 时，排出这些水分所需时间达数个月，即实际上是不透水的。当路基土为低透水性（渗透系数不大于 10^{-5}cm/s），而两侧路肩外也由这种土填筑时，路面结构便类似于被安置在封闭的槽式“浴盆”内，进入路面结构内的水分，无法向下或向两侧迅速渗漏，而被长时间积滞在路面结构内部。特别是位于凹形竖曲线底部、低洼河谷地、曲线超高断面内侧，或者立体交叉的下穿路段的路面结构，由于地表径流或地下水汇集，进入结构内的自由水不仅数量大，而且停滞时间久。

表 9-28　不同渗透性路基土排出 0.1m^{3}路面结构内自由水所需的渗流时间

H/H_0	渗透系数/(cm/s)				
	10^{-3}/min	10^{-4}/h	10^{-5}/d	10^{-6}/7d	10^{-7}/30d
0.2	111	18.52	7.72	11.02	25.72
0.4	56	9.62	3.86	5.51	12.86
0.6	37	6.17	2.57	3.67	8.57
0.8	28	4.63	1.93	2.75	6.43
1.0	22	3.71	1.54	2.20	5.14

9.4.4　边缘排水系统

边缘排水系统是沿路面边缘设置的，由透水性填料集水沟、纵向排水沟、横向出水管和过滤织物组成的排水系统。该系统将渗入路面结构内的自由水，先沿路面结构层间空隙或某一透水层横向流入纵向集水沟和排水管，再由横向出水管排引出路基。这种排水系统通常用于基层透水性小的水泥混凝土路面，特别是用于改善排水状况不良的旧水泥混凝土路面。水泥混凝土面层板的边缘和角隅处，由于温度和湿度梯度引起的翘曲变形以及地基的沉降变形，常出现板底面同基层顶面脱空的现象。下渗的路表水易积聚在这些脱空内，促使唧泥和错台等损坏的出现。设置边缘排水系统，便于将面层—基层—路肩界面处积滞的自由水排离路面结构。而对于排水状况不良的旧水泥混凝土路面，采用边缘排水设施方案，可以在不改变原路面结构的情况下改善其排水状况，从而提高原路面的使用性能和使用寿命。然而，自由水在路面结构层内沿层间渗流的速率要比向下渗流的速率慢许多倍，并且部分自由水仍有可能被阻封在路面结构内，因而，边缘排水系统的渗流时间较长，路面结构处于潮湿状态的时间要比下面将要介绍的排水基层排水系统长许多。边缘排水系统的常用形式如图 9-16 所示。

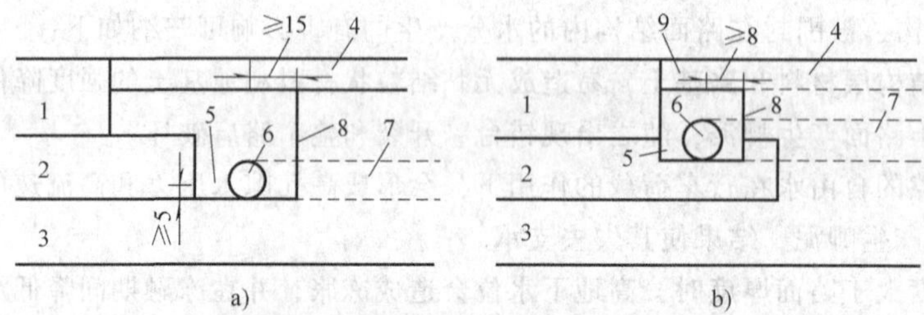

图 9-16　边缘排水系统（尺寸单位：cm）

a）新建路面边缘排水系统　b）改建路面边缘排水系统

1—面层　2—基层　3—垫层　4—路肩面层　5—集水沟　6—排水管

7—出水管　8—反滤织物　9—回填路肩面层

纵向排水管通常选用聚氯乙烯（PVC）或聚乙烯（PE）塑料管。排水管设三排槽口或孔口，其开口总面积不小于 42cm^2/延米。管径按设计流量由水力计算确定，通常为 70～150mm。排水管的埋设深度，应保证不被车辆或施工机械压裂，并应超过当地的冰冻深度，在非冰冻地区，新建路面时，排水管管底通常与基层底面齐平；改建路面时，管中心应低于基层顶面。排水管的纵向坡率宜与路线纵坡相同，但不得小于 0.25%。

横向出水管选用不带槽或孔的聚氯乙烯塑料管，管径与排水管相同。其间距和安全位置由水力计算并考虑邻近地面高程和公路纵横断面情况确定，一般取 50～100m。出水管的横向坡率不宜小于5%。埋设出水管所开挖的沟，须用低透水材料回填。出水管的外露端头用镀锌钢丝网或格栅罩住。出水口的下方应铺设水泥混凝土防冲刷垫板或者对泄水道的坡面进行浆砌片石防护，以防止水流冲刷路基边坡和不利植物生长。出水水流应尽可能排引至排水沟或涵洞内。

透水性填料由水泥处治的开级配粗集料组成，其孔隙率为15%~20%。粗集料最大粒径不大于40mm，粒径4.75mm以下的细粒含量不应超过16%，2.36mm以下的细粒含量不应超过6%。为避免带孔排水管被堵塞，透水性填料在通过率为85%时的粒径应比排水管槽口宽或孔口直径大1.0~1.2倍。水泥处治的集料的配合比，应按透水性要求和施工要求通过试配确定。集水沟底面的最小宽度，对新建路面，不应小于30cm；对改建路面，应能保证排水管两侧各有至少5cm宽的透水填料。透水填料的底面和外侧用反滤织物（土工布）包裹，以防垫层、基层和路肩内的细粒侵入而堵塞填料空隙或管孔。反滤织物可选用由聚酯类、尼龙或聚丙烯材料制成的无纺织物，能透水，但细粒土不能随水透过。

9.4.5 排水基层的排水系统

直接在面层下设置透水性排水基层，在其边缘设置纵向集水沟和排水管以及横向出水管等，组成排水基层排水系统（见图9-17），采用透水性材料做基层，使渗入路面结构内的水分，先通过竖向渗流进入排水层，然后横向渗流进入纵向集水和排水管，再由横向出水管排引出路基。这种排水系统，由于自由水进入排水层的渗流路径短，在透水性材料中渗流的速率快，其排水效果要比边缘排水系统好得多。一般在新建路面时采用此方案。排水基层设在面层下，作为路面结构的基层或基层的一部分，共同承受车辆荷载的作用。

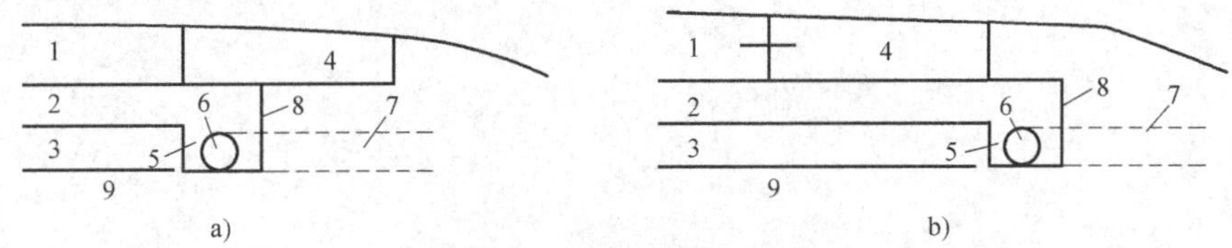

图9-17 排水基层排水系统

1—面层 2—排水基层 3—不透水垫层 4—路肩面层或水泥混凝土路肩面层 5—集水沟 6—排水管 7—出水管 8—反滤织物 9—路基

排水层也可采用横贯路基整个宽度的形式，不设纵向集水沟和排水管以及横向出水管。渗入排水层内的自由水，横向渗流，直接排泄到路基坡面外。这种形式便于施工，但其主要缺点是，排水层在坡面出口处易生长杂草或被其他杂物堵塞，从而在使用几年后便不能再排泄渗入水，而集中积滞在排水层内的自由水反而使路面结构，特别是路肩部分，更易出现损坏。

在一些特殊地段，如连续长纵坡坡段、曲线超高过渡段和凹形竖曲线段等，排水层内渗流的自由水有可能被堵封或者渗流路径超过45~60m。在这些地段，应增设横向排水管以拦截水流，缩短渗流长度。

排水层的透水性材料可以采用经水泥或沥青处治，或者未经处治的开级配碎石集料。未处治的碎石集料的透水性一般比水泥或沥青处治的要低，其渗透系数为60~1000m/d。而水泥或沥青处治的碎石集料的渗透系数为1000~6000m/d，其中沥青处治的碎石的透水性略高于水泥处治的碎石。未经水泥或沥青处治的碎石集料，在施工摊铺时易出现离析，在碾压时不易压实稳定，并且易在施工机械行驶下出现推移变形，因而一般情况下不建议作为排水基层。用作水泥混凝土面层的排水基层时，宜采用水泥处治的开级配碎石集料，其最大粒径可选用25mm。而用作沥青混凝土面层的排水基层时，则宜采用沥青处治的碎石集料，最大粒径宜为20mm。材料的透水性同集料的颗粒组成情况有关，空隙率大的组成材料，其渗透系数也大，需通过透水试验确定。纵向集水沟布置在路面横坡的下方。行车道路面采用双向坡路拱时，在路面两侧都设置纵向集水沟。集水沟的内侧边缘可设在行车道面层边缘处，但有时为了避免排水管被面层施工机械压裂，或者避免路肩铺面受集水沟沉降变形的影响，将集水沟向外侧移出 60~90cm。路肩采用水泥混凝土铺面时，集水沟内侧边缘可外移到路肩面层边缘处。

排水基层下必须设置不透水垫层或反滤层，以防止表面水渗入垫层，浸湿垫层和路基，同时防止垫层或路基土中的细粒进入排水基层而造成堵塞。

排水垫层按路基全宽设在其顶面。过湿路基中的自由水上移到排水垫层内后，向两侧横向渗流。路基为路堤时，水向路基坡面外排流；路基为路堑或半路堑时，挖方坡脚处须设置纵向集水沟、排水管和横向排水管。

排水垫层一方面要能渗水，另一方面要防止渗流带来的细粒堵塞透水材料。为此，在材料级配组成上要满足关于透水和反滤的要求。

习　　题

1. 简述沥青路面设计指标及其适用性。
2. 简述整体性路面材料结构产生疲劳开裂的原因。
3. 为何要规定各类结构层的最小厚度？为什么要规定相邻材料的模量比？
4. 公路沥青路面设计中轴载换算原则是什么？

第 10 章

水泥混凝土路面

学习目标

了解水泥混凝土路面的基本类型和基本特点，掌握水泥混凝土路面的类型和特点，了解水泥混凝土路面对基层和路基的基本要求。

10.1 概述

水泥混凝土路面与沥青路面共同构成了路面结构的主要形式。与沥青路面相比，水泥混凝土路面有以下优点：早期养护工作较少；正常使用情况下，具有较长的使用寿命；无照明设施的公路上，有利于夜间行车；可应用价格较低廉的设备进行施工，在低等级公路上应用较广泛；可利用砂石材料丰富地区的本地材料，节省费用。水泥混凝土路面的缺点主要有：行车舒适性相对较差（有接缝）；局部破损后，修补较费时费力；对超载的敏感性较高；后期养护工作难度大，大中修工作较复杂。

水泥混凝土路面损坏后，往往需要进行锯切、破碎、移除、重新浇注水泥混凝土等工序。因为水泥混凝土成型后强度、刚度都很大，进行以上工作需要耗费大量时间，同时水泥混凝土浇筑后需要进行养生，即使使用早强水泥混凝土也至少需要养生 5~7d 才能承受车辆荷载，而沥青路面成型后就能开放交通，对交通的影响很小。

水泥混凝土路面使用期末，需要进行大中修时，遇到的首要问题就是确定原水泥混凝土路面板的处置方案，如果不将原板块移除，则要进行修补或进行破碎，以消除可能的反射裂缝问题。因混凝土路面破碎工艺在我国发展还不充分，而修补后加铺很难做到面面俱到，加铺后路面往往存在反射裂缝的威胁，所以水泥混凝土路面大中修时的工作难度较大。

目前，我国公路上超载现象较为严重，水泥混凝土路面对超载非常敏感，这使得水泥混凝土路面的使用寿命大大缩短，有些甚至 3~5 年就出现广泛的病害，局部修补与大中修时间大大提前，使得水泥混凝土路面的使用寿命长、早期养护工作少的优势难以发挥。

正因为以上缺点，我国水泥混凝土路面应用有两大趋势：在高等级公路（一级公路、高速公路）上应用趋于减少；建设里程在总里程中的比例趋于减少。然而，实际工程中水泥混凝土路面出现的以上状况并不是路面结构本身的原因，国外曾有采用砾石作为集料的混凝土路面使用寿命长达七八十年的工程实例。随着我国治理超载运输力度的加大，水泥混凝土路面的优势得以发挥，我国水泥混凝土路面的应用必然将有新的发展。

10.2 水泥混凝土路面的分类与构造

10.2.1 水泥混凝土路面的一般构造

1. 路基和基层

(1) 路基 理论分析表明，通过刚性面层和基层传到路基上的压力很小，一般不超过0.05MPa。因此，混凝土板下不需要有坚强的路基支承。然而，如果路基的稳定性不足，在水温变化的影响下出现较大的变形，特别是不均匀沉陷，则仍将给混凝土面板带来很不利的影响。实践证明，由于路基不均匀支承，使面板在受荷时底部产生过大的弯拉应力，易导致混凝土路面产生破坏。因此，混凝土路面下的路基必须密实、稳定和均匀。一般要求处于干燥或中湿状况，过湿状态或强度与稳定性不符合要求的潮湿状态的路基必须经过处理。

路基的不均匀支承，可能由下列因素所造成：

1）不均匀沉陷。湿软地基未达充分固结；土质不均匀，压实不充分、填挖结合部分以及新老路基交接处处理不当。

2）不均匀冻胀。季节性冰冻地区，土质不均匀（对冰冻敏感性不同）；路基潮湿条件变化。

3）膨胀土。在过干或过湿（相对于最佳含水率）时压实；排水设施不良等。

4）基层唧泥。基层在荷载和水的综合作用下，容易出现软化，并导致基层的细颗粒材料在接缝中喷出，称为唧泥。随着时间的延长和唧泥量的增加，基层将出现脱空。计算结果表明：随着基层脱空量的增加，在荷载作用下的附加应力明显增加，由此导致路面板的断裂。

控制路基不均匀支承的最经济、最有效的方法是：

1）把不均匀的土掺配成均匀的土。

2）控制压实时的含水率接近于最佳含水率，并保证压实度达到要求。

3）加强路基排水设施，对于湿软地基，则应采取加固措施。

4）加设垫层，以缓和可能产生的不均匀变形对面层的不利影响。

(2) 基层 混凝土面层下设置基层的目的是：

1）防唧泥。混凝土面层若直接放在路基上，会由于路基土塑性变形量大，细料含量多和抗冲刷能力低而极易产生唧泥现象。铺设基层可减轻以至消除唧泥的产生，但未经处治的砂砾基层，其细料含量和塑性指数不能太高，否则仍会产生唧泥。

2）防冰冻。在季节性冰冻地区，用对冰冻不敏感的粒状多孔材料铺筑基层，可以减少路基的冰冻深度，从而减轻冰冻的危害作用。

3）减小路基顶面的压应力，并缓和路基不均匀变形对面层的影响。

4）防水。在湿软路基上，铺筑开级配粒料基层，可以排出从路表面渗入面层板下的水分以及隔断地下毛细水上升，如图10-1所示。

5）为面层施工（如立侧模、运送混凝土混合料等）提供方便。

6）提高路面结构的承载能力，延长路面的使用寿命。

因此，除非路基本身就是有良好级配的砂砾类土，而且是良好排水条件的轻交通道路之外，都应设置基层。同时，基层应具有足够的强度和稳定性，且断面正确、表面平整。理论计算和实践都已证明，采用整体性好（具有较高的弹性模量如贫混凝土、沥青混凝土、水泥稳定碎石、石灰粉煤灰稳定碎石、级配碎石等）的材料修筑基层，可以确保混凝土路面良好的使用性能和延长路面的使用寿命。基层材料的技术要求必须符合JTG/T F20—2015《公路路面基层施工技术

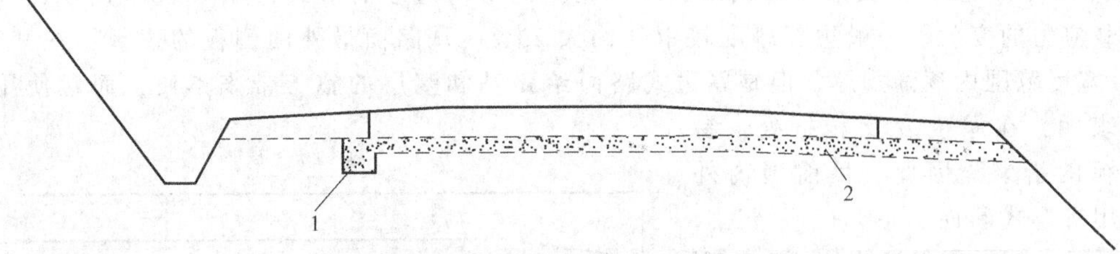

图 10-1 兼起排水作用的粒料基层

1—盲沟 2—通过路肩的基层

细则》的要求。因为如果基层出现较大的塑性变形累积（主要在接缝附近），面层板将与之脱空，支承条件恶化，从而增加板内荷载应力；同时，若基层材料中含有过多的细料，还将促使唧泥和错台等病害产生。

现场的一些调查表明，在沥青混凝土表面直接加铺水泥混凝土路面的破坏明显减少。因此，水泥混凝土路面设置下封层十分必要，有些路段可采用稀浆封层作为水泥混凝土路面的下封层，施工时要求清扫、润湿、透层，再做稀浆封层。虽然增加一些费用，但对延长水泥混凝土路面的使用寿命有十分重要的作用。

图 10-2 所示为两种基层在荷载重复作用下的塑性变形累积曲线。

由图 10-2 可以看出，砂砾基层在荷载重复作用后的累积变形量很大，且原始压实度越低，变形累积量便越大；而用少量水泥（4%）稳定砂砾的基层，在经受重复荷载作用 4.5×10^5 次后，并未出现可量测到的塑性变形（图 10-2 上方横坐标）。因此，无机结合料稳定类基层成为混凝土路面（特别在交通繁重的路段上）最适用的基层类型。若因条件限制而只能采用未经处治的粒料基层时，必须严格控制细料含量并保证压实要求。

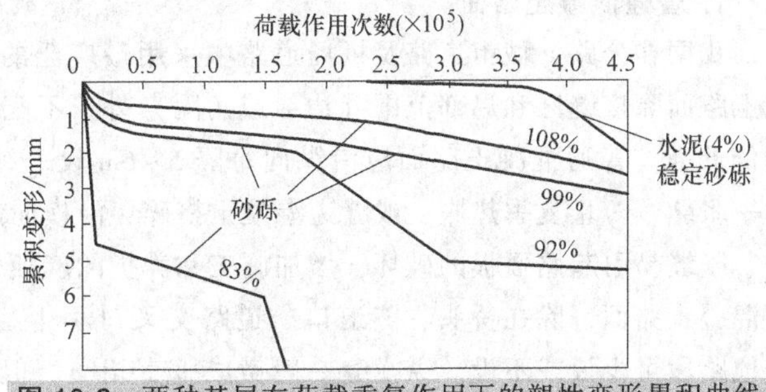

图 10-2 两种基层在荷载重复作用下的塑性变形累积曲线

（砂砾基层曲线上数字为压实系数）

基层厚度以 20~40cm 为宜。研究资料表明，用加厚基层来提高路基的支承力，或者说借以降低面层应力或减薄面层厚度一般是不经济的。但是随着稳定类基层厚度的减小，基层底面的弯拉应力随之增大，因此基层厚度也不宜太薄。

基层宽度应比混凝土路面板每侧各宽出至少 30cm（采用小型机具施工时）或 50cm（轨道式摊铺机施工）或 65cm（采用滑模摊铺机施工），或与路基同宽，以供施工时安装模板，并防止路面边缘渗水至路基而导致路面破坏。

在冰冻深度大于 0.5m 的季节性冰冻地区，为防止路基可能产生的不均匀冻胀对混凝土面层的不利影响，路面结构应有足够的总厚度，以便将路基的冰冻深度约束在有限的范围内。路面结构的最小总厚度，随冰冻线深度、路基的潮湿状况和土质而异，超出面层和基层厚度的总厚度部分可用基层下的垫层（防冻层）来补足。

2. 混凝土面板

理论分析表明，轮载作用于板中部时，板所产生的最大应力约为轮载作用于板边部时的 2/3。因此，理论上面层板的横断面应采用中间薄两边厚的形式，如图 10-3 所示，以适应荷载应力的变化。一般边部厚度较中部约大 25%，从路面最外两侧板的边部，在 0.6~1.0m 宽度范围内逐渐加厚。但是厚边式路面给路基和基层的施工带来不便；而且使用经验也表明，在厚度变化转折处，易引起板的折裂。因此，目前国内外常采用等厚式断面。

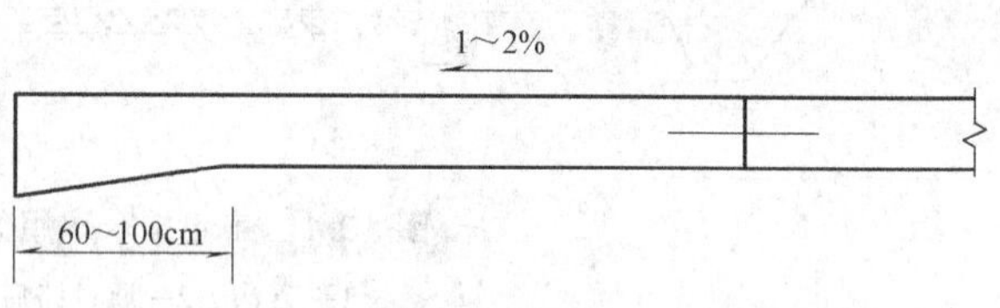

图 10-3　混凝土路面横断面示意图

混凝土面板应保证表面平整、耐磨、抗滑。混凝土面板的平整度以 3m 直尺量测为准。3m 直尺与路面表面的最大间隙，高速公路和一级公路不应大于 3mm；其他各级公路不应大于 5mm。混凝土面板的抗滑标准以构造深度为指标。高速公路和一级公路不应低于 0.7mm；其他各级公路不应低于 0.5mm。在高速公路与一级公路的立交、平交及变速车道处提高 0.1mm 的构造深度要求，在其他等级公路的急弯、陡坡、交叉口及集镇处也提高 0.1mm 的构造深度要求。以上给出的都是构造深度的下限，构造深度的上限和下限间一般相差 0.4mm。

10.2.2　水泥混凝土路面的分类

1. 普通混凝土路面

我国在公路、城市道路及机场道路中采用最广泛的是现场浇筑的普通混凝土路面。这类混凝土路面除接缝区和局部范围（边缘或角隅）外，不配置钢筋，也称素混凝土路面，施工方便，造价低廉。普通混凝土路面应沿纵向每隔 5~6m 设一缩缝，满足冬季缩裂要求；每隔 20~40m 设一胀缝，防止夏季热胀，或缝边混凝土挤碎；沿横向每隔 3~5m 设一纵缝（见图 10-4）。由于横、胀缝易引起路面板的破坏，增加施工和养护的麻烦，20 世纪 60 年代中期以来，对夏季施工的混凝土路面，除在桥头、隧道口、道路交叉口小半径曲线或纵坡变换处，必须设置胀缝外，其他路段可少设或不设。纵横缝一般做成垂直相交，但也有把横缝做成与纵缝交成 70°~80°斜角，并按 4m、4.5m、5m、5.5m 和 6m 的不等间距顺序布置。

胀缝间隙宽 1.8~2.5cm，为防止渗水，上部 5~6cm 深度内应灌以填缝料，下部则设置用沥青浸制的软木嵌条。为传递荷载，混凝土板厚中央处设钢筋传力杆，杆径 20~32mm，长 40~60cm，间距 30cm。杆的半段涂沥青并套以套筒，筒底部填以木屑等材料（见图 10-5a）。若不设传力杆，可在混凝土板下设置垫枕（见图 10-5b）。

缩缝一般做成裂口深 4~6cm 的假缝形式（见图 10-6a），上部也灌以填缝料，可不设传力杆。但在路基软弱或交通繁忙路段以及邻近长间距胀缝的二三个缩缝上，也应设置传力杆（见图 10-6b）。纵缝可做成假缝、平头缝或企口缝形式（见图 10-7），上部也灌以填缝料。为防止板块向两侧滑移，板厚中央可设置钢拉杆，杆径 14~20mm，长 40~60cm，间距 80~100cm。

普通混凝土路面板大多做成等厚断面，厚约 20~25cm。由于板的边缘和角隅最易遭到破坏，可设置边缘钢筋和角隅钢筋（见图 10-4）予以加固，或做成厚边式断面，从靠路肩 1m 处开始厚度逐渐增加，至板边缘厚度较中间大 25%。在高速公路和一级公路上，可做成由内侧向外侧边缘逐渐加厚的梯形断面。路面板大多做成单层式；当板较厚时也可做成双层式，上层厚度不小于 6~7cm。下层使用性能稍差的材料做成低强度混凝土；为使上下层结合牢固，下层表面应清洁、粗糙并设凹槽。

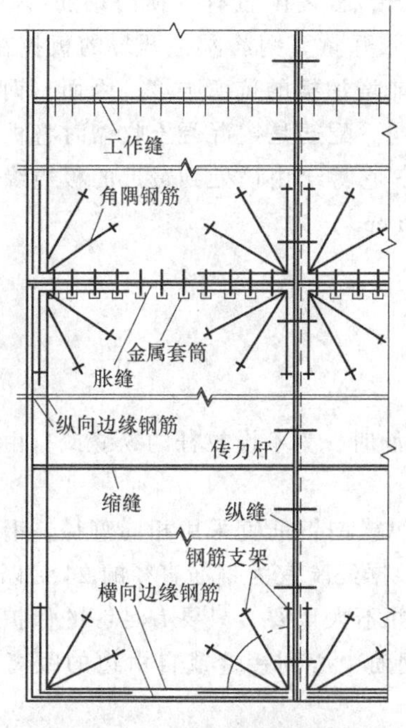

图 10-4 水泥混凝土路面平面布置示意图

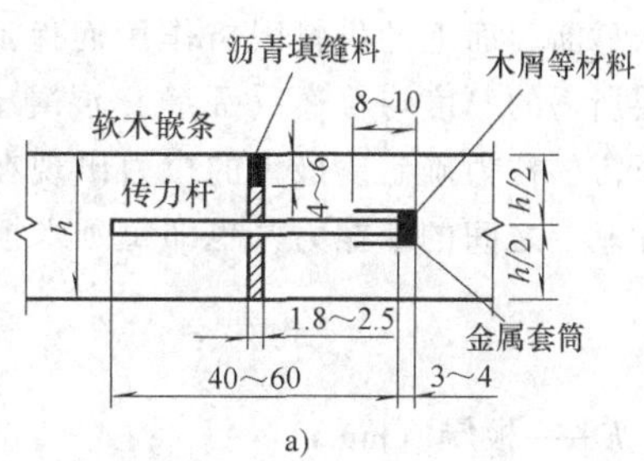

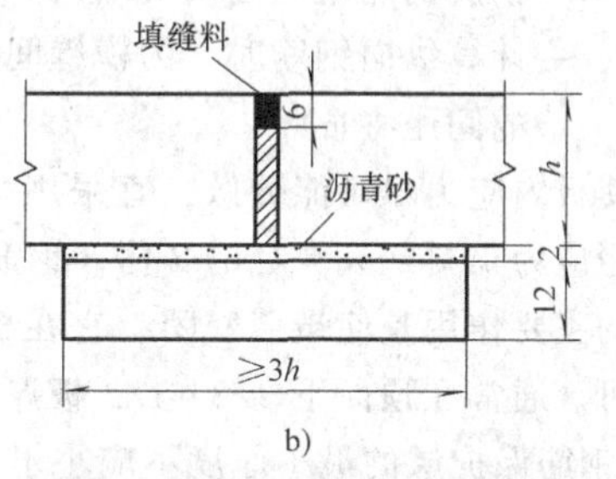

图 10-5 胀缝的构造（单位：cm）

a）传力杆式 b）枕垫式

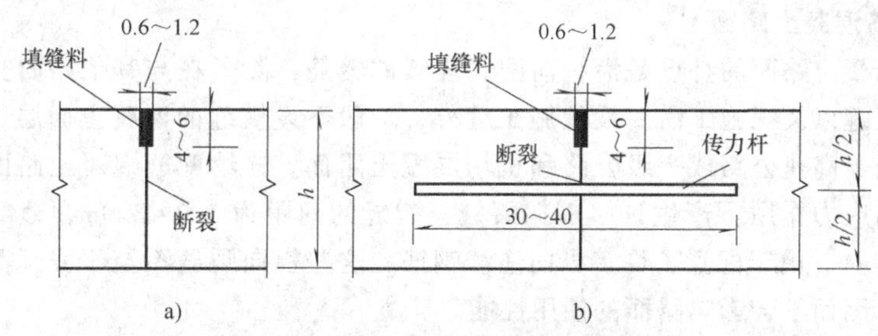

图 10-6 缩缝的构造（单位：cm）

a）无传力杆式 b）有传力杆式

普通混凝土路面切缝注意事项：

1）注意切缝的时间。时间间隔太长，会出现裂缝；太短，会出现毛边。

2）注意切缝的深度。太浅，起不到效果，还是会出现裂缝；太深，又耗时耗力，浪费资源。

3）间距要合适，一般为 4～6m，间隔太长，中间会出现裂缝，起不到作用；太短，也是浪费。

4）注意线形的顺直美观，特别是在弯道上。

5）切完后应及时进行灌缝。

2. 钢筋混凝土路面

当混凝土板的平面尺寸较大，或者预计路基或基层有可能产生不均匀沉陷，或者板下埋有地下设施等情况时，宜采用钢筋混凝土路面。

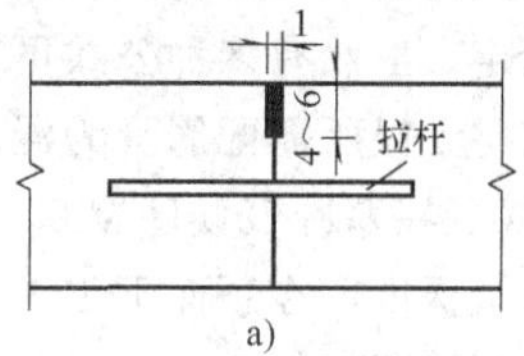

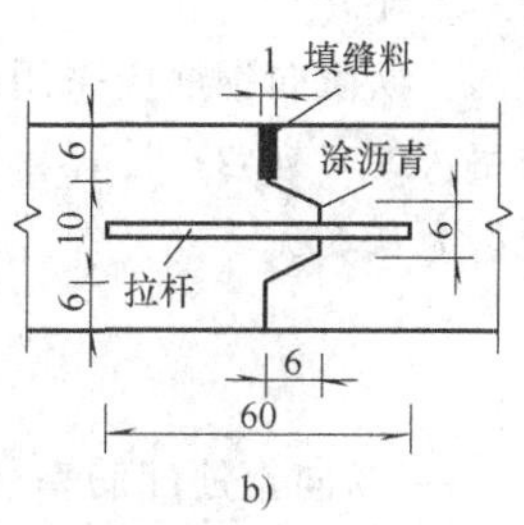

图 10-7 纵缝的构造（单位：cm）

a）平头缝加拉杆 b）企口缝加拉杆

钢筋混凝土路面是指为防止可能产生的裂缝缝隙张开，板内配置有纵横向钢筋（或钢丝）网的混凝土路面。设置钢筋网的主要目的是控制裂缝的张开量。钢筋网把开裂的板拉在一起，使板依靠断裂面上的集料嵌挤作用而保证结构强度，并非增加板的抗弯强度。因而，钢筋混凝土面层所需的厚度与普通（无筋）混凝土面层的厚度相同。配筋是按混凝土收缩时将板块拉在一起所需的拉力确定。最大的拉力出现在板中央开裂时，它等于由该处到最近的板边缘范围内面层和基层之间的摩擦力，也即每延米板所需的配筋量（cm^2）为

$$A=\frac{3.2L_s h}{f_{sy}} \tag{10-1}$$

式中　h——板厚（mm）；

f_{sy}——钢筋的屈服强度（MPa）；

L_s——计算纵向钢筋时，为横缝间距；计算横向钢筋时，为不设拉杆的纵缝或自由边缘间的间距（m）。

为使板内应力尽可能分散，宜采用小直径的钢筋。纵横向钢筋宜采用相同直径。钢筋网的最小间距应为集料最大粒径的2倍。钢筋的搭接长度，根据经验宜为钢筋直径的24倍以上。由于钢筋的主要作用是使裂缝密闭，它在板内的竖向位置并不太重要，只要有足够的保护层以防锈蚀即可。通常在顶面下1/3~1/2板厚范围内。外侧钢筋中心到接缝或自由边的距离为10~15mm，钢筋保护层的最小厚度不应小于5cm。

钢筋混凝土板的缩缝间距（即板长）一般为10~20m，最大不宜超过30m。缩缝内必须设置传力杆。其他接缝构造与普通混凝土路面相同。

3. 连续配筋混凝土路面

连续配筋混凝土路面的特点是沿纵向配置连续的钢筋，除了在与其他路面交接处或邻近构造物附近设置胀缝以及视施工需要设置施工缝外，一般不设横缝的混凝土面层。连续配筋混凝土路面一般适用于高速公路或一级公路和机场混凝土路面。连续配筋混凝土路面会在温度和湿度变化引起的内应力作用下产生许多横向裂缝，裂缝的间距为1.0~3.0m，缝隙的平均宽度为0.2~0.5mm。但是，由于配置了许多纵向连续钢筋，这些横向裂缝不至于张开而使杂物侵入或使混凝土剥落，因而不会影响路面的使用性能。

确定纵向钢筋用量的控制因素是裂缝的宽度。裂缝过宽易使杂物和水侵入。增大配筋量可使裂缝宽度和间距都减小。由于裂缝间距同裂缝宽度有直接关联，钢筋用量可按规定的裂缝间距来确定。虽然有多种公式可以计算钢筋用量，但工程实际通常根据经验确定。一般认为保持裂缝完整无损所需配筋量为混凝土板断面面积的0.6%~0.8%，在美国一般气候区最小钢筋用量取0.6%，在寒冷气候区取0.7%；钢筋间距最小10cm，最大23cm；钢筋直径应按规定选用；钢筋的埋置深度，在顶面下1/3~1/2板厚范围内；搭接长度至少50cm或钢筋直径的30倍，所有搭接均须错开。

我国，纵横向钢筋应采用螺纹钢筋，以保证混凝土和钢筋之间具有足够的握裹力。纵向钢筋配筋率按式（10-2）计算，但应控制在0.5%~0.7%范围内。最小配筋率，一般地区为0.5%，寒冷地区为0.6%。

$$\rho=\frac{A_s}{A_c}\times 100 \tag{10-2}$$

式中　ρ——纵向钢筋配筋率（%）；

A_s——钢筋横断面面积（mm^2）；

A_c——混凝土横断面面积（mm^2）。

横向钢筋的用量很少，其配筋率约为纵向钢筋的1/8~1/5。配置横向钢筋的主要目的是保持纵向钢筋的间距。连续配筋混凝土板内的钢筋并非按承受荷载能力进行设计。因此，它的厚度仍可采用普通混凝土路面板的计算方法确定。其基层厚度与普通混凝土路面的基层相同；而高速公路的板厚度可取普通混凝土路面板的设计厚度，一级公路的板厚度取普通混凝土路面板设计厚度的0.9倍。

连续配筋混凝土面层在浇筑中断时需设置施工缝。施工缝采用平缝形式，并用长度为1m的拉杆增强。拉杆的直径与间距同纵向钢筋，以使施工缝两侧的混凝土板块加固成连续的整体。由于连续配筋混凝土路面没有接缝（施工缝除外），所以，在长板的端部、桥头连接处，或者与其他路面纵向接头处都要设置胀缝，以便为混凝土的膨胀留有余地。

4. 装配式混凝土路面

装配式混凝土路面是在工厂中把混凝土预制成板块，然后运至工地现场装配而成的。这种路面的优点是：混凝土板可以全年生产，不受气候影响，混凝土质量容易保证；而且施工进度快，铺筑完毕即可通车，损坏后易于拆换修理。因此，它较适用于城市道路、厂矿道路、大型基建场地、停车站场和软弱土基上。装配式混凝土路面的缺点是接缝多，整体性差，容易引起行车颠簸跳动。因此，一般不宜在公路上采用装配式混凝土路面。

为了便于吊装及搬运，装配式混凝土板一般做成1~2m的正方形或矩形，也可做成边长1.2m的六角形。板厚一般为0.12~0.18m 。近年来有些国家还采用宽3.5m，长3~6m的矩形板，但需有相应的运输和吊装机具来配合。六角形板的强度和稳定性较好。为承受车轮荷载应力和吊装应力，装配式混凝土板可在边缘和角隅配置钢筋，有时也可设全面网状钢筋。为提高板的质量，可采用预应力、真空作业、机械振捣或蒸汽养生等技术来制造混凝土板。冬季为加速板的硬结，可采用电热法或在铸模内安装管线，内通蒸汽或热水。有些国家还利用先张法或电热法施加预应力，做成装配式预应力混凝土板。

5. 组合式（双层式）混凝土路面

新建道路的混凝土面板一般按单层式建造，只有当缺乏质量良好的材料时，才考虑采用双层式混凝土路面板，即利用当地质量较差的材料修筑板的下层，而用质量较好的材料铺筑板的上层，以降低造价。在改建旧混凝土路面时，有时在其上加铺一层新混凝土面层，这样也形成双层式混凝土路面结构（必要时可以掺加一定量的粉煤灰）。根据双层式混凝土路面上下层板之间结合程度的不同，有结合式、分离式和部分结合式三种形式。

(1) 结合式　上下层混凝土板牢固结合，成为一整体，新建路面时，上下层混凝土连续施工，即可做成结合式。改建路面时，将下层板表面凿毛、洗净晾干，并喷刷高强度等级水泥浆（水胶比0.4~0.5）或环氧树脂等黏结剂，随即浇筑新混凝土面层。对于这种结合形式，下层板的裂缝和接缝将会反射到上层板内，因此要求上下层板的接缝必须对齐，并采用同样的接缝形式和缝隙宽度，这种结合形式适用于下层板完整无裂缝或虽有一些裂缝但不再发展的情况。支立模板时，可采用混凝土块顶撑或利用旧路面板的接缝钻孔插入钢钎固定的方法。

(2) 分离式　上下层混凝土板之间铺筑厚1~2cm的隔离层，可防止下层板的裂缝和接缝反射到上层板内。因此，分离式双层混凝土路面板不要求上下层板的接缝对齐。当下层板严重破碎时，也可采用这种形式。新铺混凝土面层的厚度不宜小于0.12m。施工立模时可采用穿孔插钢钎固定模板，也可采用预制混凝土块顶撑模板的方法固定模板。

(3) 部分结合式　改建路面时，先对原有混凝土板表面进行清理后再浇筑上层板。由于上下层板之间存在部分结合，下层板上的裂缝与接缝通常仍会反射到上层板内，所以上下层板的接缝位置应相同，但其形式和宽度不要求完全相同。旧面层的结构损坏不太严重并已经修复时，可采用这种结合形式。

6. 钢纤维混凝土路面

近年来，国内外都在研究钢纤维混凝土路面。在混凝土中掺入一些低碳钢、不锈钢纤维或其他纤维（如塑料纤维、纤维网等），即成为一种均匀而多向配筋的混凝土。试验表明，钢纤维与混凝土的握裹力高达4MPa。施工时一般在混凝土中掺入1.0%~1.2%（体积比）的钢纤维，相当于每立方米混凝土中掺入77kg，若过多则混凝土施工和易性不好。钢纤维长度宜为25~60mm，直径0.4~0.7mm，若过长则与混凝土拌和易成团，过短则混凝土强度增大不多，长度与直径的最佳比值为50~70。

表10-1列出美国对钢纤维混凝土和普通混凝土物理力学性能试验结果的比较，可以看出前者的物理力学性能较后者要好得多，特别是抗疲劳强度、抗冲击能力和抗裂指标比等指标。与普通混凝土路面相比，钢纤维混凝土路面厚度可以减薄35%~45%，而缩缝间距可以增至15~20m，胀缝与纵缝可以不设。

表10-1　钢纤维混凝土和普通混凝土物理力学性能试验结果的比较

物理力学性能指标	普通混凝土	钢纤维混凝土
极限抗弯拉强度/MPa	2~5.5	5~26
极限抗压强度/MPa	21~35	35~56
抗剪强度/MPa	2.5	4.2
弹性模量/MPa	$2\times10^4\sim3.5\times10^4$	$1.5\times10^4\sim3.5\times10^4$
热膨胀系数/(mm/K)	9.9~10.8	10.4~11.1
抗冲击能力/(N·m)	480	480
抗磨指数	1	2
抗疲劳强度	0.5~0.55	0.80~0.95
抗裂指标比	1	7
耐冻融破坏指数	1	1.9

在搅拌混凝土过程中，为保证钢纤维均匀分布，不致成团，应按砂、碎（砾）石、水泥、钢纤维的顺序加入拌和机中，干拌2min后再加水湿拌1min。钢纤维混凝土路面可用一般混凝土路面的施工方法来铺筑，不需要特殊的机具设备。在抹面时，需将冒出混凝土表面的钢纤维拔出，否则应另加铺磨耗层。

钢纤维混凝土路面可以做成薄板、少缝，而且它的使用寿命长，养护费用少，国外一致认为它是一种新型路面材料，具有广泛的发展前途，特别是作为旧混凝土路面的罩面尤为适宜。

7. 混凝土小块铺砌路面

块料由高强度等级的水泥混凝土材料预制而成。抗压强度约为60MPa，水泥含量350~380kg/m^3，水胶比0.35，最大集料尺寸为8~16mm，块料承受磨耗的面积一般小于0.03m^2，厚度至少0.06m，形状有矩形和嵌挤型（不规则形状）两类。这种路面结构由面层、砂整平层（厚0.03m）和基层组成，基层类型同普通混凝土路面。

这种混凝土小块铺砌路面具有结构简单，价格低廉，能承受较大的单位压力，出现较大变形也不会破坏块料，便于修复等优点。因此，自20世纪70年代中期以来，这种路面在欧美各国得到了较大的发展，较广泛地用于铺筑人行道、停车场、堆场（特别是集装箱码头堆场）、街区道路、次要道路、一般公路的路面等。

8. 碾压混凝土路面

碾压混凝土是一种含水率低，通过碾压施工工艺（区别于其他水泥混凝土的振捣成型）达到高密度、高强度的水泥混凝土。碾压混凝土路面与普通混凝土路面相比能节省大量的水泥，且施工速度快，养生时间短，强度高，具有很好的社会经济效益。

根据我国碾压混凝土路面的施工水平，全厚式碾压混凝土路面的平整度难以达到规定的要求。国外也没有直接用作车辆高速行驶的路面面层。因此，碾压混凝土路面一般适用于二级及其以下等级的公路。

碾压混凝土的集料最大粒径以 20mm 为宜。当碾压混凝土路面分两层摊铺时，其下层集料最大粒径可采用 40mm，可以加适量的粉煤灰。碾压混凝土加粉煤灰以后，不仅造价降低，而且可以起到降低水化热，改善工作性能，提高抗冻、抗渗的作用。此时，粉煤灰的质量不低于国家标准 GB/T 1596—2005《用于水泥和混凝土中的粉煤灰》Ⅱ级粉煤灰的标准。

10.3 水泥混凝土路面病害与防治

水泥混凝土路面在使用过程中，由于荷载、环境、设计、施工等因素的影响，路面会出现各种病害，对于这些病害，若不及时进行维修，往往会造成水泥混凝土路面使用性能的下降，影响汽车行驶舒适性以及交通安全。

10.3.1 水泥混凝土路面病害类型和分类等级

水泥混凝土路面病害可分为：断裂类、竖向位移类、接缝类和表层类四种类型。断裂类主要指纵、横、斜向裂缝和交叉裂缝、断裂板等；竖向位移类主要指沉陷和胀起；接缝类主要指接缝的填缝料损坏、唧泥、错台和拱起等；表层类主要指坑洞、露骨、龟裂和起皮、粗集料冻融裂纹、修补损坏等。

1. 断裂类病害

贯穿水泥混凝土面层的断裂裂缝，按裂缝出现的方位和板断裂的块数，分为下列四种病害：平行或近于平行路面中心线的纵向裂缝；垂直或斜向路面中心线的横向或斜向裂缝；从板角隅到斜向裂缝两端的距离小于 1.8m 的角隅断裂；两条以上裂缝交叉，使板断裂成 3 块以上的交叉裂缝和断裂板。

纵向、横向或斜向裂缝和角隅断裂病害，按裂缝缝隙边缘碎裂程度和缝隙宽度，可分为下列三个轻重程度等级：

1）轻微。缝隙边缘无碎裂或错台的细裂缝，缝隙宽度小于 3mm；或者，填缝良好、边缘无碎裂或错台的裂缝。

2）中等。缝隙边缘中等碎裂（或）错台小于 10mm 的裂缝，且缝隙宽度小于 15mm。

3）严重。缝隙边缘严重碎裂或错台大于 10mm，且缝隙宽度大于 15mm。

交叉裂缝和断裂板病害，按裂缝等级和板断裂的块数可分为下列三个轻重程度等级：

1）轻微。板被轻微裂缝分割成 2~3 块。

2）中等。板被中等裂缝分割成 3~4 块，或被轻微裂缝分割成 5 块以上。

3）严重。板被严重裂缝分割成 4~5 块，或被中等裂缝分割成 5 块以上。

2. 竖向位移类病害

水泥混凝土面层的竖向位移，按产生原因的不同可分为沉陷和胀起两种病害。沉陷和胀起病害，按其对行车的影响可分为下列三个轻重程度等级：

1）轻微。车辆以限速驶过时仅引起无不舒适感的轻微跳动。

2）中等。车辆驶过时有产生不舒适感的较大跳动。

3）严重。车辆驶过时产生过大的跳动，引起严重不舒适或不安全。

3. 接缝类病害

水泥混凝土路面板接缝处的损坏，按损坏的形态和影响范围可分为接缝填缝料损坏、纵向接缝张开、唧泥和板底脱空、错台、接缝碎裂、拱起等六种病害。

（1）接缝填缝料损坏病害　按填缝料出现老化、挤出、缺损的情况，接缝填缝料损坏病害可分为下列三个轻重程度等级：

1）轻微。整个路段接缝填缝料情况良好，仅有少量接缝出现上述损坏。

2）中等。整个路段接缝填缝料情况尚可，1/3以下的接缝长度出现上述损坏，水和硬质材料易渗入或挤入。

3）严重。接缝填缝料情况很差，1/3以上的接缝长度出现上述损坏，水和硬质材料能自由渗入或挤入，填缝料需立即更换。

（2）纵向接缝张开病害　按接缝的张开量，纵向接缝张开病害可分为下列两个轻重程度等级：

1）轻微。接缝张开量为10mm以下。

2）严重。接缝张开量为10mm以上。

（3）唧泥和板底脱空病害　该类病害可分为下列两个轻重程度等级：

1）轻微。车辆驶过时，有水从板缝或边缘外唧出，或者在板接（裂）缝或边缘的邻近表面残留有少量唧出材料的沉淀物。

2）严重。在板接（裂）缝或边缘的表面残留有大量唧出材料的沉淀物，车辆驶过时，板有明显的颤动和脱空感。

（4）错台病害　按相邻板边缘的高差大小，错台病害可分为下列三个轻重程度等级：

1）轻微。错台量小于5mm。

2）中等。错台量5~10mm。

3）严重。错台量大于10mm。

（5）接缝碎裂病害　按碎裂范围和程度，接缝碎裂病害可分为下列三个轻重程度等级：

1）轻微。碎裂仅出现在接缝或裂缝两侧8cm范围内，尚未采取临时修补措施。

2）中等。碎裂范围大于8cm，部分碎块松动或散失，但不影响安全或危害轮胎。

3）严重。影响行车安全或危害轮胎。

4. 表层类病害

水泥混凝土面层的表层损坏，可分为磨损和露骨，纹裂、龟裂和起皮，活性集料反应引起的龟裂，粗集料冻融裂纹，坑洞，修补损坏病害等六种病害。

（1）磨损和露骨病害　按磨损或露骨的深度，磨损和露骨病害分为下列两个轻重程度等级：

1）轻微。磨损、露骨深度小于等于3mm。

2）严重。磨损、露骨深度大于3mm。

（2）纹裂、龟裂和起皮病害　按是否出现起皮和起皮病害的面积，纹裂、龟裂和起皮病害可分为下列三个轻重程度等级：

1）轻微。板的大部分面积出现纹裂或龟裂，但表面状况良好，无起皮。

2）中等。板出现起皮，面积小于等于混凝土板面积的10%。

3）严重。板出现起皮，面积大于混凝土板面积的10%。

(3) 活性集料反应引起的龟裂病害　活性集料反应引起的龟裂病害可分为下列三个轻重程度等级：

1) 轻微。板出现龟裂，面层可能变色，但未出现起皮和接缝碎裂。

2) 中等。出现起皮和（或）接缝碎裂，沿裂缝和接缝有白色细屑。

3) 严重。出现起皮和（或）接缝碎裂的范围发展到影响行车安全或危害轮胎，路表面有大量白色细屑。

(4) 粗集料冻融裂纹病害　粗集料冻融裂纹病害可分为下列三个轻重程度等级：

1) 轻微。裂纹出现在缝或自由边附近0.3m范围内，缝未发生碎裂。

2) 中等。裂纹出现在缝或自由边附近，范围大于0.3m，受影响区内缝出现轻微或中等碎裂。

3) 严重。裂纹影响区内裂缝出现严重碎裂，不少材料散失。

(5) 坑洞病害　坑洞病害不分轻重程度等级。

(6) 修补损坏病害　按修补处再次出现的损坏情况，修补损坏病害可分为下列三个轻重程度等级：

1) 轻微。轻微破损，或边缘处有轻微碎裂。

2) 中等。轻微裂缝或车辙、推移，边缘处有中等碎裂和10mm以下错台。

3) 严重。出现严重裂缝、车辙、推移或错台，需重新进行修补。

上述水泥混凝土路面病害类型和分级标准见下表10-2。

表10-2　水泥混凝土路面病害类型和分级标准

序号	病害类型		病害轻重程度及定义	
1	裂缝类	纵向、横向或斜向裂缝和角隅断裂	轻微	缝隙边缘无碎裂或错台的细裂缝，缝隙宽度小于3mm；或者封缝良好、边缘无碎裂或错台的裂缝
			中等	缝隙边缘中等碎裂或错台小于10mm裂缝，且缝隙宽度小于15mm
			严重	缝隙边缘严重碎裂或错台大于10mm，且缝隙宽度大于15mm
		两条以上裂缝交叉，使板断裂成3块以上的交叉裂缝和断裂板病害	轻微	板被轻微裂缝分割成2~3块
			中等	板被中等裂缝分割成3~4块或被轻微裂缝分割成5块以上
			严重	板被严重裂缝分割成4~5块或被中等裂缝分割成5块以上
2	竖向位移类	沉降和膨起病害	轻微	车辆以限速驶过时仅引起无不舒适感的轻微跳动
			中等	车辆以限速驶过时有产生不舒适感的较大跳动
			严重	车辆以限速驶过时有产生较大跳动，引起严重不舒服或不安全
3	接缝类	填缝料损坏	轻微	整个路段接缝填缝料情况良好，仅有少量接缝出现老化、挤出、缺损等损坏
			中等	整个路段接缝填缝料情况尚可，1/3以下的接缝长度出现老化、挤出、缺损等损坏，水和硬质材料易渗入或挤入
			严重	接缝填缝料情况很差，1/3以上的接缝长度出现老化、挤出、缺损等损坏，水和硬质材料能自由渗入或挤入填缝料需立即更换
		纵向接缝张开	轻微	接缝张开10mm以下
			严重	接缝张开10mm以上

（续）

序号	病害类型			病害轻重程度及定义
3	接缝类	唧泥或板底脱空	轻微	车辆驶过时,有水从缝隙或边缘外唧出,或者在板接裂缝或边缘的附近表面残留有少量唧出材料的沉淀物
			严重	在板接裂缝或边缘的附近表面残留有大量唧出材料的沉淀物,车辆驶过时,板有明显的颤动和脱空感
		错台	轻微	错台量<5mm
			中等	5mm≤错台量≤10mm
			严重	错台量>10mm
		接缝碎裂	轻微	碎裂仅出现在接缝或裂缝两侧 8cm 范围内,尚未采取临时修补措施
			中等	碎裂大于 8cm,部分碎块松动或散失,但不影响安全或危害轮胎
			严重	影响行车安全或危害轮胎
		拱起	轻微	车辆以限速驶过时仅引起无不舒适感的轻微跳动
			中等	车辆以限速驶过时有产生不舒适感的较大跳动
			严重	车辆以限速驶过时有产生较大跳动,引起严重不舒服或不安全
4	表层类	磨损和露骨	轻微	磨损、露骨深度≤3mm
			严重	磨损、露骨深度>3mm
		纹裂、龟裂和起皮	轻微	板的大部分面积出现纹裂或龟裂,但表面情况良好,无起皮
			中等	板出现起皮,面积≤混凝土板面积的 10%
			严重	板出现起皮,面积>混凝土板面积的 10%
		活性集料反应	轻微	板出现龟裂,面层可能变色,但未出现起皮和接缝碎裂
			中等	出现起皮或接缝碎裂,沿裂缝或接缝有白色细屑
			严重	出现起皮或接缝碎裂的范围发展到影响行车安全或危害轮胎,路表面有大量白色细屑
		粗集料冻融裂纹	轻微	裂纹出现在缝或自由边附近 0.3m 范围内,缝未发生碎裂
			中等	裂纹出现在缝或自由边附近,范围大于 0.3m,受影响区内缝出现轻微或中等碎裂
			严重	裂纹影响区内裂缝出现严重碎裂,不少材料散失
		坑洞	坑洞不分轻重程度等级	
		修补损坏	轻微	轻微破损或边缘处有轻微碎裂
			中等	轻微裂缝或车辙、推移,边缘处有中等碎裂和 10mm 以下错台
			严重	出现严重裂缝、车辙、推移或错台,需重新进行修补

10.3.2 水泥混凝土路面破损原因

水泥混凝土路面破损的发生，可分为外界因素、设计因素、施工因素以及各种因素互相影响而引起的。因此，必须充分做好病害统计资料，查明原因，采取针对性治理对策。

1. 水泥混凝土路面断板产生的原因

水泥混凝土路面断板产生的原因：大部分是由于温度应力与荷载应力超过混凝土的抗拉强

度后，混凝土路面板就会产生断裂并发展为断板。可分为以下几种可能：

1）在施工期间由于混凝土的初期收缩受到阻碍而产生的拉应力超过了混凝土的抗拉强度而引起的横向裂缝。

2）由于板块尺寸过大所产生的温度翘曲应力超过了混凝土的抗弯拉强度而引起的横向裂缝。

3）由于地基的不均匀沉降或地基受侵蚀而使板底出现脱空后，致使应力增加而引起的纵向、横向或角隅断裂。

4）由于车辆荷载的多次重复作用，所产生的重复荷载应力超过了混凝土的疲劳强度而引起的纵向或横向裂缝。

2. 水泥混凝土路面裂缝产生的原因

裂缝包括纵向、横向、斜向和交叉裂缝。裂缝损坏是指通底的裂缝将板块分割为2块或3块，初期可能未贯通板面，但终将发展为贯通板面。

(1) 表面裂缝产生的原因　在水泥混凝土路面施工中发生的颗粒不均匀分层离析，实际是粗集料从混合料中分出集中，颗粒下沉，水分向上迁移，从而形成表面泌水。表面泌水的结果是使水泥混凝土路面表面含水率增加，当混合料表面水的蒸发速度比泌水速度快时，水的蒸发就会深入到混合料表面内，表面形成凹面。由于表面凹面较凸面所受压力大，同时固体颗粒间产生毛细管张力，促使颗粒凝集，当混凝土表面尚未充分硬化，不能抵抗这一张力时混凝土表面则出现裂缝。裂缝的发生时间大抵与泌水时间相对应，在混凝土浇筑后数小时混凝土表面将普遍出现细微的、各方向均存在的裂缝，也即龟裂。

(2) 贯穿裂缝产生的原因　贯穿裂缝是指贯穿板全厚的裂缝，可分为横向裂缝、纵向裂缝、斜向裂缝、交叉裂缝、板角裂缝等。裂缝的产生原因可分为：基层的影响；材料质量不良；混凝土的化学反应的影响；混凝土配合比的影响；施工及养护不当的影响。

3. 板角断裂产生的原因

板角断裂是一条垂直通底且与板角两边接缝相交的裂缝，从板角到裂缝两端点间的距离分别等于或小于端点所在板长的一半。

板角断裂通常是由于表面水浸入、地基承载力降低、接缝出现唧泥、板底形成脱空、接缝传荷能力差、重载反复作用所引起的。

4. 错台产生的原因

错台现象常常与唧泥、填缝料丧失、路基的不均匀变形等密切相关。一方面，填缝料的丧失，会造成路面水的渗入，在车辆荷载的作用下，产生唧泥，随着唧泥的连续不断发生，路基游离土被不断带走，路基表面标高不断降低，产生错台，这一点可以从城市道路混凝土路面看得清清楚楚，甚至在无水的情况下，即使无唧泥产生，仍可观察到车辆通过后土细粒喷出。另一方面，路基若处理不好，例如压实程度不同，则通车后会随着时间增长，产生不均匀沉降和变形，也可产生错台。

5. 唧泥产生的原因

唧泥是在车辆荷载作用下，面板接缝、裂缝和板边下部产生的水和细粒土混合物的强制性位移造成的车辆通过时基层细料和水一起从板接缝处挤出，逐渐使基础失去了支撑能力，在荷载的重复作用下，最终将产生板断裂的现象。

唧泥是水泥面板直接铺筑在细粒高缩性土和易冲刷的基层上产生的，其结果一是产生严重的错台，二是接缝附近的断板破坏，这是混凝土路面的主要常见病害。唧泥主要是由于填缝料损坏，雨水下渗和路面排水不良造成的。

10.3.3 水泥混凝土路面病害防治

1. 接缝处破坏的预防

接缝处是混凝土板体的应力分布比较集中的地方，是最容易引起破坏的部位。常见的破坏可分为：错台、拱起、板块活动、唧泥、填缝料的破坏等。其中，唧泥现象往往是错台、脱空、断板的诱因，危害是巨大的，应在设计和施工中尽量采取措施来避免和减少。可采取以下措施预防接缝的破坏：

(1) 接缝的设计　水泥混凝土路面在凝结硬化过程中具有较大的干缩变形和温缩变形，从而要求混凝土路面设置间距很密的胀缝、缩缝及符合施工要求的施工缝。纵向缝必须与路线中线平行；当一次铺筑宽度大于4.5m时，应增设纵向缩缝，并设置拉杆；当一次铺筑宽度小于路面宽度时，应设置纵向施工缝，并设置拉杆。

横向缝一般有横向缩缝、横向胀缝和横向施工缝几种形式。横向缩缝采用假缝，在特重交通的公路上，宜设置传力杆。横向胀缝采用宽度较大的真缝形式，设置滑动传力杆，并设置支架或采用其他方法予以固定。每日施工终了，或浇筑混凝土过程中因故中断浇筑时，须设横向施工缝，设在胀缝处的施工缝构造。

(2) 基层材料的选择　水泥混凝土路面板体下存在松散细粒土是唧泥产生的原因之一，因此选择适宜的基层材料，提高基层的抗冲刷能力，是杜绝唧泥现象的根本。

公路一般采用强度较高的无机结合稳定类材料做基层，这样可杜绝松散细粒土，给混凝土面板提供均匀支撑，防止唧泥。通过对混凝土路面使用情况的调查发现，常用的基层材料有水泥稳定碎石、用砂量极少的开级配贫混凝土、开级配的沥青混合料等。此外，通过对城市运营水泥混凝土路面使用情况的调查，发现旧沥青混凝土路面上直接加铺水泥混凝土路面的结构形式产生唧泥的现象较少。其原因是沥青路面沥青用量较大，材料空隙率较少，一般占3%~6%，故其抗冲刷能力明显优于半刚性基层材料。

(3) 加强排水措施　路面水通过接（裂）缝或板边缝隙进入基层又无法自行排出是产生唧泥的重要原因，采用适当的路面防排水措施可大大减小唧泥现象的产生。主要措施有：采用路面排水措施加强路面排水；加强接缝处理；采用合适的路面结构，增强排水能力；加强中央分隔带排水设施建设；减小荷载应力以防止唧泥发展。

2. 裂缝的预防

裂缝可分为表面裂缝、贯穿裂缝。而根据裂缝发生的时期又可分为早期裂缝和使用期裂缝。早期裂缝主要是表面裂缝，使用期裂缝是在行使车辆荷载的作用下，加剧应力集中而引起原有早期裂缝扩展或产生新的裂缝。由于裂缝的产生同时受到多种因素的影响，其质量的控制也应根据气候、施工条件等实行综合控制，不能只注重单方面因素，否则收效甚微，也很难杜绝早期裂缝。

(1) 选择优质混凝土原材料。

1) 水泥：对于特重型交通，可采用硅酸盐水泥、普通硅酸盐水泥和道路硅酸盐水泥，但其强度等级必须在42.5级以上；对于中等和轻型交通，也可采用矿渣硅酸盐水泥，其强度等级不得低于32.5级。

2) 细集料：采用质地坚硬、洁净的河砂或山砂，细度模数宜在2.5以上，级配应符合规范要求，砂的含泥量应控制在3%以内，其他指标符合要求。

3) 粗集料：粗集料可为碎石或砾石，应质地坚硬、耐久、结晶，符合规定级配，最大粒径不超过40mm，含泥量不超过1%，硫化物及硫酸盐含量不超过1%，针状、片状颗粒不超过15%。

（2）控制混凝土施工质量。

1）混凝土生产控制。施工中严格控制混凝土配合比，混凝土的搅拌时间要充分，振捣要密实，出料要均匀，混合料运输距离要短，同时考虑运输设备的配制，减少离析都有利于减少路面病害的发生。

2）采用混凝土真空脱水技术。混凝土振捣完毕，用真空脱水技术可将混凝土表面及内部的游离水和空气排出，以降低混凝土的孔隙率和水胶比，增加混凝土的密实度和强度，提高水泥石与集料的界面结合力，减少混凝土缺陷。适时收光抹面，在混凝土初凝前进行第一次抹面，在终凝前板面无泌水时实施第二次抹面收光。

3）选择适宜的切缝时间实施切缝。施工阶段温度应力大于混凝土抗拉强度时，会发生施工断板，形成温度收缩裂缝。为了防止施工中的温度收缩裂缝，准确掌握切缝时间很重要，一般以混凝土抗压强度达到5~10MPa为实施的切缝时间。切缝时间还与水泥的品种、气候温度、湿度有关，施工人员可凭现场施工经验用指甲在混凝土表面刻划，若出现灰白色，指甲有磨损感便可进行切缝。

4）加强混凝土的养护。路面表层防水养护膜的形成，可及时阻止混凝土表层水分蒸发，从而有效防止混凝土路面因高温、干燥产生的初期裂缝。

10.3.4 水泥混凝土路面破损的处理

根据水泥混凝土路面破损状况的调查分析，找出病害产生的原因。有针对性地采取措施，遏制病害发展势头，使水泥混凝土路面路况尽快得到改善。

1. 裂缝及断板的处理及修复

裂缝出现的程度不同，它对混凝土路面的破坏程度是不一样的，轻微的裂缝可能并未引起路面的断板，但随着时间的推移和承受车辆荷载的不断累积，原先轻微的裂缝会发展和扩大，造成很严重的影响，最终产生断板，其修补以灌缝为主。对裂缝和断板的处理，可根据其损坏程度不同而作不同的处理，一般可分为对轻微裂缝的裂缝修补、断面局部断裂时的局部修补、裂缝处有严重剥落、板被分割成3块以上及有错台或断裂块已开始活动时的整板更换等。

（1）整板更换　整板更换的方法就是首先用破路机（重力式或液压式），将断板严重的板块全部破碎，整块板予以凿除，若基层强度不足或渗水软化以及有路基不均匀沉降时，在处置好基层和路基后，再重新浇筑新的混凝土板或采用混凝土预制板块，最后用填缝料处理修补块的缝隙。为了保证处理后的板边整齐及不破坏相邻板块，可采用“全切法”，即沿拟更换板块周边用锯缝机将板全厚切断，其具体工艺为：

1）破路机（重力式或液压式）法。

① 锯缝机沿全厚锯缝。

② 破路机对整板进行破碎，并清除。

③ 若基层或路基有问题，对其进行处理。

④ 水平钻眼设传力杆或拉杆，对纵向拉杆，钢筋与钻孔间填满结构胶；对传力杆，应严格按规范对传力杆进行端部处理，确保传力可靠；现浇或预制新的混凝土板，并养生至开放交通的强度。

2）采用静态胀裂方法凿除板块。

① 锯缝机沿全厚锯缝。

② 按30cm×30cm的孔间距布置梅花形竖向钻孔。

③ 在孔内装入静态破裂剂对板块破碎，并清理。

④ 若基层或路基有问题，对其进行处理。

⑤ 水平钻眼设传力杆或拉杆，对纵向拉杆，钢筋与钻孔间填满结构胶；对传力杆，应严格按规范对传力杆进行端部处理，确保传力可靠。

⑥ 现浇或预制新的混凝土板，并养生至开放交通的强度。但采用重新浇筑新的混凝土板时，若采用常规材料修复或更换，则需要较长的养护期，这样势必影响交通。

(2) 局部全厚置换　在进行板面局部断裂损坏小块修复时，应视断裂损坏的程度的不同分别进行修补。

1) 对于断裂轻微、裂缝有轻微剥落的，但并未贯通，可采用“浅切法”，即先画线放样，按画线范围将混凝土板面锯深 4~8cm，凿除其中的混凝土使其成为长方形凹槽，必要时也可在剩余底部板上打眼插入短钢筋头，以增加新旧混凝土板的整体性；清洗干净后浇筑掺入快凝剂的混凝土并养生，也可采用钢纤维混凝土。“浅切法”及表面处理法只能从表面处理，防止水渗入路面基层，无法从结构受力上予以根本解决，从目前处理效果来看并不十分理想，从部分“浅切法”处理后又重新开裂可以得到证明。

2) 对于轻微断裂、裂缝较宽且有轻微剥落的断板，应按裂缝两侧至少各 20cm 的宽度放样，按画线范围开凿成深至板厚一半的凹槽，此凹槽应与中线垂直，刷洗干净凹槽，并在其底部裂缝的两侧用冲击钻沿与中线平行方向，间距 30~40cm 打眼贯穿板厚达基层表面，然后再清干净凹槽及孔眼，在孔眼安设高于保留板面厚度的Ⅱ字形钢筋，冲击钻头直径采用φ30mm 规格，Ⅱ字形钢筋采用螺纹钢筋制作，安设后用高强度等级砂浆填塞孔眼密实，最后用与原路面相同或高一强度等级的快凝混凝土浇筑至路面平齐，该方法有时也称“半切法”。

3) 对断裂较严重、裂缝已贯通板厚且有一定缝宽的断板，可采用局部全厚修补，即在断裂两侧各数 10cm 宽度放样画线，用锯缝机将板面全厚切开，形成凹槽，必要时对基层做出处理，然后在凹槽边缘两侧板厚中央打洞，深度大于 10cm，直径 3~4cm，水平间距 30~40cm，每个洞应先将其周围湿润，插入一根直径 18~20mm、长度 20cm 的钢筋，然后用快凝砂浆填满捣实，待砂浆硬化后浇筑快凝混凝土至与路面齐平，也可用钢纤维混凝土按此方法修补，该方法有时也称“局部全切法”。

2. 裂缝修补

对于断裂轻微、裂缝无剥落或剥落轻微、缝宽小于 3cm 的开裂，可采用灌入黏结剂的方法进行修补。该方法关键技术为黏结剂的类型和性能，常用的黏结剂有：聚氨酯树脂灌缝类；环氧树脂灌缝料；聚硫环氧树脂灌缝料；BL-GROUT 高分子黏结剂。

裂缝修补常用的施工方法有：直接灌入、喷嘴灌入、钻孔灌入、注射器灌入等方法。例如：

1) 直接灌入法　适于施工中产生的混凝土收缩裂缝。在开放交通前，若发现混凝土板块出现裂缝，则可用聚硫环氧树脂灌缝料直接灌注。

2) 喷嘴灌入法　适于通车路段冬季裂缝修补。其主要操作工艺为：清缝—埋设灌浆嘴封闭裂缝—配灌浆材料—灌浆—加热增强。

3. 接缝类病害的修补

接缝处是水泥混凝土板块的薄弱部位，填缝料老化要立即更换，否则路表水由接缝渗入，侵蚀基层。填缝料应满足与水泥混凝土板缝具有较好的黏结力，当土伸缩时，填缝料能与混凝土粘结牢固，而不至从混凝土缝壁上拉脱；具有较高拉伸率，能随混凝土板胀缩而伸缩，而不至被拉断；耐热及耐嵌入性好，在夏季高温时，填缝料不发生流淌，砂石杂物不易嵌入，保证混凝土板伸胀不受阻；具有好的低温塑性，在冬季低温时，不发生脆裂，仍具有一定的延伸性；

耐久性好，在野外恶劣的气候条件下，能在较长时间内保持良好的使用性，不过早发生老化，施工方便，价格适中。缩缝施工时，为保证清缝质量，对杂物充填较多的纵缝，必须用切缝机切割，其他缝也应用铁钩对杂物和老化的填料进行清理，然后用高压气体吹净。对加填缝料，按规定进行熔化，使其具有较好的流动性，加热温度不宜过高或过低，时间不宜过长，以避免材料老化或流动性较差。灌缝应在路面干燥及路面板下无积水时进行，保证填料与缝壁粘结牢固，且不被高压水剥离、挤出。根据填缝料质地，做好施工交通控制工作，待填缝料冷却后开放交通。

4. 路面板唧泥的处治

唧泥现象的初期可能并未造成断板，但由于随着唧泥长期发展，可能会改变板体的支承条件，并进一步发展为断板，因此不可轻视。唧泥的处治方法比较有效的是板下封堵灌浆，即对混凝土板下和基层、垫层中的细小孔隙进行灌浆，其主要目的是恢复对路面结构的支承。灌浆时要施加一定压力，但同时压力又不能过大以免使路面板抬高。板下封堵灌浆的关键技术是灌浆混合料的选择和配制、灌浆量的估计和灌浆孔的布置。

(1) 灌浆混合料　灌浆混合料应能渗入细的空隙，同时具有足够的强度和耐久性。常用材料为粉煤灰水泥混合料并掺入外加剂。粉煤灰掺水泥是一种能承受荷载的高强度耐久混合料，粉煤灰的颗粒级配和球形形状也使它具有填充细小空隙所需要的易流动性。其常用配比为：水泥：粉煤灰：水=1：3：1.5，还可根据需要适量加入外加剂。

(2) 设备要求

1) 用于混合料的混合器应能使配制的胶质混合料处于悬浮状态，抗游离稀释。

2) 水泥喷射泵。水泥喷射泵的作用是给砂浆加压，同时为了在发现板体移动时尽快停止灌浆，应使用回流管以减少板的移动或过度灌浆，采用砂浆回流系统有助于消除砂浆在喷射管内的初凝，砂浆的回流一被切断，管内的砂浆就可回流到泵中。

3) 灌浆孔的布置。钻孔的分布形式应能保证砂浆在一定压力下流到路面下的所有空隙内，孔的布置形式随水泥混凝路面的不同设计类型而变化。

4) 主要施工工艺。主要施工工艺为：确定灌浆位置—钻砂浆喷射孔—砂浆准备—灌浆—封孔及抹平—数小时后通车。

习　题

1. 阐述水泥混凝土路面的优缺点。
2. 阐述水泥混凝土路面的基本构造及要求。
3. 阐述水泥混凝土路面的类型及特点。
4. 阐述水泥混凝土路面的病害类型、产生原因及处置措施。

第 11 章

水泥混凝土路面设计

学习目标

了解水泥混凝土路面设计内容、设计理论；了解水泥混凝土设计指标和标准；掌握水泥混凝土路面结构组合设计、路面厚度设计。

11.1 概述

11.1.1 水泥混凝土路面设计内容

普通水泥混凝土路面设计的主要内容有：

(1) 结构组合设计　按使用要求和当地条件，选择行车道和路肩的结构层类型和层次及各结构层的组成材料类型和厚度，并选择和布设路面表面和内部排水设施，组合成初步拟定的路面结构。

(2) 结构层厚度设计　通过力学计算和损坏预估分析，对初拟路面结构进行验证和修正，使之满足预定的使用性能要求，由此确定各结构层和路面结构所需的设计厚度。

(3) 材料组成设计　依据各结构层的功能要求和力学性质要求，选择合适的组成材料，进行混合料组成设计和性质测试。

(4) 接缝构造设计　确定面层板块的平面尺寸，选择和布设接缝的类型和位置，设计接缝的构造（传荷装置和填封）。

(5) 钢筋配置设计　确定特殊部位、钢筋混凝土面层或连续配筋混凝土面层的配筋量和钢筋布置。

(6) 设计方案的技术经济论证　对高等级、极重和特重交通荷载或有特定使用要求的公路混凝土路面提出的各备选设计方案，进行寿命周期费用分析，依据资金筹措情况、目标可靠度要求以及其他非经济因素，选择费用效果最佳方案。

此外，还需进行路面表面特性设计，提供满足抗滑、耐磨或低噪声要求的路面表面的技术措施。

11.1.2 水泥混凝土路面的受力特点及弹性地基板体系理论

水泥混凝土路面作为路面结构的面层，在行车荷载和自然因素的作用下，具有以下物理力学特点：

1) 混凝土的强度和模量远大于基层和路基的强度和模量。

2）水泥混凝土的抗压强度远大于抗折强度。

3）基层表面与路面板间摩擦力较小。

4）板块厚度相对于平面尺寸较小，板块在荷载作用下的挠度很小。

5）混凝土板在自然条件下，存在沿板厚方向的温度梯度，会产生翘曲现象，如果受到约束，会在板中产生翘曲应力。

6）荷载多次重复作用，混凝土也会发生温度疲劳。

两个平行面和垂直于这两个平行面的柱面或棱柱面所围成的物体称为板。平分厚度 h 的平面称为板的中面。如果板的厚度 h 远小于板平面的最小尺寸 b 就称为薄板。薄板受到垂直于板面的荷载作用时，板面就会弯曲，中面所弯成的曲面称为弹性曲面，而中面各点沿 z 方向的位移称为薄板的挠度 ω。假如挠度 ω 远小于板的厚度 h 就称为小挠度薄板，相应的理论称为小挠度薄板理论；当板下基础被简化为文克勒地基或弹性半空间体地基时，两者共同构成了弹性地基板理论的核心模型。水泥混凝土路面结构分析的基本理论为弹性地基上的小挠度薄板理论。

11.1.3 混凝土路面的设计指标与标准

根据混凝土板断裂发生时的两种可能状况，我国 JTG D40—2011《公路水泥混凝土路面设计规范》设想了两种破坏状态，并以此作为建立设计的极限状态：

1）板在重复荷载（以 100kN 为标准换算的累计标准轴次）作用下产生疲劳断裂。

2）板在单次最重荷载（一次性作用，大于 100kN）作用下产生突然断裂。

第二种极限状态是新增加的一种极限状态，所谓“最重荷载”指的是在路面建成后，路面上通行的车辆荷载中可能出现的最大轴载。两种极限状态的公式如下（等号成立时为极限状态）

$$下限值 \leqslant \gamma_r(\sigma_{pr}+\sigma_{tr}) \leqslant f_r \tag{11-1}$$

$$\gamma_r(\sigma_{p,\max}+\sigma_{t,\max} \leqslant f_r \tag{11-2}$$

式中 σ_{pr}——面层板在临界荷位产生的荷载疲劳应力（MPa）；

σ_{tr}——面层板在临界荷位产生的温度疲劳应力（MPa）；

$\sigma_{p,\max}$——最重的轴载在临界荷位处产生的最大荷载应力（MPa）；

$\sigma_{t,\max}$——所在地区最大温度梯度在临界荷位处产生的最大翘曲应力（MPa）；

γ_r——可靠度系数，依据所选目标可靠度、变异水平等级及变异系数通过计算确定；

f_r——水泥混凝土弯拉强度标准值（MPa）。

当贫混凝土或碾压混凝土作为基层时，应以设计基准期内行车荷载不产生疲劳断裂作为设计标准，其极限状态表达式为

$$下限值 \leqslant \gamma_r\sigma_{bpr} \leqslant f_{br} \tag{11-3}$$

式中 σ_{bpr}——基层内产生的行车荷载疲劳应力（MPa）；

f_{br}——基层材料的弯拉强度标准值（MPa）。

11.1.4 设计参数

1. 交通荷载

新建公路的交通量可以通过交通需求分析进行预测；旧路改建的交通量可以通过对旧路的交通调查获取初始年平均交通量（双向）及车辆类型组成数据，剔除 2 轴 4 轮及以下的客、货车辆，得到包括大型客车交通量在内的初期年平均日货车交通量（双向）。

按疲劳断裂设计标准进行结构分析时，以 100kN 单轴双轮组荷载作为设计轴载，对极重交通荷载等级的水泥混凝土路面，宜选用货车中占主要份额特重车型的轴载作为设计轴载。各级

轴载作用次数 N_i 可按式（11-4）换算为设计轴载的作用次数 N_s。

$$N_s = \sum_{i=1}^{n} N_i \left(\frac{P_i}{P_s}\right)^{16} \tag{11-4}$$

式中 P_i——第 i 级轴载重（kN），联轴按每一根轴载单独计；

P_s——设计轴载重（kN）；

n——各种轴型的轴载级位数；

N_i——i 级轴载的作用次数；

N_s——设计轴载的作用次数。

水泥混凝土路面设计车道在设计基准期内所承受的设计轴载累计作用次数应进行调查和分析，按设计基准期内设计车道临界荷位处所承受的设计轴载累计作用次数分为 5 级，分级范围见表 11-1。

表 11-1 交通荷载等级

交通荷载等级	极重	特重	重	中等	轻
设计基准期内设计车道承受的标准轴载（100kN）累计作用次数 Ne（$\times10^4$）	$>1\times10^6$	$1\times10^6\sim2000$	2000~100	100~3	<3

2. 可靠度

我国水泥混凝土路面按可靠度方法进行设计，不同等级公路的路面结构设计安全等级及相应的设计基准期、目标可靠指标和目标可靠度见表 11-2。二级及二级以下公路路面结构破坏可能产生很严重后果时，可提高一级安全等级。

表 11-2 可靠度设计标准

公路技术等级	高速公路	一级公路	二级公路	三级公路	四级公路
安全等级	一级		二级	三级	
设计基准期/年	30	30	20	15	10
目标可靠度（%）	95	90	85	80	70
目标可靠指标	1.64	1.28	1.04	0.84	0.52

各安全等级路面的材料性能和结构尺寸参数的变异水平可分为低、中和高三级，应按公路等级及所采用的施工技术和能达到的施工质量控制与管理水平，通过调研确定变异水平和相应的变异系数，高速公路、一级公路的变异水平宜为低，二级公路的变异水平应不大于中级。确实有困难时按表 11-3 规定的主要设计参数变异系数范围选择相应的变异系数。

根据公路等级按表 11-2 确定目标可靠度，然后根据调研或按表 11-3 选取变异水平等级，按表 11-4 确定可靠度系数。

表 11-3 变异系数 C_v 的变化范围

变异水平等级	低	中	高
水泥混凝土弯拉强度	$0.05\leqslant c_v\leqslant0.10$	$0.10<c_v\leqslant0.15$	$0.15<c_v\leqslant0.20$
基层顶面当量回弹模量	$0.15\leqslant c_v\leqslant0.25$	$0.25<c_v\leqslant0.35$	$0.35<c_v\leqslant0.55$
水泥混凝土面层厚度	$0.02\leqslant c_v\leqslant0.04$	$0.04<c_v\leqslant0.06$	$0.06<c_v\leqslant0.08$

3. 基层顶面当量回弹模量

混凝土面板下的地基包括路基和根据需要设置的垫层和基层，分析板内荷载应力时，直接采用三层弹性体系进行计算，并对路床上的基层和底基层或垫层结构，依据等弯曲刚度的原则

表 11-4　可靠度系数 γ_r

变异水平等级	目标可靠度(%)			
	95	90	85	80~70
低	1.20~1.33	1.09~1.16	1.04~1.08	—
中	1.33~1.50	1.16~1.23	1.08~1.13	1.04~1.07
高	—	1.23~1.33	1.13~1.18	1.07~1.11

换算为回弹模量和厚度当量的单层结构后，按双层体系进行计算。其计算分为新建公路和旧柔性路面两种情况。

（1）新建公路基层顶面当量回弹模量值　在设计新建公路时，基层顶面的当量回弹模量 E_t，可根据路基状态拟定的基层、垫层结构类型和厚度，用规范建议的路基、垫层及基层材料回弹模量值，确定如下

$$E_t=\left(\frac{E_x}{E_0}\right)^{\alpha}E_0 \tag{11-5}$$

$$\alpha=0.86+0.26\ln h_x \tag{11-6}$$

$$E_x=\frac{\sum_{i=1}^{n}E_ih_i^2}{\sum_{i=1}^{n}h_i^2} \tag{11-7}$$

$$h_x=\sum_{i=1}^{n}h_i \tag{11-8}$$

式中　E_0——路基顶面的综合回弹模量（MPa）；

α——与地基内除路基以外各层的总厚度 h_x 有关的回归系数；

E_t——地基顶面当量回弹模量（MPa）；

h_x——地基内除路基以外各层的总厚度（m）；

n——弹性地基分层数（不包括路基半空间体）；

E_i，h_i——第 i 结构层的回弹模量（MPa）和厚度（m）；

E_x——粒料层的当量回弹模量（MPa）。

（2）旧柔性路面的基层顶面当量回弹模量值　在旧沥青混凝土路面上铺装水泥混凝土面层时，地基顶面当量回弹模量可根据落锤式弯沉仪（荷载 50kN，承载板直径 30cm）的中心点弯沉的测定结果，按式（11-9）计算

$$E_t=\frac{18621}{w_0} \tag{11-9}$$

或根据贝克曼梁（后轴重 100kN 的车辆加载）的弯沉测定结果按式（11-10）、式（11-11）计算

$$E_t=\frac{13739}{w_0^{1.04}} \tag{11-10}$$

$$w_0=\overline{w}+1.04s_w \tag{11-11}$$

式中　w_0——路段代表弯沉值（0.01mm）；

$\overline{w}$——路段弯沉平均值（0.01mm）；

s_w——路段弯沉的标准差（0.01mm）。

4. 最大温度梯度和最小防冻厚度

水泥混凝土路面设计时，要考虑最大温度梯度及路面结构层最小防冻厚度，分别在计算翘曲应力时和计算厚度确定后应用。最大温度梯度按公路自然区划来选用，见表 11-5。结构层最小防冻厚度见表 11-6。

在季节性冰冻地区，当计算出的结构层的总厚度小于表 11-6 中的规定时，应设置防冻层，所缺厚度由防冻层厚度补足。

表 11-5 最大温度梯度标准值 T_g

公路自然区划	Ⅱ、Ⅴ	Ⅲ	Ⅳ、Ⅵ	Ⅶ
最大温度梯度/(℃/m)	83~88	90~95	86~92	93~98

注：海拔高时，取高值；湿度大时，取低值。

表 11-6 水泥混凝土路面结构最小防冻厚度

路基干湿类型	路基土类别	当地最大冰冻深度/m			
		0.50~1.00	1.00~1.50	1.50~2.00	>2.00
中湿路基	易冻胀土	0.30~0.50	0.40~0.60	0.50~0.70	0.60~0.95
	很易冻胀土	0.40~0.60	0.50~0.70	0.60~0.85	0.70~1.10
潮湿路基	易冻胀土	0.40~0.60	0.50~0.70	0.60~0.90	0.75~1.20
	很易冻胀土	0.45~0.70	0.55~0.80	0.70~1.00	0.80~1.30

注：1. 易冻胀土——细粒土质砾（GM、GC）、除极细粉土质砂外的细粒土质砂（SM、SC）、塑性指数小于 12 的黏质土（CL、CH）。

2. 很易冻胀土——粉质土（ML、MH）、极细粉土质砂（SM）、塑性指数在 12~22 之间的黏质土（CL）。

3. 冻深小或填方路段，或基、垫层采用隔温性能良好的材料，可采用低值；冻深大或挖方及地下水位高的路段，或基、垫层采用隔温性能稍差的材料，应采用高值。

4. 冻深小于 0.50m 的地区，可不考虑结构层防冻厚度。

5. 混凝土板的设计弯拉强度和弯拉弹性模量

（1）混凝土板的设计弯拉强度　水泥混凝土路面的强度以 28d 龄期的弯拉强度作为设计控制指标。各交通等级要求的混凝土弯拉强度标准值不得低于表 11-7 的规定。

表 11-7 水泥混凝土弯拉强度标准值

交通荷载等级	极重、特重、重	中等	轻
水泥混凝土的弯拉强度标准值/MPa	≥5.0	4.5	4.0
钢纤维混凝土的弯拉强度标准值/MPa	≥6.0	5.5	5.0

（2）混凝土板的弯拉弹性模量　水泥混凝土板的弯拉弹性模量经验参考值见表 11-8。

表 11-8 水泥混凝土弯拉弹性模量经验参考值

弯拉强度/MPa	1.5	2.0	2.5	3.0	3.5	4.0	4.5	5.0	5.5
抗压强度/MPa	7	11	15	20	25	30	36	42	49
抗拉强度/MPa	0.89	1.21	1.53	1.86	2.20	2.54	2.85	3.22	3.55
弹性模量/GPa	15	18	21	23	25	27	29	31	33

11.2 水泥混凝土路面结构组合设计

11.2.1 水泥混凝土路面的路基与功能层

1. 路基

水泥混凝土路面的路基应满足稳定、密实、均质、耐久的要求，为路面结构提供均匀的支承。一般高液限黏土及含有机质的细粒土均不能用于高速公路和一级公路的路床填料，也不能用于二级和二级以下公路的上路床填料。高液限粉土及塑性指数大于16或膨胀率大于3%的低液限黏土不能用作高速公路和一级公路的上路床填料。因条件限制而必须采用上述土作为填料时，应掺加石灰或水泥等无机结合料进行处治。

路床顶面的综合回弹模量不得低于40MPa，中等或重交通荷载等级时，不得低于60MPa，特重或极重交通时不得低于80MPa。不满足要求时，应选用粗粒土或低剂量无机结合料稳定土作为路床或上路床填料。当路基工作区底面接近或低于地下水位时，可采取更换填料、设置排水沟等措施。

地下水位较高的路段，应提高路堤设计高程。若设计高程受限制，路基达不到中湿状态的临界高度时，应选用粗粒土或低剂量石灰或水泥稳定细粒料作为路床填料；未能达到潮湿状态的路基临界高度时，除采用上述填料之外，还应采取设置排水沟等降低地下水位的措施。

路基压实度应符合JTG D30—2015《公路路基设计规范》的要求，岩石或填石路床顶面应铺设整平层，整平层可采用未筛分碎石和石屑或低剂量水泥稳定粒料，其厚度视路床顶面不平整程度而定，一般为100~150mm。

2. 功能层

水泥混凝土路面功能层结构一般是为应对路基的特殊需求而设置的，分为防冻层、排水层与加固层三类。

在季节性冰冻地区修筑水泥混凝土路面，当路面结构总厚度不能满足最小防冻厚度要求时，应设置防冻层，保证总厚度满足最小防冻厚度的要求。

对于水文地质条件不良的土质路基，路床土的湿度较大时，为防止地下水对路面结构的侵蚀，应设置排水层。

当路基土特别软弱，经加固后，仍有可能出现不均匀沉降、变形时，应设置加固层以增强路床的承载能力。

有时候，以上三种情况兼而有之，在选择功能层结构材料时，也应兼顾具备多种功能。一般情况下，功能层多选用当地廉价材料修筑，或取当地材料掺少量无机结合料处治后使用，如砂、砂砾料、低剂量无机结合料稳定粒料等。功能层厚度一般为150~200mm。

11.2.2 水泥混凝土路面基层和底基层

水泥混凝土路面的基层应具有足够的抗冲刷能力和一定的刚度。各交通等级的基层材料和底基层材料类型见表11-9，各材料基层和底基层的结构层适宜施工层厚见表11-10。

表11-9 各交通等级的基层材料和底基层材料类型

交通荷载等级	基层材料类型	底基层材料类型
极重、特重	贫混凝土、碾压混凝土	级配碎石、水泥稳定碎石、石灰、粉煤灰稳定碎石
	沥青混凝土	
重	密级配沥青稳定碎石	
	水泥稳定碎石	
中等、轻	级配碎石	未筛分碎石、级配碎石，或不设
	水泥稳定碎石、石灰、粉煤灰稳定碎石	

各类基层和底基层的结构层适宜压实厚度，应按所选集料的公称最大粒径和压实效果的要求而定，见表11-10。基层或底基层的设计层厚超出相应材料的适宜压实厚度范围时，应首先调

整材料和其他层厚度在适宜范围之内。

表 11-10　各材料基层和底基层的结构层适宜施工层厚

<table>
<tr><th colspan="2">材料种类</th><th>适宜施工层厚/mm</th></tr>
<tr><td colspan="2">贫混凝土、碾压混凝土</td><td>120~200</td></tr>
<tr><td colspan="2">无机结合料稳定粒料</td><td>150~200</td></tr>
<tr><td rowspan="4">沥青混凝土</td><td>集料公称最大粒径 9.5mm</td><td>25~40</td></tr>
<tr><td>集料公称最大粒径 13.2mm</td><td>35~65</td></tr>
<tr><td>集料公称最大粒径 16mm</td><td>40~70</td></tr>
<tr><td>集料公称最大粒径 19mm</td><td rowspan="2">50~75</td></tr>
<tr><td rowspan="2">沥青稳定碎石</td><td>集料公称最大粒径 19mm</td></tr>
<tr><td>集料公称最大粒径 26.5mm</td><td>75~100</td></tr>
<tr><td colspan="2">多孔隙水泥稳定碎石</td><td>100~150</td></tr>
<tr><td colspan="2">级配碎石、未筛分碎石、级配砾石或碎砾石</td><td>100~200</td></tr>
</table>

基层的宽度应比混凝土面板每侧宽出 300~650mm。路肩采用混凝土面层，其厚度与行车道面层板相同时，基层宽度宜与路基同宽。

采用碾压混凝土作为基层时，应设置与混凝土面层板相对应的纵、横接缝。采用贫混凝土作为基层时，若弯拉应力超过 1.5MPa，应设置与混凝土面层板相对应的横向接缝；一次摊铺宽度大于 7.5m，还应设置纵向缩缝。

承受极重、特重或重交通荷载的路面，基层下应设置底基层；承受中等或轻交通荷载时，可不设底基层。当基层采用无机结合料稳定类材料，且上路床由细粒土组成时，应在基层下设置粒料类底基层。

贫混凝土或碾压混凝土基层上应铺设沥青混凝土夹层，层厚不宜小于 40mm。无机结合料稳定碎石基层上应设置封层，封层可采用单层沥青表面处治或适宜的膜层材料等。当采用单层沥青表面处治时，层厚不宜小于 6mm。

对于湿润和多雨地区，路基为低透水性细粒土的高速公路和一级公路，或者承受特重交通或重交通的二级公路，宜采用排水基层。

多雨地区，路基由低透水性细粒土组成的高速公路和一级公路或者承受极重或特重交通荷载的二级公路，宜设置由开级配沥青稳定碎石或开级配水泥稳定碎石组成的排水基层。排水基层下应设置由水泥稳定碎石组成的不透水底基层，底基层顶面宜铺设沥青封层或防水土工织物组成不透水底基层。

11.2.3　水泥混凝土面层

水泥混凝土面层应具有足够的强度、耐久性、表面抗滑、耐磨、平整等良好的路用性能，一般采用设接缝，除接缝、板边和角隅处外，不配筋的普通水泥混凝土。在交通荷载等级为重交通以上时，可增设角隅钢筋，对有些基础薄弱、未设传力杆或与其他构造物衔接的位置需配纵向钢筋。

当面层板的平面尺寸较大或形状不规则，路面结构下埋有地下设施，位于高填方、软土地基、填挖交界段等有可能产生不均匀沉降的路基段时，应采用接缝设置传力杆的钢筋混凝土面层。连续配筋混凝土、碾压混凝土和钢纤维混凝土等其他面层类型可依据适用条件选用。

普通混凝土、钢筋混凝土、碾压混凝土或钢纤维混凝土面层板一般采用矩形分仓，用纵横接缝分隔，纵向和横向接缝应垂直相交，纵缝两侧的横缝不得相互错位。纵缝间距按路面宽度在3.0~4.5m范围内确定。普通混凝土面层板的横缝间距一般为4~6m。面层板的长宽比不宜超过1.35，平面尺寸不宜大于25m²。碾压混凝土或钢纤维混凝土面层板的横缝间距一般为6~10m，钢筋混凝土面层板一般为6~15m，面层板长宽比不宜超过2.5，面积不宜大于45m²。

钢筋混凝土、碾压混凝土和连续配筋混凝土面层的计算厚度，可依据交通荷载等级、公路等级和变异水平等级，参照普通水泥混凝土路面计算方法确定。

钢纤维混凝土的钢纤维体积率宜为0.6%~1.0%，面层厚度宜为普通混凝土面层厚度的0.65~0.75倍，按钢纤维掺量确定。特重或重交通荷载时，其最小厚度应为180mm；中等或轻交通荷载时，其最小厚度应为160mm。

复合式路面的沥青混凝土上面层的厚度不宜小于40mm。水泥混凝土下面层的计算厚度按普通水泥混凝土路面方法计算。水泥混凝土下面层与沥青混凝土上面层之间应设置黏层。

混凝土面层板的厚度决定于公路和交通荷载等级，普通混凝土、钢筋混凝土、碾压混凝土或连续配筋混凝土面层板所需的厚度，可参考表11-11所列的范围初步选定。

表11-11 水泥混凝土面层厚度的参考范围

交通荷载等级	极重	特重				重			
公路等级	一	高速	一级		二级	高速	一级		二级
变异水平等级	低	低	中	低	中	低	中	低	中
面层厚度/mm	≥320	320~280	300~260	280~240			270~230	260~220	

交通荷载等级	中等				轻	
公路等级	二级		三、四级		三、四级	
变异水平等级	高	中	高	中	高	中
面层厚度/mm	250~220	240~210		230~200	220~190	210~180

为保证行车安全，混凝土路面表面构造应采用刻槽、压槽、拉槽或拉毛等方法制作。构造深度在使用初期应满足表11-12的要求。

表11-12 各级公路水泥混凝土面层的表面构造深度要求 （单位：mm）

公路等级	高速公路、一级公路	二、三、四级公路
一般路段	0.70~1.10	0.50~1.00
特殊路段	0.80~1.20	0.60~1.10

注：1. 特殊路段——对于高速和一级公路系指立交、平交或变速车道等处，对于其他等级公路系指急弯、陡坡、交叉口或集镇附近。

2. 在年降雨量600mm以下的地区，表列数值可适当降低。

11.3 水泥混凝土路面厚度设计

11.3.1 水泥混凝土路面板厚度设计步骤

1）根据调研或预测确定交通量相关参数，计算N_e，并确定变异水平等级，确定可靠度系数。

2）列出所有已知条件，根据结构组合设计选定的组合形式，预设除待设计层（一般是最上层的板）以外各层的厚度与材料的弹性模量，预设待设计层模量、泊松比、弯拉强度标准值。

3）确定板的设计宽度，摊铺与横向衔接施工方案，预设板的平面尺寸（长度 L 和宽度 B），根据要求选定接缝的类型。

4）根据结构组合情况选定设计计算的基本模型，分三种情况：弹性地基上的单层板、分离式双层板和结合式双层板（或称为复合板）。

5）根据路基土质等情况确定路基回弹模量 E_0，结合弹性层状地基其他层的厚度和模量计算地基顶面的当量回弹模量 E_t。

6）按模型选择不同的回归公式；计算标准轴载（或设计轴载）和最重轴载作用在四边自由的板上临界荷位处产生的板内荷载应力 σ_{ps}、σ_{pm}，确定修正系数 k_r、k_c、k_f，计算荷载疲劳应力 σ_{pr} 和最大荷载应力 $\sigma_{p,max}$（只用前两个系数修正）。

7）按模型选择不同的回归公式，计算温度内应力和翘曲应力综合作用下的最大温度应力 $\sigma_{t,max}$，确定修正系数 k_t，计算荷载疲劳应力 σ_{tr}。

8）对于分离式双层板，按类似方法计算并检验下层板（或基层）的荷载疲劳应力 σ_{bps}、σ_{bpr}（注意上下板材料不同时，高的计算公式有所不同），检验其是否满足基层的极限状态表达式（不考虑最重轴载产生的最大荷载应力问题，疲劳应力分析中，忽略温度疲劳应力项）。

9）检验极限状态表达式是否成立，如果不成立回到第 2）步，改变预设层厚度或重新进行组合设计，直到成立。

10）减小待设计层厚，或选择其他材料总价更低的组合方案，直到刚好满足极限状态表达式，确定优化的设计方案。

11）计算层厚确定后，应加上 6mm 磨耗厚度，按 10mm 向上取整，作为混凝土面层的设计厚度。

水泥混凝土路面板厚度设计流程图如图 11-1 所示。

11.3.2 设计计算模型及选择

规范中回归公式的建立采用有限元计算方法，进行结构分析时采用了下述方案：基层板与面层板的平面尺寸可以不相等；应用有限元法求解基层板和面层板，荷载应力采用立方体弹性单元，层间水平光滑、竖向受压连续但不承受拉力；温度翘曲应力用近似解析法求解，基层板与面层板采用薄板假定，层间为竖向线性弹簧相连。

不同模型与假定的计算结果对比表明：水泥混凝土路面结构分析采用弹性地基板理论。除颗粒类基层外，其他各类基层与混凝土面层应按分离式双层板模型进行结构分析。颗粒类基层及各类底基层和功能层应与路面一起视作多层地基材料，以地基顶面当量回弹模量表征。

按基层与面层类型和组合的不同，路面结构分析可分别采用下述力学模型：

1）弹性地基单层板模型——适用于粒料基层上混凝土面层，旧沥青路面加铺混凝土面层；面层板底面以下部分按照弹性地基处理。

2）弹性地基双层板模型——适用于无机结合材料类基层或沥青类基层上水泥混凝土面层，旧混凝土路面上加铺分离式混凝土面层；面层和基层或者新旧面层作为双层板，基层底面以下或者旧面层底面以下部分按弹性地基处理。

3）复合板模型——适用于两层不同性能材料组成的面层或基层复合板。旧混凝土路面上加铺结合式混凝土面层，两层不同性能材料组成的层间黏结的面层，作为弹性地基上的单层板或者弹性地基上双层板的上层板；无机结合料类基层或沥青类基层与无机结合料类底基层组成的基层，作为弹性地基上双层板的下层板。

混凝土面层板的临界荷位位于纵缝边缘中部。基层板的临界荷位与面层板相同。

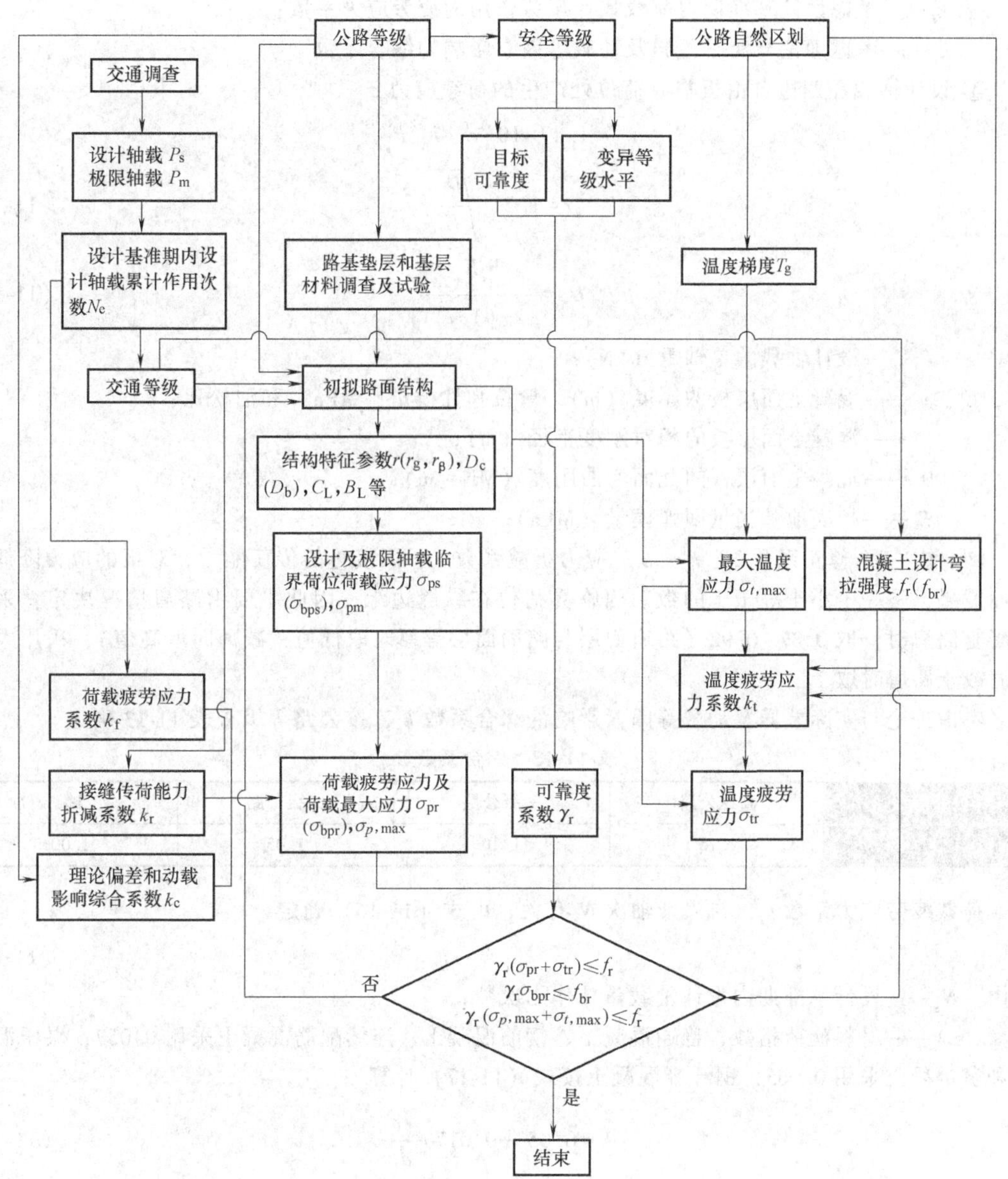

图 11-1　水泥混凝土路面板厚度设计流程图

11.3.3　单层板模型的设计方法

1. 荷载应力

(1) 混凝土面层板荷载疲劳应力计算　设计轴载在面层板临界荷位处产生的荷载疲劳应力应按式（11-12）确定

$$\sigma_{pr}=k_r k_c k_f \sigma_{ps} \tag{11-12}$$

式中　σ_{pr}——设计轴载在面层板临界荷位处产生的荷载疲劳应力（MPa）；

σ_{ps}——设计轴载在四边自由板临界荷位处产生的荷载应力（MPa）；

k_r——考虑接缝传荷能力的应力折减系数；

k_f——考虑设计基准期内荷载累计疲劳作用的疲劳应力系数；

k_c——考虑理论与实际差异及动载等因素影响的综合系数。

① 设计轴载在四边自由板临界荷位处产生的荷载应力 σ_{ps}。

$$\sigma_{ps}=1.47\times10^{-3}r^{0.70}h_c^{-2}P_s^{0.94} \tag{11-13}$$

$$r=1.21\sqrt[3]{\frac{D_c}{E_t}} \tag{11-14}$$

$$D_c=\frac{E_c h_c^3}{12-(1-v_c^2)} \tag{11-15}$$

式中 P_s——设计轴载的单轴重（kN）；

h_c，E_c，v_c——混凝土面层板的厚度（m），弯拉弹性模量（MPa）和泊松比；

r——混凝土面层板的相对刚度半径（m）；

D_c——混凝土面层板的截面弯曲刚度（MN·m）；

E_t——板底地基当量回弹模量（MPa）。

② 确定三个修正系数 k_r、k_c、k_f。应力折减系数 k_r，因接缝的传荷能力，对板的应力降低有正面效果，是一个小于等于1的数。因临界荷位在纵缝边缘，因此主要由路肩情况决定：采用混凝土路肩时，取0.87~0.92（路肩面层与路面面层等厚时取低值，减薄时取高值）；采用柔性路肩或土路肩时取1。

考虑理论与实际差异及动载等因素影响的综合系数 k_c，按公路等级查表11-13确定。

表11-13　综合系数 k_c

公路等级	高速公路	一级公路	二级公路	三、四级公路
k_c	1.15	1.10	1.05	1.00

荷载疲劳应力系数 k_f，与累计轴次 N_e 有关，由式（11-16）确定

$$k_f=N_e^{\lambda} \tag{11-16}$$

式中 N_e——设计基准期内设计轴载累计作用次数；

λ——材料疲劳指数，普通混凝土、钢筋混凝土、连续配筋混凝土采用0.057；碾压混凝土和贫混凝土采用0.065；钢纤维混凝土按式（11-17）计算

$$\lambda=0.053-0.017\rho_f\frac{l_f}{d_f} \tag{11-17}$$

式中 ρ_f——钢纤维的体积率（%）；

l_f——钢纤维的长度（mm）；

d_f——钢纤维的直径（mm）。

（2）面层板在最重轴载作用下的荷载应力计算

① 最重轴载（或称极限荷载）在四边自由板临界荷位处产生的荷载应力 σ_{pm} 计算公式与式（11-12）相同，但要用最重轴载代替式中的标准轴载。

② 确定修正系数 k_r，k_c。

k_r，k_c 的确定方法与计算荷载疲劳应力时相同，无须重复计算。

③ 最重轴载在临界荷位产生的最大荷载应力。

$$\sigma_{p,\max}=k_r k_c \sigma_{pm} \tag{11-18}$$

式中符号意义同前。

2. 温度应力

温度应力与荷载是重复荷载还是单次最重荷载作用没有直接关系，但将荷载应力与温度应力相加时，存在与现实状态的相似性问题。温度应力在路面刚开始进入使用期时，因地基约束较强，产生的温缩和翘曲内应力较大，后期在应力反复作用下，界面上的约束将减弱，因此温度疲劳应力减小。考虑疲劳作用时，采用荷载疲劳应力，温度应力也应采用温度疲劳应力。在考察最重轴载的作用时，因其作用是一次性的，因此无须考虑疲劳效应，选择最大温度应力。

(1) 面层板最大温度应力 $\sigma_{t,\max}$

1) 计算综合温度翘曲应力和内应力的温度应力系数 B_L。

$$B_L = 1.77e^{-4.48h_c}C_L - 0.313(1-C_L) \tag{11-19}$$

$$C_L = 1 - \frac{\sinh t\cos t + \cosh t\sin t}{\cos t\sin t + \sinh t\cosh t} \tag{11-20}$$

$$t = \frac{L}{3r} \tag{11-21}$$

式中 C_L——混凝土面层板的温度翘曲应力系数；

L——面层板的横缝间距，即板长（m）；

r——面层板的相对刚度半径（m）。

2) 计算最大温度应力。

$$\sigma_{t,\max} = \frac{\alpha_c E_c h_c T_g}{2} B_L \tag{11-22}$$

式中 α_c——混凝土的线膨胀系数，根据粗集料的岩性按表 11-14 取用；

T_g——公路所在地 50 年一遇的最大温度梯度，按表 11-5 取用；

其他符号意义同前。

得出最大温度应力后，可与最大荷载应力相加，代入最重轴载作用下极限状态表达式(11-12) 中。

表 11-14 水泥混凝土线膨胀系数经验参考值

粗集料类型	石英岩	砂岩	砾石	花岗岩	玄武岩	石灰岩
水泥混凝土线膨胀系数/(10^{-6}/℃	12	12	11	10	9	7

(2) 面层板温度疲劳应力 σ_{tr}

1) 确定温度疲劳应力系数 k_t。

$$k_t = \frac{f_r}{\sigma_{t,\max}}\left[a_t\left(\frac{\sigma_{t,\max}}{f_r}\right)^{b_t} - c_t\right] \tag{11-23}$$

式中 a_t、b_t、c_t——回归系数，按所在地区的公路自然区划查表 11-15；

其他符号意义同前。

表 11-15 回归系数 a_t、b_t、c_t

系数	公路自然区划					
	Ⅱ	Ⅲ	Ⅳ	Ⅴ	Ⅵ	Ⅶ
a_t	0.828	0.855	0.841	0.871	0.837	0.834
a_t	1.323	1.355	1.323	1.287	1.382	1.270
a_t	0.041	0.041	0.058	0.071	0.038	0.052

2）计算温度疲劳应力 σ_{tr}。

$$\sigma_{tr}=k_t\sigma_{t,max} \tag{11-24}$$

式中符号意义同前。

得到温度疲劳应力后，与荷载疲劳应力相加，代入重复荷载作用下极限状态表达式（11-1）中。

11.3.4 双层板模型的设计方法

（1）弹性地基双层板荷载应力　面层板或上面层板的荷载疲劳应力 σ_{pr} 应按式（11-25）计算

$$\sigma_{pr}=k_r k_f k_c \sigma_{ps} \tag{11-25}$$

式中 k_r——应力折减系数，同单层板；

k_f——荷载疲劳应力系数，同单层板；

k_c——综合系数，同单层板；

σ_{ps}——设计轴载 P_s 在上层板临界荷位产生的荷载应力，按式（11-26）计算

$$\sigma_{ps}=\frac{1.45\times10^{-3}}{1+D_b/D_c}r_g^{0.65}h_c^{-2}P_s^{0.94} \tag{11-26}$$

$$D_b=\frac{E_b h_b^3}{12(1-v_b^2)} \tag{11-27}$$

$$r_g=1.21\left[(D_c+D_b)/E_t\right]^{1/3} \tag{11-28}$$

式中 D_b——下层板的截面弯曲刚度（MN·m），按式（11-27）计算；

h_b，E_b，v_b——下层板的厚度（m）、弯拉弹性模量（MPa）和泊松比；

r_g——双层板的总相对刚度半径（m），按式（11-28）计算；

h_c，D_c——上层板的厚度（m）和截面弯曲刚度（MN·m），按式（11-15）计算。

（2）弹性地基双层板温度应力　上层板的温度疲劳应力 σ_{tr}、最大温度翘曲应力 $\sigma_{t,max}$、综合温度翘曲应力和内应力作用的温度应力系数 B_L 的计算式与单层板的相同，其中温度翘曲应力系数 C_L 应按式（11-29）计算。下层板的温度疲劳应力不需要计算分析。

$$C_L=1-\left(\frac{1}{1+\xi}\right)\frac{\sinh t\cos t+\cosh t\sin t}{\cos t\sin t+\sinh t\cosh t} \tag{11-29}$$

$$t=\frac{L}{3r_g} \tag{11-30}$$

$$\xi=-\frac{(k_n r_g^4-D_c)r_\beta^3}{(k_n r_\beta^4-D_c)r_g^3} \tag{11-31}$$

$$r_\beta=\left(\frac{D_c D_b}{(D_c+D_b)k_n}\right)^{\frac{1}{4}} \tag{11-32}$$

$$k_n=\frac{1}{2}\left(\frac{h_c}{E_c}+\frac{h_b}{E_b}\right)^{-1} \tag{11-33}$$

式中 ξ——与双层板结构有关的参数，按式（11-31）计算；

r_β——层间接触状况参数（m），按式（11-32）计算；

k_n——面层与基层之间竖向接触刚度，上下层之间不设沥青混凝土夹层或隔离层时按式（11-33）计算，设沥青混凝土夹层或隔离层时，k_n 取 3000MPa/m。

11.3.5 复合板模型的设计方法

1）面层复合板的荷载疲劳应力和最大荷载应力计算，与单层板或上层板完全相同，只需用面层复合板的截面弯曲刚度$\widetilde{D}_c$和等效厚度$\widetilde{h}_c$替代单层板或上层板的弯曲刚度D_c和厚度h_c即可，板相对刚度半径r或r_g应依据面层复合板弯曲刚度$\widetilde{D}_c$重新计算。面层复合板弯曲刚度$\widetilde{D}_c$应按式（11-34）计算，等效厚度$\widetilde{h}_c$应按式（11-35）计算

$$\widetilde{D}_c=\frac{E_{c1}h_{c1}^3+E_{c2}h_{c2}^3}{12(1-v_{c2}^2)}+\frac{(h_{c1}+h_{c2})^2}{4(1-v_{c2}^2)}\left(\frac{1}{E_{c1}h_{c1}}+\frac{1}{E_{c2}h_{c2}}\right)^{-1} \tag{11-34}$$

$$\widetilde{h}_c=2.42\sqrt{\frac{\widetilde{D}_c}{E_{c2}d_x}} \tag{11-35}$$

$$d_x=\frac{1}{2}\left[h_{c2}+\frac{E_{c1}h_{c1}(h_{c1}+h_{c2})}{E_{c1}h_{c1}+E_{c2}h_{c2}}\right] \tag{11-36}$$

式中 E_{c1}，h_{c1}——面层复合板上层的弯拉弹性模量（MPa）和厚度（m）；

E_{c2}，v_{c2}，h_{c2}——面层复合板下层的弯拉弹性模量（MPa）、泊松比和厚度（m）；

d_x——面层复合板中性轴至下层底部的距离（m），按式（11-36）计算。

2）面层复合板的疲劳温度应力计算和疲劳温度应力系数与单层板相同。最大温度应力$\sigma_{t,\max}$应按式（11-37）计算

$$\sigma_{t,\max}=\frac{\alpha_e T_g E_{c2}(h_{c1}+h_{c2})}{2}B_L\zeta \tag{11-37}$$

$$\zeta=1.77-0.27\ln\left(\frac{h_{c1}E_{c1}}{h_{c2}E_{c2}}+18\frac{E_{c1}}{E_{c2}}-2\frac{h_{c1}}{h_{c2}}\right) \tag{11-38}$$

式中 B_L——面层复合板的温度应力系数；

ζ——面层复合板的最大温度应力修正系数，按照式（11-38）计算。

3）基层复合板的弯曲刚度按式（11-39）计算，计算双层板的荷载应力和温度应力。

$$D_{b0}=D_{b1}+D_{b2} \tag{11-39}$$

$$\sigma_{bpr}=\frac{\widetilde{\sigma}_{bpr}}{1+D_{b2}/D_{b1}} \tag{11-40}$$

式中 D_{b0}——基层复合板的弯曲刚度（MN·m）；

D_{b1}，D_{b2}——基层和底基层的弯曲刚度（MN·m），分别按基层和底基层的厚度h_{b1}和h_{b2}以及弹性模量E_{b1}和E_{b2}，由式（11-27）计算得到；

$\widetilde{\sigma}_{bpr}$——基层复合板的名义荷载应力，按照JTG D40—2011《公路水泥混凝土路面设计规范》中的式（B.4.2-2）计算，其中，以基层厚度h_{b1}替代式中基层厚度h_b，以复合板弯曲刚度D_{b0}替代式中基层板弯曲刚度D_b。

习 题

1. 水泥混凝土路面中疲劳问题的考虑方式与沥青路面设计中的方式各是什么？有什么区别与联系？
2. 为什么要提出多种设计计算模型？各自对应着什么样的结构组合？
3. 为什么我国高速公路、一级公路工程中，水泥混凝土路面的应用比例越来越低？

Part III

第 3 篇

路基路面工程实训

第 12 章

路面结构厚度验算示例

学习目标

通过本章沥青路面结构设计和水泥混凝土路面结构设计示例，熟悉路面结构设计过程。

12.1 水泥稳定碎石基层沥青路面结构算例

1. 工程概况

东北地区某高速公路，设计车速 100km/h，设计使用年限 15 年。所在地区自然区划属Ⅱ-2 区，沥青路面气候分区属 2-2 区，年均降雨量 607mm，年平均气温 11.6℃，月平均气温最低为 -3.2℃，月平均气温最高为 24.8℃，多年最低气温为 -20℃。

2. 交通参数

交通参数分析详见 6.3 节。

3. 初拟路面结构方案

结合工程经验，初拟水泥稳定碎石基层沥青路面结构列于表 12-1，其中水泥稳定碎石基层厚度分别取 340mm、360mm 和 380mm。

表 12-1 初拟水泥稳定碎石基层沥青路面结构

结构层	材料类型	厚度/mm
面层	AC-13(SBS 改性沥青)	40
	AC-20(90 号道路石油沥青)	60
	AC-25(90 号道路石油沥青)	80
基层	水泥稳定碎石	340、360、380
底基层	级配碎石	180

4. 路基和结构层材料参数

(1) 路基顶面回弹模量 路基为受气候影响的干燥类，土质为低液限黏土。参考 JJG D30—2015《公路路基设计规范》，低液限黏土路基标准状态下回弹模量取 70MPa，回弹模量湿度调整系数 k_s 取 0.95，干湿与冻融循环作用折减系数 k_η 取 0.80，则经过湿度调整和干湿与冻融循环作用折减的路基顶面回弹模量为 53MPa，满足规范规定。

(2) 级配碎石底基层模量 根据试验测定结果，经湿度调整后，级配碎石底基层模量为 300MPa。

（3）水泥稳定碎石基层模量和弯拉强度　根据试验测定结果，水泥稳定碎石材料弹性模量为24000MPa，乘以结构层模量调整系数0.5，水泥稳定碎石基层弹性模量为12000MPa，弯拉强度为1.8MPa。

（4）沥青面层模量　根据试验测定结果，20℃、10Hz时，SBS改性沥青AC-13表面层模量为11000MPa，90号道路石油沥青AC-20中面层和AC-25下面层模量为10000MPa。

（5）泊松比　根据JTG D50—2017《公路沥青路面设计规范》表5.6.1，路基泊松比取0.40，级配碎石底基层取0.35，沥青混合料面层和水泥稳定碎石基层取0.25。

5. 路面结构验算

需要验算的设计指标为无机结合料基层层底拉应力和沥青混合料层永久变形；项目处于季节性冻土地区，还需进行低温开裂指数验算。

（1）水泥稳定碎石基层层底应力　根据结构层厚度和力学参数，采用弹性层状体系理论，计算得到水泥稳定碎石基层厚度为340mm、360mm和380mm时的层底拉应力，列于表12-2。

表12-2　水泥稳定碎石基层层底拉应力计算结果

水泥稳定碎石基层厚度/mm	拉应力/MPa
340	0.269
360	0.251
380	0.236

根据表9-12，高速公路目标可靠指标β取1.65。

根据气象资料，工程所在地区冻结指数F为242℃·日，按照表9-25内插，季节性冻土地区调整系数k_a取0.95。当水泥稳定碎石基层厚度为340mm、360mm和380mm时，现场综合修正系数k_c分别为-1.201、-1.239和-1.271。根据工程所在地区，查表9-4得到基准路面结构温度调整系数$\hat{K}_{T2}=1.16$。根据表12-1初拟路面结构和路面结构层材料参数，按式（9-4）计算得到水泥稳定碎石厚度为340mm、360mm和380mm时，路面结构的温度调整系数K_{T2}分别为1.25、1.22和1.19。

疲劳开裂模型参数$a=13.24$，$b=12.52$。

根据以上参数，按式（9-27）计算不同基层厚度时水泥稳定碎石基层疲劳开裂寿命，列于表12-3。对应于无机结合料层层底拉应力的当量设计轴载累计作用次数为1.52×10^9次，水泥稳定碎石基层厚度为360mm时，基层疲劳开裂寿命可满足设计要求，故基层厚度取360mm。

表12-3　水泥稳定碎石基层疲劳开裂寿命

水泥稳定碎石基层厚度/mm	疲劳开裂寿命/次
340	1.29×10^9
360	1.59×10^9
380	1.95×10^9

（2）沥青混合料层永久变形量　在试验温度为60℃，压强为0.7MPa，加载次数为2520次时，三种沥青混合料车辙试验变形深度R_0见表12-4。

查表9-4，基准等效温度$T_\xi=18.2℃$，带入T_ξ和沥青混合料层厚度$h_a=180\text{mm}$，由式(9-19)计算得到沥青混合料层永久变形等效温度为21.1℃。根据规范规定的分层方法，将沥青混合料层分为七个分层：

表 12-4　三种沥青混合料车辙试验变形深度 R_0 取值

材料类型	车辙试验变形深度 R_0/mm
改性沥青 AC-13	2.5
道路石油沥青 AC-20	5.0
道路石油沥青 AC-25	5.1

40mm 改性沥青 AC-13 表面层，分为 10mm+15mm+15mm，共三层；60mm 道路石油沥青 AC-20 中面层，分为 20mm+20mm+20mm，共三层；80mm 道路石油沥青 AC-25 下面层，作为一层。

分别计算设计荷载作用下各分层顶部的竖向压应力，以上七个分层应力分别标识为 $p_1 \sim p_7$；结果列入表 12-5。

表 12-5　不同分层顶部压应力计算结果　（单位：MPa）

p_1	p_2	p_3	p_4	p_5	p_6	p_7
0.70	0.70	0.69	0.67	0.62	0.55	0.48

根据式（9-32）和式（9-33），$h_a=180$mm 时 $d_1=-4.15$，$d_2=0.66$。根据以上分层方法和规定的取值规则，自上而下各分层的中点深度取值分别为 15mm、17.5mm、32.5mm、50mm、70mm、90mm 和 140mm，根据 d_1 和 d_2 的计算结果，带入规范式（9-31），可得到七个分层的永久变形修正系数取值，见表 12-6，分别以 $k_{R1} \sim k_{R7}$ 表示。

表 12-6　各分层修正系数 k_{Ri} 计算结果

k_{R1}	k_{R2}	k_{R3}	k_{R4}	k_{R5}	k_{R6}	k_{R7}
3.80	4.57	7.11	7.36	6.22	4.74	1.94

由交通参数示例，对应于沥青混合料层永久变形量的当量设计轴载累计作用次数为 2.15×10^7 次。根据以上参数，采用式（9-30）计算各分层永久变形量，分别以 $R_{a1} \sim R_{a7}$ 表示，第 1 层至第 7 层的永久变形量分别为 $R_{a1}=0.6$mm，$R_{a2}=1.0$mm，$R_{a3}=1.6$mm，$R_{a4}=4.1$mm，$R_{a5}=3.0$mm，$R_{a6}=1.8$mm，$R_{a7}=2.4$m。各层永久变形累加得到沥青混合料层总永久变形量，$R_a=\sum_{i=1}^{7} R_{ai}=14.5$mm，满足规范容许变形量的要求。

根据式（9-34）和表 12-4 所列车辙试验变形深度 R_0 计算沥青混合料的动稳定度，取整后列于表 12-7，满足规范规定。

表 12-7　沥青混合料动稳定度（次/mm）

材料类型	动稳定度
改性沥青 AC-13	2410
道路石油沥青 AC-20	860
道路石油沥青 AC-25	840

（3）路面低温开裂指数　根据气候条件，所在地区低温设计温度 T 为 -20℃。根据式（9-36），路基填料为低液限黏土，路基类型参数 $b=2$。表面层改性沥青的 -10℃条件下弯曲梁变试验的劲度模量 S_t 为 300MPa，沥青混合料层厚度 $h_a=180$mm。

将上述参数带入式（9-36），低温开裂指数 $CI=1.7$，满足规范对低温开裂指数的要求。

（4）路基顶面和路表验收弯沉值　确定路基顶面和路表验收弯沉值时，荷载与落锤式弯沉仪相同，荷载盘半径为150mm，荷载为50kN。

路基标准状态下回弹模量取70MPa，回弹模量湿度调整系数 k_s 取0.95，则平衡湿度状态下的回弹模量为66MPa，采用弹性半空间体理论计算得到路基顶面验收弯沉值 l_g 为248.1（0.01mm）。

采用表7-3拟定的路面结构以及各层结构模量值，路基顶面回弹模量采用平衡湿度状态下的回弹模量乘以模量调整系数 k_1（$k_1=0.5$），为33MPa，根据弹性层状体系理论计算得到路表验收弯沉值 l_a 为24.7（0.01mm）。

6. 设计结论

综合以上分析，满足无机结合料层疲劳开裂、沥青混合料容许永久变形量和沥青面层低温开裂要求的路面结构设计结果汇总于表12-8。

表12-8　沥青路面结构组合与结构层模量

结构层	材料类型	厚度/mm	结构层模量/MPa
面层	AC-13(SBS改性沥青)	40	11000
	AC-20(90号道路石油沥青)	60	10000
	AC-25(90号道路石油沥青)	80	10000
基层	水泥稳定碎石	360	12000
底基层	级配碎石	180	300
路基			53

水泥稳定碎石材料90d弯拉强度不小于1.8MPa，并宜不大于2.0MPa。表面层改性沥青低温性能应满足规范规定。沥青混合料低温弯曲试验的破坏应变应符合规范有关规定。改性沥青AC-13动稳定度不小于2400次/mm，道路石油沥青AC-20动稳定度不小于800次/mm，道路石油沥青AC-25动稳定度不小于800次/mm。沥青混合料的贯入强度宜符合JTG D50—2017《公路沥青路面设计规范》5.5.8条的规定。沥青混合料的水稳定性要求应符合JTG D50—2017《公路沥青路面设计规范》5.5.10条的有关规定。设计沥青路面结构的路基顶面验收弯沉值为248.1（0.01mm），路表验收弯沉值为24.7（0.01mm）。

（其他要求从略）。

12.2　级配碎石基层沥青路面结构算例

1. 工程概况

华中地区某二级公路，全长60km，设计车速80km/h，设计年限12年。所在地区为暖温带大陆性气候，自然区划属11-5区，沥青路面气候分区属1-3区，年均降雨量641mm，年平均气温14.3℃，月平均气温最低0.1℃，月平均气温最高27.5℃。

2. 交通参数

交通参数分析详见6.3。

3. 初拟路面结构方案

结合工程经验，初拟路面结构见表12-9，沥青混合料层厚度分别为100mm、120mm

和 140mm。

表 12-9 初拟级配碎石基层沥青路面结构

结构层	材料类型	厚度/mm
面层	AC-13(90 号道路石油沥青)	40
	AC-25(90 号道路石油沥青)	60、80、100
基层	级配碎石	300
底基层	级配碎石	200

4. 路基和结构层材料参数

(1) 路基顶面回弹模量 参考 JTG D30—2015《公路路基设计规范》，黏土质砂路基标准状态下的回弹模量取 75MPa，湿度调整系数 k_s 取 1.1，干湿与冻融循环作用折减系数 k_η，取 0.85，则经过湿度调整和干湿与冻融循环作用折减的路基顶面回弹模量为 70MPa，满足规范规定。

(2) 级配碎石层模量 经湿度调整后，级配碎石基层模量取 500MPa，级配碎石底基层模量取 300MPa。

(3) 沥青混合料层模量 20℃、10Hz 时，90 号道路石油沥青 AC-13 表面层模量取 9000MPa，AC-25 下面层模量取 10000MPa。

(4) 泊松比 根据 JTG D50—2017《公路沥青路面设计规范》表 5.6.1，路基泊松比取 0.40，沥青混合料层泊松比取 0.25，级配碎石基层和底基层泊松比取 0.35。

5. 路面结构验算

需要验算的设计指标为沥青混合料层层底拉应变、沥青混合料层永久变形量和路基顶面竖向压应变。

(1) 沥青混合料层层底拉应变 采用弹性层状体系理论，计算沥青混合料层厚度为 100mm、120mm 和 140mm 时，沥青混合料层层底拉应变，结果列于表 12-10。

表 12-10 沥青混合料层层底拉应变计算结果

沥青混合料层厚度/mm	拉应变/$\mu\varepsilon$
100	119.6
120	103.9
140	91.3

根据表 9-16，二级公路目标可靠指标 β 取 1.04。

工程所在地区不是季节性冻土地区，根据表 9-20，季节性冻土地区调整系数 k_a 取 1.0。根据工程所在地区，查表 9-14 得到基准路面结构温度调整系数 $k_{T1}=1.18$，按式 (9-14) 计算沥青混合料层厚度分别为 100mm、120mm 和 140mm 时，温度调整系数 k_{T1} 分别为 1.01、1.05 和 1.08。根据常用 AC-25 型混合料的配合比设计情况，沥青饱和度 *VFA* 取 65%。

根据以上参数，按式 (9-25) 计算不同沥青混合料层厚度时沥青混合料层疲劳开裂寿命见表 12-11。对应于沥青层混合料层层底拉应变的当量设计轴载累计作用次数为 7.5×10^6 次，沥青混合料层厚度取 120mm 时沥青混合料层疲劳开裂寿命可满足要求，故面层厚度取 120mm。

(2) 沥青混合料层永久变形量 在试验温度为 60℃，压强为 0.7MPa，加载次数为 2520 次时，三种沥青混合料车辙试验变形深度 R_0，见表 12-12。

表 12-11　沥青混合料层疲劳开裂寿命

沥青混合料层厚度/mm	疲劳开裂寿命/次
100	6.01×10^{6}
120	9.63×10^{6}
140	1.44×10^{7}

表 12-12　三种沥青混合料车辙试验变形深度 R_0 取值

材料类型	车辙试验变形深度 R_0/mm
道路石油沥青 AC-13	4.5
道路石油沥青 AC-25	4.5

查表 9-4，基准等效温度 $T_\xi=20.9$℃，带入 T_ξ 和沥青混合料层厚 $h_a=120$mm，由式(9-19)计算得到沥青混合料层永久变形等效温度为 22.8℃。根据规范规定的分层方法，将沥青混合料层分为七个分层：

40mm 道路石油沥青 AC-13 表面层，分为 10mm+15mm+15mm，共三层；80mm 道路石油沥青 AC-25 下面层，分为 20mm+20mm+20mm+20mm，共四层。

分别计算设计荷载作用下各分层顶部的竖向压应力，以上七个分层应力分别标识为 $p_1\sim p_7$，结果列入表 12-13。

表 12-13　不同分层顶部压应力计算结果　　（单位：MPa）

p_1	p_2	p_3	p_4	p_5	p_6	p_7
0.70	0.69	0.69	0.59	0.47	0.33	0.21

根据式（9-32）和式（9-33），$h_a=120$mm 时 $d_1=-6.63$，$d_2=0.73$。自上而下各分层的中点深度取值分别为 15mm、17.5mm、32.5mm、50mm、70mm、90mm 和 110mm，根据 d_1 和 d_2 的计算结果，可得到七个分层的永久变形修正系数取值见表 12-14，分别以 $k_{R1}\sim k_{R7}$ 表示。

表 12-14　各分层修正系数 k_{Ri} 计算结果

k_{R1}	k_{R2}	k_{R3}	k_{R4}	k_{R5}	k_{R6}	k_{R7}
2.90	3.84	7.08	7.67	6.62	5.10	3.68

对应于沥青混合料层永久变形量的当量设计轴载累计作用次数为 7.5×10^{6} 次。

根据以上参数，采用式（9-30）计算七个分层的永久变形量，分别以 $R_{a1}\sim R_{a7}$ 表示，第 1 层至第 7 层的永久变形量分别为 $R_{a1}=0.6$mm，$R_{a2}=1.2$mm，$R_{a3}=2.0$mm，$R_{a4}=2.4$mm，$R_{a5}=1.3$mm，$R_{a6}=0.5$mm，$R_{a7}=0.2$mm。各层永久变形累加得到沥青混合料层总永久变形量，$R_a=\sum_{i=1}^{7}R_{ai}=8.2$mm，满足规范允许变形量的要求。

根据式（9-34）和表 12-12 所列车辙试验变形深度 R_0 计算沥青混合料的动稳定度，取整后列于表 12-15，满足规定。

（3）路基顶面竖向压应变　根据工程所在地区，查表 9-4 得到基准路面结构温度调整系数为 1.02，根据初拟路面结构和路面结构层材料参数，计算得到温度调整系数 k_{T3} 为 0.91。对应于路基顶面竖向压应变的当量设计轴载累计作用次数为 1.27×10^{7} 次。根据以上参数，按式（9-35），路基顶面允许竖向压应变值 $[\varepsilon_z]$ 为 $323.5\mu\varepsilon$ 采用弹性层状体系理论，计算沥青混合料层厚度为 120mm 时，路基顶面竖向压应变为 244.1$\mu\varepsilon$，满足路基顶面允许竖向压应变要求。

表 12-15　沥青混合料动稳定度技术要求

材料类型	动稳定度/(次/mm)
道路石油沥青 AC-13	1010
道路石油沥青 AC-25	1010

(4) 路基顶面和路表验收弯沉值　确定路基顶面和路表验收弯沉值时，荷载与落锤式弯沉仪相同，荷载盘半径为 150mm，荷载为 50kN。路基标准状态下的回弹模量取 75MPa，湿度调整系数 k_s 取 1.1，则平衡湿度状态下的回弹模量为 83MPa，采用弹性半空间体理论计算得到路基顶面验收弯沉值 l_g 为 200.0(0.01mm)。采用经过验算的结构层厚度以及各层结构模量值，路基顶面回弹模量采用平衡湿度状态下的回弹模量乘以模量调整系数 k_1(k_1=1.0)，为 83MPa，根据层间连续弹性层状体系理论计算得到路表验收弯沉值 l_a 为 35.8（0.01mm)。

6. 设计结论

综合以上分析，满足沥青层疲劳开裂、沥青混合料永久变形量和路基顶面竖向压应变要求的路面结构设计结果汇于表 12-16。

表 12-16　沥青路面结构组合与结构层模量

结构层	材料类型	厚度/mm	结构层模量/MPa
面层	AC-13(90 号道路石油沥青)	40	9000
	AC-25(90 号道路石油沥青)	100	10000
基层	级配碎石	300	500
底基层	级配碎石	200	300
路基			70

道路石油沥青 AC-13 和道路石油沥青 AC-25 的动稳定度不小于 1000 次/mm。沥青混合料的贯入强度宜符合 JTG D50—2017《公路沥青路面设计规范》5.5.8 条的规定，沥青混合料的水稳定性要求应符合 JTG D50—2017《公路沥青路面设计规范》5.5.10 条的规定。设计沥青路面结构的路基顶面验收弯沉值为 200.0（0.01mm)，路表验收弯沉值为 35.8（0.01mm)。

(其他要求从略)。

12.3　单层板设计实例

[例 12-1]　某地拟新建一条连接两个地级市的二级公路省道，路线总长 58km，双向四车道，路面宽度为 16m，该地属公路自然区划Ⅳ区，路基为低液限黏土，路床顶距地下水位平均高度 1.8m，本地石料以玄武岩为主。拟采用普通水泥混凝土路面，查得设计基准期 20 年。

解：其设计过程如下：

1. 交通量调查分析与预测

(1) 调查与分析　因是新建公路，所以无直接调查数据。通过两个地级市过去 10 年的经济发展状况（GDP）分析、人口增长率分析及机动车总量分析，综合确定其交通量发展趋势，确定 20 年设计基准期内，年平均增长率为 5%；根据邻近区城公路网交通流量分析，及本路线建成后对路网的分流情况分析，确定初始年平均日混合交通量为 17517 辆/日。对已建成公路收费站调查数据分析及现场抽样调查发现，最重轴载为150kN。

(2) 交通量数据处理　确定设计车道的初始年平均日交通量，JTG D40—2011《公路水泥混凝土路面设计规范》表A.1.3确定车道分配系数为0.50~0.75；JTG D40—2011《公路水泥混凝土路面设计规范》表A.2.4确定轮迹横向分布系数 η 为0.34~0.39，根据综合行车道宽度和交通量大小情况，取0.36。双向交通量基本相当，根据现场调查情况，车道分配系数取0.65。

$$N=17517\times0.5(\text{双向转单向})\times0.65(\text{车道系数})=5693(\text{辆/日})$$

根据轴型构成调查情况，剔除2轴4轮及其以下的客货车后，按比例将 N 经轴载换算后得到设计车道初始年平均日标准轴载作用次数 N_s 为164次（过程略），计算 N_e。

$$\begin{aligned} N_e &= \frac{N_s\times[(1+g_r)^t-1]\times365}{g_r}\times\eta \\ &= \frac{164\text{次}\times[(1+0.05)^{20}-1]\times365}{0.05}\times0.36 \\ &= 712558\text{次} \end{aligned}$$

属“中等”交通荷载等级。

2. 可靠度系数的确定

通过调研发现，本地类似工程及可能的投标施工企业资质较好，机械化水平高，管理水平也普遍较高，且本工程所在地区原材料丰富，所用材料均为甲方供应，类似工程中检测数据分析表明，变异水平等级可控制到“低”级别范围内的中等水平。

查表11-2，二级公路安全等级为“二级”，目标可靠度为85%，结合调研的变异水平等级为“低”级，查表11-4确定可靠度系数范围为1.04~1.08，按中等水平取中值 $\nu_r=1.6$。

3. 路基参数的确定

根据低液限黏土土质查JTG D40—2011《公路水泥混凝土路面设计规范》表E.0.1-1，得到其路基回弹模量范围为50~100MPa，代表值为70MPa，根据本地工程资料，回弹模量取80MPa。根据地下水位距路基顶面平均高度为1.8m，根据JTG D40—2011《公路水泥混凝土路面设计规范》表E.0.1-2内插得到其湿度调整系数范围，取0.8，乘以代表值，路基综合回弹模量最终为64MPa。

4. 结构组合初拟与设计参数确定

因本路段属中交通荷载等级，适宜的基层材料为：级配碎石、水泥稳定碎石、二灰碎石等。中等交通可不设底基层，或设置未筛分碎石、级配碎石等底基层。

初步拟定的结构组合：普通水泥混凝土路面板（h_c）+级配碎石基层（20cm）+路基（综合回弹模量为64MPa）。其中 h_c 根据预估板厚，二级公路、“中”级变异水平等级的厚度为210~240mm，本路段变异水平等级为“低”级，初定为22cm。根据JTG D40—2011《公路水泥混凝土路面设计规范》表3.0.8、表E.0.3弯拉强度标准值取为4.5MPa，弯拉弹性模量为29GPa，泊松比取为0.15，采用花岗岩质粗集料，其线胀系数为 10×10^{-6}/℃。

查JTG D40—2011《公路水泥混凝土路面设计规范》表E.0.2得级配碎石基层回弹模量为300MPa。

5. 平面尺寸、接缝及路肩形式选择

平面尺寸：长5m，宽4m。

接缝：缩缝为不设传力杆的假缝，纵缝为带拉杆的平头真缝。

路肩：面层采用水泥混凝土，与路面板间设拉杆连接。

6. 计算地基综合回弹模量

首先选择模型：因单层级配碎石基层属粒料类材料，因此选择弹性地基上的单层板模型。

因除路基外只有单层基层，所以 $E_x=300\text{MPa}$，$h_x=0.20\text{m}$，$\alpha=0.86+0.26\ln(0.20)=0.86-0.26\times1.61=0.442$，地基综合回弹模量

$$E_t=\left(\frac{E_x}{E_0}\right)^{\alpha}E_0=\left(\frac{300}{64}\right)^{0.442}\times64\text{MPa}=126.69\text{MPa}$$

7. 荷载应力计算

（1）设计轴载（100kN）在临界荷位处产生的荷载应力 σ_{ps}

板的弯曲刚度

$$D_c=\frac{E_c h_c^3}{12(1-v_c^2)}=\frac{29\text{GPa}\times22\text{cm}^3}{12\times(1-0.15^2)}=26.3\text{MN}\cdot\text{m}$$

面板的相对刚度半径

$$r=1.21\sqrt[3]{\frac{D_c}{E_t}}=1.21\times\sqrt[3]{\frac{26.3\text{MN}\cdot\text{m}}{126.69\text{MPa}}}=0.716\text{m}$$

荷载应力

$$\sigma_{ps}=1.47\times10^{-3}r^{0.70}h_c^{-2}P_s^{0.94}=1.47\times10^{-3}\times0.716^{0.70}\times0.22^{-2}\times100^{0.94}\text{MPa}=1.824\text{MPa}$$

（2）确定各修正系数 k_r，k_c，K_f　应力折减系数 k_r，由路肩情况决定：采用混凝土路肩时取0.87（路肩面层与路面面层等厚）。

考虑理论与实际差异及动载等因素影响的综合系数 k_c，按二级公路查表 11-9 为 1.05。

荷载疲劳应力系数 K_f 与累计轴次 N_e 有关，由下面的公式确定

$$K_f=N_e^{\lambda}=712558^{0.057}=2.16$$

（3）计算荷载疲劳应力

$$\sigma_{pr}=K_r K_c K_f\sigma_{ps}=0.87\times1.05\times2.16\times1.824\text{MPa}=3.60\text{MPa}$$

（4）面层板在最重轴载作用下的荷载应力计算　最重轴载（或称极限荷载）在四边自由板的临界荷位处产生的荷载应力

$$\sigma_{pm}=1.47\times10^{-3}r^{0.70}h_c^{-2}P_m^{0.94}=1.47\times10^{-3}\times0.716^{0.70}\times0.22^{-2}\times150^{0.94}\text{MPa}=2.670\text{MPa}$$

最重轴载在临界荷位产生的最大荷载应力

$$\sigma_{p,\max}=K_r K_c\sigma_{pm}=0.87\times1.05\times2.670\text{MPa}=2.449\text{MPa}$$

8. 温度应力计算

（1）面层板最大温度应力 $\sigma_{t,\max}$

$$t=\frac{L}{3r}=\frac{5}{3\times0.716}=2.328$$

面层板的温度翘曲应力系数

$$C_L=1-\frac{\sinh t\cdot\cos t+\cosh t\cdot\sin t}{\cos t\cdot\sin t+\sinh t\cdot\cosh t}=1-\frac{\sinh2.328\cdot\cos2.328+\cosh2.328\cdot\sin2.328}{\cos2.328\cdot\sin2.328+\sinh2.328\cdot\cosh2.328}$$

$$=1-\frac{5.0758+0.2103}{0.0406+26.3012}=1-0.2007=0.7993$$

计算综合温度翘曲应力和内应力的温度应力系数

$$B_L=1.77e^{-4.48h_c}C_L-0.131\times(1-0.7993)=1.77\times0.3732\times0.7993-0.131\times0.2007=0.5017$$

Ⅳ区最大温度梯度范围为 86~92℃/m，取 88℃/m，最大温度应力

$$\sigma_{t,\max}=\frac{\alpha_c E_c h_c T_g}{2}B_L$$

$$=\frac{10\times10^{-6}\times29000\times0.22\times88}{2}\times0.5017\text{MPa}=1.408\text{MPa}$$

（2）面层板温度疲劳应力 σ_{tr}

1）确定温度疲劳应力系数 k_t。Ⅳ区，查表 11-15 得 a_t、b_t 和 c_t，分别为 0.843、1.323、0.058，计算温度疲劳应力系数

$$k_t=\frac{f_r}{\sigma_{t,\max}}\left[a_t\left(\frac{\sigma_{t,\max}}{f_r}\right)^{b_t}-c_t\right]=\frac{4.5}{1.408}\times\left[0.843\times\left(\frac{1.408}{4.5}\right)^{1.323}-0.058\right]=0.394$$

2）计算温度疲劳应力 σ_{tr}。

$$\sigma_{tr}=k_t\sigma_{t,\max}=0.394\times1.408\text{MPa}=0.55\text{MPa}$$

9. 设计极限状态验证

弹性地基上单层板模型，只需要检验单层板的极限状态

$$\begin{cases}\gamma_r(\sigma_{pr}+\sigma_{tr})=1.06\times(3.60+0.55)\text{MPa}=4.40\text{MPa}\leqslant f_r=4.5\text{MPa}\\ \gamma_r(\sigma_{p,\max}+\sigma_{t,\max})=1.06\times(2.44+1.41)\text{MPa}=4.08\text{MPa}\leqslant f_r=4.5\text{MPa}\end{cases}$$

10. 设计方案优化

考虑到 22cm 板厚时，疲劳极限状态的综合疲劳应力达 4.40MPa，与材料的弯拉强度标准值相差 2%左右，结构厚度进一步优化的空间不大，取计算值为 22cm。

根据要求，加 6mm 磨耗厚度，并按 10mm 向上取整，最后的设计厚度为 23cm。

11. 排水设计

本路段大部分路段为填方，且路堤高度不大，排水条件相对较好，加之级配碎石基层的排水效果较好，可起到结构层内排水作用，为进一步保证排水安全，设置路面内部排水管道，并与路基排水沟、管衔接，具体排水设计略。

12.4 分离式双层板模型设计方法与实例

采用碾压混凝土或贫混凝土做基层时，需验算基层的荷载疲劳应力是否超过抗弯拉强度。采用其他材料做基层时，与前述弹性地基上单层板理论相比，虽在计算公式中考虑了基层刚度大时的影响，但无须考虑基层的极限状态，也就无须针对基层计算其各应力，在选用公式进行实际计算时需加以注意。

12.4.1 荷载应力

1. 荷载作用在四边自由板上的临界荷位产生的荷载应力

上层板的荷载疲劳应力计算与单层板模型类似，但与设计轴载 P_s 作用下的荷载应力计算公式不同。

（1）上层板在设计荷载作用下的荷载应力

$$\sigma_{ps}=\frac{1.45\times10^{-3}}{1+\dfrac{D_b}{D_c}}r_g^{0.65}h_c^{-2}P_s^{0.94} \tag{12-1}$$

$$D_b=\frac{E_b h_b^3}{12\times(1-v_b^2)} \tag{12-2}$$

$$r_g = 1.21 \times \sqrt[3]{\frac{D_c + D_b}{E_t}} \tag{12-3}$$

式中　D_b——下层板的截面弯曲刚度（MN·m）；

h_b，E_b，v_b——下层板的厚度（m）、弯拉弹性模量（MPa）和泊松比；

r_g——双层板的总相对刚度半径（m）；

h_c、D_c——上层板的厚度（m）和截面弯曲刚度（MN·m）。

（2）上层板在最重轴载作用下的荷载应力　采用的公式同上，但用最重轴载 P_m 代替设计轴载 P_s。

（3）下层板在设计荷载作用下的荷载应力　碾压混凝土、贫混凝土或水泥混凝土下层板需要计算其荷载应力

$$\sigma_{bps} = \frac{1.41 \times 10^{-3}}{1 + \dfrac{D_c}{D_b}} r_g^{0.68} h_b^{-2} P_s^{0.94} \tag{12-4}$$

2. 荷载疲劳应力与最大荷载应力

（1）荷载疲劳应力的修正系数 k_r、k_c、k_f

上层板：三个修正系数的确定与弹性地基上单层板相同，计算荷载疲劳应力公式也相同。

（2）下层板在最重轴载作用下的最大荷载应力　下层板的两个修正系数 k_r、k_c 的确定方法与弹性地基单层板相同，最大荷载应力计算公式也相同。

12.4.2　温度应力

下层板不考虑温度应力。

（1）上层板的最大温度翘曲应力　与弹性地基单层板模型相比，除温度翘曲应力系数 C_L 计算公式不同外，其他计算公式都相同。

$$C_L = 1 - \left(\frac{1}{1+\xi}\right) \frac{\sinh t \cdot \cos t + \cosh t \cdot \sin t}{\cos t \cdot \sin t + \sinh t \cdot \cosh t} \tag{12-5}$$

$$t = \frac{L}{3r_g} \tag{12-6}$$

$$\xi = -\frac{(k_n r_g^4 - D_c) r_\beta^3}{(k_n r_\beta^4 - D_c) r_g^3} \tag{12-7}$$

$$r_\beta = \sqrt[4]{\frac{D_c D_b}{(D_c + D_b) k_n}} \tag{12-8}$$

$$k_n = \frac{1}{2}\left(\frac{h_c}{E_c} + \frac{h_b}{E_b}\right)^{-1} \tag{12-9}$$

式中　ξ——与双层板结构有关的参数；

r_β——层间接触状况参数（m）；

k_n——面层与基层之间的竖向接触刚度，上下层之间不设沥青混凝土夹层或隔离层时，按式（12-9）计算，设隔离层，则取 3000MPa/m。

（2）上层板的温度疲劳应力　温度疲劳应力计算中，除 C_L 不同，计算出的 $\sigma_{t,max}$ 不同外，其他修正系数及公式与弹性地基单层板模型相同。

12.4.3　设计实例

［例 12-2］　其他条件与例 12-1 相同，但 N 增大到 1020 万次。试进行普通水泥混凝土路面

结构设计。

解：其设计过程如下：

1. 交通量调查分析与预测

N_e=1020万次，参考交通荷载分级表，属重交通荷载等级。设计轴载仍采用100kN，最重轴载与例12-1相同，为150kN。

2. 可靠度系数的确定

与例12-1相同，确定可靠度系数$\gamma_f=1.06$。

3. 路基参数的确定

重及以上交通荷载等级要求路基综合回弹模量大于80MPa，取该值为80MPa。

4. 结构组合初拟与设计参数确定

因本路段属重交通荷载等级，适宜的基层材料为：水泥稳定碎石、密级配沥青稳定碎石等；必须设置底基层，适宜材料类型为：级配碎石、水泥稳定碎石、二灰碎石等。

初步拟定的结构组合：普通水泥混凝土路面板（h）+水泥稳定碎石基层（20cm）+水泥稳定碎石底基层（20cm）+路基（综合回弹模量为80MPa）。其中h，根据预估板厚，与例12-1类似，初估板厚为22cm。但从水泥混凝土材料角度，重及以上交通荷载等级要求弯拉强度标准值为5.0MPa，弯拉模量为31GPa，泊松比仍取0.15，线胀系数仍为$10\times10^{-6}/℃$。

上下两层水泥稳定碎石在水泥用量上和集料方面有差异，上层要优于下层，经初步材料试验，7d浸水抗压强度分别为5.5MPa和2.5MPa，参考JTG D40—2011《公路水泥混凝土路面设计规范》表E.0.2，取上层水泥稳定碎石弹性模量为2500MPa，下层水泥稳定碎石弹性模量为1500MPa，泊松比取为0.20。

5. 平面尺寸、接缝及路肩形式选择

与例12-1相同，平面尺寸：长5m，宽4m。

接缝：规范规定，重及以上交通荷载等级，缩缝必须为设传力杆的假缝，纵缝为带拉杆的平头真缝。

与例12-1相同，路肩的基层材料与路面相同，采用与面层同厚度的水泥混凝土，与路面板间设拉杆连接。

6. 计算地基综合回弹模量

首先选择模型：因双层水泥稳定碎石基层不属于粒料类材料，因此选择分离式双层板模型。

因除路基外只有单层基层，所以，$E_x=1500\text{MPa}$，$h_x=0.20\text{m}$，$\alpha=0.86+0.26\ln0.20=0.86-0.26\times1.61=0.442$，地基综合回弹模量

$$E_t=\left(\frac{E_x}{E_0}\right)^{\alpha}E_0=\left(\frac{1500\text{MPa}}{80\text{MPa}}\right)^{0.442}\times80\text{MPa}=292.25\text{MPa}$$

7. 荷载应力计算

（1）上层板在设计荷载作用下的荷载应力　上层板弯曲刚度

$$D_c=\frac{E_c h_c^3}{12(1-v_c^2)}=\frac{31000\times0.22^3}{12\times(1-0.15^2)}\text{MN}\cdot\text{m}=28.14\text{MN}\cdot\text{m}$$

下层板弯曲刚度

$$D_b=\frac{E_b h_b^3}{12(1-v_b^2)}=\frac{2500\times0.20^3}{12\times(1-0.20^2)}\text{MN}\cdot\text{m}=1.74\text{MN}\cdot\text{m}$$

双层板总相对刚度半径

$$r_g=1.21\sqrt[3]{\frac{D_c+D_b}{E_t}}=1.21\times\sqrt[3]{\frac{28.14+1.74}{292.25}}=0.566\text{m}$$

100kN 轴载作用下的荷载应力

$$\sigma_{ps}=\frac{1.45\times10^{-3}}{1+\dfrac{D_b}{D_c}}r_g^{0.65}h_c^{-2}P_s^{0.94}=\frac{1.45\times10^{-3}}{1+\dfrac{1.74}{28.14}}\times0.566^{0.65}\times0.22^{-2}\times100^{0.94}\text{MPa}=1.478\text{MPa}$$

下层板材料为水泥稳定碎石，无须计算其荷载应力。

(2) 确定三个修正系数 k_r、k_c、k_f 与例 12-1 相同，应力折减系数 $k_r=0.87$。考虑理论与实际差异及动载等因素影响的综合系数 $k_c=1.05$。荷载疲劳应力系数 k_f

$$k_f=N_e^{\lambda}=10200000^{0.057}=2.51$$

(3) 计算荷载疲劳应力

$$\sigma_{pr}=k_rk_ck_f\sigma_{ps}=0.87\times1.05\times2.51\times1.478\text{MPa}=3.39\text{MPa}$$

(4) 面层板在最重轴载作用下的荷载应力计算 最重轴载（或称极限荷载）在四边自由板的临界荷位处产生的荷载应力

$$\sigma_{pm}=\frac{1.45\times10^{-3}}{1+\dfrac{D_b}{D_c}}r_g^{0.65}h_c^{-2}P_m^{0.94}$$

$$=\frac{1.45\times10^{-3}}{1+\dfrac{1.74}{28.14}}\times0.566^{0.65}\times0.22^{-2}\times150^{0.94}\text{MPa}=2.16\text{MPa}$$

最重轴载在临界荷位产生处的最大荷载应力

$$\sigma_{p,\max}=k_rk_c\sigma_{pm}=0.87\times1.05\times2.16\text{MPa}=1.97\text{MPa}$$

8. 温度应力计算

(1) 面层板最大温度应力 $\sigma_{t,\max}$ 计算综合温度翘曲应力和内应力的温度应力系数 B_L，下层板不考虑其温度应力，面板计算与弹性地基单层板模型相比，温度翘曲应力系数 C_L 计算公式不同，其他都相同。

$$k_n=\frac{1}{2}\left(\frac{h_c}{E_c}+\frac{h_b}{E_b}\right)^{-1}=\frac{1}{2}\times\left(\frac{0.22}{31000}+\frac{0.20}{2500}\right)^{-1}\text{MPa/m}=5740.74\text{MPa/m}$$

$$r_\beta=\sqrt[4]{\frac{D_cD_b}{(D_c+D_b)k_n}}=\sqrt[4]{\frac{28.14\times1.74}{(28.14+1.74)\times5740.74}}\text{m}=0.130\text{m}$$

$$\xi=-\frac{(k_nr_g^4-D_c)r_\beta^3}{(k_nr_\beta^4-D_c)r_g^3}=-\frac{(5740.74\times0.566^4-28.14)\times0.130^3}{(5740.74\times0.130^4-28.14)\times0.566^3}=0.257$$

$$t=\frac{L}{3r_g}=\frac{5}{3\times0.566}=2.945\text{rad}$$

$$C_L=1-\left(\frac{1}{1+\xi}\right)\frac{\sinh t\cdot\cos t+\cosh t\cdot\sin t}{\cos t\cdot\sin t+\sinh t\cdot\cosh t}$$

$$=1-\left(\frac{1}{1+0.257}\right)\frac{\sinh2.945\times\cos2.945+\cosh2.945\times\sin2.945}{\cos2.945\times\sin2.945+\sinh2.945\times\cosh2.945}=0.9124$$

$$\begin{aligned}B_L&=1.77e^{-4.48h_c}C_L-0.131(1-C_L)\\&=1.77e^{-4.48\times0.22}\times0.9124-0.131\times(1-0.9124)\\&=1.77\times0.3732\times0.9124-0.131\times0.0876\\&=0.5912\end{aligned}$$

Ⅳ区最大温度梯度取 88℃/m，计算最大温度应力

$$\sigma_{t,\max}=\frac{\alpha_c E_c h_c T_g}{2}B_L=\frac{10\times10^{-6}\times31000\times0.22\times88}{2}\times0.5912\text{MPa}=1.774\text{MPa}$$

（2）面层板温度疲劳应力

1）确定温度疲劳应力系数 k_t。

Ⅳ区，查表11-15得 a_t、b_t 和 c_t，分别为0.843、1.323、0.058，计算温度疲劳应力系数

$$k_t=\frac{f_r}{\sigma_{t,\max}}\left[a_t\left(\frac{\sigma_{t,\max}}{f_r}\right)^{b_t}-c_t\right]=\frac{5.0}{1.774}\times\left[0.843\times\left(\frac{1.774}{5.0}\right)^{1.323}-0.058\right]=0.440$$

2）计算温度疲劳应力 σ_{tr}。

$$\sigma_{tr}=k_t\sigma_{t,\max}=0.440\times1.774\text{MPa}=0.78\text{MPa}$$

9. 设计极限状态验证

弹性地基上单层板模型，只需要检验单层板的极限状态。

$$\begin{cases}\gamma_r(\sigma_{pr}+\sigma_{tr})=1.06\times(3.39\text{MPa}+0.78\text{MPa})=4.42\text{MPa}\leqslant f_r=5.0\text{MPa}\\ \gamma_r(\sigma_{p,\max}+\sigma_{t,\max})=1.06\times(1.977\text{MPa}+1.774\text{MPa})=3.98\text{MPa}\leqslant f_r=5.0\text{MPa}\end{cases}$$

10. 设计方案优化

22cm板厚时，疲劳极限状态的综合疲劳应力达4.42MPa，与材料的弯拉强度标准值相差较多，结构厚度可进一步优化，考虑到面板厚度最小为21cm，优化时考虑将底基层改为20cm的级配碎石层，模量取为200MPa。经计算

$$\begin{cases}\gamma_r(\sigma_{pr}+\sigma_{tr})=1.06\times(4.09\text{MPa}+0.63\text{MPa})=5.00\text{MPa}\leqslant f_r=5.0\text{MPa}\\ \gamma_r(\sigma_{p,\max}+\sigma_{t,\max})=1.06\times(2.61\text{MPa}+1.58\text{MPa})=4.44\text{MPa}\leqslant f_r=5.0\text{MPa}\end{cases}$$

刚好满足要求，根据规范要求加6mm磨耗厚度，并按10mm向上取整，最后的设计厚度为23cm。

11. 排水设计（略）

12.5　复合板模型设计方法

12.5.1　面层复合板

面层复合板可将结合在一起的两层板当一层看待，基于单层板设计计算方法分析，但其 D_c 和 h_c 指标要修正，其他计算参数与公式用修正后的 $\tilde{D}_c$ 和 $\tilde{h}_c$ 计算，所作修正如下：

（1）对 D_c 和 h_c 的修正

$$\tilde{D}_c=\frac{E_{c1}h_{c1}^3+E_{c2}h_{c2}^3}{12(1-v_{c2}^2)}+\frac{(h_{c1}+h_{c2})^2}{4(1-v_{c2}^2)}\left(\frac{1}{E_{c1}h_{c1}}+\frac{1}{E_{c2}h_{c2}}\right)^{-1}\tag{12-10}$$

$$\tilde{h}_c=2.42\sqrt{\frac{\tilde{D}_c}{E_{c2}d_x}}\tag{12-11}$$

$$d_x=\frac{1}{2}\left[h_{c2}+\frac{E_{c1}h_{c1}(h_{c1}+h_{c2})}{E_{c1}h_{c1}+E_{c2}h_{c2}}\right]\tag{12-12}$$

式中　E_{c1}，h_{c1}——面层复合板上层的弯拉弹性模量（MPa）和厚度（m）；

E_{c1}，v_{c2}，h_{c2}——面层复合板下层的弯拉弹性模量（MPa）、泊松比和厚度（m）；

d_x——面层复合板中性轴至下层底部的距离（m）。

（2）面层复合板的最大温度应力修正

$$\sigma_{t,\max}=\frac{\alpha_c T_g E_{c2}(h_{c1}+h_{c2})}{2}B_L\zeta \qquad (12\text{-}13)$$

$$\zeta=1.77-0.27\ln\left(\frac{h_{c1}E_{c1}}{h_{c2}E_{c2}}+18\frac{E_{c1}}{E_{c2}}-2\frac{h_{c1}}{h_{c2}}\right) \qquad (12\text{-}14)$$

式中 B_L——面层复合板的温度应力系数，计算方法与单层板模型相同，其中，面层板厚度 h_c，取复合板总厚度（$h_{c1}+h_{c2}$），温度翘曲应力系数 C_L，单层板时按单层板模型公式计算，双层板时按分离式双层板模型公式计算；

ζ——面层复合板的最大温度应力修正系数。

12.5.2 基层复合板

基层为复合板时，相当于有三层刚性层的情况，类似于碾压混凝土或贫混凝土基层用结合式双层板代替的情况。要应用分离式双层板模型前，基层（复合板）弯曲刚度需修正

$$D_{b0}=D_{b1}+D_{b2} \qquad (12\text{-}15)$$

$$\sigma_{bpr}=\frac{\tilde{\sigma}_{bps}}{1+\dfrac{D_{b2}}{D_{b1}}} \qquad (12\text{-}16)$$

式中 D_{b0}——基层复合板的弯曲刚度（MN · m）；

D_{b1}，D_{b2}——基层和底基层的弯曲刚度（MN · m），分别按基层和底基层的厚度 h_{b1} 和 h_{b2} 以及弹性模量 E_{b1} 和 E_{b2} 计算得到；

σ_{bpr}——按分离式双层板计算得到的基层复合板的名义荷载应力，其中，以基层厚度 h_{b1} 替代式中基层厚度 h_b，以复合板弯曲刚度 D_{b0} 替代式中基层板弯曲刚度 D_b。

将以上基层复合板的弯曲刚度代替分离式双层板模型计算公式中的基层弯曲刚度，计算双层板的荷载应力和温度应力。基层为贫混凝土或碾压混凝土时，复合板中基层的荷载疲劳应力 σ_{bpr} 应按式（12-16）计算，其他类型基层不需进行荷载疲劳应力计算。

第 13 章

路基路面工程检测与试验

学习目标

本章主要介绍路基土的压实度试验，无机结合料的无侧限抗压、抗拉强度试验，路面回弹弯沉试验及路面平整度试验的试验原理和方法，以便学生了解和掌握基本的试验技术和试验检测手段，为以后从事试验检测工作打下良好的基础。

13.1 路基土的压实度试验

13.1.1 挖坑灌砂法测定压实度试验方法

1. 试验目的和适用范围

1）本方法适用于在现场测定基层（或底基层）、砂石路面及路基土的各种材料压实层的密度和压实度检测，但不适用于填石路堤等有大孔洞或大孔隙的材料压实层的压实度检测。

2）用挖坑灌砂法测定密度和压实度时，应符合下列规定：当集料的最大粒径小于 13.2mm，测定层的厚度不超过 150mm 时，宜采用 ϕ100mm 的小型灌砂筒测试；当集料的最大粒径等于或大于 13.2mm，但不大于 31.5mm，测定层的厚度不超过 200mm 时，应用 ϕ150mm 的大型灌砂筒测试。

2. 仪具设备和材料技术要求

本方法需要下列仪具与材料：

1）灌砂筒：有大小两种，根据需要采用。主要尺寸见表 13-1。当尺寸与表中不一致，但不影响使用时，也可使用。上部为储砂筒，筒底中心有一个圆孔。下部装一倒置的圆锥形漏斗，漏斗上端开口，直径与储砂筒的圆孔相同，漏斗焊接在一块钢板上，钢板中心有一圆孔与漏斗上开口相接。在储砂筒筒底与漏斗顶端钢板之间设有开关。开关为一薄钢板，一端与筒底及漏斗钢板铰接在一起，另一端伸出筒身外，开关钢板上也有一个相同直径的圆孔。

2）金属标定罐：用薄钢板制作的金属罐，上端周围有一罐缘。

3）基板：用薄钢板制作的金属方盘，盘的中心有一圆孔。

4）玻璃板：边长约 500~600mm 的方形板。

5）试样盘：小筒挖出的试样可用饭盒存放，大筒挖出的试样可用 300mm×500mm×40mm 的搪瓷盘存放。

6）天平或台秤：称量 10~15kg，感量不大于 1g。用于含水率测定的天平精度，对细粒土、中粒土、粗粒土宜分别为 0.01g、0.1g、1.0g。

7）含水率测定器具：例如，铝盒、烘箱等。

8）量砂：粒径0.30~0.60mm清洁干燥的砂，约20~40kg。使用前须洗净、烘干，并放置足够的时间，使其与空气的湿度达到平衡。

9）盛砂的容器：塑料桶等。

10）其他：凿子、旋具、铁锤、长把勺、长把小簸箕、毛刷等。

表13-1　灌砂仪的主要尺寸要求

结构		小型灌砂筒	大型灌砂筒
储砂筒	直径/mm	100	150
	容积/cm^3	2120	4600
流砂孔	直径/mm	10	15
金属标定罐	内径/mm	100	150
	外径/mm	150	200
金属方盘基板	边长/mm	350	400
	深/mm	40	50
中孔	直径/mm	100	150

注：如集料的最大粒径超过31.5mm，则应相应地增大灌砂筒和标定罐的尺寸；如集料的最大粒径超过53mm，灌砂筒和现场试洞的直径应为200mm。

3. 试验方法与步骤

试验时对检测试样用同种材料进行击实试验，得到最大干密度及最佳含水率，选用适宜的灌砂筒，并按下列步骤标定灌砂筒下部圆锥体内砂的质量：

1）在灌砂筒筒口高度上，向灌砂筒内装砂至距筒顶的距离15mm左右为止。称取装入筒内砂的质量m_1，准确至1g。以后每次标定及试验都应该维持装砂高度与质量不变。

2）将开关打开，使灌砂筒筒底的流砂孔、圆锥形漏斗上端开口圆孔及开关钢板中心的圆孔上下对准重叠在一起，让砂自由流出，并使流出砂的体积与工地所挖坑内的体积相当（或等于标定罐的容积），然后关上开关。

3）不晃动储砂筒的砂，轻轻地将罐砂筒移至玻璃板上，将开关打开，让砂流出，直到筒内砂不再下流时，将开关关上，并细心地取走灌砂筒。

4）收集并称量留在玻璃板上的砂或称量筒内的砂，准确至1g。玻璃板上的砂就是填满筒下部圆锥体的砂（m_2）。

5）重复上述测量三次，取其平均值。

然后按下列步骤标定量砂的松方密度ρ_s（g/cm^3）：

1）用水确定标定罐的容积V，准确至1mL。

2）在储砂筒中装入质量为m_1的砂，并将灌砂筒放在标定罐上，将开关打开，让砂流出。在整个流砂过程中，不要碰动灌砂筒，直到储砂筒内的砂不再下流时，将开关关闭。取下灌砂筒，称取筒内剩余砂的质量m_3，准确至1g。

3）按式（13-1）计算填满标定罐所需砂的质量m_a

$$m_a = m_1 - m_2 - m_3 \tag{13-1}$$

式中　m_a——标定罐中砂的质量（g）；

m_1——装入灌砂筒内砂的总质量（g）；

m_2——灌砂筒下部圆锥体内砂的质量（g）；

m_3——灌砂入标定罐后，筒内剩余砂的质量（g）。

4）重复上述测量三次，取其平均值。

5）按式（13-2）计算量砂的松方密度 ρ_s

$$\rho_s = \frac{m_a}{V} \tag{13-2}$$

式中 ρ_s——量砂的松方密度（g/cm^3）；

V——标定罐的体积（cm^3）。

具体试验步骤如下：

1）在试验地点，选一块平坦表面，并将其清扫干净，其面积不得小于基板面积。

2）将基板放在平坦表面上。当表面的粗糙度较大时，则将盛有量砂（m_5）的灌砂筒放在基板中间的圆孔上。将灌砂筒的开关打开，让砂流入基板的中孔内，直到储砂筒内的砂不再下流时关闭开关。取下灌砂筒，并称量筒内砂的质量 m_6，准确至1g。

3）取走基板，并将留在试验地点的量砂收回，重新将表面清扫干净。

4）将基板放回清扫干净的表面上（尽量放在原处），沿基板中孔凿洞（洞的直径与灌砂筒一致）。在凿洞过程中，应注意不使凿出的材料丢失，并随时将凿松的材料取出装入塑料袋中，不使水分蒸发，也可放在大试样盒内。试洞的深度应等于测试层厚度，但不得有下层材料混入，最后将洞内的全部凿松材料取出。对土基或基层，为防止试样盘内材料的水分蒸发，可分几次称取材料的质量，全部取出材料的总质量为 m_w，准确至1g。当需要检测厚度时，应先测量厚度后再进行这一步骤。

5）从挖出的全部材料中取有代表性的样品，放在铝盒或洁净的搪瓷盘中，测定其含水率（w，以%计）。样品的数量如下：用小型灌砂筒测定时，对于细粒土，不少于100g；对于各种中粒土，不少于500g。用大型灌砂筒测定时，对于细粒土，不少于200g；对于各种中粒土，不少于1000g；对于粗粒土或水泥、石灰、粉煤灰等无机结合料稳定材料，宜将取出的全部材料烘干，且不少于2000g，称其质量 m_d。

6）将基板安放在试坑上，将灌砂筒安放在基板中间（储砂筒内放满砂到要求质量 m_1），使灌砂筒的下口对准基板的中孔及试洞，打开灌砂筒的开关，让砂流入试坑内，在此期间，应注意勿碰动灌砂筒。直到储砂筒内的砂不再下流时，关闭开关。仔细取走灌砂筒，并称量筒内剩余砂的质量 m_4，准确至1g。

7）如清扫干净的平坦表面的粗糙度不大，也可省去2）和3）的操作。在试洞挖好后，将灌砂筒直接对准放在试坑上，中间不需要放基板。打开筒的开关，让砂流入试坑内。在此期间，应注意勿碰动灌砂筒。直到储砂筒内的砂不再下流时，关闭开关。仔细取走灌砂筒，并称量剩余砂的质量 m_4'，准确至1g。

8）仔细取出试筒内的量砂，以备下次试验时再用。若量砂的湿度已发生变化或量砂中混有杂质，则应该重新烘干、过筛，并放置一段时间，使其与空气的湿度达到平衡后再用。

4. 试验结果处理

1）按式（13-3）或式（13-4）计算填满试坑所用的砂的质量 m_b。

灌砂时，试坑上放有基板

$$m_b = m_1 - m_4 - (m_5 - m_6) \tag{13-3}$$

灌砂时，试坑上不放基板

$$m_b = m_1 - m_4' - m_2 \tag{13-4}$$

式中 m_b——填满试坑的砂的质量（g）；

m_1——灌砂前灌砂筒内砂的质量（g）；

m_2——灌砂筒下部圆锥体内砂的质量（g）；

m_4，m_4'——灌砂后，灌砂筒内剩余砂的质量（g）；

(m_5-m_6)——灌砂筒下部圆锥体内及基板和粗糙表面间砂的合计质量（g）。

2）按式（13-5）计算试坑材料的湿密度 ρ_w。

$$\rho_w=\frac{m_w}{m_b}\rho_s \tag{13-5}$$

式中 m_w——试坑中取出的全部材料的质量（g）；

ρ_s——量砂的松方密度（g/cm^3）；

ρ_w——试坑材料的湿密度（g/cm^3）。

3）按式（13-6）计算试坑材料的干密度 ρ_d。

$$\rho_d=\frac{\rho_w}{1+0.01w} \tag{13-6}$$

式中 w——试坑材料的含水率（%）；

ρ_d——试坑材料的干密度（g/cm^3）。

4）当为水泥、石灰、粉煤灰等无机结合料稳定土的场合，可按式（13-7）计算干密度 ρ_d。

$$\rho_d=\frac{m_d}{m_b}\rho_s \tag{13-7}$$

式中 m_d——试坑中取出的稳定土的烘干质量（g）。

5）按式（13-8）计算施工压实度。

$$K=\frac{\rho_d}{\rho_c}\times 100 \tag{13-8}$$

式中 K——测试地点的施工压实度（%）；

ρ_d——试样的干密度（g/cm^3）；

ρ_c——由击实试验得到的试样的最大干密度（g/cm^3）。

当试坑材料组成与击实试验的材料有较大差异时，可以试坑材料做标准击实，求取实际的最大干密度，各种材料的干密度均应准确至 $0.01g/cm^3$。

13.1.2 环刀法测定压实度试验方法

1. 试验目的和适用范围

本方法规定在公路工程现场用环刀法测定路基及路面材料的密度及压实度。本方法适用于测定细粒土及无机结合料稳定细粒土的密度，但对无机结合料稳定细粒土，其龄期不宜超过2d，且宜用于施工过程中的压实度检验。

2. 仪具设备和材料技术要求

本方法需要下列仪器与材料：

1）人工取土器：包括环刀、环盖、定向筒和击实锤系统（导杆、落锤、手柄）。环刀内径6~8cm，高2~3cm，壁厚1.5~2mm。

2）天平：感量0.1g（用于取芯头内径小于70mm样品的称量），或1.0g（用于取芯头内径100mm样品的称量）。

3）其他：镐、小铁锹、修土刀、毛刷、直尺、钢丝锯、凡士林、木板及测定含水率设备等。

3. 试验方法与步骤

(1) 用人工取土器测定黏性土及无机结合料稳定细粒土密度的步骤

1) 擦净环刀，称取环刀质量 m_2，准确至0.1g。

2) 在试验地点，将面积约30cm×30cm的地面清扫干净，并将压实层铲去表面浮动及不平整的部分，达一定深度，使环刀打下后，能达到要求的取土深度，但不得将下层扰动。

3) 将定向筒齿钉固定于铲平的地面上。顺次将环刀、环盖放入定向筒内与地面垂直。

4) 将导杆保持垂直状态，用取土器落锤将环刀打入压实层中，至环盖顶面与定向筒上口齐平为此。

5) 去掉击实锤和定向筒，用镐将环刀及试样挖出。

6) 轻轻取下环盖，用修土刀自边至中削去环刀两端余土，用直尺检测直至修平为止。

7) 擦净环刀外壁，用天平称取出环刀及试样合计质量 m_1，准确至0.1g。

8) 自环刀中取出试样，取具有代表性的试样，测定其含水率 w。

(2) 用人工取土器测定砂性土或砂层密度的步骤

1) 如为湿润的砂土，试验时不需使用击实锤和定向筒，在铲平的地面上，细心挖出一个直径较环刀外径略大的砂土柱，将环刀刃口向下，平置于砂土柱上，用两手平稳地将环刀垂直压下，直至砂土柱突出环刀上端约2cm时为止。

2) 削掉环刀口上的多余砂土，并用直尺刮平。

3) 在环刀上口盖一块平滑的木板，一手按住木板，另一手用小铁锹将试样从环刀底部切断，然后将装满试样的环刀反转过来，削去环刀口上部的多余砂土，并用直尺刮平。

4) 擦净环刀外壁，称环刀与试样合计质量 m_1，准确至0.1g。

5) 自环刀中取具有代表性的试样测定其含水率 w。

6) 干燥的砂土不能挖成砂土柱时，可直接将环刀压入或打入土中。

本试验须进行两次平行测定，其平行差值不得大于0.03g/cm³，求其算术平均值。

4. 试验结果处理

1) 按式（13-9）、式（13-10）计算试样的湿密度及干密度。

$$\rho=\frac{4(m_1-m_2)}{\pi d^2 h} \tag{13-9}$$

$$\rho_d=\frac{\rho}{1+0.01w} \tag{13-10}$$

式中 ρ——试样的湿密度（g/cm³）；

ρ_d——试样的干密度（g/cm³）；

m_1——环刀或取芯套筒与试样合计质量（g）；

m_2——环刀或取芯套筒质量（g）；

d——环刀或取芯套筒直径（cm）；

h——环刀或取芯套筒高度（cm）；

w——试样的含水率（%）。

2) 按式（13-11）计算施工压实度。

$$K=\frac{\rho_d}{\rho_c}\times 100 \tag{13-11}$$

式中 K——测试地点的施工压实度（%）；

ρ_d——试样的干密度（g/cm³）；

ρ_c——由击实试验得到的试样的最大干密度（g/cm^3）。

最后形成试验报告，应报告土的鉴别分类、含水率、湿密度、干密度、最大干密度、压实度等。

13.1.3 钻芯法测定沥青面层压实度试验方法

1. 试验目的和适用范围

沥青混合料面层的压实度是按施工规范规定的方法测定的混合料试样的毛体积密度与标准密度之比值，以百分率表示。本方法适用于检验从压实的沥青路面上钻取的沥青混合料芯样试件的密度，以评定沥青面层的施工压实度。

2. 仪具设备和材料技术要求

本方法需要下列仪具与材料：路面取芯钻机、天平（感量不大于 0.1g）、水槽、吊篮、石蜡、卡尺、毛刷、小勺、取样袋（容器）、电风扇等。

3. 试验方法与步骤

1）钻取芯样。钻取路面芯样，芯样直径不宜小于 ϕ100mm。当一次钻孔取得的芯样包含有不同层位的沥青混合料时，应根据结构组合情况用切割机将芯样沿各层结合面锯开分层进行测定。

2）测定试件密度。将钻取的试件在水中用毛刷轻轻刷净黏附的粉尘；将试件晾干或用电风扇吹干不少于 24h，直至恒重；然后按现行 JTG E20—2011《公路工程沥青及沥青混合料试验规程》的沥青混合料试件密度试验方法测定试件密度 ρ_s。通常情况下采用表干法测定试件的毛体积相对密度；对吸水率大于 2%的试件，宜采用蜡封法测定试件的毛体积相对密度；对吸水率小于 0.5%，特别致密的沥青混合料，在施工质量检验时，允许采用水中重法测定表观相对密度。

3）根据 JTG F40—2004《公路沥青路面施工技术规范》附录 E 的规定，确定计算压实度的标准密度。

4. 试验结果处理

1）当计算压实度的标准密度采用每天实验室实测的马歇尔击实试件密度或试验路段钻孔取样密度时，沥青面层的压实度按式（13-12）计算。

$$K=\frac{\rho_s}{\rho_0}\times 100 \tag{13-12}$$

式中 K——沥青面层某一测定部位的压实度（%）；

ρ_s——沥青混合料芯样试件的实际密度（g/cm^3）；

ρ_0——沥青混合料的标准密度（g/cm^3）。

2）计算压实度的标准密度采用最大理论密度时，沥青面层的压实度按式（13-13）计算。

$$K=\frac{\rho_s}{\rho_t}\times 100 \tag{13-13}$$

式中 ρ_s——沥青混合料芯样试件的实际密度（g/cm^3）；

ρ_t——沥青混合料的最大理论密度（g/cm^3）。

然后计算一个评定路段检测的压实度的平均值、标准差、变异系数，并计算代表压实度。最后形成压实度试验报告，报告应记载压实度检查的标准密度及依据，并列表表示各测点的试验结果。

13.2 无机结合料的无侧限抗压、间接抗拉强度试验

13.2.1 无机结合料无侧限抗压强度试验

1. 试验目的和适用范围

本方法适用于测定无机结合料稳定材料（包括稳定细粒土、中粒土和粗粒土）试件的无侧限抗压强度。其他稳定材料或综合稳定土的抗压强度试验也应参照本方法。

2. 仪具设备和要求

标准养护室、水槽（深度应大于试件高度50mm）、压力机或万能试验机、电子天平（量程15kg，感量0.1g；量程4000g，感量0.01g）、球形支座、机油若干、量筒、拌和工具、大小铝盒、烘箱等。

3. 试验方法与步骤

1）按照要求成型径高比为1∶1的圆柱形试件。细粒土，试模的直径×高=50mm×50mm；中粒土，试模的直径×高=100mm×100mm；粗粒土，试模的直径×高=150mm×150mm。为保证试验结果的可靠性和准确性，每组试件的数目要求为：小试件不少于6个；中试件不少于9个；大试件不少于13个。

2）根据试验材料的类型和一般的工程经验，选择合适量程的测力计和压力机，试件破坏荷载应大于测力量程的20%且小于测力量程的80%。球形支座和上下顶板涂上机油，使球形支座能够灵活转动。

3）将已浸水一昼夜的试件从水中取出，用软布吸去试件表面的水分，并称试件的质量 m_4。

4）用游标卡尺测量试件的高度 h，精确至0.1mm。

5）将试件放在路面材料强度试验仪或压力机上，并在升降台上先放一扁球座，进行抗压试验。试验过程中，应保持加载速率为1mm/min。记录试件破坏时的最大压力 P。

6）从试件内部取有代表性的样品（经过打破），并测定其含水率 w。

4. 试验结果处理

试件的无侧限抗压强度 R_c 按式（13-14）计算。

$$R_c=\frac{P}{A} \tag{13-14}$$

式中 R_c——试件的无侧限抗压强度（MPa）；

A——试件的截面积$\left[A=\frac{\pi}{4}D^2,\ D\text{ 为试件的直径（mm）}\right]$；

P——试件破坏时的最大压力（N）。

最后形成试验报告，报告应包括：材料的颗粒组成；水泥的种类和强度等级，或石灰的等级；重型击实的最佳含水率（%）和最大干密度（g/cm^3）；无机结合料类型及剂量；试件干密度（准确到0.01g/cm^3）或压实度；吸水量以及测抗压强度时的含水率（%）；若干个试验结果的最小值和最大值、平均值 $\overline{R}_c$、标准差 S、变异系数 C_v 和95%概率的值 $R_{c0.95}$（$R_{c0.95}=\overline{R}_c-1.645S$）等。

13.2.2 无机结合料间接抗拉强度试验

1. 试验目的和适用范围

本方法适用于测定无机结合料稳定材料（包括稳定细粒土、中粒土和粗粒土）试件的间接

抗拉强度。

2. 仪具设备和要求

标准养护室、水槽（深度应大于试件高度50mm）、压力机或万能试验机、劈裂夹具、压条（采用半径与试件半径相同的弧面压条，其长度应大于试件的高度）、电子天平（量程15kg，感量0.1g；量程4000g，感量0.01g）、球形支座、机油若干、量筒、拌和工具、大小铝盒、烘箱等。

3. 试验方法与步骤

1）同无机结合料无侧限抗压强度试验一样，成型径高比为1∶1的圆柱形试件。

2）根据试验材料的类型和一般的工程经验，选择合适量程的测力计和试验机，试件破坏荷载应大于测力量程的20%且小于测力量程的80%。球形支座和上下压条涂上机油，使球形支座能够灵活转动。

3）将已浸水一昼夜的试件从水中取出，用软布吸去试件表面的水分，并称试件的质量。

4）用游标卡尺测量试件的高度 h，精确至0.1mm。

5）在压力机的升降台上置一压条，将试件横置在压条上，在试件的顶面也放一压条，上下压条与试件的接触线必须位于试件直径的两端，并与升降台垂直。

6）在上压条上面放置球形支座，球形支座应位于试件的中部。

7）试验过程中应使试验的变形等速增加，保持加载速率为1mm/min，记录试件破坏时的最大压力 P。

8）从试件内部取有代表性的样品（经过打破），并测定其含水率 w。

4. 试验结果处理

试件的间接抗拉强度按式（13-15）计算。

$$R_i=\frac{2P}{\pi ah}\left(\sin 2\alpha-\frac{a}{d}\right) \tag{13-15}$$

式中 R_i——试件的间接抗拉强度（MPa）；

P——试件破坏时的最大压力（N）；

d——试件的直径（mm）；

h——浸水后试件的高度（mm）；

a——压条的宽度（mm）；

α——半压条宽对应的圆心角（°）。

对于小试件：

$$R_i=0.012526\frac{P}{h}$$

对于中试件：

$$R_i=0.006263\frac{P}{h}$$

对于大试件：

$$R_i=0.004178\frac{P}{h}$$

最后形成试验报告，报告所包含的内容与无机结合料无侧限抗压强度试验报告类似，间接抗拉强度（MPa）保留2位小数。

13.3 路面回弹弯沉试验

13.3.1 贝克曼梁测定路基路面回弹弯沉试验方法

1. 试验目的和适用范围

本方法适用于测定各类路基路面的回弹弯沉以评定其整体承载能力，可供路面结构设计使用。沥青路面的弯沉检测以沥青面层平均温度 20℃时为准，当路面平均温度在 20℃ ±2℃以内可不修正，在其他温度测试时，对沥青层厚度大于 5cm 的沥青路面，弯沉值应予温度修正。

2. 仪具设备和材料技术要求

本方法需要下列仪具与材料：

（1）标准车　双轴，后轴双侧 4 轮的载重车。其标准轴荷载、轮胎尺寸、轮胎间隙及轮胎气压等主要参数应符合表 13-2 的要求。测试车应采用后轴 10t 标准轴载 BZZ-100 的汽车。

表 13-2　标准车主要参数表

标准轴载等级	BZZ-100
后轴标准轴载 P/kN	100±1
一侧双轮荷载/kN	50±0.5
轮胎充气压力/MPa	0.70±0.05
单轮传压面当量圆直径/cm	21.3±0.5
轮隙宽度	应满足能自由插入弯沉仪测头的测试要求

（2）路面弯沉仪　路面弯沉仪由贝克曼梁、百分表及表架组成。贝克曼梁由合金铝制成，上有水准泡，其前臂（接触路面）与后臂（装百分表）长度比为 2∶1。弯沉仪长度有两种：一种长 3.6m，前后臂分别为 2.4m 和 1.2m；另一种加长的弯沉仪长 5.4m，前后臂分别为 3.6m 和 1.8m。当在半刚性基层沥青路面或水泥混凝土路面上测定时，应采用长度为 5.4m 的贝克曼梁弯沉仪；对柔性基层或混合式结构沥青路面可采用长度为 3.6m 的贝克曼梁弯沉仪测定。弯沉采用百分表量得，也可用自动记录装置进行测量。

（3）接触式路表温度计　端部为平头，分度不大于 1℃。

（4）其他　皮尺、口哨、白油漆或粉笔、指挥旗等。

3. 试验方法与步骤

（1）准备工作

1）检查并保持测定用标准车的车况及制动性能良好，轮胎胎压符合规定充气压力。

2）向汽车车槽中装载（铁块或集料），并用地中衡称量后轴总质量及单侧轮荷载，均应符合要求的轴重规定，汽车行驶及测定过程中，轴重不得变化。

3）测定轮胎接地面积：平整光滑的硬质路面上用千斤顶将汽车后轴顶起，在轮胎下方铺一张新的复写纸和一张方格纸，轻轻落下千斤顶，即在方格纸上印上轮胎印痕，用求积仪或数方格的方法测算轮胎接地面积，准确至 0.1cm^2。

4）检查弯沉仪百分表量测灵敏情况。

5）当在沥青路面上测定时，用路表温度计测定试验时气温及路表温度（一天中气温不断变化，应随时测定），并通过气象台了解前 5d 的平均气温（日最高气温与最低气温的平均值）。

6）记录沥青路面（修建或改建）材料、结构、厚度、施工及养护等情况。

（2）测试步骤

1）在测试路段布置测点，其距离随测试需要而定。测点应在路面行车车道的轮迹带上，并用白油漆或粉笔划上标记。

2）将试验车后轮轮隙对准测点后约3~5cm处的位置上。

3）将弯沉仪插入汽车后轮之间的缝隙处，与汽车方向一致，梁臂不得碰到轮胎，弯沉仪测头置于测点上（轮隙中心前方3~5cm处），并安装百分表于弯沉仪的测定杆上，百分表调零，用手指轻轻叩打弯沉仪，检查百分表应稳定回零。弯沉仪可以是单侧测定，也可以是双侧同时测定。

4）测定者吹哨发令指挥汽车缓缓前进，百分表随路面变形的增加而持续向前转动。当表针转动到最大值时，迅速读取初读数 L_1。汽车仍在继续前进，表针反向回转，待汽车驶出弯沉影响半径（约3m以上）后，吹口哨或挥动指挥红旗，汽车停止。待表针回转稳定后，再次读取终读数 L_2。汽车前进的速度宜为5km/h左右。

（3）弯沉仪的支点变形修正

1）当采用长度为3.6m的弯沉仪进行弯沉测定时，有可能引起弯沉仪支座处变形，在测定时应检验支点有无变形。如果有变形，此时应用另一台检测用的弯沉仪安装在测定用弯沉仪的后方，其测点架于测定用弯沉仪的支点旁。当汽车开出时，同时测定两台弯沉仪的弯沉读数，如检测弯沉仪百分表有读数，即应该记录并进行支点变形修正。当在同一结构上测定时，可在不同位置测定5次，求取平均值，以后每次测定时以此作为修正值。

2）当采用长度为5.4m的弯沉仪测定时，可不进行支点变形修正。

4. 试验结果处理

1）路面测点的回弹弯沉值按式（13-16）计算。

$$l_t=2(L_1-L_2) \tag{13-16}$$

式中 l_t——在路面温度 t 时的回弹弯沉值（0.01mm）；

L_1——车轮中心临近弯沉仪测头时百分表的最大读数（0.01mm）；

L_2——汽车驶出弯沉影响半径后百分表的终读数（0.01mm）。

2）当需进行弯沉仪支点变形修正时，路面测点回弹弯沉值按式（13-17）计算。

$$l_t=2(L_1-L_2)+6(L_3-L_4) \tag{13-17}$$

式中 L_1——车轮中心临近弯沉仪测头时测定用弯沉仪的最大读数（0.01mm）；

L_2——汽车驶出弯沉影响半径后测定用弯沉仪的终读数（0.01mm）；

L_3——车轮中心临近弯沉仪测头时检验用弯沉仪的最大读数（0.01mm）；

L_4——汽车驶出弯沉影响半径后检验用弯沉仪的终读数（0.01mm）。

式（13-17）适用于测定弯沉仪支座处有变形，但百分表架处路面已无变形的情况。

3）沥青面层厚度大于5cm的沥青路面，回弹弯沉值应进行温度修正。温度修正及回弹弯沉的计算宜按下列步骤进行。

① 测定时的沥青层平均温度按式（13-18）计算。

$$t=(t_{25}+t_m+t_e)/3 \tag{13-18}$$

式中 t——测定时沥青层平均温度（℃）；

t_{25}——根据 t_0 由图13-1决定的路表下25mm处的温度（℃）；

t_m——根据 t_0 由图13-1决定的沥青层中间深度的温度（℃）；

t_e——根据 t_0 由图13-1决定的沥青层底面处的温度（℃）。

图13-1中 t_0 为测定时路表温度与测定前5d日平均气温的平均值（℃），日平均气温为日最高气温与最低气温的平均值。

② 根据沥青层平均温度 t 及沥青层厚度，分别由图 13-2 及图 13-3 求取不同基层的沥青路面弯沉值的温度修正系数 K。

③ 沥青路面回弹弯沉按式（13-19）计算。

$$l_{20} = l_t \times K \tag{13-19}$$

式中　K——温度修正系数；

l_{20}——换算为 20℃ 的沥青路面回弹弯沉值（0.01mm）；

l_t——测定时沥青面层的平均温度为 t 时的回弹弯沉值（0.01mm）。

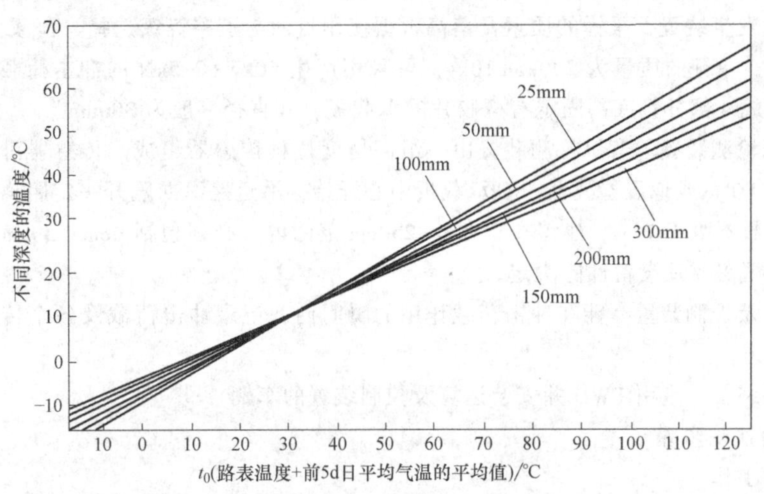

图 13-1　沥青层平均温度的决定

注：线上的数字表示从路表向下的不同深度（mm）。

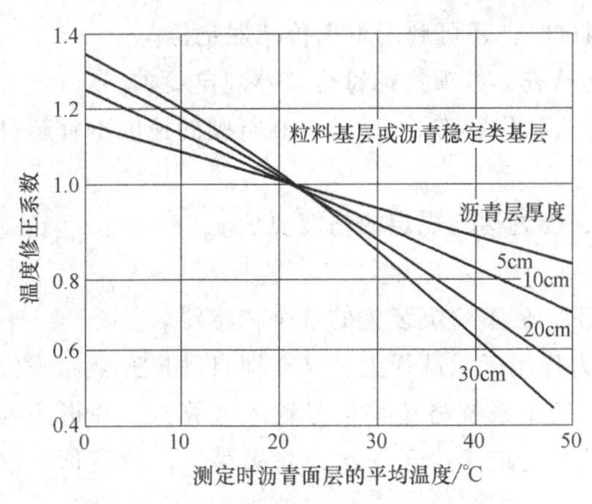

图 13-2　路面弯沉温度修正系数曲线（适用于粒料基层或沥青稳定类基层）

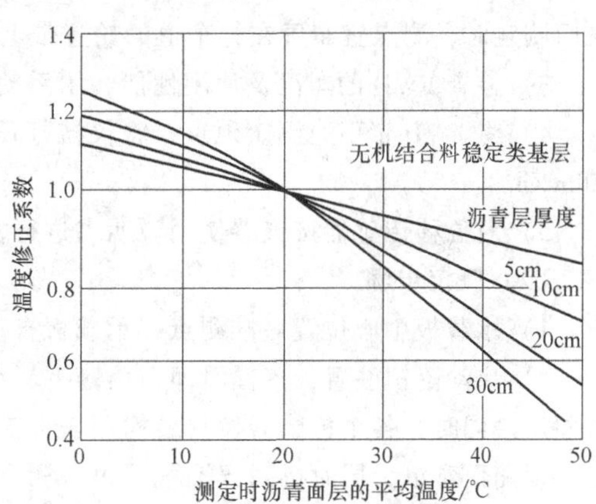

图 13-3　路面弯沉温度修正系数曲线（适用于无机结合料稳定的半刚性基层）

最后形成试验报告，报告应包括：弯沉测定表、支点变形修正值、测试时的路面温度及温度修正值；每一个评定路段的各测点弯沉的平均值、标准差及代表弯沉。

13.3.2　落锤式弯沉仪测定路面弯沉试验方法

1. 试验目的和适用范围

本方法适用于测定在落锤式弯沉仪（FWD）标准质量的重锤落下一定高度发生的冲击荷载

作用下，路基或路面表面所产生的瞬时变形，即测定在动态荷载作用下产生的动态弯沉及弯沉盆。所测结果经转换至回弹弯沉值后可用于评定道路承载能力，也可用于调查水泥混凝土路面接缝的传力效果，探查路面板下的空洞等。

2. 仪具设备和材料技术要求

本方法需要下列仪具与材料：

(1) 落锤式弯沉仪　落锤式弯沉仪简称 FWD，由荷载发生装置、弯沉检测装置、运算控制系统与车辆牵引系统等组成。

(2) 荷载发生装置　重锤的质量及落高根据使用目的与道路等级选择，荷载由传感器测定。如无特殊需要，重锤的质量为 200kg±10kg，可采用产生 50kN±2.5kN 的冲击荷载。承载板宜为十字对称分开成 4 部分且底部固定有橡胶片的承载板，其直径一般为 300mm。

(3) 弯沉检测装置　弯沉检测装置由一组高精度位移传感器组成。传感器可为差动变压器式位移计（LVDT）或地震检波器。自承载板中心开始，沿道路纵向隔开一定距离布设一组传感器，传感器总数不少于 7 个，建议布置在 0~250cm 范围内，必须包括 0cm、30cm、60cm、90cm 四点，其他根据需要及设备性能决定。

(4) 运算及控制装置　能在冲击荷载作用的瞬间内，记录冲击荷载及各个传感器所在位置测点的动态变形。

(5) 牵引装置　牵引 FWD 并安装运算及控制装置的车辆。

3. 试验方法与步骤

(1) 准备工作

1) 调整重锤的质量及落高，使重锤的质量及产生的冲击荷载符合试验要求。

2) 在测试路段的路基或路面各层表面布置测点，其位置或距离随测试需要而定。当在路面表面测定时，测点宜布置在行车道的轮迹带上。测试时，还可利用距离传感器定位。

3) 检查 FWD 的车况及使用性能，用手动操作检查，各项指标符合仪器规定要求。

4) 将 FWD 牵引至测定地点，将仪器打开，进入工作状态。牵引 FWD 行驶的速度不宜超过 50km/h。

5) 对位移传感器按仪器使用说明书进行标定，使之达到规定的精度要求。

(2) 测定步骤

1) 承载板中心位置对准测点，承载板自动落下，放下弯沉装置的各个传感器。

2) 启动落锤装置，落锤瞬即自由落下，冲击力作用于承载板上，又立即自动提升至原来位置固定。同时，各个传感器检测结构层表面变形，记录系统将位移信号输入计算机，并得到峰值，即路面弯沉，同时得到弯沉盆。每一测点重复测定应不少于 3 次，除去第一个测定值，取以后几次测定值的平均值作为计算依据。

3) 提起传感器及承载板，牵引车向前移动至下一个测点，重复上述步骤，进行测定。

4. 试验结果处理

按桩号记录各测点的弯沉及弯沉盆数据，计算一个评定路段的平均值、标准差、变异系数。当为调查水泥混凝土路面接缝的传力效果时，利用分开在接缝两边布置的位移传感器的测定值的差异及弯沉盆的形状，进行判断；当为探查路面板下的空洞时，利用在不同位置测定的测定值的差异及弯沉盆的形状，进行判断。

最后形成试验报告，报告应包括各测点的最大弯沉及弯沉盆测定数据，每一个评定路段全部测点弯沉的平均值、标准差、变异系数及代表弯沉。

13.4 路面平整度试验

13.4.1 三米直尺法

1. 试验目的和适用范围

本方法规定用连续式平整度仪量测路面的不平整度的标准差 σ，以表征路面的平整度，以 mm 计。本方法适用于测定路表面的平整度，以评定路面的施工质量和使用质量，但不适用于在已有较多坑槽、破损严重的路面上测定。通过试验，要求掌握用三米直尺法测定路面平整度的试验步骤及数据处理方法。

2. 仪具设备和材料技术要求

本方法需要下列仪具与材料：

三米直尺：测量基准面长度为 3m，基准面平直，用硬木或铝合金钢等材料制成。最大间隙测量器具：

1）楔形塞尺：硬木或金属制的三角形塞尺，有手柄。塞尺的长度与高度之比不小于 10，宽度不大于 15mm，边部有高度标记，刻度读数分辨率小于或等于 0.2mm。

2）深度尺：金属制的深度测量尺，有手柄；深度尺测量杆端头直径不小于 10mm，刻度读数分辨率小于或等于 0.2mm。皮尺或钢尺、粉笔等。

3. 试验方法与步骤

1）选择测试路段：当为沥青路面施工过程中的质量检测时，测试地点应选在接缝处，以单杆测定评定；除高速公路以外，可用于其他等级公路路基路面工程质量检查验收或进行路况评定，每 200m 测 2 处，没处连续测量 10 尺。除特殊需要外，应以行车道一侧车轮轮迹（距车道线 80~100cm）带作为连续测定的标准位置。对旧路已形成车辙的路面，应取车辙中间位置为测定位置，用粉笔在路面上做好标记。清扫路面测定位置处的污物。

2）在施工过程中检测时，按需要确定的方向，将三米直尺摆在测试地点的路面上。目测三米直尺底面与路面之间的间隙情况，确定最大间隙的位置。

3）用有高度标线的塞尺塞进间隙处，量测最大间隙的高度；或者用深度尺在最大间隙位置量测直尺上顶面距地面的深度，该深度减去尺高即为测试点的最大间隙的高度，精确至 0.2mm。

4. 试验结果处理

单杆检测结果应随时记录测试位置及检测结果。其平整度计算，以三米直尺与路面的最大间隙为测定结果。连续测定 10 尺时，判断每个测定值是否合格，根据要求计算合格百分率，并计算 10 个最大间隙的平均值、合格尺数、合格率。三米直尺法试验报告见表 13-3。

$$合格率=(合格尺数/总测尺数)\times 100\%$$

表 13-3 三米直尺法试验报告

测点编号	1	2	3	4	5	6	7	8	9	10
测点桩号										
最大间隙(0.1mm)										
连续 10 尺测定时	平均值＝			合格尺数＝				合格率＝		

13.4.2 连续式平整度仪法

1. 试验目的和适用范围

该试验用连续平整度仪测定路表面的不平整度的标准差，以表示路面的平整度，进而评定路面的施工质量和使用质量，但不适用于在已有较多坑槽、破损严重的路面上测定。通过试验，要求掌握用连续平整度仪测定路面平整度的试验方法和数据处理。

2. 仪具和材料技术要求

本方法需要下列仪具与材料：

1）连续式平整度仪：标准长度为3m，前后两组轮的轴间距离为3m，中间为一个3m长的机架，机架可缩短或折叠，前后各有4个行走轮，机架中间有一个能起落的测定轮，机架上装有蓄电源及可拆卸的检测箱，检测箱可采用显示、记录、打印或绘图等方式输出测试结果，测定轮上装有位移传感器，自动采集位移数据；测定间距为10cm，每一计算区间的长度为100m，100m输出一次结果；机架头装有一牵引钩及手拉柄，可用人力或汽车牵引。

2）牵引车：小面包车或其他小型牵引汽车。

3）皮尺或测绳。

3. 试验方法与步骤

1）选择测试路段：当为施工过程中质量检测需要时，测试地点根据需要决定；当为路面工程质量检查验收或进行路况评定需要时，通常以行车道一侧车轮轮迹带作为连续测定的标准位置。对旧路已形成车辙的路面，取一侧车辙中间位置为测定位置。在测试路段路面上确定测试位置，当以内侧轮迹带或外侧轮迹带作为测定位置时，测定位置距车道标线80~100cm。

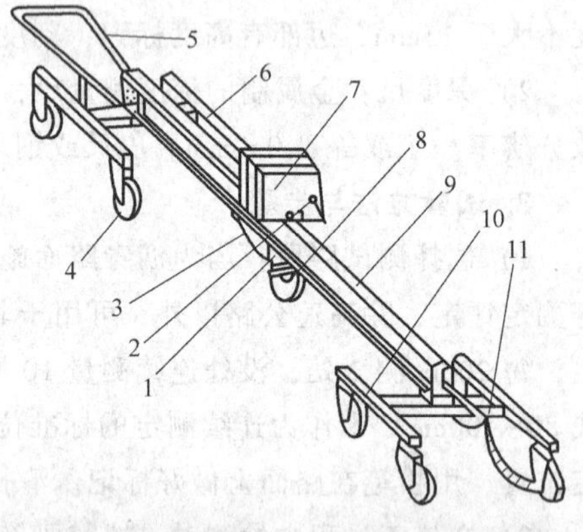

图13-4 连续式平整度仪构造图

1—测量架 2—离合器 3—拉簧 4—脚轮 5—牵引架 6—前架 7—记录计 8—测定轮 9—纵梁 10—后架 11—软轴

2）清扫路面测定位置处的脏污并进行仪器检查，检测箱各部分应完好、灵敏，并将各连接线接通，安装记录设备。

3）将连续式平整度测定仪置于测试路段路面起点上。在牵引汽车的后部，将平整度的挂钩挂上后，放下测定轮，启动检测器及记录仪，随即启动汽车，沿道路纵向行驶，横向位置保持稳定，并检查平整度检测仪表上测定数字显示、打印、记录的情况。若检测设备中某项仪表发生故障，即停车检测。牵引平整度仪的速度应均匀，速度宜为5km/h，最大不得超过12km/h。测试路段较短时，也可用人力拖拉平整度仪测定路面的平整度，但拖拉时应保持匀速前进。

4. 试验结果处理

自动计算：按每10cm间距采集的位移值自动计算100m计算区间的平整度标准差，记录测试长度、曲线振幅大于某一定值（3mm、5mm、8mm、10mm等）的次数、曲线振幅的单向（凸起或凹下）累计值，以3m机架为基准的中点路面偏差曲线图，并打印输出。

人工计算：在记录曲线上任意设一基准线，每隔一定距离（宜为1.5m）读取曲线偏离基准线的偏离位移值 d_i。

每一计算区间的路面平整度以该区间测定结果的标准差表示，按式（13-20）计算。

$$\sigma_i = \sqrt{\frac{\sum d_i^2 - (\sum d_i)^2/N}{N-1}} \tag{13-20}$$

式中　σ_i——各计算区间的平整度计算值（mm）；

d_i——以 100m 为一个计算区间，每隔一定距离（自动采集间距为 10cm，人工采集间距为 1.5m）采集的路面凹凸偏差位移值（mm）；

N——计算区间用于计算标准差的测试数据个数。

最后试验应列表报告每一个评定路段内各测定区间的平整度计算值、各评定路段平整度的平均值、标准差、变异系数以及不合格区间数，见表 13-4。

表 13-4　路面平整度试验报告

测定区间编号	1	2	3	4	5	6	7	8	9	10
平整度标准差 σ/mm										
评定结果	平均值/mm					标准差/mm				
	变异系数(%)					不合格区间数				
结论：										

13.4.3　车载式颠簸累积仪法

1. 试验目的和适用范围

本方法适用于各类颠簸累积仪在新建、改建路面工程质量验收和无严重坑槽、车辙等病害的正常行车条件下连续采集路段平整度数据。

2. 仪具和材料技术要求

（1）测试系统　测试系统由承载车辆、距离测量装置、颠簸累积值测试装置和主控制系统组成。主控制系统对测试装置的操作实施控制，完成数据采集、传输、存储与计算过程。根据设备供应商的要求选择测试系统承载车辆。

（2）测试系统基本技术要求和参数　测试速度 30~80km/h；最大测试幅值±20cm；垂直位移分辨率 1mm；距离标定误差<0.5%；系统工作环境温度 0~60℃；系统软件能够依据相关关系公式自动对颠簸累积值进行换算，间接输出国际平整度指数 IRI。

3. 试验方法与步骤

（1）准备工作

1）测试车辆具备下列条件之一时，都应进行仪器测值与国际平整度指数 IRI 的相关性标定，相关系数 R 应不低于 0.99；在正常状态下行驶超过 20000km；标定的时间间隔超过一年；减震器、轮胎等发生更换、维修。

2）检查测试车轮胎气压，应达到车辆轮胎规定的标准气压；车胎应清洁，不得黏附杂物；车上载重、人数以及分布应与仪器相关性标定试验时一致。

3）距离测量系统需要现场安装的，根据设备操作手册说明进行安装，确保紧固装置安装牢固。检查测试系统，各部分应符合测试要求，不应有明显的可视性破损。打开系统电源，启动控制程序，检查系统各部分的工作状态。

（2）测试步骤

1）测试开始之前应让测试车以测试速度行驶 5~10km，按照设备操作手册规定的预热时间对测试系统进行预热。

2）测试车停在测试起点前 300~500m 处，启动平整度测试系统程序，按照设备操作手册的规定和测试路段的现场技术要求设置完毕所需的测试状态。

3）驾驶员在进入测试路段前应保持车速在规定的测试速度范围内，沿正常行车轨迹驶入测试路段。进入测试路段后，测试人员启动系统的采集和记录程序，在测试过程中必须及时准确地将测试路段的起终点和其他需要特殊标记点的位置输入测试数据记录中。

4）当测试车辆驶出测试路段后，仪器操作人员停止数据采集和记录，并恢复仪器各部分至初始状态。操作人员检查数据文件，文件应完整，内容应正常，否则需要重新测试。

5）关闭测试系统电源，结束测试。

4. 试验结果处理

颠簸累积仪直接测试输出的颠簸累积值 VBI，要按照相关性标定试验得到相关关系式，并以 100m 为计算区间换算成 IRI（以 m/km 计）

13.4.4 车载式激光平整度仪法

1. 试验目的和适用范围

本方法适用于各类车载式激光平整度仪在新建、改建路面工程质量验收和无严重坑槽、车辙等病害及无积水、积雪、泥浆的正常通车条件下连续采集路段平整度数据。

2. 仪具和材料技术要求

（1）测试系统　测试系统由承载车辆、距离传感器、纵断面高程传感器和主控制系统组成。主控制系统对测试装置的操作实施控制，完成数据采集、传输、存储与计算过程。根据设备供应商的要求选择测试系统承载车辆。

（2）测试系统基本技术要求和参数　测试速度 30~100km/h；采样间隔≤500mm；传感器测试精度 0.5mm；距离标定误差<0.1%；系统工作环境温度 0~60℃。

3. 试验方法与步骤

1）准备工作：根据设备操作手册的要求对测试系统各传感器进行校准。距离测量装置需要现场安装的要确保机械紧固装置安装牢固。检查测试车轮胎气压，应达到车辆轮胎规定的标准气压，车胎应清洁，不得黏附杂物。检查测试系统各部分应符合测试要求，不应有明显的可视性破损。打开系统电源，启动控制程序，检查各部分的工作状态。

2）测试开始之前应让测试车以测试速度行驶 5~10km，按照设备操作手册规定的预热时间对测试系统进行预热。测试车停在测试起点前 50~100m 处，启动平整度测试系统程序，按照设备操作手册的规定和测试路段的现场技术要求设置完毕所需的测试状态。

3）测试车速度宜取 50~80km/h，避免急加速和急减速，急弯路段应放慢车速，沿正常行车轨迹驶入测试路段。进入测试路段后，测试人员启动系统的采集和记录程序，在测试过程中必须及时准确地将测试路段的起终点和其他需要特殊标记的位置输入测试数据记录中。当测试车辆驶出测试路段后，测试人员停止数据采集和记录，并恢复仪器各部分至初始状态。

4）检查数据文件，文件应完整，内容应正常，否则需要重新测试。

5）关闭测试系统电源，结束测试。

4. 试验结果处理

激光平整度仪采集的数据是路面相对高程值，应以 100m 为计算区间长度用 IRI 的标准计算程序计算 IRI 值，以 m/km 计。

习　题

结合课内试验写好试验预习报告和试验报告。

参考文献

[1] 中交第二公路勘察设计研究院有限公司. 公路路基设计规范：JTG D30—2015 [S]. 北京：人民交通出版社股份有限公司，2015.

[2] 中交第一公路工程局有限公司. 公路路基施工技术规范：JTG F10—2006 [S]. 北京：人民交通出版社，2006.

[3] 中交路桥技术有限公司. 公路沥青路面设计规范：JTG D50—2017 [S]. 北京：人民交通出版社股份有限公司，2017.

[4] 交通部公路科学研究院. 公路沥青路面施工技术规范：JTG F40—2004 [S]. 北京：人民交通出版社，2004.

[5] 中交公路规划设计院有限公司. 公路水泥混凝土路面设计规范：JTG D40—2011 [S]. 北京：人民交通出版社，2011.

[6] 交通部运输公路科学研究院. 公路水泥混凝土路面施工技术细则：JTG F30—2014 [S]. 北京：人民交通出版社股份有限公司，2014.

[7] 交通运输部公路科学研究院. 公路路面基层施工技术细则：JTG/T F20—2015 [S]. 北京：人民交通出版社股份有限公司，2015.

[8] 邓学均. 路基路面工程 [M]. 北京：人民交通出版社，2000.

[9] 黄晓明. 路基路面工程 [M]. 5版. 北京：人民交通出版社股份有限公司，2017.

参考文献

[illegible]